文化中国书系
中国社会科学院中国文化研究中心

总主编 ◎ 王立胜 李河

探索文化发展观念
助力文化产业发展

中国社会科学院中国文化研究中心
《文化政策调研》选编
(2000—2020)

吴尚民 ◎ 主编

中国书籍出版社
China Book Press

图书在版编目（CIP）数据

探索文化发展观念　助力文化产业发展：中国社会科学院中国文化研究中心《文化政策调研》选编：2000—2020 / 吴尚民主编. -- 北京：中国书籍出版社，2020.11
（中国社会科学院中国文化研究中心·文化中国书系/王立胜，李河总主编）
ISBN 978-7-5068-8102-9

Ⅰ.①探… Ⅱ.①吴… Ⅲ.①文化事业－方针政策－中国－2000-2020－文集 Ⅳ.①G120-53

中国版本图书馆CIP数据核字(2020)第223019号

探索文化发展观念　助力文化产业发展——中国社会科学院中国文化研究中心《文化政策调研》选编：2000—2020

吴尚民　主编

责任编辑	宋　然
项目统筹	惠　鸣　孙茹茹
责任印制	孙马飞　马　芝
封面设计	程　跃
出版发行	中国书籍出版社
地　　址	北京市丰台区三路居路97号（邮编：100073）
电　　话	（010）52257143（总编室）　（010）52257140（发行部）
电子邮箱	eo@chinabp.com.cn
经　　销	全国新华书店
印　　刷	三河市顺兴印务有限公司
开　　本	787毫米×1092毫米　1/16
字　　数	500千字
印　　张	34.5
版　　次	2020年11月第1版　2020年11月第1次印刷
书　　号	ISBN 978-7-5068-8102-9
定　　价	112.00元

版权所有　翻印必究

文化中国书系编委会
（以姓氏笔画为序）

王　平　王立胜　牛　超　刘向鸿　刘建华
李　河　吴尚民　张晓明　章建刚　惠　鸣

编者序言

在中国社会科学院中国文化研究中心成立20周年之际，我们将《中国社会科学院中国文化研究中心〈文化政策调研〉选编（2000—2020）》奉献给读者。

中国社会科学院中国文化研究中心（以下简称"文化中心"）原名"中国社会科学院文化研究中心"。2000年10月，中国社会科学院院长李铁映提议成立该中心；2003年4月，中国社会科学院党组会议作出"加强文化中心建设"的决定；2014年，文化中心被确定为中国社会科学院文化智库试点单位；2015年，文化中心更名为中国文化研究中心（China National Center for Cultural Studies），成为中国社会科学院直属的专业化智库之一。2019年，上海社会科学院智库中心发布《2018年中国智库影响力评价与排名》，文化中心在全国"文化类智库专业影响力"的排名中列为第二。

自2000年成立至2020年，文化中心在国家文化战略与政策研究、文化产业研究、公共文化服务研究、少数民族文化发展研究、国家文化软实力研究、文化多样性研究等领域潜心钻研，勤奋探索，成就斐然。20年间，文化中心编制的《中国文化产业发展报告》《中国公共文化服务发展报告》《中国少数民族文化发展报告》《中外文化交流年度报告》等业已构成国内开创最早、延续时间最长、规模最大的文化蓝皮书系列。同时，文化中心承担各类重大课题20多项，出版专著文集20余种，发表各类重要论文数百篇，内部研究报告100多篇（部），组织翻译联合国系统文化发展相关著作数部。文化中心还创办了国际文化产业论坛、文化产业U40暑期工作营、贡院文化论坛，并连年开展中国少数民族文化发展调研和中国周边国家文化状况调研等，为我国文化发展研究和国家重大文化政策的出台提供了大量决策依据。

尤其值得提到的是，2003年，为配合国家文化体制改革试点工作，文化中心创办内刊《文化政策调研》，发表了大量研讨新的文化发展观念、参考国外文化政策的得失、探索文化体制改革思路的文章。在2003年到2005年期间，近40期《文化政策调研》直送国家决策层，对我国文化体制改革起到了咨政建言的重要作用。2005年《文化政策调研》停刊，2013年后，在国家财政部文化产业发展专项资金的支持下，文化中心再度创办《文化政策调研成果摘报》，为国家的相关决策提供咨询服务。2015年，文化中心恢复并加强了《文化政策调研》的编辑和报送工作。特别是2018年1月后，文化中心向《中国社会科学院要报》和《中国社会科学院高端智库简报》提供了不少研究成果，对加强我国公共文化服务体系建设，推进文化体制改革，加快发展文化产业都发挥了积极推动作用。

本书所收录的70篇文稿是从文化中心研究人员20年来刊登在中国社科院《要报》和文化中心《文化政策调研》的研究报告和对策建议中选编的。

文化中心是2000年10月正式成立的，本书将文献采集的时间上延至1999年，那一年由哲学所李鹏程、李河、张晓明、章建刚等研究人员组成"国家创新体系"研究小组，对人文社会科学在"中国国家创新体系"的地位问题进行了深入系统的研究。1999年底他们提交的《关于构建"中国创新体系CIS"的若干重要问题的报告》产生了重要影响，为文化中心的成立作出重要的理论准备。2000年，时任中央政治局委员的李铁映院长在该研究小组提交的《加入WTO对我国文化事业领域的影响》报告上批示，成立文化中心，对这个问题作深入和跟踪的研究。正是在这一背景下，文化中心于2000年10月13日宣告成立。

本书正文分为四编，其中关于国内文化政策的文章分为两编，第一编是"新的文化观与文化体制改革"，第二编是"文化产业发展"，其选入的文章反映了文化中心学者对推进文化体制改革和发展文化产业的理论探索和现实思考。第三编"国外文化政策：调研与借鉴"则是文化中心学者搜集并编译的一批有代表性国家的文化政策与文化战略的最新动态及分析评述，这些译介成果对新世纪我国制定推进文化体制改革方略和文化产业政策起到了参考与借鉴的作用，同时还可以看到，文化中心学者由开始对他国文化政策的翻译、引介和借鉴，发展到后来提出"中国对外文化交流研究纲要"和相应的对策建议的研究轨迹。第四编是"地方和部门文化建设：思考与建议"，选编了文化中心学者在地方调研和少数民族地区文化发展调查基础上，在院《要报》和《文化政策调研》刊发的调研报告和政策建议。

书后收入了由文化中心史志小组编写的三个附件：一是《中国社会科学院中国文化研究中心大事记》，全面梳理记述了文化中心自2000年建立到2020年发生的重要事项。二是回顾总结文章《见证与回忆：文化中心在20年里的10件事》，此文通过对文化中心20年的10个重要时间节点和重要项目的回顾，展示了文化中心学者所经历和见证的前所未有的中国文化体制改革和文化产业发展，以及他们作为亲历者和研究者的心路历程。三是《中国文化研究中心20年获奖一览表》。据不完全统计，文化中心20年来获得中国社会科学院和相关部委奖励的科研成果有26项，两位学者分别获国务院颁发的政府特殊津贴和入选"国家高层次人才特殊支持计划青年拔尖人才"。

这样的结构安排，涵盖了文化中心20年来在国内文化政策、国外文化政策、地方文化发展等三大领域的理论探索，反映了文化中心"研以致用""问题导向"的智库特色，展现了文化中心这支学者队伍在学术前沿辛勤耕耘、在改革实践磨砺成长的全过程。

当前，中国社科院正在组织编制全院"十四五"哲学社会科学发展规划。我们认为，此时组织编选出版《〈文化政策调研〉选编》，一方面是为了"继往"——它展示文化中心20年来以基础理论研究为依托

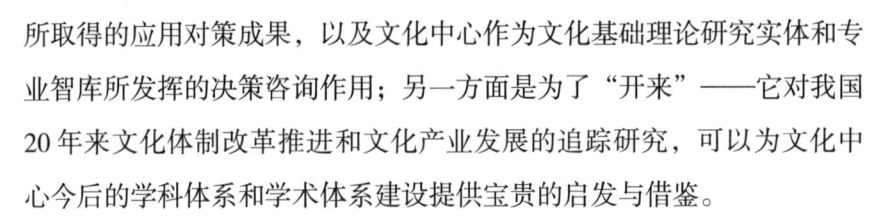

所取得的应用对策成果，以及文化中心作为文化基础理论研究实体和专业智库所发挥的决策咨询作用；另一方面是为了"开来"——它对我国20年来文化体制改革推进和文化产业发展的追踪研究，可以为文化中心今后的学科体系和学术体系建设提供宝贵的启发与借鉴。

我于2014年5月从哲学所领导岗位退下来后就到了文化中心，又拾起编审的老本行，结合过去在院机关从事哲学社会科学信息和成果报送的工作实践，协助文化中心恢复和加强了《文化政策调研》的编辑和报送工作。这次受文化中心的委托选编《文化政策调研》，我与李河、张晓明、章建刚研究员反复商议，确定选编范围、标准和篇章结构，在惠鸣、祖春明和马一栋协助下，尽可能完整地搜集整理了文化中心在院《要报》和《文化政策调研》刊发的部分成果。但是由于多方面原因，仍有若干年份的文化政策调研报告没有找全；且选编也有不妥之处，还请读者不吝指出，以便我们在今后的工作中改进。

吴尚民

2020年10月

目录

编者序言 / 1

第一编　国内文化政策（上）：新的文化观与文化体制改革

知识经济是"以人文知识为基础的经济"，构拟"国家创新体系"应有人文社会科学家参与（1999年5月14日） / 2

"知识经济"是高技术与高文化联姻的经济，不仅要关注高技术产业，还要关注高文化产业（1999年8月21日） / 7

加入WTO对我国文化事业领域的影响（2000年1月9日） / 10

关于文化竞争力的情况和思考（2003年5月22日） / 15

事业和产业是我国发展先进文化的两种形式
（2003年5月22日） / 20

以改革创新的思路对待文化企事业划分
——"文化企事业单位划分问题"理论研讨会述评
（2003年6月2日） / 28

文化体制改革应思考的几个观念（2003年6月30日） / 34

划分文化企事业单位的标准及其意义（2003年7月2日） / 40

我国公共文化服务发展发生历史性转折
——近年来中国公共文化服务发展研究报告（上）
（2008年1月27日） / 47

我国公共文化服务体系仍需精心打造
——近年来中国公共文化服务发展研究报告（中）
（2008年1月27日） / 51

深化改革，构筑链条完整、性能卓越的公共文化服务体系
——近年来中国公共文化服务发展研究报告（下）
（2008年1月27日） / 56

进一步推进公共文化服务体系建设的建议（2009年8月18日）/ 60

"十三五"时期我国文化发展急需解决的重大问题
（2015年6月23日）/ 65

我国文化发展将在全球文化市场中彰显"主场效应"

——《"十三五"时期我国文化发展面临的国际、国内环境和
急需解决的重大问题研究》之一（2015年10月10日）/ 72

培育文化非营利组织，完善文化治理体系结构

——《"十三五"时期我国文化发展面临的国际、国内环境和
急需解决的重大问题研究》之二（2015年10月10日）/ 81

建立健全现代文化市场体系，提升文化产业空间配置效率

——《"十三五"时期我国文化发展面临的国际、国内环境和
急需解决的重大问题研究》之三（2015年10月10日）/ 87

关于推动文化与科技融合、加强文化金融合作的政策建议

——《"十三五"时期我国文化发展面临的国际、国内环境和
急需解决的重大问题研究》之四（2015年10月10日）/ 93

"十四五"之思（上）：十八届三中全会以来文化产业的四大
转型特点（2020年3月11日）/ 101

"十四五"之思（中）：新时期文化产业发展面临新问题需要
新思维（2020年3月13日）/ 105

"十四五"之思（下）：对未来文化产业趋势的分析与建议
（2020年3月14日）/ 110

积极应对疫情对脱贫攻坚的影响（2020年7月7日）/ 115

第二编　国内文化政策（下）：文化产业发展

2004年我国文化产业形势及主要特点

——2004—2005年中国文化产业形势分析与预测（上）
（2005年1月6日）/ 122

我国文化产业发展存在的问题

——2004—2005年中国文化产业形势分析与预测（中）
（2005年1月7日）/ 128

2005年我国文化产业发展预测与建议

——2004—2005年中国文化产业形势分析与预测（下）
（2005年1月8日）/ 132

我国文化产业从突破走向规范

——2005—2006年中国文化产业发展形势分析与预测（上）
（2006年1月18日）/ 136

我国文化产业发展存在的问题

——2005—2006年中国文化产业发展形势分析与预测（中）
（2006年1月20日）/ 143

推动我国文化产业进一步发展的对策建议

——2005—2006年中国文化产业发展形势分析与预测（下）
（2006年1月23日）/ 147

走进"十一五"：文化产业发展进入新阶段

——2006—2007年中国文化产业形势分析与预测（上）
（2007年1月18日）/ 154

文化产业发展中存在的问题

——2006—2007年中国文化产业形势分析与预测（中）
（2007年1月18日）/ 160

开阔视野，创新机制，推动文化产业发展

——2006—2007年中国文化产业形势分析与预测（下）
（2007年1月18日）/ 166

2007年我国文化产业总体态势及特点（2008年2月13日）/ 172

目前我国文化产业存在的问题（2008年2月13日）/ 178

我国文化产业趋势预测和政策建议（2008年2月13日）/ 185

关于进一步发展文化产业的政策建议（2009年3月31日）/ 192

我国文化产业总体形势、存在的问题及对策建议

（2010年4月1日） / 197

转变文化产业发展方式，迎接新的发展周期

（2012年11月24日） / 202

从文化市场的特殊属性看我国文化市场建设的困境

（2014年10月22日） / 207

应重视文化产业统计数据反映的结构性缺陷

（2015年3月23日） / 213

对"十三五"时期我国现代文化市场体系建设的若干建议

（2015年9月7日） / 220

释放全民族文化创造力，以市场的力量推动社会主义文化繁荣发展

（2019年1月10日） / 226

第三编　国外文化政策：调研与借鉴

国外文化政策综述："一臂间隔"原则与文化理事会

（2003年7月4日） / 232

国外文化政策文件选编之一：芬兰（2003年6月24日） / 239

国外文化政策文件选编之二：美国（2003年7月15日） / 255

国外文化政策文件选编之三：日本（2003年9月1日） / 269

国外文化政策文件选编之四：澳大利亚（2003年10月8日） / 283

国外文化政策文件选编之五：英国（2004年3月25日） / 315

表面冲突下的深层危机

——从情报事件看英国公共传媒（BBC）与政府的关系

（2003年12月8日） / 326

国外公共服务部门改革的一些经验（2004年4月26日） / 335

一种"管办分离"的国有公营体制

——英国BBC研究之一（2004年9月12日） / 342

基于市场的分类监管

——英国BBC研究之二（2004年10月12日）/ 349

博弈与共谋

——关于美国广电传媒商业化与公共利益矛盾的考察
（2005年6月28日）/ 357

《保护文化多样性国际公约》的制定和我们的机遇
（2005年2月1日）/ 365

中国对外文化交流应实现几个观念上的突破

——《中国对外文化发展研究纲要》（上）（2015年6月1日）/ 373

中国对外文化交流应与"一带一路"相衔接

——《中国对外文化发展研究纲要》（下）（2015年6月4日）/ 380

中日韩智库学者关于"东亚文化之都"项目的建议
（2015年11月25日）/ 387

《保护和促进文化表现形式多样性公约》实施的进展及应对建议
（2015年11月30日）/ 391

法国"黄背心"运动的特点、根源、趋势及其警示
（2019年2月20日）/ 396

英国产业转型和建设创新型国家的特色经验及英国青年和青年工作的最新情况（2019年10月10日）/ 401

高度关注日本"社会5.0"计划带来的高等教育人文社会学科改革（2019年10月15日）/ 406

第四编　地方和部门文化建设：思考与建议

公共文化服务的空间亟待拓展

——对中央新闻纪录电影制片厂的调研思考
（2005年1月18日）/ 410

推动少数民族文化加快发展的对策建议（2009年5月6日）/ 416

研究和绘制我国电影产业创新发展路线图

（2015年3月5日）/421

关于继续发挥"北京国际音乐比赛"影响力的建议

（2015年3月12日）/426

浙江文化建设十年的经验和启示：探索文化治理的本土路径

（2015年6月29日）/432

推进《中国制造2025》要高度重视我国工业文化的培育

（2017年3月20日）/437

关于启动"弘扬中华优秀传统文化基因工程"的建议

（2018年7月20日）/442

树立正确的区域史观，避免地区间历史资源之争与文化景观重复建设（2018年11月27日）/446

关于在山东打造"世界儒学中心"的建议

（2019年6月13日）/453

实施第三类"非遗"保护政策措施：以创意产业园和城镇化政策组合创新保护传统手工艺产业（2019年6月30日）/459

关于建设"横琴·澳珠文化科技新区"的建议

（2019年11月6日）/464

附件一　中国社会科学院中国文化研究中心大事记

　　　　（2000.10—2020.9）/472

附件二　见证与回忆：文化中心在20年里的10件事　/514

附件三　中国文化研究中心20年获奖一览表　/534

第一编 国内文化政策(上):新的文化观与文化体制改革

知识经济是"以人文知识为基础的经济",构拟"国家创新体系"应有人文社会科学家参与[①]

(1999年5月14日)

一、从已知的国外权威文献看到,"知识经济"是国际上一批未来学家、经济学家、社会学家对西方经济社会发展新趋势的一种描述,而"国家创新体系"则是OECD国家根据它们的现实经济社会发展状况,为协调彼此之间的政策而构拟的发展战略。1996年,"经济与合作发展组织"(OECD)以年度报告方式确认,世界已经进入"知识经济"时代;1997年,该组织又提出名曰"国家创新体系"的知识经济新时代发展战略。一年多来,我国科技知识界和有关决策部门对这一动向反应敏捷,很快"引进"了"知识经济"和"国家创新体系"这两个主题词,并开始对它们进行研究。

二、我国有关"知识经济"和"国家创新体系"的研究活动,存在着严重的偏向。即把"知识经济"理解为"技术知识的经济",认为"国家创新体系"的宗旨无外乎是单一的、传统意义上的"技术创新"。这样,无论在理论探讨还是在进行创新实践战略目标构设的时候,都出现了与我国现实经济社会状况及其发展趋势不符合的问题。

[①] 1999年初,李鹏程、李河、张晓明、章建刚等组成"国家创新体系"研究小组,研究人文社会科学在"中国国家创新体系"中的地位问题。其成果之一是1999年底提交国务院的《关于构建"中国创新体系CIS"的若干重要问题的报告》。该报告获得时任政治局常委的批示,由此为促成中国社会科学院文化研究中心成立作了重要的理论准备。该报告于2002年获第四届中国社会科学院优秀科研成果奖三等奖。此文和后文为该报告的摘要,刊登于《中国社会科学院要报》。

三、"知识经济"概念对于中国这样的发展中国家来说，同对西方发达国家的意义不同。对于西方发达国家而言，如果它描述的是一种狭义的经济发展形态的话，那么，对于发展中国家而言，它则是对一个全新的历史发展时代和一种社会关系整体结构发生变化的描绘，它标志着一个全新的社会全面发展任务的提出。

OECD 的报告完全可以仅仅围绕发达国家自己经济发展的实际需要，讨论经济、市场、企业这些对于它们来说是核心环节的问题；而对于我们中国这样一个后发型社会而言，顺应知识经济趋势同时，还需要面对和解决刚刚建立不久的市场经济的机制发育问题，还有与建立市场经济机制必须相关的文化与价值体系问题，以及社会转型过程中的各种利益冲突的协调问题。

因此，**对于中国社会的"知识经济"发展趋势的预测、研究、规划、指导和调控，只有自然科学家和技术专家来主持和参与，显然是不够的。**

四、知识经济不能被片面地、狭隘地理解为传统意义上的"技术知识经济"。在知识经济时代，"技术"必须从人文价值角度重新定义，产品的价值构成越来越"人性化"，"文化消费"也越来越成为重大的产业发展方向。"人文因素"已成为明显的经济要素。**知识经济在某种意义上也就是"以人文知识为基础的经济"**。可见，知识经济的特征不仅在于社会经济活动中数码化了的知识含量与流速的增加，而且在于这些知识包含着越来越高的人性化程度。因而，所谓"知识创新"，在一定意义上说，就是使单纯的自然科学知识或技术同不断发展着的人及其需求紧密联系在一起。

从作为国家创新体系的基本单位的社会一般企业来看，其创新活动的实质内容，基本包括以下方面：（1）其产品开发与研制部门不断扩大，而其开发目标在于提供更加适应消费者需求、更加人性化和更有利于环境的产品。这也就是它吸纳知识的选择向度。即它一方面要吸纳自然科学技术知识，另一方面也必须吸收人文知识。（2）在生产管理和生产组织方面，在生产制造环节的总量不断缩小的同时，既要求有整体人文素质越来越高的劳动者，也要求越来越人性化的管理模式和劳动组合。（3）在产品销售方面，不断延伸的售后服务和对消费时尚的引导，几乎已经改变了市场买卖活动的旧有"商品—货币"模式，而形成一种新的"文化对话式"的购销活动。

当代信息技术和生物技术等高新技术的出现，交通的日益发达，使得社会的产业结构正在发生着巨大的变化。影视业、娱乐业、旅游业和各种具有文化性质的生活服务业在社会产业中占的比重越来越大。以这些方面为内容的"文化产业"的崛起，已经是一个全球公认的新事实。文化企业的产值在国民收入中的比例越来越大；文化符号成为商品，并且成为对人的生活越来越具有重要意义的商品，这是目前已经开始了的、将在21世纪更加瞩目的产业结构的大变化。这个意义上的"知识经济"，以高新技术作为"硬支持"，而其内容实际上直接就是"文化经济"。

五、知识经济时代的"技术创新"，其实质就是人对自然和技术的特性获得新的认识、并在此基础上对其进行新的应用的过程，也就是对现实生活中的人与自然的关系、从而对人与人的关系进行新的普遍调整的过程；"知识创新"，就是知识概念的规定性在文化模式中的创新过程，也就是文化的创新意义作为知识而扩展的过程。在社会思想和实践如此复杂的发展过程中，自然科学家和工程技术专家都必须依据新时代的人文背景，对自然科学和工程技术进行新的、人文化的理解和解释；同时，社会科学家和人文学者，也必须重新把握和研究构建新时代的社会人文价值理论和活动实践系统，包括对技术创新的社会活动从人文的现实层面进行规划和指导。所以，人文社会科学家在国家创新体系中，必然有许多问题要想，有大量的工作要做。

六、发达国家的"国家创新体系"，是企图为未来的"知识经济时代"的世界经济"立规矩"，是在按照它们的利益和价值重新绘制知识产业的世界地图，特别是将在21世纪得到长足发展的文化知识产业的世界地图。正因为此，"国家创新体系"绝不只是一个与科学技术有关的问题，而是一个关乎国家经济文化利益的重大战略问题，是一个决定我们是否以及如何对国际经济和文化交往规则的正确制定起作用的问题，也是一个如何从我们的利益和立场出发解决"全球背景下的文化适应和文化冲突"的问题。我们应该清醒地看到并且承认：民族国家至今仍是市场的基本单位，是利益及谋利战略的共同体。

七、国家作为创新体系的范畴单位，在构建自己的国家创新战略的时候，负担着两个方面的任务。在国内方面，它要以市场的和超市场的（例如国家行政的和社会的）手段，去促进知识的转化和应用，使之更快地转换为现实生产力，而且尤应努力营造有利于本国知识和技术市场发育的良好的政治和社会环境；**在国际方面**，不仅要考虑如何去进行所谓的国际"接轨"，如何去被动地、顺应性地承认、并遵守那些主要是由西方国家以前和现在制定出来的诸种国际条约、协议和条例，而且特别要有自己的民族主体发展意识，要有主动地参与制定世界政治舞台和经济市场的游戏新规则的积极性。人类历史上的"公正"的含义，永远只能是历史性的。对公正内含的共同约定，实际上在任何时代，都永远是与当事各方的实力地位相关的。

八、知识经济也就是经济人性化的过程。在这个人类社会新开始的历史发展过程中，包含着、并且已经突显出了许多必须以高度的人文理智去对待才能加以正确解决的新问题。在来自国外的越来越多的资本和经营方式携带着日益增多的西方文化和价值内涵进入我们国家的情况下，我们的"国家创新体系"势必也应该考虑如何协调"文化冲突"的种种问题。这一点对于我们这个在国际贸易中常常处于劣势的后发型国家来说，尤其重要。因此，对中国社会"知识经济"发展趋势的预测、研究、指导和调控，构建我们的国家创新体系的工作，如果仅仅有经济学家、管理学家和系统工程学家等狭义上的社会科学家的参与甚至都是不够的，还必须有长于现代化问题研究的社会学家、发展问题专家，熟悉文化变迁和观念更新规律的哲学家、历史学家、法学家和社会心理学家们的参与。建议中央有关部门，应该组织中国社会科学院、中国科学院、中国工程院的专家学者进行联合协同研究，拟订出供国家决策部门参考的"中国国家创新体系"。

(中国社会科学院哲学研究所"国家创新体系"研究小组)

"知识经济"是高技术与高文化联姻的经济，不仅要关注高技术产业，还要关注高文化产业

（1999年8月21日）

一、"知识经济"是"高技术"与"高文化"联姻的经济

近来，一些学者在讨论中习惯于把"知识经济"单纯归结为高技术发展的产物，把"知识经济"狭隘地理解为"智力经济"或"科技知识的经济"，与此同时，文化在他们眼里完全是远离技术与经济发展的"非经济因素"。这种重技术、轻文化的观念是对"知识经济"的误解，因为"知识经济"的标志恰恰在于：文化与技术、经济和社会发展之间出现了深刻全面的互渗关系，文化成为效益巨大的经济资源。

（一）就以知识为基础的技术而言

"知识经济"时代的技术不再是一个封闭的、按其自身惯性和逻辑发展的过程，而变成与人的趣味、时尚要求、环保意识乃至道德评价密切相关的活动系统。技术越来越多地满足人的精神文化需求。同时，开发和掌握技术的人，作为人力资本，不仅是技术人，更是文化人。企业管理日益人性化。从前"以物为本"的技术正在变为"以人为本"的技术。

（二）就以知识为基础的产品而言

产品中的知识含量大幅度增加。它包括那些有助于提高产品舒适度、美观性和文化意蕴的人性知识，并与市场营销、服务等环节紧密联系。因此，一项产品的物理形态日益变成某种消费概念乃至生活时尚的载体，其市场生存能力和生命周期往往不取决于它的有形的物理性能，而取决

于它的无形的文化性能。

（三）就以知识为基础的产业而言

在知识经济时代，GDP构成中占主要部分的是知识密集型产业和以知识为基础的第三产业。这里所说的"知识密集型产业"除了指高技术产业，还包括以传媒娱乐、旅游、教育、咨询、律师、服装设计等为代表的"高文化含量"产业，即高文化产业。而且，随着信息化技术的迅速发展，以高技术硬件负载的高文化产业将越来越居于主导。

（四）就现代全球市场而言

文化市场日益成为全球市场的重要组成部分。文化产业开始对世界格局产生前所未有的战略性影响：高技术推进了传统市场的全球化；在这个进程中，发达国家的高技术手段所负载的高文化产品连同其价值观，也提高了对其他文化的渗透力和影响力。在知识经济时代，发达国家的强势地位，不仅依赖于其高技术的物质实力，也凭借其文化的影响力。

二、最近的一些重要动态可以印证上述分析

首先，据1999年5月31日《科学新闻周刊》载，美国北美行业分类系统已经修改了关于"信息产业"的分类标准：将计算机和通信设备制造业"逐出"信息产业领域，而列为传统制造业的一个新分支；报刊、电影和音像出版等则被视为"信息产业"的主体。**这就是说，"信息产业"已经变为"信息产品业"，即由"高技术"所负载的"高文化"产品为主体的产业。**

其次，据1998年第30期《中国音像》载，美国文化产业自1983年至今一直保持连续增长态势。其中，专以生产由信息技术负载的信息文化产品的音像业在国民经济中的位置，从1985年第11位迅速跃居1994年的第6位，成为仅次于飞机出口的第二大出口商品，占国际市场的40%。另据1999年8月6日《环球时报》载，目前传播于世

界各地的新闻，90%以上是由美国等西方国家垄断的；美国控制了全球75%的电视节目的生产和制作，许多第三世界国家的电视节目中，60%~80%的节目来自美国，几乎成为美国电视节目的转播站，而在美国自己的电视节目中，外国节目的占有率仅有1%~2%；美国影片产量占全球影片总产量的6%~7%，但却占据了总放映时间的50%以上；据估计，全球互联网中中文信息不足万分之一，而不受西方控制的英文信息也不到万分之一。**这种咄咄逼人的文化扩张态势已经引起许多国家不安。最近，就连经济发展水平与美国接近的加拿大也提出要抵制"好莱坞的霸权"。**

其三，相比之下，我国文化产业却表现出硬件发展迅速、产品制作严重短缺的局面。同样是音像业，我国已形成庞大的硬件市场：电视机3.5亿台、收录机1亿多台、家用录像机3000多万台、CD机1000多万台、LD影碟机500多万台、VCD机1000多万台、多媒体电脑1500多万台，对各类媒体产品的潜在需求在1000亿元人民币以上。但是，**由于缺乏明确的文化产业政策和有效的管理措施，我国音像产品市场十分混乱，甚至成了发达国家文化产品（有些是文化垃圾）肆意倾销和泛滥的场所。**据1996年的统计，我国正版音像制品销售额仅有20亿元，而盗版制品则估计约为正版制品的10倍，达200多亿元，另有专家估计其总额在600亿元以上。

上述分析表明，我们在制定面向"知识经济"时代的"国家创新体系"战略时，不仅要关注高技术，而且要努力发展高文化产业。那种重技术、轻文化的观念，从理论上说反映一种"前知识经济"的意识，从实践上看已经严重制约了我国文化产业的生存和竞争能力。继续坚持这种观念，势必会造成我们的高技术搭台，别人的高文化唱戏的局面，使我国在全球文化角逐中处于十分不利的地位。

（中国社会科学院哲学研究所"国家创新体系"研究小组）

加入WTO对我国文化事业领域的影响

（2000年1月9日）

一、文化市场已经成为经济全球化的主要领域，文化产业的国际市场已经形成，主要发达国家的文化产品已经在国际市场上获得了垄断地位

据1998年第30期《中国音像》载，美国文化产业自1983年至今一直保持连续增长态势。仅以其中的视听产品（影视和音像）为例，在国民经济中的位置就从1985年第11位迅速跃居1994年的第6位，并成为仅次于飞机出口的第二大出口商品，占国际市场的40%。另据1999年8月6日《环球时报》载，目前传播于世界各地的新闻，90%以上由美国等西方国家垄断；其中美国控制了全球75%电视节目的生产和制作。许多第三世界国家的电视节目中，60%~80%的节目来自美国，几乎成为美国电视节目的转播站，而在美国自己的电视节目中，外国节目的占有率仅有1%~2%；美国影片产量占全球影片总产量的6%~7%，但却占据了总放映时间的50%以上；据估计，全球互联网中中文信息不足万分之一，而不受西方控制的英文信息也不到万分之一。发达国家的文化产品，在经济动机的推动下，借助于数字化信息技术的巨大优势，负载着西方文化价值观念的信息产品，已经对后发国家取得了新的优势。这不是传统意义上的经济优势，而是"文化优势"，这种优势更为彻底，也更为长远。它将使我们的下一代成为西方文化的忠实的消费者，不再具有本民族文化的认同感。

二、迎接"入世"我国文化产业的现状最堪忧虑

（一）我国文化市场是一个畸形发展、资源配置混乱的市场

以技术发展速度最快、最能代表文化产业发展方向的视听技术产业（音像业）为例，先是放任硬件市场混乱发展，在过渡性技术的基础上（各种VCD机）形成了巨大的硬件消费需求。据不完全统计，我国居民拥有的可用来消费视听产品的硬件设施大约有：电视3.5亿台、收录机1亿多台、CD机1000多万台、VCD机3000多万台、LD影碟机500多万台、多媒体电脑1500多万台。与这些硬件设施构成的巨大市场需求相比，我国音像产品市场存在惊人的混乱。尽管有音像出版单位近300家，复制单位250多家，发行单位1000多家，零售单位10万多个，录像放映的出租单位近10万个，但是，在1996年约600亿的市场销售额中，只有20亿元是正版产品，占总数的2%~3%。绝大多数音像生产和制作单位经营不善，难以为继，有的甚至以开餐馆、搞副业为生。

（二）上述混乱现象的直接原因是落后的管理体制

我国还没有真正的"文化产业"，因为文化产品生产、制作、销售的单位仍然被当作"事业单位"，而政府主管部门仍然沿用旧的体制，分系统管理（一般部委一报、一刊、一社）。这种管理体制造成了分散经营的局面，无法降低成本、增加效益、形成规模、托起市场。管理体制落后是文化事业产业化的主要障碍。落后体制面对迅速发展的文化市场，功能上的退化表现得异常明显。仍以音像市场为例，到1999年，我国已经实施了10年"扫黄打非"，但是却越打越厉害。据说，文化管理部门曾经采取限制光盘生产线（一个企业两条线）和派驻监察员（一条生产线两个人）的方法，试图控制盗版和打击非法出版物，但是不仅未能奏效，反而限制了正版光盘的生产规模，使绝大多数光盘生产企业陷于亏损。

（三）我国文化产业管理体制一直不能理顺与长期一成不变的指导思想分不开

文化产品是特殊商品，文化产业也是特殊产业，它既具有经济意义，又具有文化价值意义。因此，管理文化产业既要有意识形态的敏感，又要有特殊的方法。如果仅仅以管理意识形态的方式来对文化产业进行管理，就有可能窒息文化产业的生命，结果是自己也丧失管理的职能。

三、"入世"后我国文化产业将受到三重冲击

（一）文化产品冲击

从目前的情况看，外国文化企业希望立即销往中国，同时也是我们最无力与之竞争的文化产品，仍然是"视听技术产品"。而我国音像市场多年来已经是盗版产品唱主角，形成这个结果的原因是庞大的硬件消费能力与羸弱的软件供给能力的矛盾。这是一个巨大的资源配置落差，集中表现在我国具有版权、自主开发的文化产品极其缺乏。"入世"虽然会解决正版产品短缺的矛盾，但同时使我国市场充斥外国产品，我国视听技术产品市场基本上落入外国资本之手，甚至许多"国产"的文化产品也将会具有外国版权。近年来，我国发展最快的新兴产业是家电业和信息产业，但是随着技术的飞速发展，信息产业的"硬件"生产已经出现被归入传统"制造业"的趋势，我们可能又一次成为国际资本的"下家"。

（二）文化资本冲击

国际传媒娱乐业已经形成大型跨国公司垄断的局面，对中国市场"势在必得"。国内文化企业相形之下，既弱小又分散。被称作"第四媒体"的互联网，已经显示出主导未来文化产业发展的趋势。"入世"谈判已将互联网作为"全面开放的领域"，其对我国文化产业的冲击不可小视。由于数字压缩技术的发展，国际上的大型传媒企业都已感到威胁，对中

国企业的威胁更不可掉以轻心。视听产品将被越来越多地拿到互联网上播出，而"电子商务"将越来越成为文化产业的主导型行业形态。

国际文化资本的影响并非完全是消极的。如果我们对形势审视正确，对问题处置得当，也可能是一次大好机遇。因为文化产业有其特殊性：它涉及对文化资源与文化传统的整理和创造。不管国际文化资本有多大的势力，它也只有立足于中国本地资源，才能生产出适合中国市场的文化产品。如果我们积极地研究、有意识和有步骤地开放文化资本市场，对国际文化资本立足于"积极利用"的战略，就有可能真正出现"双赢"的局面。只消极地开放产品市场，而不积极地、有步骤地开放资本市场，并且也不对供给文化资本进行"有利于我"的积极利用，只能导致中国的文化企业在与外国企业的竞争中失败，是不可取的。

（三）文化价值冲击

文化市场与国际市场接轨有可能产生的最为深远的影响不在于娱乐形式，而在于文化价值观方面的"输入"。这种影响将明显存在于对文字和图像产品的消费中，也潜移默化地存在于人的精神生活的各个方面，例如世界观、人生观、道德伦理和交往方式等等。在知识经济时代，人文知识将渗入日常生活消费，一项产品的物理形态日益变成某种消费概念乃至生活时尚的载体，当文化产业进入那些需要增加文化价值的行业时，其影响便无所不在。任何一个民族的文化能否生存，将最终取决于在竞争和选择的环境中其文化创新的能力。我们具有5000年辉煌的文明史，不缺乏创新潜力，应该积极地设法把潜力实现为实际的文化生产能力，对此应有积极应对的态度。

四、回应文化产业全球化挑战应该具有国家发展战略

（一）制定文化精品开发战略

立即着手以我们自己民族的文化能力解决文化市场中自己民族的产

品极为短缺的局面。应该对文化产品开发给予国家政策鼓励，甚至应该吸取我国建立"经济特区"的成功经验，建立"文化特区"，以鼓励这方面的专业人员多出、快出精品。

（二）制定文化产业发展战略

立即组织有关部门，成立专门班子，制定文化产业发展五年计划、十年规划。

（三）研究弘扬中国传统文化和中华民族文化的发展战略

在中央的组织和协调下，把国家有关部门（从文物部门、旅游部门、教育部门、出版部门到影视传媒、信息产业部门等等）联合起来，从语言、文化、教育、演出、影视等多方面共同研究弘扬我国传统文化和民族文化的战略问题。

经济全球化是当代国际文化交往的大趋势，WTO不过是实现这种交往的工具之一。我们应该逐步学会主动地利用这个工具。因此，"入世"不仅是客观的机遇和挑战，更是主体性的选择和参与。只有这样来观察形势和分析问题，才能真正达到"双赢"的目标。

（中国社会科学院哲学研究所"国家创新体系"研究小组）

关于文化竞争力的情况和思考

（2003年5月22日）

《文化政策调研》按语：美国是个文化资源小国，为什么它的文化产品却能够输出到世界各国，而我国是个文化资源大国，古代文化曾在东方有很大的影响，现代文化的影响力却似不如古代？本文初步回答了这个问题，就是在现代市场经济形势下，文化需要与经济紧密结合，以产业的形式发展。历史的经验是：在开放、创新、市场三大机制的推动下，传统的文化小国也能成为文化大国；反之，如果缺少这三大机制，那么传统的文化大国也可能成为文化小国。

一、当前国际文化竞争的态势

20世纪最后的30年间，西方各发达国家相继步入了知识经济时代。新兴第三产业、高新技术产业尤其是文化产业对其GDP的贡献率越来越高。其中美国的文化产业自1983年起一直保持增长态势，仅其视听（影视和音像）产品产值在国民经济中的排行，从1985年第11位迅速跃居1994年的第6位，成为仅次于飞机出口的第二大出口产品，并在20世纪末终于超过航天航空业，成为第一大出口产业。美国拥有"全球九大媒体巨无霸"的半数以上；美国控制了全球75%电视节目的生产和制作；美国影片只占全球影片产量的6%~7%，却占据了全球总放映时间的50%以上。美国等发达国家以高技术手段负载的文化产品连同其价值观，正迅速渗透到世界各地，其对世界格局的影响也有不容忽视的战略意义。

相比之下，我国的文化产业规模还显得弱小，难以同国外的"巨头"

们抗衡。在文化制品国际贸易中,我国进出口逆差很大。近年来,西方图书进口到中国的越来越多,我国出口的品种却很少,而且多数是朝向东南亚等华语地区的。在国内,电影市场规模不仅连年萎缩,而且票房还要借助于国外"大片";非法音像制品市场上,盗版产品屡禁不止;等等。应该承认,与其他工业制造业甚至高新技术产业相比,我国在文化产业方面与西方国家的差距是最大的。

2002年底,我国已经正式加入了世贸组织(WTO),这既意味着中国经济与国际市场全面接轨,也意味着国内的改革开放进入了一个新的阶段。在"入世"前夕,国内专家就已发出了预警,指出我们正在文化产品、文化资本和文化价值方面受到三重冲击,而且这种冲击还有持续加重的趋势。

为了应对"入世",我国已加紧了文化设施的建设,尤其是高科技含量的文化设施如互联网等,取得了十分显著的成就。但同国内需要和国际竞争的形势相比,这些成就尚不足以改变目前的局面。仅以互联网为例,目前网上的中文内容严重不足,不仅其信息的数量、品种、管理和服务效率(更新速度)远远满足不了需要,更重要的是在价值观、思想理论内容方面也面临着严重的挑战。当各种各样的思想情调纷纷登台时,究竟什么是先进的、健康的东西,真假难辨,是非不清,"主旋律"的引导未能显示其应有的凝聚力、感召力,管理也往往力不从心,陷于被动应付和消极防守地位,以致国内有专家引用"金牛道"的历史教训,把它提到了"入世"后国家文化安全的高度。在全球经济-文化竞争的格局下,我们既不能拒绝新的技术手段,又不能让"金牛道"的悲剧再次发生,就只能采取积极措施,迅速培育与强化民族文化产业和文化原创能力,鼓励具有强大市场竞争力的文化企业走向世界。

二、关于增强我国文化资源竞争力的两点思考

局面的紧迫令人警醒,促人深思。人们首先要问:为什么美国这样

一个只有200余年历史的文化资源小国,却能在文化生产和传播上有那么大的能量和影响,俨然成为一个文化强国和输出大国,而我们这个有5000年以上历史的泱泱大国、曾经引领过先进文化的文明古国,在今天却难以占据应有的地位?应该说原因是多方面的,其中有两点启示特别值得深入思考。

(一)要辩证地看待资源,只有开放心态和创新活力才能造就丰富的文化资源

任何文化资源都有其历史积累和现实活力这两个方面,并不是封闭的、一成不变的。要使历史的积累能够发挥现实文化资源的作用,即成为文化生产的生产资料,一般说来需要两个条件。

1. 所谓文化资源的多少,在一定程度上取决于我们是否以开放的心态去开发和吸收

马克思主义的态度是要勇于继承人类历史上一切优秀文化遗产,古为今用,洋为中用。在文化这个问题上,借鉴就是无偿的借用;谁的借鉴能力强,谁就会占有更多的文化资源。美国本身的文化资源的确有限,但它不仅把整个从古希腊开始的欧洲文明作为自己的文化源泉,也积极吸取非洲和包括中国在内的东方文化的养分。迪斯尼公司2002年就以花木兰的题材做了一部动画片,赢得了巨额的全球票房。反之在"文革"期间,由于拒绝和排斥几乎所有的古代文化和外来文化,弄到了"八亿人民八年看了八个样板戏"的境地,结果使我国文化资源极度贫乏,人民群众的文化权益受到极大的损害。这个惨痛的教训不能忘记。

2. 文化资源的作用与文化创新能力成正比

因为文化生产与工业制造的情况不同,文化生产所依赖的资源可以反复使用,并不是用一点就少一点;同时,文化资源与自然资源相同之处在于,都是相对特定的利用技术而存在的。就像离开了冶炼技术矿石就不存在一样,任何文化遗产或资源并不能天然地成为产品或商品,只有经过一定形式的再创造,才能成为具有丰厚知识产权的文化产品。作

为内容的文化拒绝模仿和复制，却欢迎进行再创造和创新。如日本的动画片《天鹅湖》不是对柴可夫斯基同名芭蕾舞剧原作的简单模仿，是为了便于儿童理解进行的改编，里面的角色都变成了动物的形象。

在我国丰厚的历史积累基础上，这样的再创造显然具有无限的空间和潜力。尤其是文物，这种文化资源是不可再生的，靠直接出卖文物来发展文化产业将无法持续。中国在这个方面具有产业发展的优势，这种资源只能在保护的前提下开发利用。而无论什么时候，人的创造性才是第一位的。可惜的是，目前我们还缺少鼓励这种再创造的机制和所需要的创新人才。着眼于未来，我们需要未雨绸缪。

（二）文化与市场的紧密结合是当代发展先进文化的关键

现代社会的发展显示出一种市场经济与文化相互融合、相互促进的趋势，学者们用"文化经济化"和"经济文化化"来概括这种变化。对于文化走向市场和文化的商业化，无论中国还是西方都有一些人持否定或悲观的看法，不无一定道理。但他们没有看到，经济市场化所提供的价值观念和伦理规则，能够为文化的发展提供怎样的新条件、新机遇。诚然，现代化初期的社会生产有许多"野蛮"的特征，而在它的晚期或后期形势却有所变化。文化之所以可能在一定程度上商业化，是由于随着生产的发展、丰裕社会的到来，文化成了公众生活中的普遍需求和主要消费方向，并因而成为经济发展的巨大推动力。反过来，以复制技术和商业传播为基本内涵的文化产业，不仅为了自身的利润动机而渗透文化原创环节，推动文化发展，也成了普遍落实公民文化权益的现实手段。马克思当年讲过，大工业把教育的因素带给无产阶级，就是看到了经济与文化互动的历史趋势，看来这样的趋势不仅没有停止，而且还有增强、扩大之势。

从历史的角度来看，美国之所以能够从一个文化资源小国变成文化输出大国，就在于它顺应了这个历史潮流。在这方面美国创造了自己的经验。如今美国没有文化部，它文化产业归商业部管辖。由于市场化运作，商业机制的介入，营销比较对路，使文化艺术的传播、推广、再创造变得很及时；反过来，也使商业组织获得巨大回报，使美国的文化产业获得长足的发展。结果是文化创造和社会生活有活力，企业有实力，在国际国内两个市场上很有竞争力。美国的文化企业得了先机，不仅可以取得高额利润，而且可以利用优势整合外部（国外）资源，占有更大市场份额。伴随着这种循环，美国乃至西方的思想文化、价值观念体系也占据了咄咄逼人的攻势地位。这一切都表明，将市场作为发展文化的手段，不仅是必要的和可行的，而且可以使它成为一种有效的、先进的、强大的手段。

其实远在两千年前的汉代，我们的丝绸之路也创造出过以商业带动文化发展的辉煌业绩，负载在各种织物上的花纹、图案已经把中华文明的信息传播到了西亚与欧洲大陆；直至今天，西方人对中国的印象也与之有关。这样的商路及文化传播途径还不止丝绸之路一条。

如今中国社会经过了20多年的改革开放和高速增长，恩格尔系数迅速降低，公民的文化消费需求也正在迅速增长，已经成为一个有效拉动内需的重要因素。我们有以马克思列宁主义、毛泽东思想、邓小平理论和"三个代表"重要思想为武装的先进文化，在当前历史条件下，更有理由、有必要、有能力充分顺应这个历史的潮流，占据历史发展的先机。党的十六大已经提出了发展文化产业的战略任务，并明确指出："发展文化产业是市场经济条件下繁荣社会主义文化、满足人民群众精神文化需求的重要途径。"这是我们党关于社会主义建设的理论与时俱进的具体表现。只要我们锐意改革，按科学规律、经济规律和文化规律办事，坚定而稳步、有序地向市场化取向的文化体制改革推进，以"增强活力、壮大实力、提高竞争力"为重点，大力发展社会主义的先进文化，我们的前景就非常光明，我国在世界上的文化地位就一定会大大提高。

（中国社会科学院文化研究中心　章建刚）

事业和产业是我国发展先进文化的两种形式

（2003 年 5 月 22 日）

《文化政策调研》按语：文化体制改革首先要解决思想问题。回想 20 世纪 80 年代进行经济体制改革时，首先是解放思想，然后摸着石头过河，经历了一系列观念的变化过程。比如一开始提"计划经济为主、商品经济为辅"，后来是"有计划的市场经济"，一直到提出了"社会主义市场经济"，才将经济体制改革的目标确定下来。文化体制的改革有个从计划经济条件下的传统体制转向适应社会主义市场经济体制的任务，这里也同样不能低估解放思想的意义。例如要从单纯强调"阵地""喉舌"的观念，转向既保持喉舌性质，又发展经济和产业的观念。这样才能进行体制和机制的突破性创新。否则微观改革搞了多年，体制和机制没有变，成果还是不能巩固。

十六大报告关于文化产业的论述有两个重大理论创新，一个是将文化事业与文化产业两个概念分别提出，另一个是提出了"发展文化产业是市场经济条件下繁荣社会主义文化、满足人民群众精神文化需求的重要途径"，从而实际上提出了使两者统一的基础。我们可以将文化事业和文化产业理解为是在市场经济条件下国家管理文化生产，落实人民群众文化权益、满足人民精神文化需求的两种基本形式。我国现行文化体制的改革应该遵循这一理论划分的原则进行。

一、全面建立社会主义市场经济体系是我们考虑文化体制改革的总出发点

社会主义市场经济是一个整体,将经济和文化发展作"二元化"的理解,从而在改革理论上加以割裂,显然是不正确的。20多年来,我国从计划经济体制转向市场经济体制,已经使我们完成了一种基本的转变,即使是文化资源的配置和文化生产的调节,也已经有相当大的部分从计划转向了市场。根据党的十六大规定的目标,我国将于2010年基本建立起比较完善的社会主义市场经济体制,到那时,所有的文化生产单位都将在市场经济条件下,按照市场经济的要求,以市场经济的方式,提供满足人民群众多样化精神文化需要的文化产品。怎样通过文化体制改革来适应这一发展需要,应该成为我们考虑问题的总的出发点。

这意味着首先要端正对市场经济的认识。现代市场经济是一个整体,包括三个层面:经济、政治、文化,这三个层面对应于我们所讲的三个文明:物质文明、政治文明、精神文明。从这一基本认识出发,我们**不能将精神文明建设(先进文化建设),以及为了建设精神文明而进行的制度建设(文化体制改革),与社会主义市场经济体制建设的总体战略割裂开来,不能认为文化体制改革有一部分是市场导向,另一部分是非市场导向。**

从计划走向市场,是我国文化单位性质的一个根本性转变。计划经济意味着国家自上而下地分配文化产品,文化单位是文化产品的分配机构;市场经济意味着人民群众自主和自由地选择文化产品,文化单位是提供文化商品的服务机构。计划经济必然意味着文化单位是行政机关的附属物,而市场经济必然意味着文化单位是独立经济主体。在计划经济条件下,文化单位只是一个"花钱"的地方,经营没有成本效益核算,也无需这种核算,在市场经济条件下,文化单位应该是"挣钱"的单位,即使不挣钱,也必须考虑经营,进行成本效益核算。如果说在市场经

条件下，文化生产单位与一般的物质资料生产单位有所不同，那仅仅在于，国家和社会对文化生产单位的调控手段不同，国家要根据其所经营的产品的性质，在其经济责任和社会责任之间进行平衡性调节，如果收入不能"自给"，就以市场以外的其他机制加以补偿，如果获得了因特许权而带来的垄断利润，就不能将全部收入都作为分配。总之，**在市场经济条件下，文化单位首先是一个经济主体，然后才是一个特殊的经济主体。文化单位必须首先遵循市场经济的规律自主经营，然后遵循市场之外其他的社会性和政治性的调节机制，否则任何调节机制都不能落实。**

近20年来，我们在社会主义市场经济建立过程中，已经开始摸索文化生产的市场经济模式。随着人民群众精神文化需要越来越通过市场以文化消费的方式实现，市场机制也开始逐步在文化生产领域起基础性的调节作用，国家逐步地形成了以事业和产业两种方式调节文化单位生产活动的机制。在一些领域，市场准入限制较少，文化生产单位的性质已经发生了根本性的变化，比如娱乐业、旅游业等。在一些文化生产领域，市场准入限制还较多，文化单位的性质只是部分地发生了变化，如新闻传媒业。**从实际情况看，凡是市场机制实现较为彻底的领域，文化生产单位内部机制较容易理顺，政府的调节较容易落实，发展都较快；凡是市场机制实现得不彻底，或者说只是部分地实现，部分地保留了计划机制的领域，文化生产单位内部机制不容易理顺，发展往往受到阻碍，政府的调节作用也往往被扭曲。**

我国新闻出版广播影视业迄今为止可以说是"部分地"建立了市场经济调节机制，因为从20世纪80年代中期开始，逐步放开了广告市场，到了90年代中后期，新闻出版业的经济基础已经从国家财政转到了市场，广告收入已经成为主要的经济来源，新闻出版业的商业性质已经充分体现。但是，由于新闻出版业还基本上留在计划经济体制内，一定程度上制约了其自我发展的能力。

二、国际经验证明，事业和产业是市场经济条件下国家管理和调节文化生产的两种基本形式

根据我们对不同国家文化管理体制，特别是对新闻、出版、广播、影视体制的研究表明，在进入市场经济的现代国家中，在确立了文化生产单位的市场经济主体地位后，无不采取事业和产业两种方式对其进行管理，区别仅仅在于不同国家在不同的发展阶段，各根据实际情况做了不同的政策选择，使得事业和产业两种管理方式的混合程度不同。因此，**事业不是社会主义文化管理体制的独家特征，产业也不是资本主义文化管理体制的专有形式，事业和产业只是市场经济条件下国家管理和调节文化生产的两种形式。而且，只有将文化生产单位放在市场中，令其自己承担经营责任，国家才能够通过各种手段进行调节，否则就难免落空。**

例如就国家与新闻出版广播电影电视业的管理关系而言，发达市场经济国家曾经历了以下三个发展阶段：第一阶段是对印刷传媒业，主要采取了市场管理的方式，国家将印刷企业视同于商业企业，在制定相应的法律法规之外，通过行业自律组织管理；第二阶段是广播电视传媒，由于广电传媒是一种特殊的公共企业，国家较多采取直接的方式管理，以期能够符合公共利益。国家在将广电传媒视为企业的同时，采取了事业和产业混合管理方式，以事业方式为主；第三阶段是数字传媒，仍然采取事业与产业混合的方式管理，但是以产业的方式为主，国家主要通过间接的方式管理。

现代国家对于如何在市场经济条件下管理新闻出版广播影视业是有一个认识过程的。出版产生于前市场经济时期，曾经是精英阶层的垄断权利，因此没有什么企业性质的出版单位。工业化技术使印刷成为大众传媒，自产生起就与检查制度发生了冲突。罗马天主教教会扮演了最早的检查官角色，几乎在印刷传媒一出现，就开始明令禁止所谓"改革者"的出版物，统治者个人也经常介入这种审查。但是，到了18世纪，由

于市场经济的发展，自由出版被普遍认为是社会发展的必须，出版单位被看作是一般的企业，申请办出版机构与申请办一般的企业没有什么区别。

传统印刷传媒的进一步发展是广播电视媒体阶段。基础投资的巨大和对公共舆论的影响，使得传统的私人企业制度不能适应公共广播电视业的经营，于是国家在继续保留其企业性质的前提下，采取多种手段加以管理，其中以"事业性管理"为主要形式。英国是最为典型的，除了有100多条法律条款与传媒有关，以及国家成立专门的委员会对内容进行管理外，政府还直接指定BBC理事会成员，令其对议会负责。其他国家也不同形式上采取了国家直接干预传媒的形式，如日本的NHK的理事会也是议会批准的；德国广电企业受州广播委员会领导，其领导成员或者由立法机构指定，或者由各个社会机构和组织提名，通过广播委员会批准；瑞典在法律上规定广播电视公司私人股份的比例不得超过20％；等等。总的来说，西方国家大多数研究人员都认为，在数字媒体出现以前，尽管广播公司是企业，但是没有一家能够完全独立于政府，在本质上他们是不独立的。

数字媒体出现后，情况再度发生变化。数字技术导致了"传媒汇流"，在现代资本市场的推动下，传媒资源很快从稀缺发展到过剩，传媒业传统管理方式（行政控制和部门划分）既不必要也不可能了，于是发生了以"放松管制"为名的大变化，市场准入门坎被全面降低，市场规则被修改（修改反垄断法以适应传媒企业之间的跨媒体竞争与整合），国际间文化贸易壁垒被全面拆除，出现了国际性商业传媒巨头，全球文化市场被迅速瓜分。这一情况出现以后，各国政府开始新一轮传媒管理体制的制度创新，其主要关注点是传媒内容，以往对传媒手段的调节机制开始为对传媒内容的调节机制所代替。

可见，从单一的文化事业管理体制向文化事业和文化产业相协调的管理体制转化，在市场经济条件下并不是"退步"，而是一种"进步"。在我国，这是在新建立的市场经济条件下，通过体制创新进一步落实和

完善早已在我国宪法中确立的人民群众的文化权利。我们已经进入数字传媒时代，国家对文化生产单位的管理与调节的传统形式，在新技术和全球市场环境中遇到了前所未有的挑战，管理形式日益富于弹性和多样化，有许多问题值得我们重新学习和研究。

三、要充分估计我国文化体制改革的特殊性和观念变革的难度，在理论和实践的创新中开拓前进

由于我国是一个正在从计划经济走向市场经济的转型国家，与发达国家的发展道路不同，不能够照搬发达国家的做法。如何在理论和实践两个层面进行创新，走出一条有中国特色的、在社会主义市场经济条件下国家管理文化发展的新路子，是摆在我们面前的艰巨任务。

我国文化体制改革的特殊性在于，发达国家是在市场经济发展过程中，先确定文化生产单位的一般性商业企业地位，后来才发展出事业型管理的特殊制度设计，简单说就是"从一般到特殊"。我国则由于长期在计划经济体制基础上，形成了文化生产单位的事业型管理体制，后来才根据市场经济发展的需要逐步放开管理，向一般商业性企业转型，简言之就是"从特殊到一般"。**目前我们已经有很多从事文化管理的同志认识到，以往对文化的管理过于强调其意识形态"特殊性"，忽视了其文化消费的"一般性"，现在必须从"特殊"回归"一般"，积极探索在市场经济条件下发挥传统意识形态管理的政治优势的新办法**。这意味着要研究发展文化市场、引导精神产品生产和流通的新机制，以及活跃文化生产的新的组织形式。只有这样，才能真正走出社会主义市场经济条件下发展先进文化的路子。

发展逻辑的不同造成很多观念性和体制性障碍，成为改革的难点，对此必须充分估计。比如，我们习惯性地将先进文化视为精英阶层的专利，怀疑人民群众通过市场消费文化的合理性，对大众新兴的文化消费

形式总是不加分析地反对，贻误了许多发展的机会；我们将仅仅是针对广播电视（大众）传媒发展起来的公共舆论管理形式，扩大到对所有消费型文化进行管理的通用模式，从而导致"意识形态泛化"，束缚了许多文化生产单位的手脚；特别是，我们将现代国家对于大众传媒的积极调节变成了消极"防御"和"封堵"，甚至在人民群众文化消费需求日益高涨的情况下，仍然沿用计划经济条件下行政支配的方式，就必然造成很多资源的浪费，使发展先进文化的政策不能得到很好的落实；等等。以上观念和体制性障碍如果仍然存在于我们的意识形态和文化主管部门中，必将严重地阻碍改革的进路。

充分认识我国文化体制改革的特殊性和观念创新的难度，使我们能够真正实事求是地认识文化体制改革的方向，设计改革的方案。我们认为，这一改革方案必须明确以下几项基本原则：

1. 文化体制改革的根本目的，是建立中国特色社会主义市场经济条件下发展先进文化的"事业和产业协调管理体制"。

2. 这一体制的模式应该是，国家调节文化市场，并通过市场来调节文化企业。在这一模式中，需要形成国家法律、行政法规、党的政策等多重调节机制构成的有效体系。

3. 在通向这一最终模式的改革进程中，应该时刻注意将法治管理、行政管理、党的政策管理三者有机地统一起来，分类指导，循序渐进。

在这三者中，法治管理是根本，行政管理是手段，政策管理是保障。法治管理的基础是法制建设，解决有法可依问题。立法是保障人民群众文化权利的根本性措施，也是我国文化行政部门的管理依据，因而必须始终抓住文化立法这个改革的根本环节。行政管理要以市场为取向，以现行法律法规为依据，按照"精简、统一、效能"原则，提高文化行政管理机构的管理效率，防止机构膨胀、职能交叉、政出多门、人浮于事。党的政策管理就是在文化体制改革过程中坚持和加强党的领导，总揽全局，协调各方，从政治上和组织上保证文化体制改革沿着正确的方向稳步前进。

文化体制改革是我党在社会主义市场经济体制发展新时期的新的、艰巨的任务。目前首先要推动思想观念创新，与时俱进，避免任何思想上的懒惰和领导方法的简单化倾向，并在此基础上制订改革的整体方案。我们必须按照党的十六大的基本思想，坚持"一切妨碍发展的思想观念都要坚决冲破，一切束缚发展的做法和规定都要坚决改变，一切影响发展的体制弊端都要坚决革除"，才能推动文化体制改革顺利进行。

（中国社会科学院文化研究中心　张晓明）

以改革创新的思路对待文化企事业划分
——"文化企事业单位划分问题"理论研讨会述评

（2003年6月2日）

中国社会科学院文化研究中心于2003年5月22日召开了以"文化企事业单位划分问题"为题的理论研讨会，这是"发展先进文化与文化体制改革"课题协作组拟议中的系列研讨会之一。应邀到会的有来自中宣部、文化部、广电总局、新闻出版总署、国家体改委、国家统计局、中国音像协会、中央电视台、中国人民大学、清华大学、广播学院等单位的专家学者。会议首先由章建刚研究员作主题发言，然后进行了热烈讨论。兹将几个主要问题整理评述如下。

一、文化体制改革要有国内和国际两个视野

与会专家认为，文化体制改革是在国内和国际两个背景下发生的，我国经济体制改革决定了社会各方面的转型，其中一个重要方面就是政府的职能，将从计划经济条件下的全能政府，转向市场经济条件下提供公共服务的政府。因此，不能仅就文化体制谈文化体制，也不能将文化体制改革与经济体制改革作简单的类比类推，而应将文化体制改革看作我国全面建立社会主义市场经济体制的一个新阶段，这里有很多新的理论问题。

推动文化体制改革要有国际视野。我国已经加入世界贸易组织，与国际市场接轨成为文化体制改革的一个重要推动因素，国外发展文化的经验值得我们借鉴。国家发展与改革委员会和国家统计局的专家指出，

国外发展文化的一个最有效的经验就是产业化、市场化、企业化，企业通过市场经营文化产品，适应不同层次的文化需要，最后形成社会文化的繁荣。现代社会从结构上说已经形成三个部分：政府及其运作机构、市场体系（营利体系）、以及被人们称作"第三社会部门"的社会中间机构。第三社会部门的特点是非政府性，非营利性，合法性和自律性，具有公益性。第三社会部门也创造价值，因此也列入国民经济核算体系。这些情况构成了我们理解文化体制改革的背景。

根据发改委和统计局专家的介绍，适应上述国内外发展要求，20世纪90年代初，在提出全面建立社会主义市场经济体制后，我国计划和统计部门就已经改变了基于计划经济的（两大部类式的）国民经济核算体系，转向基于市场经济的国民经济核算体系，核心内容是以一、二、三产业划分国民经济，除了农业、工业、建筑业以外都是第三产业。因此，从国民经济总体来讲，在大的产业概念上，文化单位不论是事业还是产业都在第三产业内，这一点已经反映在每年发布的国家统计局国民经济统计年报中了。

二、文化单位的企事业性质要在市场经济体制背景下确定

与会专家认为，从全面建立社会主义市场经济体制这一点出发，在市场经济这个体制框架下看，文化企事业单位性质问题不难确定。文化企业是指按照市场需求提供文化产品和服务，并以此获取利润回报，因而以营利为特征的文化生产单位。反之，同样是提供人民群众需要的文化产品和服务，但是由于产品的公共性质（往往是为了保障公民最基本的文化权利）而不计利润回报，必须依赖国家财政或社会资助，即不以营利为特征的文化生产单位，就是公益性的文化事业单位。

因此，在全面建立市场经济体制这一大背景下，文化单位可参照国

际上的经验，以其提供产品的公共性还是私人性，其机构是以营利为目的还是不以营利为目的来分类。在这一基本分类基础上，可以进行多层次的制度性安排。文化部的专家提出，在统一的体制背景之下，可以根据不同行业、不同地区的不同经济发展水平，以及我国特殊国情下文化产业（如新闻出版广播影视业）的特殊性质来进行制度设计。比如，公益性文化事业单位（含博物馆、图书馆以及国家院团等）提供公共文化产品和服务，资金来源于政府投入和社会捐赠，不以营利为目的；广电业在我国既是产业核心门类，也是意识形态核心部门，可以考虑将公共频道作事业性质的安排，而将娱乐之类的频道推向产业化运作。"事业单位企业管理"可以看作是一种特殊的制度安排，国家不必投资，文化单位以自身能力生存。例如像中央电视台这样的单位，甚至靠国家垄断权利已获得超额利润，应考虑其税收问题；其他文化单位更多的要成为企业。今后，国家除了极为特殊的情况，不再兴办文化事业单位。更为具体的分类可以参照国际上的经验，列出产品目录，制定不同的管理办法。国外有"非营利性公司"，也有"非政府公共机构"，各自有清楚的管理制度，值得我们借鉴。

讨论中提供的情况表明，事业和企业分类是相对的、动态的，而不是一成不变的。市场发展程度和经济发展水平的变化，会使事业和企业的性质相互转化。广电总局的同志举出了电影业的例子：在改革开放初期，娱乐手段贫乏，我国电影业形势非常好，完全是企业化运作。新型娱乐手段发展起来了以后，大多数电影院越来越难以生存，一些地方要求重新转为事业，期待国家加以扶持。目前电影业总体上应该是产业，但诸如为9亿农民服务的农村题材电影则需要国家扶持。文化部系统也有一些行业，曾经有很好的产业发展态势，但是后来形势发生变化，又转而需要国家支持。

但有的专家指出，许多文化事业单位的发展难题，其实放在市场中就可以看得很清楚。脱离市场来谈文化企事业划分，是一种陈旧的思路，不能从体制上解决文化发展问题。比如电影院发展困难，电影频道却发展很好，说明是一个媒介融合问题；儿童电影发展困难，是一个营销问题，等等。总之不能在市场还没有充分发展的时候就谈论市场失灵。我们如果不是在统一的市场经济体制背景下考虑文化单位的企事业性质，势必会产生许多认识混乱，特别是在行业与国家的义务权利之间造成混乱，产生冲突。正如有的专家比喻：有的文化单位，财政部门将它看成企业（母鸡），要它"下蛋"；而宣传部门则将它看成事业（公鸡），要它"打鸣"，就使得文化生产单位无所适从，非常尴尬。

三、学会通过市场以两手调控文化生产

划分文化生产单位，是为了更好地贯彻分类指导原则推进改革。在市场经济条件下，以事业和产业两种方式调控文化生产，是国家调控文化生产的两手，不能偏废或混同。

与会专家认为，我国文化体制改革不仅要与政府管理体制改革目标相衔接，改变政府职能，实现政企分开、政事分开，转向政府主要是制定和实施法规、培育市场主体，也要在文化生产单位内部推进市场取向改革，实行企事业分开。无论企业、事业单位，都要进行市场取向的内部机制改革。营利性单位要按照现代企业制度进行改造，到工商局注册，服从市场的法律法规；非营利性单位也要进行市场取向的改革，如进行成本核算，扩大文化产品的市场营销等。

在市场经济条件下，涉及保证公民基本文化权利问题，政府当然还要承担一部分"办文化"的职责，向社会提供公共文化产品，但也要通过市场机制来实现，比如采取政府采购方式。当政府购买公共文化产品时，自己就是一个消费者，购买的还是文化企业提供的商品。政府同时还要采取免税等刺激措施，开辟其他社会资金流向公共文化事业建设的渠道，如社会募捐、赞助等。

与会专家对所谓"事业单位企业管理"问题有不同意见,有的认为值得保留,有的认为必须改变,但都认为这是一个典型的、转型时期的中国特色问题。讨论中提到,如果将事业和企业看作是在统一的市场经济体制背景下国家调控文化生产的手段,这一提法可能产生新的含义。比如,对于担负公益性文化事业单位管理职责的文化部来说,可以将"事业单位企业管理"理解为在保证国家继续对公益性文化事业的支持的同时,推动文化单位积极开展经营活动,逐步走向依赖于市场的自我发展;也可以理解为公益性文化事业单位内部运行机制向企业化管理方式的改革。而对于广电部门来说,由于管理对象是居于文化产业核心的现代传媒业,"事业单位企业管理"就是一个模糊了管理对象性质的、产权概念不清的陈旧观念。目前大的传媒机构已经是营利性单位,而且是暴利性的龙头产业。在当前的政治架构下,传媒业仍然需要保障其作为意识形态"喉舌"和"阵地"的特殊性制度安排,但是从长远看,还是要以企业的经济手段,通过市场来发挥舆论导向的功能,因为归根结底控制了市场份额就是控制了舆论导向。媒介产业化是其他文化产业做活的关键,如果只是在演出、电影院等零碎的方面考虑文化产业问题,产业化就得不到实质性推进,文化体制改革就可能落空。有的专家还提出,文化体制改革应该实施"抓小放大",或"抓源放流"的战略,即:坚持用政策扶持原创文化事业,放手加快媒体产业化发展。

与会专家着重指出,以事业和产业两种手段调控文化生产,关键还是要发挥政府主导作用。这里不能将改革的问题归结为哪些部门政府该管,哪些部门政府不该管,要撤出,不是简单地将文化单位推到市场上去就不管了。而是说,政府要为推动文化市场发展进行制度设计和制度安排,政府有时候还要出于公平的需要和舆论导向的需要,直接在市场上以消费者的身份购买文化产品,作为公共产品分配给老百姓。总之,无论使用事业和产业哪一种手段,政府都是主导的和有作为的。

四、实现观念更新，超越部门利益，大力推进改革

与会专家认为，文化体制方面还有很多观念滞后，需要更新。对于改革要以市场化为取向，基本上是清楚的，但是进入操作后，观念和心态还停留在以往的行政化、计划化、"等靠要"的一套思路中，就会在在实际工作中走弯路。如有的系统改革，本义是要产业化，但是搞出来的却还是一个行政化的架构。改革要引进新的人才，转变老的观念。专家建议，改革必然涉及到不同的行业和不同的政府部门，有不同的利益主体和利益要求，在目前的这种格局下，是否可以考虑，成立一个类似于经济体制改革中"体改委"的"国家文化体制改革办公室"，以一个高于部门利益主体的机构，协调改革中的各种利益，像推进经济体制改革那样推进文化体制改革。

（中国社会科学院文化研究中心　张晓明 整理）

文化体制改革应思考的几个观念

（2003 年 6 月 30 日）

如何看待我国文化事业单位？从目前讨论看，我觉得如下三个问题是应该注意的。

一、文化事业单位是否也应具有市场主体的身份

世界上很多国家对文化单位都有类似于"事业"和"企业"的划分。但在发达国家，这种划分是在充分发育的市场经济环境中作出的。从历史上看，这些国家的艺术创作、新闻出版、影视娱乐，甚至遗产开发利用等，一开始就是在市场中生成发展的。而由国家出面作出区分，并对若干领域加以扶持和干预，则是比较晚近的事情。即便是国家干预的对象，在那里也依然把它们当作特殊的市场主体来看待，表现为：这种扶持一方面相当节制，另一方面仍然保持着以市场为导向。也就是说，在对文化单位作出营利性和非营利性等区分之前，所有文化单位早已被确认为市场主体。正是这一点，成为理顺各种关系、提高国家管理效率并降低干预成本的基础。

相比之下，我国是从计划经济转向市场经济，在这一背景下进行划分时，事先并未确认所有文化单位都具有市场主体身份。在这种情况下，按照习惯进行事业和企业划分，就可能在通过行政手段让一部分单位获得市场主体身份的同时，仍让另一部分单位保持传统体制内的非市场主体身份。而在不少人的潜意识中，又往往把事业单位认作是逃避市场经济的避难所。这样一来，就可能使新的文化体制陷入传统计划经济体制

与现代市场经济体制"二元运行"的困境，文化体制改革就很难真正到位，文化生产就很难从落后的传统经济体制中真正解放出来。因此，是否首先确认身份，从而把文化事业单位内部的体制改革也纳入"培育市场主体"的轨道，就成为一个带有全局性的前提性问题。"市场主体"有各种各样的具体形态，其共同点是面对市场，在市场经济体系中有各自明确的"责、权、利"界限。所谓明确所有文化单位的市场主体身份，意味着在经济上，无论各单位的核算方式有怎样的区别，提供的产品是公共性的还是非公共性的，它们都是一级经济组织，都与国家的税收政策、融投资机制、就业状况有着密切关系，都应当成为我国经济指标统计中的明确对象。

明确所有文化单位的市场主体身份，首先是从国家经济体制的统一性、完整性方面考虑的。已往以计划体制统管文化事业，不仅给国家增加了沉重的财务负担，而且使我国丧失了大量可开发的文化市场资源，在世界文化市场上缺少竞争力，有使一个文化资源大国沦为文化生产小国的危险，其后果也绝不限于经济上的损失。因此即便是从最消极的意义上说，我们也必须正视文化单位进行适合于社会主义市场经济体制改革的必要性和迫切性。我们需要根据具体国情，按照分类指导和优先准入的原则，逐步将过去由计划体制统揽的、具有市场发展潜力的文化单位推向市场。不仅如此，同时还应意识到，那些没有进入市场的文化事业单位其实也是潜在的市场主体。这一方面是说，一些暂时还不具备进入市场条件的文化事业单位，将来也应创造条件进入市场，另一方面是说，即使是那些纯粹公益性的文化事业单位，它们在配套管理措施、体制发展环境以及最终发展目标上，也应当以适应社会主义市场经济为导向。在这一点上，我国一些事业单位进行的人事制度的改革已经提供了一定的经验。

明确所有文化单位的市场主体身份，将有利于我们名正言顺地按照市场经济的基本逻辑来确定我国文化发展的总体战略，消除文化体制改

革的死角，设计和营造与社会主义市场经济相适应的文化发展环境，全面推动我国文化产业的发展。

二、是"市场失灵"还是传统观念的滞后效应

人们怀疑文化事业单位也具有市场主体身份的原因之一，在于他们相信那些纳入事业管理的文化单位都应当在市场之外受到保护。"保护"意味着市场经济的逻辑在某些文化生产领域存在着所谓"失灵"的现象。

"市场失灵"（market failing）是当代西方经济哲学概念。德国学者索科洛夫斯基指出，以产品的市场交换为特征的狭义市场经济，在解决道德、社会公正等问题上存在着缺陷，因此就商品生产而言，有些领域也需要诉诸国家的二次分配手段来扶持和调节。简言之，"市场失灵"就是承认狭义的市场交换手段不是万能的，还需要诉诸其他手段。

我国现在的问题是，究竟有多少文化单位需要基于"市场失灵"的理由而纳入国家"保护"的事业领域？通过对比可以发现，我国以往纳入"保护"范围的文化产品领域远远多于发达国家。一个庞大的文化事业单位名单，表明我们可能在很大程度上误用了"市场失灵"的概念。因为这里有一个明显的历史区别：发达国家是在市场充分发达的基础上观察"市场失灵"，他们始终是按"文化市场最大化、保护领域最小化"的原则来处理；我们则往往是在市场尚未"灵验"的地方谈论"失灵"，因此无意中就可能按照"文化市场最小化、保护领域最大化"的原则来考虑。彼大我小，彼小我大，这种反差不利于迅速发展我国文化产业以与发达国家相抗衡。所以在注意可能出现"市场失灵"情况的同时，我们也要特别警惕传统的文化管理方式及其观念的"阴魂不散"。实际上我们应当优先考虑的问题恰恰是：在我国的文化生产领域，如何使市场"灵验"起来？

发达国家使文化市场灵验起来的基本经验，是以开放性的"文化生

产—市场运作—大众消费"（Arts-Business-Consumers，简称为A-B-C）模式，取代前市场经济社会的"文化创作—传播—接受"模式。文化生产领域"市场灵验"的基本逻辑是：

——最大限度地尊重消费者的多样文化趣味是最大限度地开放文化市场的前提；

——最大限度地开放文化市场是最大限度地拓宽文化生产领域的前提；

——而最大限度地扩大文化产业又是最大限度地占领世界文化市场的前提。

这个逻辑要求在市场中把文化产品的伦理政治导向、品质卓越性标准同多样化的大众文化趣味融合起来，建立平衡，使文化产业不仅仅是按照工业标准来制作文化产品，而且用它来表达一定的社会理想、信念和价值观念体系。这一逻辑显然给文化企业的经营者们提出了更高要求：必须同时对文化生产和大众文化消费潜力两个方面具有清晰的意识，才能在市场上取得成功。不仅如此，这种逻辑也对国家和政府提出了更高的要求，要求国家不仅是一个政治主体、行政主体，也要成为一定意义上的市场主体。

国家作为市场主体，意味着至少要承担以下功能：

1. 直接投资者的职能。国家可以通过税收再分配给需要扶持的文化单位提供基金；其中一部分投资目的，是使那些具有市场潜能的文化单位最终走向市场，这又使国家成为"文化企业孵化器"；最后，国家还可以是公共性文化产品的购买者和消费者。

2. 协调和指导者职能。国家可以通过组建各种专业的、介于市场和国家间的第三部门来研究和实施各种文化管理方案；国家可以用政策引导建立新型融投资机制，组合各种社会资源来支持文化发展；国家通过制定实施政策法规来保证文化市场获得良好的发展环境。

3. 对外经营者职能。在国际上，一个国家不仅代表一个内部的文化市场，同时还是一个"大型文化公司"。任何文化产品的出口，任何出口物质产品的商标和其他符号性标志，任何表达本国内容的在线资讯，都表现着国家对文化生产的管理和经营水平。

要做好这一切，都要求国家对文化市场灵验的逻辑有深刻的认识。**发展社会主义文化产业，绝不是把一部分文化事业单位简单"推向"市场就可以万事大吉的，这是一个以发展文化产业为起点，带动整个文化体制改革和先进文化建设的伟大系统工程。**

三、意识形态管理应该在市场经济社会"之内"还是"之外"

在促进文化事业面向市场时，能否创造出与社会主义市场经济相适应的新型意识形态管理方式，将成为文化体制改革的一个关节点。那么，与社会主义市场经济相配套的意识形态管理方式，同传统计划经济体制下的意识形态管理方式之间，应当有哪些区别呢？

从文化内容上看，在传统计划体制下，往往对文化产品的思想内容取"高线"的管理标准：要求任何文化产品不仅不能背离而且应当积极认同、直接表达国家倡导的伦理政治内容，即要求它直接履行"教化"功能。而市场经济则要求最大限度地尊重多层次消费者的文化权利和有效需求，不再将教化性的"高线原则"作为唯一标准，而是把不得超越伦理与法律规定的"低线标准"作为约束条件；教化也不仅有指导性的言说和规范，更是致力于潜移默化的诱导、示范和感染。这样不仅更容易拓宽娱乐性文化产品的开发空间，拓宽文化市场的范围，同时也就等于扩展了国家意识形态所包容和亲和的范围。这样做实际上是提高了对意识形态管理的要求：它要充分地"贴近群众，引导群众"。都知道美国的西部片和迪斯尼卡通片是商业运作成功的范例，但不难看到它们实际上传达出很强的"美国精神"，而这种精神恰恰是美国意识形态的重要内容。这个例证告诉我们：不贴近就无法引导。尤其在市场经济时代，不最大限度地贴近消费者，意识形态管理就不能发挥最大的引导作用。

从形式上看，传统计划体制的意识形态管理，主要以政府对文化生产和消费进行直接政治或行政干预的方式实现。这种直接介入的手法比较单一，效果往往是强化了文化产品的伦理政治效应和近期效应，却削弱了它们的其他效应（如经济效应、心理效应、法治和文化效应等）和长期效应，并削弱了国家和消费者的主动权以及应变能力。在市场经济体制中，则可以将对文化生产的意识形态管理变为诉诸多种手段，如经济手段、科学技术手段、法律手段等，实质是发动和组织社会大众，依靠法治。多种合法手段的间接管理，既能够增强政府管理的主动性、灵活性和有效性，也能够更多地依靠群众，提高公民素质，锻造社会机制，从而更有利于营造长治久安的社会秩序。

改变传统的意识形态管理方式，使它从"外在于"变成"内在于"市场经济社会，并且善于驾驭市场和经济规律来达到自己的目的，这是我们当前面对的挑战和机遇。处理得好不仅有利于壮大我们的文化产业，而且有更长远的战略意义。

在当今世界，国家政治权力、文化权力的施展空间，从根本上说是由包括文化产业在内的经济实力决定的。一个文化产业弱小的国家，往往成为文化产业强国的产品和意识形态的输入国，这对维护国家的文化凝聚力乃至政治安全都很不利。20多年来，我国文化管理已有巨大进步，文化产品消费的空间大大拓宽，文化竞争力也日益增强。然而与我国在国际上的经济政治地位相比，我们的文化生产还显得落后。但只要依据我们已有的优势，建立起与社会主义市场经济相适应的文化体制，摸索出适合我国社会主义市场经济的意识形态管理模式，相信我们就一定能够踏上通往文化大国强国的康庄大道。

（中国社会科学院文化研究中心　李河）

划分文化企事业单位的标准及其意义

（2003 年 7 月 2 日）

一、文化体制改革必须造就大批文化企业

按照党的十六大精神所进行的文化体制改革，应该看作是我国文化领域内一场深刻的革命。这场革命要求我们，要从计划经济体制下形成的传统文化发展观中解放出来，树立与社会主义市场经济体制相适应的新的文化发展观。因此，**正确理解和把握文化体制改革的市场取向或导向，是我们树立新的文化发展观的中心内容。**

市场经济不仅是我国现代化建设实践经过长期探索找到的有效途径，也是在全球化趋势中进行全面国际竞争的必然要求。在历史现阶段，市场制度具有明显的比较优势，大大有利于资源的合理配置和生产积极性的调动。这是我们党在十一届三中全会以来，尤其是十四大到十六大期间逐渐确认了的，也是人民群众通过切身体验实际感受到的一个结论。它毫无疑问应该成为我们文化体制改革的基本方向和导向。

所谓文化体制改革的"市场导向"的意思是，**要大幅度开放文化市场，在市场迅速扩大、商业机会不断出现的同时，进行原有文化事业单位的体制改革和机制创新，以与之相互适应，相互促进。**

一般说来，在市场格局下，所有的文化单位都无非要面对三种归属的前景或角色定位：政府机构、非政府非营利组织和营利组织即文化企业。其中，企业无疑是市场化的主力军和文化市场的经营主体。在文化领域，只有它可能提供基本税收，支持政府机构及绝大部分非营利组织的公共财政开销，等等。因此不难理解：让所有可企业化的文化单位都

企业化，正是文化体制改革的基本目标。换句话说，让文化企业的比重最大，保留事业性质的单位比重最小，应成为我们的一项基本目标。

这样，大批原来依赖财政供养的部门和单位会在市场竞争中脱颖而出，转而成为国家财政的提供者，并因而使余下那些真正有必要予以财政支持的部门或个人获得最大力度的支持。这时，国家与企业、公民与机构各得其所，公共利益和私人收益同时增加，将是一种共赢的局面。而且由于政企事性质分明，运作更规范，社会公正也将增加，在经济效率提高的同时，会有力促进社会的稳定。

二、能够提供文化商品的就是企业

现在除去政府部门以外，原有的文化生产单位包括事业单位，就都面临着一种选择：事业还是企业？何去何从？然而更深刻的问题则是：这种选择是可以随意决定的吗？

过去10余年国企改革的经验表明：在市场边界规定不清晰，各单位领导人与原行政管理部门有严格的隶属关系的情况下，旧体制里的部门绝大多数不会自觉地选择新的运行机制。现在一些已经进行过部分企业化试点的文化单位还是习惯于"要政策"而不是闯市场，甚至申请回到旧的事业体制，就是一个证明。所以我们有必要思考：究竟什么是我们划分企事业单位的基本着眼点？

笼统地说，营利和大部分非营利的文化组织都是文化生产单位，都可能提供文化产品。但这里还需要有一种区分，就是其产品是否成为商品。市场经济的前提是商品经济。以商品的眼光去打量就会发现，目前各类文化产品实际上可以分为两类：一类是原创性产品（如科学家的研究成果、文学家艺术家的原创之作等）；另一类是复制品，即为了满足社会和大众文化需要而将原创新产品加以转化推广的再创造产品。一般说来，复制品基本上是商品，而原创品则往往难以成为直接商品，或者很难成交。因此甚至可以说：未能进入复制环节的原创品就还不是商品，至少不能成为普通商品，尤其不会成为畅销商品。当然实际生活中总会有复杂的例外情况，如一些复制品未必好卖，一些原创未必一定需要支持，等等，但可以暂略不谈。总之，我们可以有一个简单的判断标准：**凡是提供复制品及其服务的文化单位，就应该是从事经营的文化企业；而仅仅从事文化原创性活动的部门和个人，则需要纳入受国家财政保护和社会经济支持的行列。**

文化产品成为商品有一些必要条件，如：必须有足够的有效消费需求，消费者享用文化新产品的排他性，产品效用的可分割性、竞争性，等等，简言之，文化商品应该是最终为个人所消费，即成为私人品（private goods）而不是公共品（public goods），这是其商品性的标志。因为作为私人品才可能在市场上取得回报和利润，才能满足提供者即文化企业自身营利的本性。如果付不付钱、付多付少都可以得到同样的消费品，那么多数人会选择少付钱或不付钱，文化企业就不能生存。在这个意义上比较而言，公共品则具有非市场的性质和在一定程度上抑制市场的功能。但在现代社会中，总的趋势是公共品种类越来越少，一些曾作为公共品而提供的福利项目，也能够并且越来越多地转作私人品供应。这就使得文化产品的商品化和文化的市场化呈现出不断增长和深化的势头。

三、复制是使文化产品转变为商品的必要技术环节

复制（copy）是模仿、再编码或负载的批量生产技术。这是一项不同于传统机器制造的新技术；它能使某种信息高保真地成为一个载体的内容，并以极低的成本制作成可分割消费的商品，以极低的单价投放、覆盖市场，也因此锻造了一个新兴产业——文化产业。由于复制技术的商业应用就是广义信息的传播，所以所有的文化产业部门从本质上说都是媒体。

复制技术有多种，印刷、广播和网络是其基本形式（其他还有录音、复印、电报电话等手段），因而新闻出版、广播影视被当作文化产业的核心部门。此外，各种较为传统的展演型、服务型复制手段在高新技术的推动下也被充分调动起来，因此教育、旅游、会展等产业也成了文化产业的组成部门。

复制技术的产生和发展，并非首先来自简单的商业动机驱动，相反，其执行公共文化功能的意义倒是不言而喻的。但是随着社会的发展，复制产品商业化的趋势变得十分强劲。商业媒体总是谋求建立各种取费模式，竞相为最终消费者提供服务。例如公共电视节目原本不具有排他性消费的色彩，但自从发现了广告的需求，其商业化的模式就日渐清晰了。它刻意吸引受众参与、直接为消费者个人服务的动机变得日益强烈。这导致"媒体"的范畴不断扩大，如今连许多传统商品，只要具有装饰、包装、交往的功能，立即就可以按照需要被理解为媒体，譬如时装、公交车的外车身及其车票背面等，都已经成为了"媒体"。

这就是说，**所有的文化生产部门，只要能看到明显的消费需求，能利用适当的复制技术提供便于交换的商品或服务，能进行市场化营销的，都能够顺利地成为企业**，把由国家财政支持的事业单位变为可创造利润、税收，为公民提供就业机会的营利组织——企业。我们的国有核心媒体首当其冲，责无旁贷！

四、原创型文化生产需要国家的保护和支持

相比之下，原创及其作品保存的情况则大不相同。在文化产品从生产到消费的流程中，原创是指在知识基础、观念导向、思想方法或逻辑起点上，即一定文化"源头"上的开拓与创造。很多重大的文化原创产品往往能够带动一种形式、一个领域，甚至一个时代的文化发展，并引导出许多后继的文化创新产品。但自古以来绝大多数的原创作品都难以

直接从市场上获得充分的回报。

例如，一个国家有没有独具特色的哲学人文价值观念，在很大程度上关系到它在世界上的形象和地位，关系到它的公民的文化认同及归属感，也在深层次上关系到其国民的生活质量和对生活意义的体验，关系到经济社会发展的健康与可持续性。因此从事这方面精神生产的专业科学家和艺术家们，他们工作的意义是非常重大的。但由于种种原因，严肃学术原创的有效现实需求从来就不会很大。且不说数理化等自然科学学科，就是哲学等社会科学学术研究的成果，在今天任何国家里也不会有普遍的消费需求。因为对这样的文化产品，严格地说只有国家而不是许多个人才具有直接的需要。因而作为国家需求，这样的文化原创新产品都具有公益属性，必须看作是公共产品，由公共系统给予必要的保护和支持。

一切文化产品都具有精神属性，而原创的东西又具有唯一性即不可重复性；同时，公共性思想性产品往往缺乏在市场上自我保护的手段。一个新观念、一套新方法、一种新境界或新风格，不说出来就毫无意义，而一旦说出来又一览无余，无险可守，无密可保。一般说来，越是以内涵丰富而非外在形式细节取胜的原创产品，就越难保护自己的知识产权。相对而言，一些用特殊艺术语言表达的艺术作品如绘画和音乐等，唯因其语言的特殊、外在细节的丰富且难以模仿，反而易于被垄断，被排他性、竞争性消费，但新兴的复制技术及相关媒体正在不断突破这种限制。这一切都会导致原创层面上的文化生产者的权益得不到保护，其劳动的社会价值难以得到实现。种种原因造成了一种矛盾：由于市场的自发逻辑，使本来具有普遍性的价值，现在却无法送到每一个人的面前。长此下去，一个国家的精神文化原创能力就要萎缩，国民的精神文化生活就要陷入停滞或低水平的重复。正是针对这种情况，**即便是那些文化市场化程度极高的国家，也都毫不犹豫地采取措施，对原创层次上的文化生产单位和个人给予特殊的支持和保护。**

国家保护和支持文化原创事业的主要办法，无非是以下三个：（1）

通过财政投入给予直接的经济保障；（2）通过实施知识产权保护的整套措施，使原创产品尽可能从市场上得到一部分应有的回报；（3）通过各种方式吸收专家参与国家社会的决策和管理，以充分实现其工作的社会价值，等等。

五、文化市场化是一个历史的趋势

总之，原创意义上的文化生产一般来说提供的是公共产品，因而其生产单位往往是非营利性质的，或者说需要作为事业性单位保留和予以扶持；而复制意义上的文化生产即典型的、标准化的文化商品生产提供的是私人产品或服务，因而其生产单位应该是企业。但这里还有两点可以稍加讨论。

第一，在公共产品和私人产品之间，进而在非营利组织（事业单位）和营利组织（企业）之间，有一个历史转换的问题：在知识产权制度和各种商业传播技巧的中介下，越来越多的公共文化产品可能成为私人产品；越来越多难以盈利的非商业性文化组织有可能成为盈利的，成为商业性的。我们尤其看到，随着复制技术的迅猛发展，传播媒体的兴起也迅速遇到了内容瓶颈的问题。因而，各类文化产业组织会有大量吸纳原创性文化资源的强烈动机。换句话说，文化市场化、文化产品商品化会是一个渐进的历史过程。

这里的关键是形成各种合理合法的市场链。如古典音乐的表演团体（包括京剧），虽然他们也像是某种"复制"行业，但一来他们的复制手段是手工艺式的（表演），依赖长期的训练；二来他们的"复制"其实是一种解释、再创造；加之古典艺术的观赏群体在缩小，因而他们在市场中盈利的机会微乎其微。但如果能借助知识产权手段，使自己的演出与各种"后演出"产品的开发（类似所谓"后电影产品"开发）挂起钩来，和一些传统制造业、新兴广告业的产品开发与经营挂起钩来，其市场状况则会有较大改观。又如传统的文物保护业，如能与文博会展业、旅游业的经营良性链接，其市场前景也将会光明得多。

当然，各类原创性文化生产单位的市场化进程，最终只能是与文化消费需求的增加和群众文化口味的提高相联系的。只有随着社会的发展，人们的收入与闲暇时间同时增加，参与社会事务的热情和程度不断高涨，更多文化原创活动才会直接进入市场的领域。这想必是一个不会太短的历史过程。

第二，从我国的实际出发，这个历史转变的过程应该是渐进式的，不可能一蹴而就，但也不能中断。例如在特定历史条件下，一些本来可能以私人产品方式提供的文化产品也需要以公共产品或准公共产品的形式出现，因而使一些本可能企业化的部门继续整体或部分地保留"事业"身份，作为准公共部门或非营利组织存在。这种情况在文化领域最典型的例子是教育。出于社会公正和整个民族文化素质提高的考虑，国家要对基础教育及部分高等教育产品的提供方式和价格进行限定；与此同时对这些教育部门予以资助，并鼓励其他社会部门予以资金上的扶持。同类的例子还有某些与国家利益、国家安全相关的公共媒体等。

然而从国际趋势看，也要对国家有一些限制。国家（政府）与市场是一对矛盾，是一种特殊的博弈关系，相互要有妥协与退让。国家对一些公共领域进行管制的同时，必须考虑公民的基本权益，包括商业权益。例如不能将所有的电视台和频道都掌控在国家手里，从根本上排斥或独霸市场。类似的公共事业也不能完全由政府包揽资助，一些管理职能可交由非政府组织如行业协会或民间基金会等履行。再有，由于公共部门的资金是由税收转移支付提供的，不能用于营利，运作中容易出现缺乏效率的弊病甚至其他寻租等腐败现象，因而需要强调公开透明和社会监督机制。换句话说，想靠公共部门、公共产品挣钱本来就是不合法的。这是我们在进行文化体制改革和企事业单位划分之始就必须说明的。

（中国社会科学院文化研究中心　章建刚）

我国公共文化服务发展发生历史性转折
——近年来中国公共文化服务发展研究报告（上）

（2008年1月27日）

党的十六大以来，在科学发展观的指导下，随着文化体制改革试点与解放文化生产力相关政策的密集出台，建设"公共文化服务体系"已经成为我国在21世纪头20年抓住重大战略机遇期，开创社会主义经济、政治、文化和社会建设新局面，实现全面建设小康社会战略目标的又一重大战略举措。这一重大战略的实施已经迈出了最初的步伐。

一、随着财政收入的迅速增加，中央及地方财政对公共文化的投入不断增大。 改革开放近30年，我国的综合国力不断上升，国家财政收入增长迅猛。1999年，全国财政收入第一次上万亿元；2003年，全国财政收入第一次突破2万亿元；2005年，全国财政收入突破3万亿元；2006年，全国财政收入接近4万亿元；2007年，全国财政收入超过5万亿元。

在此基础之上，国家公共文化投入逐年加大。1999年，国家财政对文化部系统的文化事业费拨款为55.61亿元，2005年达到133.82亿元。加上地方财政的文化事业投入，2005年全国文化事业经费达到495.22亿元，比"九五"期间增加240.71亿元，增长105.9%，至此全国人均文化事业费已升至40元水平。按照这样的速度推算，2007年我国人均文化事业费应达到52元的水平。各种数据表明，随着国家财政收入的接连翻番，广义和狭义的公共文化投入进入21世纪后均已翻番；"十五"期间比"九五"期间有更快的增长。国家公共文化投入增长速度超过了GDP的增长速度。

投入的大幅增加已经在三个主要层面上改善了我国的公共文化服务：服务全社会的公共文化设施如图书馆、文化馆硬件及其服务有很大提升；文化原创和遗产保护得到更充分的支持，近年来我们开始看到越来越多的艺术精品出现在舞台和媒体的屏幕上；特殊群体的基本文化需求开始得到满足。而事实上，公共文化服务水平的提升有着更为广泛的经济社会影响：由于改善了文化资源状况，它可以促进以复制技术为核心的文化产业部门有更快和更持续的增长，也推动了中国文化"走出去"的进程，使国家的软实力得到提升；由于保障了弱势群体在文化表达和文化消费方面的各项权益，有力促进了社会和谐；由于提出了公共文化服务方式改善的任务，促进了文化主管部门的职能转变，包括财政体制机制乃至政治体制等方方面面的创新。总之，推动了中国文化走向大发展大繁荣，体现了科学发展、统筹兼顾的新思路。

二、公共文化投入的增加导致公共文化基础设施建设形成热潮，公共文化服务基础设施已呈网络化格局雏形，公共文化服务能力正在形成。"八五"期间，全国文化事业基建投资53.13亿元；"九五"期间达98.79亿元；"十五"期间达到136.88亿元。利用这部分资金及地方配套，许多地方已经建起了省地市级的图书馆、博物馆、歌剧院、体育场（馆）及大面积广场绿地园林，并往往成为城市中地标性景观建筑。例如，在浙江，有11个地级市现在都拥有了自己的大剧院。

基层文化设施主要是县级图书馆、文化馆或群众艺术馆以及乡镇的综合文化站和行政村的文化活动室。迄今，我国共有公共图书馆2762个，绝大部分分布于县市一级；共有文化馆站41588个，其中县级2851个，乡镇文化站34593个。2004年全国新开工的文化设施基建项目中，就有253个公共图书馆，386个群众艺术馆、文化馆或文化中心。2005年全国新开工的文化设施基建项目中，则有223个公共图书馆和314个群众艺术馆、文化馆或文化中心。

依托这些已建成的公共文化服务设施，有关部门提供了越来越多的公共文化服务。2005年，全国公共图书总藏量达48000多亿册；国民人均馆藏图书0.36册。2005年全国博物馆数增至1548家，文物藏品增至1620万件；国民人均馆藏文物0.012件。

三、国家财政持续投入若干专项资金，启动全国性重大公共文化工程，使得公共文化服务在区域和城乡的发展更为均衡。针对地域和城乡差距有扩大的趋势，财政部、发改委、文化部等部门增设了一些专项资金，持续推动若干重大公共文化工程建设。

这些专项资金计划涉及文化、广电和新闻出版三个主要文化管理部门，包括"村村通工程""全国文化信息资源共享工程""社区和乡镇综合文化站（中心）建设项目"等。这些工程的实施重心都有意识地向农村偏远地区倾斜。2004年，国务院办公厅转发广电总局、发改委、财政部等部门《关于巩固和推进村村通广播电视工作的意见》，正式启动自然村"村村通"工程。到2006年底，全国完成了11.7万个已通电行政村和10万个50户以上已通电自然村的收视工作，有效解决了近亿农民群众收听收看广播电视难的问题。文化部"全国文化信息资源共享工程"对中华优秀文化信息资源进行数字化加工整合，以实现优秀文化资源在全国范围内普遍共享。工程自2002年4月实施以来，中央财政累计投入9.03亿元，地方累计投入超过7亿元，数字资源量达到60TB（1TB数据量相当于25万册电子图书或926个小时视频节目）。目前已有与相关部门共建的基层服务点超过20万个，辐射规模上亿人。目前，我国的广播综合人口覆盖率已达到94.48%；电视综合人口覆盖率达到95.81%。2005年，全国公共广播节目播出时间共计达1030万小时；全国公共电视节目播出时间达1259万小时；新增农村放映队近1800个，全国农村电影放映队总数达3.5万个，全年农村放映电影365万场，观众达13亿人次。农村和偏远地区的公共文化服务水平已经明显提高。

四、《国家"十一五"时期文化发展规划纲要》刻画了未来5年包括公共文化服务在内的文化发展目标，成为再造我国公共文化服务体系的一个起点。对于公共文化服务发展前景,《纲要》分5个方面予以描绘。从中可以看出,未来5年的公共文化服务将注重构建文化基础设施网络;注重改善公共服务机制以提高服务质量;注重缩小城乡及东西部的文化发展差距;尤为注重引入社会力量参与公共文化服务。可以说,《纲要》是一个标志,标志着我国公共文化服务已经站在进入一个新阶段的起点。

透过《纲要》也可以更深刻地认识到,我国的公共文化服务已经经历了一次历史性的转折。这个历史性的转折表现为以下几个方面:一是体制基础发生了根本性变化。公共文化服务是适应社会主义市场经济的要求、建立在社会主义市场经济的基础之上的。二是目标任务发生了根本性变化。公共文化服务就是要落实人民群众的基本文化权利,实现好、维护好、发展好人民群众基本文化权益。三是组织体制发生了根本性变化。公共文化服务将建立起以政府为主导、以公益性文化单位为骨干、鼓励全社会积极参与的新体制。四是地位发生了根本性变化。公共文化服务成为经济社会总体发展战略的重要组成部分。五是有了体系化的构想。即要按照结构合理、发展平衡、网络健全、运行有效、惠及全民的原则,建设以公共文化产品生产供给、设施网络、资金人才技术保障、组织支撑和运行评估为基本框架的覆盖全社会的公共文化服务体系。这些制度性构想的确立比具体项目的规划实施更令人鼓舞。

(中国社会科学院文化研究中心 执笔:章建刚、陈新亮、张晓明)

我国公共文化服务体系仍需精心打造
——近年来中国公共文化服务发展研究报告（中）

（2008年1月27日）

我国公共文化服务体系依托的是计划经济时期形成的体制框架，目前在整体上尚不适应社会主义市场经济体制的要求；多年来形成的、覆盖全国的公共文化服务设施网络，在这个体制框架中难以很好地发挥作用；今后几年更大规模的公共文化财政投入正面临越来越大的体制和机制性风险。换言之，我国的公共文化服务体系面临的不单是一个大力加强的问题，更是一个全新重构的问题。我们必须以新的视野审视我国公共文化服务体系的现状，发现它存在的主要问题，以防止"路径依赖"的旧病复萌。

一、公共文化财政总体投入规模不足

虽然近年来公共文化投入有较快增长，但由于历史欠账较多，尤其是文化体制改革相对经济体制改革严重滞后，原有的文化事业单位及其服务提供能力在20年来有较大的衰落，如不少地方的文化馆、群艺馆早已名存实亡，要使它们重新发挥作用需要不少启动资金。

尽管国家公共文化投入连年迅速增长，2007年已经达到5.1万亿元，但中央和地方文化事业费投入在各自财政总支出中的比例仍然偏低。中央财政2005年的文化事业费只占其整个支出的0.39%；而1985年这个比例是0.52%，1995年是0.49%。同样，2004年文化事业基本建设投资37.12亿元是历史最高值，但它在国家基建投资总额中只占0.09%。事实上,"九五"以后,文化事业基本建设投资在全国基建投资总额中所占的比重一直不超过 0.2%,而此前的八个五年计划中,这个比例都在 0.2% 以上(三年调整期间除外),多的时候达到过 0.75%("六五"时期)或 0.6%(1985年)。这就是说,国家公共文化投入的增长高于 GDP 的增长,却低于国家财政收入的增长。随着国家经济的发展和财政收入的增加,对文化事业的投入比例却不升反降;而文化基础设施投资更显得像是整个经济投资过热的连带受益者。

与发达国家相比,我国公共文化服务水平还有很大差距。即使在较多强调市场经济的美国,公共图书馆的普及程度也是相当高的。我国目前人均馆藏图书只有 0.36 册,而发达国家多在 2 册以上。除私人基金会以外,美国政府对造型艺术的资助一般在人年均 0.7 美元的水平上,我国在这个方面似乎没有较为固定的资助项目。在艺术品收藏和展示方面,我国与西方各国有相当大的差距,公民的艺术修养还相当低。

投入不足不仅是绝对数量较低,在很大程度上也与投入方向、投入效率相关。人们通常所说的"越位""错位"等问题在公共文化服务投入方面也存在。计划经济时期全部文化服务都由财政供养,到现在为止文化事业费也主要用于支付人员工资。而事实上,许多由高新复制技术支撑的、完全可以在市场上进行商业运行的部门现在仍然享受较高水平的财政拨款,在传播设施网络上也是重复建设,这使本来不多的公共文化服务投入更显不足。在广义文化范畴中,不同部门之间投入比例的不适也造成投入效率的降低。例如,近年来教育投入增长很快,数量上已 10 倍于文化事业投入,但文化方面投入跟不上,上游的文化原创与研究不足造成教育内容产品的相对滞后。

二、公共文化服务体系存在结构上的缺陷，链条不完整，有明显缺环

公共文化服务是以全社会的名义向所有公民普遍提供的文化服务，公正是其基本要求。而社会公正能否实现必然表现在其具体的制度（体制机制）设计上。现在提出要"按照结构合理、发展平衡、网络健全、运行有效、惠及全民的原则"，"以政府为主导、以公益性文化单位为骨干、鼓励全社会积极参与"，"努力建设以公共文化产品生产供给、设施网络、资金人才技术保障、组织支撑和运行评估为基本框架的覆盖全社会的公共文化服务体系"。这样的目标非常好，但关键在如何落实。比如，现在在公民基本公共文化服务需求的表达和搜集方面就还缺少有效的制度安排。一般来说，即使在发达国家，公共需求表达和公共政策选择也是一个难题。而在计划经济条件下，这个问题就更加突出，这种制度最大的弊病就在于对需求的漠视。至今有些领导习惯于拍脑袋替公众决定他们有什么"公共"文化需求，结果却提供了完全不受欢迎的产品。如一些脱离群众的奖项，评出的是一些"叫好不叫座"的文化产品；一些配给农村图书馆的图书被村民当废纸卖掉；某些重大公共文化设施项目的官方媒体评价与公众口碑之间有巨大反差。这样的公共文化服务既浪费了公共资源，又败坏了公共文化服务应有的信誉。

与此相关，公共决策最终表现为预算的形成和执行，各级人民代表大会应对其真正负起责任。在市场经济条件下，文化产业的发展依赖于需求，公共文化的发展也依赖于需求。区别只在于前者表现为"私人"需求，后者表现为"公共"需求。从理论上讲，无论是私人产品还是公共产品，最终出资购买者都是公众，都必须体现他们的意愿。因此公共产品的选择必须经过一个公共决策程序。尊重公民的文化权利，首先就要尊重他们文化需求的表达权和公共决策的知情权、参与权。没有这样一些制度设计，公共文化服务就会背离公共性或公正性的要求。因此这

些环节的完善势在必行。

我国公共文化服务体系的另一个缺失环节是公民社会参与的制度设计。随着我国社会主义市场经济体制的建成和民间财富的增加，社会及私人部门参与公共文化服务提供、兴办非营利文化机构的积极性越来越高。当前不少地方对"非营利机构""非政府组织"还持有较强的疑虑，而没有更务实地对非营利组织的基本体制及监管方式进行认真研究，"鼓励全社会参与"还停留在口头上。这严重影响了我国公共文化服务事业的充分发展。一般地说，与公共需求相比，公共财政永远是紧缺的，再大的公共投入也是有限的。因此国际上有一种说法，认为公民的文化需求能通过自主活动解决的就不用政府干预；能通过市场予以满足的也不用政府插手；而公共服务能由民间组织提供的也鼓励民间力量先做，最后才是政府出场。这种说法有一定的合理性。按照这个顺序去做，既可弥补政府财政投入不足，又可调动社会方方面面参与公共文化服务的积极性。建议相关立法应抓紧进行。

三、现行财政体制的调解机制、转移支付能力较差，导致地区差别、城乡差别继续加大

统计显示，2005年，广东省的文化事业财政拨款达12.8亿元，居全国第一；江苏省超过11亿元，比上年增加2.4亿元。而海南、西藏、青海和宁夏居于末位，拨款不足亿元。江苏新增的额度就等于海南、西藏和宁夏的总数。

有调查表明，四川省2003年对农村文化事业的投入总额只占全省文化财政补助收入的29.9%，城市文化投入则高达70.1%。类似的情况对于经济欠发达地区有一定的普遍性。我们的财政投入机制显然与经济发展和人民群众公共文化需求增长的要求不相适应。中央财政不能有所作为，这种差距就会越来越大。

造成这种局面，与长期以来条块分割的财政体制有关。这样做既容易在经济发达地区出现重复建设，也容易导致不发达地区资金短缺。目前中央政府着力推动的几大公共文化工程就是分属不同部门推动的，其中颇多相互重叠之处。此外，行政化的资金拨付和使用方式，使得公共文化财政资金的使用决策和监管都集中在系统内，甚至集中于主要领导。这种方式缺少公众意见和专家系统作支持，缺少决策的科学性，往往造成难以预想的后果，甚至还会为权力寻租等腐败行为打开方便之门。近年来这一轮文化基础设施"建设热潮"在某种程度上就像是向传统计划经济体制的回潮。这种倾向值得警惕。

我国公共文化服务体系的上述缺陷都是实质性的。这些缺陷不能得到根本性的修补，政府花再多的钱提供公共文化服务的愿望也很难实现。而修补这些缺陷在一定意义上说就是重构我国的公共文化服务体系。要做到这一点，除了从观念上真正理解政府职能转变的意义外，尤其要从理论上厘清继而在实践中处理好公共服务与市场经济的关系。一般地说，市场经济具有高效率的优势，但也存在一些明显的"失灵"。公共服务提供的合法性依据就在这里。但公共服务出场并不需要彻底排除种种市场机制，与市场针锋相对，而是需要积极借鉴市场制度的经验，与之形成良性互动的关系。同时，公共服务也要注意预防"政府失灵"，要真正贯彻社会公正的原则，同时还要做到高效，这是当代公共经济学对现代政府提出的新要求。

（中国社会科学院文化研究中心　执笔：章建刚、陈新亮、张晓明）

深化改革，构筑链条完整、性能卓越的公共文化服务体系
——近年来中国公共文化服务发展研究报告（下）

（2008年1月27日）

种种迹象表明，今后5至10年，将是我国公共文化服务体系快速发展的有利时期。我们应抓住机遇，迎接挑战，以全新方式重构公共文化服务体系，推进社会主义和谐社会的建设。

一、我国公共文化服务发展的未来前景

（一）我国工业化进程正处于中后期发展阶段，国家财政收入将持续增长，提供公共文化服务的能力和条件将得到持续改善

今后5至10年，我国经济将继续保持两位数左右的快速增长态势；城市化进程将进一步加快；大量计划经济时期形成的"工业化城市"和改革开放初期崛起的"集市型城镇"将要向现代生活和消费城市转变。全球化的趋势也要求我们这个发展中国家提前面对后现代或知识经济时代的问题。这个时期，公民权利意识将更迅速地觉醒，文化创造力大规模释放，公共文化服务需求将急遽增长。

（二）也是在这一时期，一个人口数量较大、相对富裕的中等收入阶层将会出现，以全新方式构建中国特色社会主义的公共文化服务体系的社会基础将发生较大的改变

这个阶层不仅将成为推动文化消费、发展文化产业的重要力量，而且将会表现出推动中国文化大发展大繁荣、参与提供公共文化服务的更

大意愿。

（三）还是在这个时期，政府职能转变成为改革的中心环节

为适应经济、社会的发展，推进政府职能转变，越来越多原来由政府垄断的公共服务职能将被释放出来。这就为第三社会部门参与公共文化服务提供了更大的活动空间。

因此，无论从需求的方面还是供给的方面说，也无论是从物质准备方面还是体制环境方面说，实现我国公共文化服务体系全新构建目标的条件都越来越成熟，越来越充分。

二、推动公共文化服务发展的对策建议

（一）精心进行制度设计，打造链条完整的公共文化服务体系

一个能够保障每一个人充分发挥文化创造潜力，使每一个人都能够充分分享社会、经济、文化进步成果的公共文化服务体系，要解决"做什么"和"怎样做"两个方面的问题。目前政府的"执行力"较强，财政资金较为充裕，"做什么"的问题较为容易解决，"怎样做"的问题突显出来。

"怎样做"的问题具体说，就是必须以改革的精神，按照政府职能转变的要求，构筑一个链条整齐、决策民主、廉洁高效的公共文化服务体系。首先要打造好公共文化需求表达和搜集环节，以及这些表达基础上的公共选择环节。接下来是建立民主、透明的公共文化预算体系，让预算形成、拨付、分配、执行、审计、验收所有环节成为全部可监督和可问责的过程。要有效克服对传统体制的"路径依赖"，就要以具体的制度设计来实现决策机制公开化，落实公民在这个问题上的表达权、知情权、参与权和监督权。

（二）适当加大公共文化的财政投入比例，使文化支出在财政总支出中的比例在较短的时间内提高到中等以上国家的平均水平

我国在文化发展上有较长时间的投入不足，历史欠账需要尽快弥补。有研究表明，目前国际上中等发达程度以上国家文化投入占财政投入1%以上，比我们目前的投入水平（0.4%上下）要高出一倍半还多。在国际比较中，我国各类图书馆、博物馆馆藏水平之低首先就是投入差距造成的。因此，国家应该通过"小步快跑"的方式，在未来几年迅速提高文化财政投入的比重。经过这一段高投入期以后，建立起一个与我国经济发展水平相适应、与国家财政能力相匹配、与我国文化大国和文明古国地位相称的长期而稳定的公共文化投入的预算安排。

（三）以改革的精神，吸取国外开展公共文化服务的有益经验，形成政府主导、社会力量广泛参与的公共文化服务提供格局

我国目前还是一个处在现代化进程中的国家，人民群众迅速增长的文化需求与文化产品和服务（无论是私人品还是公共品）的有限供给之间存在差距的状况还将长期存在。因此，政府在构建公共文化服务体系方面既要发挥主导作用，又不能单方面垄断公共文化服务的提供，而是应该开放公共文化服务领域，鼓励广泛的社会参与。换言之，政府一方面要直接地提供公共文化服务，另一方面又要制定规划和政策，动员社会力量参与，使得有限的公共财政资金能够产生放大效应，起到主导和导向作用。这方面发达国家的有益经验值得借鉴。

（四）改革一线文化服务机构，建设更加实用的公共文化服务设施，提供优质文化内容服务

继续推动作为公共文化产品和服务的生产部门的一线文化机构改革。原国有文化事业单位，应根据其提供产品的公共属性或商品属性进行区分，根据机构的营利与非营利性质进行区分，让大多数原文化事业单位回归市场，成为企业，通过市场机制提供日益丰富的竞争性文化商品，从而约束财政供养的范围，使有限的公共文化财政投入"用在刀刃

上"。同时要鼓励国有公共文化服务机构与各类文化产业机构、民间公共文化服务机构展开服务效率竞争，并在提高效率的同时实现持续的体制机制创新。

（五）采取差异化的公共文化服务体系建设策略，适度强化中央财政转移支付的功能

我国幅员辽阔，经济社会发展不平衡，而且这种不平衡不易在短时间内消除，因此应采取差异化的公共文化服务体系建设策略。建议在东部发达地区，特别是深圳、上海、北京等大城市，实行"以政府主导，以民间社会组织为主体，以全民普遍参与为核心"的公共文化服务体系建设模式；在中西部地区加强国家财政转移支付，加强公共文化服务体系的基础设施建设，通过全民讨论和相应立法程序，形成向欠发达地区给予公共文化服务倾斜的制度性安排，真正让城市反哺农村，东部反哺西部。

经过近30年的改革开放，社会主义市场经济体制已大致成型；连续多年的经济高速增长壮大了公共财政的基础；文化体制改革的思路通过试点也得到检验，我国公共文化服务事业已经迈过了历史的拐点，一个最终覆盖全社会的、高水平的公共文化服务体系依稀可见。当然，我们的公共文化服务仅仅有了一个良好的开端。要顺利实现这一光明前景靠的不仅是行政的力量和公共财政的支撑，也同样要依靠不断地解放思想和深化改革。和文化产业发展一样，公共文化服务体系的构建也是文化体制改革的重要内容之一。中国特色社会主义的公共文化服务体系的良好构筑既会促进与我国社会主义市场经济相适应的公共文化和公共领域的形成，也会促使更多以鲜明地方特色表达最普遍人文蕴含的文化艺术作品迅速"走出去"，极大提升中国文化的"软实力"，使当代中国的文化形象鲜明地展示在世人面前。

（中国社会科学院文化研究中心　执笔：章建刚、陈新亮、张晓明）

进一步推进公共文化服务体系建设的建议

（2009年8月18日）

《中国社会科学院要报》编者按：我院文化研究中心最近撰文指出，党的十七大以来，我国公共文化服务体系建设进入一个新的时期，现已初步形成以大型公共文化设施为骨干，以社区和乡镇基层文化设施为基础，覆盖全国城乡的公共文化服务体系，但仍有不少方面需要改进与提高。我们应加快文化体制改革，加强公共文化服务基础设施的软件建设，加大对文化原创的资助力度。

一、我国公共文化服务体系建设中存在的问题

（一）公共文化服务投入不足，效率不高

一是投入总量低且主要投向基础设施。目前我国公共文化财政投入约占全部公共开支的0.3%~0.4%，而发达国家和地区是1%左右。因此从绝对投入比例上看我们还有较大差距。从投向看，我国的公共文化服务投入主要是建基础设施和支持基层文化活动。这与发达国家将财政投入大部分用于资助艺术创作和遗产保护（所谓"资源培育性投入"）截然不同。

二是发展不平衡。我国目前还处在建设"公共服务型政府"的过程中，公共财政体制还没有完全建立起来，依靠转移支付功能消除地区和城乡差距的工作任务较重，文化类转移支付职能难以获得足够的关注。

三是效率不高。目前我国年人均公共文化财政投入已大致达到60元的水平，但据在某中部省份的调查，农民人均最终可以享受的文化产

品价值只有 10~15 元左右，中间环节的耗费已经成为一个不应忽略的问题。

（二）公共文化服务体系制度创新不足

理想的公共文化服务，应当是既有公共部门的必要承担和主导，也有全社会的积极响应和参与。但近年来各级政府强化公共文化服务时较多依赖投入，而不善于兼顾社会和市场，进行巧妙设计、科学决策。例如，全国博物馆免费开放就显得处理简单化，行政命令"一刀切"。实际上，到博物馆参观消费也是一种文化认同和货币投票，合理而具有灵活性的票价也许更有益。从国际经验看，周期性免票制度是更成熟的做法。

（三）对公共文化服务体系基本制度设计的理解还有待深化

其一，公共文化服务体系建设是我国文化大发展大繁荣的重要制度建构。其二，公共文化服务是对文化市场的必要补充。其三，认真处理好与文化市场的关系是新时期公共文化服务体系建设的中心任务。其四，提高效率是当前提高公共文化服务水平的管理学目标。

二、加强我国公共文化服务体系建设的对策建议

（一）继续推进文化体制改革，缩小国家财政直接供养的公共文化服务部门规模，开放社会力量参加公共文化服务的提供

计划经济时期文化部门都是事业体制，而事实上其中很大一部分属于企业，尤其在新闻出版和广播电视行业。我国由财政供养的公共文化服务体系的范围被过分扩大了。文化部表示，2009 年将重点推进文化部门直属单位转企改制试点工作，深化国有文艺演出院团的改革；采取政府补贴的办法，发展农村文化管理员和文化志愿者队伍等。这些改革举措会进一步区分文化事业与文化产业，为相关文化行业的改革及市场化改造探索有益经验。经过改革，由财政直接供养的公共文化服务部门

的规模会有所缩小，同等规模的公共文化财政投向将更为集中和有力。

由财政直接供养的公共文化服务部门范围的缩小，并不意味着公共文化服务领域缩小和服务内容的减少，反而应该通过开放社会力量参与公共文化服务的提供而得到极大的加强。我们应该在体制机制上作出新的安排，使志愿者或非政府组织的积极性与政府部门领导相互协调，发挥好政府和民间两个积极性，使政府不仅是公共服务的主要提供者，也是社会化的公共服务活动的组织者和协调者。

（二）着力打造名副其实的公共媒体，积极看待互联网在公共文化服务体系中日益增加的重要作用

在国家财政重点扶持的公共文化服务体系中，公共媒体扮演了核心的角色。《关于进一步推进新闻出版体制改革的指导意见》提到，要研究制定公益性报刊基本标准，适时公布公益性报刊名单。而作为公共媒体，就必须全面回应全社会的公共信息需求。

2008年我国有一系列重大事件发生，新媒体开始成为公众寻求信息的首选目标，这标志着以网络和手机为代表的新媒体正在成为我国公共主流媒体的新成员。至2008年底，我国网民数量已接近3亿，并仍在快速增加之中。我们应重新研究如何构建名副其实的公共媒体，一方面推动体制内新闻出版和播出机构在实现产业化剥离后逐渐回归公共服务的本位，另一方面积极认识互联网等新媒体在我国公共文化服务体系中日益增加的作用。

（三）加强公共文化服务基础设施的软件建设，进一步提高公共文化服务质量

公共图书馆、文化馆、博物馆、大剧院等的建设在2009年形成一波高潮，但这些机构所提供的服务还没有显著提高：一方面公共藏书的数量、品种、质量严重不足；另一方面服务功能和质量没有明显强化和提高，服务意识和服务项目不够，服务功能系统未建立。

公共博物馆的门票问题也要与展示服务等软件、质量问题联系起来

考虑，不宜采取"一刀切"的做法。这个问题处理不好，许多公共博物馆，尤其中西部地区的博物馆不可避免要出现展示水准和服务质量的下降；在经济和财政状况不好的时期问题更可能出现。公共财政究竟应该着重补贴门票还是更多充实馆藏，这是一个值得认真讨论的问题。

（四）继续加大对文化原创的资助力度，以及对人文社会科学公共产品的采购力度

加大对文化原创，包括加强对人文社会科学基础研究和代表国家水平的艺术表演团体等的资助，在国家有关文件中反复强调，但迄今为止，国家对人文社会科学与自然科学资助的力度差别依然较大，应尽快加以改变。我国正处在现代化过程中的所谓矛盾多发期和问题凸显期，各种经济发展和社会管理问题的复杂程度远高于一般发达国家，更需要社会科学研究部门研究能力的支持。

另外，无论是人文社会科学的研究还是造型艺术的原创都往往是由研究者或艺术家个人完成的，对这一类成果如何作出恰如其分的价值评估并在此基础之上予以公正和恰如其分的资助，需要建立、完善并高效运行专门的专家和公众评价机制。对这一机制的设计是一件具有紧迫性的工作。

（五）继续增加对特殊群体及欠发达地区的公共文化服务援助

近年来，随着公共财政的快速增加，公共文化服务正在发挥"保民生"的重要作用，有效丰富了中西部地区、少数民族地区、各类自然灾害地区和城市务工人员、离退休人群、贫困人口等的文化生活。但对这些服务的质量缺乏量化的评价，效率有待提高，需要进一步加强管理。应形成定期调研的制度和社会评估机制，以避免对重大公共需求的忽视和对某些公共需求的歧视。

（六）继续推进公共财政体制改革，有效支持文化大发展大繁荣

公共财政体制是公共文化服务得以实施的基本程序环节。有关部门

就新形势下作好文化财政管理作了一些新构想、新设计。但总的说，这些设计还更多局限于各现行政府部门之间的协调、管理和操作，而未能在宏观体制方面有所突破。

财政问题事关政府职能转换和服务型政府的打造。在国内，已经有少数城市率先进行以"参与式预算"为重点的公共财政改革试点，如在有关城区就公共文化设施项目的选择进行社区居民投票。目前政府的权力比较集中，而授权环节和监督环节相对薄弱。对于公共文化财政预算来说，也许比一般公共财政预算更需依赖专家机制。如何从根本上理顺政府的公共文化投入和社会公共文化需求之间的关系，对于文化大发展大繁荣的实现、文化软实力的提高殊为重要，尚需着力探索。

（执笔：章建刚、毛少莹、张晓明）

"十三五"时期我国文化发展急需解决的重大问题

（2015年6月23日）

一、"十三五"时期我国文化发展的国内环境分析

中国发展到现在，经济社会的全面进步给文化发展提供的机会是巨大的、多方面的。但是，由于我国经济总体上还没有完成工业化，文化产业发展的起步阶段与工业化高峰期同步，文化体制改革与文化政策创新任务叠加，发展环境的复杂性也大大增加。

（一）中国文化发展环境的中长期趋势：五大发展机遇

文化产业作为消费性服务业，将呈现巨大的发展空间。"十三五"时期我国国民经济发展进入新常态，随着宏观经济发展方式转型实质性推进，消费环境的进一步改善，文化消费将会实质性启动，为文化发展提供巨大的空间。根据商务部披露的信息，2013年我国实际文化消费规模已超过1万亿元，但是实际消费潜力为4.7万亿元，还有3.7万亿元的消费缺口。据预计，到2020年，全国文化消费需求总量将达16.65万亿元，文化消费潜力释放空间巨大。

文化产业作为生产性服务业，将成为国民经济转型和经济结构调整的重大支点。发展方式转型和经济结构调整升级将带动相关产业发展，对文化产业作为生产性服务业的需求有了爆发式的增长。2014年3月14日国务院发布的《关于推进文化创意和设计服务于相关产业融合发展的若干意见》，就是应对这一需求出台的文件。

文化产业也是新技术产业，技术革命将推动文化产业出现重大结构

调整。今后5~10年将是技术进步给文化发展带来根本性变革的时期。2014年阿里巴巴在国内大举收购兼并文化企业后上市美国，腾讯、百度等互联网巨头纷纷进入影视文化等文化产业核心领域，已经充分显示出今后几年将是文化科技融合发展的爆发式增长期。

新型城镇化建设继续为文化发展带来巨大机遇。中国城市化刚刚超过50%，还有20%的人口（2.6亿）要从农村转入城市。现代文化产业是城市化的产业，已建城市巨大存量的提升需要，新建城市巨大增量的需要，都为文化发展开辟出了巨大的空间。

文化贸易全面提升将使全球文化发展进入"中国主场"新阶段。今后5~10年可能是我国国际文化贸易出现根本性转变的时期。根据国家版权局发布的版权贸易数据，我国2013年共引进版权18167种，输出版权10401种，已经从世纪之交的大约1∶10降低到了1∶1.4。根据这一发展趋势，随着中国从版权进口国变为版权净出口国，中国全球文化产业制造业大国的地位会发生变化，文化制成品大规模出超的局面也会为进出口平衡所取代，甚至是转为文化产品和贸易进口国，以大规模文化消费对国际文化市场做出新的贡献（如同美国）。

（二）"十三五"国内文化发展政策环境的变化分析

对于"十二五"时期文化发展的政策环境可以有这样一个基本判断：由于宏观经济环境开始进入"新常态"，文化产业的发展速度也在不断下降，恢复到一个比较常态化的发展速度。文化产业发展进入"换挡期"。"十一五"时期以"铺摊子"为主要特点的发展态势在转向以"上档次"为主要特点的新阶段。在政策设计方面，出现了从"特惠型政策"转向"普惠性政策"，从"小文化"转向"大文化"，从产业支持性政策转向环境建设性政策的趋势。总体上，"十三五"文化发展的政策环境将会继续沿这些思路继续前进。但是，文化体制的政策创新会受到宏观经济体制的大环境影响，政策的落地实施也会面临挑战，值得我们关注。例如，从特惠性政策转向普惠性政策对转制尚不彻底的国有文化企业将是挑战，环境建设性政策落地将会与适应于工业化发展的现行体制不兼容。最根本的问题还是文化体制改革如何与已经基本建立起来的社会主义市场经济基本经济制度相配套，以及如何与党的十八大以来党中央提出来的中国特色社会主义"五位一体"总体建设格局相适应。

在十八届三中全会报告中，关于文化发展最重要的政策表述变化是第一主题词从"文化产业"变成了"文化市场"。如果对"十三五"时期文化发展的政策环境变化特点作简单概括，那就是从"文化产业发展"到"现代文化市场体系建设"。理解这一变化是把握"十三五"时期政策环境的基本点，在这一点上有所突破就能获得最大的政策红利。在市场经济体系健全的国家，产业政策能起到弥补短板、形成战略增长点，推动国民经济快速发展的作用。但是如果市场经济体系不健全，产业政策也会脱离市场需要，扭曲市场规律，造成资源错误配置。我国发展面临改革发展双重任务，因此产业的发展常常与市场机制形成张力，搞好了是产业推动市场开放，并为产业发展提供源源不断的动力，搞不好则会产业脱离市场规律，成为政府自娱自乐的过程。尽管2003年就开始启动了文化体制改革，但我国文化市场的开放程度一直落后于文化产业的政策干预强度，使得文化产业发展越来越脱离市场需求，依赖于财政的直接支持，成为政府政绩工程。因此，**"十三五"时期改革的核心任务就是回归文化产业与文化市场合理关系，让市场在资源配置中起积极作用。突破口在于改革文化内容的生产和监管体制。**要鼓励每一个人参与文化创造；要合理区分什么是一般文化内容，什么是意识形态内容，分类分级制定管理办法，尽最大可能保护人民群众的创造力；要培育大量的社会中介机构和行业协会，转交政府应该管但管不好的职能，为创造性的行为提供尽可能宽松的市场空间。

二、"十三五"时期我国文化发展急需解决的重大问题

（一）提出"文化治理体系"方案，开辟新的改革路径，克服文化体制改革中的"社会建设"瓶颈

文化领域是高度复杂的，与其他产品不同，文化产品与服务除了具有经济价值之外，还具有文化价值。文化价值又是多层面的，包括审美价值、象征价值、精神价值、历史价值等。文化市场因此需要多元化、多层次、多机制的复杂交换和评价系统来适应文化产品的复杂性。这决定了政府不宜采用传统的统治型社会管理范式，而更宜采用治理型的社会管理范式。文化治理体系和治理能力的问题事实上已经成为深化文化体制改革的突破口和新途径。我国文化体制改革已经呈现出了一条从"办文化"到"管文化"，又从"管文化"到"治理文化"的逻辑路径。"十三五"时期应该将培育"文化非营利组织"作为承接政府职能转交、推进国家文化治理体系的突破口和主要抓手。

（二）以"顶层设计"推动建立健全现代文化市场体系，开放思想市场，鼓励包容创新

"现代文化市场"本质上是个"思想市场"，因为文化产品和服务本质上是"精神文化产品"，内容创意是一切文化生产活动的源头和关键环节。当前，文化产业的快速发展凸显了内容原创环节的不足，新形势下如何突破内容管理瓶颈，激发原创，需要有创新思维。关键问题是要改革意识形态管理体制机制。一部文化市场的发展史就是一部以专业化和分工来克服思想传播的复杂性，从而实现经济价值的有效循环增值的历史，也是一部政府不断放松对个人思想的自由表达的管制，从而实现文化发展繁荣的历史。在这个意义上说，文化市场实质上就是思想市场，任何一个市场化取向的文化体制改革的核心举措就是思想市场的开放。失去了对思想市场个人表达权的法制基础，文化产业的政策一定是无源之水、无本之木。"十三五"时期文化发展的关键就是创新管理文

化内容生产和传播的方式,在思想市场的建设上真正获得进展。

(三)在统一的市场环境中进一步完善市场主体建设,特别是深化国有文化企业改革,全面推动创意、创新、创业

"十三五"时期我国将进一步推动文化企业全面、快速、健康发展,国有文化企业的发展与改革是关键环节。这需要关注:首先,如何在统一市场环境下创新梳理政府与企业的关系,严格界定公共文化政策和文化产业政策。政府公共文化政策服务于全社会公共文化服务体系的建设,而文化产业政策则服务于国家发展文化产业的战略需求,政府扶持政策的设计上需要作出区分。其次,如何聚焦文化内容生产活动,以鼓励创新为重点,进一步完善政府文化产业政策体系。政府文化产业政策体系的设计,理应聚焦文化内容生产活动,特别要以内容、技术、业态和商业模式创新为政策鼓励和扶持的重点。再次,进一步规范政府对国有文化企业的扶持。研究规范政府直接补贴国有文化企业的行为,研究规范并改善对特许经营企业的政府管制,同时对特许经营企业从事非特许经营业务、特许经营业务所可能获得的垄断收益、对外投资等事项,要研究制定针对性的管制措施。

(四)鼓励"跨界融合":推动文化创意产业与国民经济相关产业融合发展

随着经济的增长、社会的发展、科技的进步,消费的"脱物化"趋势将越来越明显。产业内融合、产业间融合、文化与经济融合,甚至是民族国家市场的融合将会是实现这一发展趋势的共同路径。从这个意义上说,我们正在大变局的入口处。"十三五"时期将是文化创意产业与国民经济相关产业实现跨界融合发展的高峰期。文化创意和设计服务的先导产业作用更加强化,与相关产业全方位、深层次、宽领域的融合发展格局基本建立,相关产业文化含量显著提升。文化创意和设计服务增加值占文化产业增加值的比重明显提高,相关产业产品和服务的附加值明显提高,为推动文化产业成为国民经济支柱性产业和促进经济持续健

康发展将发挥决定性作用。

（五）实施"带状发展"的区域融合战略，提升文化产业空间配置效率

"十三五"时期将是我国文化产业从地方本位和行业分立式的发展模式走向统一市场和空间分布式发展模式的关键时期，文化产业将从空间整合和效益提升中获得重大发展机遇。从空间布局角度看，我国文化产业存在的问题是地域性分割和发展的不平衡。实施"带状发展"的区域融合战略应该成为规划实施全国合理空间布局的突破口。"带状发展"战略的基础是文化资源与要素的地理分布，目标是提升产业协同效益，这就要突破行政区划，根据市场需要和产业竞争规律进行产业规划。我们可以规划出4~6个文化发展带，如长江文化发展带、珠江文化发展带、丝绸之路文化发展带、环渤海文化发展带、东北文化发展带、西部文化发展带等，作为地方文化产业"十三五"规划的指导，把每个文化发展带打造成统一开放、竞争有序的现代文化市场体系。

（六）推动文化科技融合，提升文化产业的发展水平

近年来文化科技融合推动传统文化产业升级，出现了许多新的发展趋势，特别是"众创"模式的出现使得"内容为王"走向"平台为王"，或者同步发展。目前我国文化科技融合战略落地还存在诸多障碍需要清除，文化、科技、金融等管理部门条块分割，各自独立，缺乏协作，造成政产学研之间的壁垒；文化与科技融合发展缺乏系统有效的保障支持；文化领域科技创新不足，对文化与科技创新成果评价存在非需求导向；人才供给不足，等等。因此，"十三五"文化发展规划需要关注以下问题：第一，以规划为统领，形成文化产业与科技、金融融合发展的联动机制；第二，建立健全要素市场，完善文化科技融合的投融资体系；第三，以完善现代企业制度为突破口，做大做强与科技、金融融合的文化企业；第四，加强复合型人才培养，建立全文化与科技、金融融合的人才体系。

（七）加强文化金融合作，适应"大众创业、万众创新"的文化产业发展新形势

2015年3月11日，国务院办公厅发布《国务院办公厅关于发展众创空间推进大众创新创业的指导意见》，标志着中国进入一个以"大众创业、万众创新"为特点的发展新阶段。对此，要加强无形资产评估和债券融资模式研究，建立良性的无形资产交易市场机制，不断完善中介服务和担保服务体系；要适应大量中小微企业融资需求，大力发展小额贷款、担保体系，并对中小微企业提供金融服务支持；要适应大量创业企业对创新型商业模式的探索需要，鼓励发展天使投资人和创业投资基金；大力扶持互联网众筹平台的发展，并鼓励文化企业通过众筹平台融资；大型文化企业整合并购意愿将持续，要加大推动整合并购的力度；鼓励社会资本进入文化产业领域，发展PPP合作模式；大力扶持社会化专业化服务机构，为西部文化企业提供融资中介服务；艺术品市场经过调整正进入新的增长期，艺术品金融体系急需规划艺术品交易市场，建立艺术品交易数据库；财政资金投入方式急需转变，应与社会资本、金融资本进一步加强协同合作，从扶持单个项目投资向扶持创业、扶持整合并购、扶持专业化服务平台方向发展。

（中国社会科学院中国文化研究中心　张晓明）

我国文化发展将在全球文化市场中彰显"主场效应"

——《"十三五"时期我国文化发展面临的国际、国内环境和急需解决的重大问题研究》之一

（2015年10月10日）

《文化政策调研》按语："'十三五'时期我国文化发展面临的国际、国内环境和急需解决的重大问题研究"是文化部委托中国社科院中国文化研究中心的研究项目。该项目研究报告提出，"十三五"时期中国文化发展将凸显两大主题：在国内，是建立健全"国家文化治理体系"，即将文化市场建设、文化产业发展、公共文化服务建设以及相关文化体制改革，一并纳入国家治理体系建设，按照依法治国原则，全面构建文化治理体系，提高从中央到基层的文化治理能力；在国际，是全面构建"中国对外文化发展战略"，以适应中国成为全球性国家的现实，为"一带一路"建设等提供持久的文化软支撑。为此，应探索以法律为基础、以政策为引导、以文化产业为骨干、以全面构建现代文化市场体系为支撑的、中华文化"走出去"模式。现将其研究报告的部分内容分四期摘报。

一、中国文化发展环境的中长期趋势：五大发展机遇

机遇之一：宏观经济转型并进入新常态，文化消费将呈现巨大的发展空间，文化产业作为消费性服务业将迅速成长。"十三五"时期我国国民经济发展进入新常态，将极大地有利于消费环境的改善，文化消费

将会实质性启动，最终文化消费市场会呈现巨大发展空间。根据商务部信息，2013年我国实际文化消费规模已超过1万亿元，但是实际消费潜力为4.7万亿元，还有3.7万亿元的消费缺口。按照商务部发布的预测，到2020年，全国文化消费需求总量将达16.65万亿元，文化消费潜力释放空间巨大。

机遇之二：经济结构调整加快，生产性文化服务需求将呈现爆发式增长，文化产业作为生产性服务业，将成为国民经济转型和经济结构调整的重大支点。"十三五"时期，我国经济结构加快调整，将产生巨大的生产性文化服务需求。2008年金融危机后，我国提出"从中国制造走向中国创造"的口号，传统制造业升级成为重大战略选择，对文化产业作为生产性服务业的需求有了爆发式增长。所谓"新型工业化"，高科技不再是全部选择，高技术和高文化附加值是新型工业化战略发展的"车之两轮"和"鸟之两翼"，"高技术与高文化的联姻"成为推动产业升级的关键动力。2014年3月14日国务院发布的《关于推进文化创意和设计服务于相关产业融合发展的若干意见》，就是应对这一需求出台的文件。

机遇之三：文化科技融合呈现加速趋势，技术革命将推动文化产业出现重大结构调整，由此产生爆发式增长空间。"十三五"将是技术进步给文化发展带来根本性变革的时期。我国新兴文化产业位居技术革命的最前沿，是文化和科技融合度极高的新兴产业，也是我国文化产业各行业中市场开放度最高、与资本市场链接最紧密、与新型消费最贴近的领域，因此具有大量未知的、具有爆发式增长的潜在市场空间。2014年阿里巴巴在国内大举收购兼并文化企业后上市美国，腾讯、百度等互联网巨头纷纷进入影视文化等文化产业核心领域，已经显示出文化科技融合发展的爆发式增长趋势。而阿里巴巴等互联网企业的爆发式成长也表明，在新兴文化产业领域我国最有可能出现全球顶尖级企业。

机遇之四：新型城镇化建设继续为文化发展带来巨大机遇。

"十三五"时期中国的城市化将依旧保持高速发展态势。首先是已建城市巨大的存量提升需要。"十三五"时期将会在一批新兴城市出现以文化为主线的软件投资高峰期，大幅提升城市的文化生活环境质量。其次是巨大的新建城市的增量需要。中国城市化刚刚超过50%，还有20%的人口（2.6亿）要从农村转入城市，5~10年内仍将延续每年总人口1.5%~2%的速度。每个新城区的建设都会有公共文化服务设施，甚至会有文化产业集聚区的考虑，这样就为文化发展开辟出了巨大空间。第三是高铁发展造成的国土空间利用效率提升所释放出的文化需求。特别是高铁改变了一大批中西部文化资源丰厚、基础设施完善的二三线城市的区位性质，将极大地刺激这些城市旅游文化产业的发展。

机遇之五：随着中国成为一个具有全球经济利益的国家，文化贸易将得到全面提升，全球文化发展将进入"中国主场"新阶段。 根据国家版权局发布的版权贸易数据，我国2013年共引进版权18167种，输出版权10401种，已经从世纪之交的大约1∶10降低到了1∶1.4。根据这一发展趋势，在"十三五"时期我国可能达到版权贸易进出口平衡，甚至成为版权出口国。随着中国从版权进口国变为版权净出口国，中国全球文化产业制造业大国的地位会发生变化，文化制成品大规模出超的局面也会为进出口平衡所取代，甚至转为文化产品和贸易进口国，以大规模文化消费对国际文化市场做出新的贡献（考虑到中国2020年将形成的16万亿文化消费潜力将仍然会有至少50%以上需要国际市场满足，这一趋势绝非凭空推断）。中国的文化产业正在从"创意进口""成品出口"时代走向"创意出口""成品进口"时代。在这个意义上说，中国的文化产业"全球化"进程，必会从主要"走出去"转向"走出去"和"走进来"并举，双向交流，甚至是"开发全球文化资源""购买全球文化产品"的新时期，全球文化发展将进入"中国主场"新时期。

对于全球性"中国文化主场"时代的来临需要有所准备。比如说，"十三五"时期中国将成为最重要的国际活动的发生地，最主要的国际性文化机构和非政府组织所在地，全球性文化展会、论坛、比赛、文化节日与庆典的举办地，以及全球性创意设计品牌新的诞生地。北京、上海、深圳等重要国家中心城市将相继成为世界城市，引领全球"创意城市"网络的发展。我们应认真领会十八届三中全会关于"整合内外宣"的指导思想，将国际国内两个大局纳入文化治理体系建设，以法律、法规、政策创新来适应这一变化。

二、"十三五"国内文化发展政策环境分析

（一）"十二五"时期文化发展政策描述：换挡期的政策转型

对于"十二五"时期文化发展的政策环境可以有这样一个基本判断：由于宏观经济环境进入"新常态"，文化产业发展速度也在不断下降，恢复到比较常态化的发展速度，文化产业发展进入"换挡期"。在政策设计方面，出现了从"特惠型政策"转向"普惠性政策"，从"小文化"转向"大文化"，从产业支持性政策转向环境建设性政策的趋势。

1. 关于从特惠性政策转向普惠性政策

根据中央文资办"文化产业重大课题研究计划"财税政策课题组研究，公共财税政策主要体现为"支出型的财政补贴"和"收入型的税收扶持"，我国文化产业发展始终伴随着这两种类型的政策组合。党的十六大以来，文化产业发展以改革改制驱动为主，在财政补贴与税收优惠相结合的政策环境下得到了快速发展。以党的十八大为分水岭，我国文化产业从改革改制驱动向改革创新驱动转型，政策需求发生了变化，此前以推动转制为主要任务的财税政策也要随之转向服务于产业的创新发展。我国文化产业相关的财税政策体系应从局部、短期、灵活的财税政策模式逐步向普适、长期、稳定的财税政策格局转型，这就要求从主要针对改革企业的，侧重财政补贴、辅之以税收优惠的"特惠型"政策组合，调整为针对所有文化企业的，以税收扶持为主、辅之以财政补贴

的"普惠型"政策组合。

2. 关于从"小文化"政策转向"大文化"政策

以一种不很精确的归类，我们将以往文化、新闻出版、广电等部门主管的、主要生产最终产品以满足人民群众精神文化消费需求的文化领域称为"小文化"，而将主要生产中间品以满足相关产业需要的创意设计等文化领域称为"大文化"。自"十五"以来，我国文化产业发展一直较多关注于生活性文化需求（最终消费），对于生产性需求关注度不高。这和我国宏观经济结构不合理、对生产性文化服务业需求不足，以及文化市场开放度不足、文化产业发展水平较为低下有关。2008年国际金融危机推动中国经济发展方式在被动中起步，文化创意和设计服务日益与经济社会各领域各行业呈现出多向交互融合态势，文化产业在满足生产性需求，发挥生产性服务功能方面的特点得到高度关注。推进文化创意和设计服务等新型、高端服务业发展，促进与实体经济深度融合，成为推动国民经济结构调整，培育国民经济新的增长点、提升国家文化软实力和产业竞争力的重大举措。

3. 关于从产业支持性政策转向环境建设性政策

党的十八大提出市场在资源配置中要起决定性作用的指导思想，以及十八届三中全会关于建立健全现代文化市场体系的指导思想，体现出本届领导集体对于文化建设的全新思路。我们注意到，三中全会后出台的一系列文件具有推动文化市场体系建设的明显动机。比如开放市场准入政策、扶持小微企业政策、鼓励文化金融合作政策等。

（二）"十三五"政策环境预测：总体上说，"十三五"文化发展的政策环境将会按照三中全会"建立健全现代文化市场体系"的总体思路继续前进

但是由于深化文化体制改革的方向尚不明确，以及文化体制和文化政策的创新受到宏观经济体制大环境影响，政策的落地实施将会面临挑战。

1. 从特惠型政策转向普惠型政策对转制尚不彻底的国有文化企业将是挑战

目前国有文化单位转企改制基本完成，与原有主管部门的资产、财务和预算关系逐渐松散，维持原有行政主管主办关系必然形成"企业单位事业化管理"的模式，造成新的政府监管缺位和越位并存弊病，限制国有文化企业建立现代企业制度，阻碍国有文化企业的兼并重组，企业内部也依然会在很大程度上按照原有利益格局及管理模式运行，因而很大程度上使得转制后的国有文化企业在文化市场上处于竞争劣势，政策效应一旦消减，竞争力就会迅速下降。

2. 环境建设性政策落地将会与适应于工业化发展的现行体制不兼容

中国从20世纪80~90年代才开始大规模工业化建设，加入世界贸易组织将中国推入了工业化的高峰期，为应对加入世界贸易组织要求开放服务贸易市场的挑战，又启动了文化产业的发展。由此产生的必然结果是，文化产业与目前我国主要适应于工业化发展的市场环境不兼容。近年出台的一系列文件都谈到要解决文化企业发展中的产权交易难、投资贷款难问题等，都与此有关。

3. 最根本的问题是文化体制改革如何与基本建立起来的我国社会主义市场经济基本经济制度相配套，以及如何与党的十八大以来党中央提出的中国特色社会主义"五位一体"总体建设格局相适应的问题

中国文化产业是在转型国家体制变迁的夹缝里生长出来的，她牵连着多重使命，纠缠于多重逻辑，徘徊在市场经济的必然规律和政治体制的现实需要之间，与相关领域的改革协调有相当的难度。根据十八届三中全会精神，这一难题的破解有赖于"现代文化治理体系"的建立。

三、从文化产业发展到文化市场体系建设："十三五"时期文化发展政策环境的最大变数

在十八届三中全会报告中，关于文化发展最重要的政策表述变化是第一主题词从"文化产业"变成了"文化市场"。理解这一变化是把握"十三五"时期政策环境的基本点，在这一点上有所突破就能获得最大的政策红利。

（一）认识产业与市场的一般关系：市场是基础，产业是政府对市场的干预

按照一般理解，市场经济有较长的自发演进历史，而产业政策作为国家对市场的干预，服务于后发国家赶超发达国家的发展战略。在市场经济体系健全的国家，产业政策能起到弥补短板、形成战略增长点，推动国民经济快速发展的作用。但是如果市场经济体系不健全，产业政策也会脱离市场需要，扭曲市场规律，造成资源错误配置。我国发展面临改革发展双重任务，因此产业的发展常常与市场机制形成张力，搞好了是产业推动市场开放，并为产业发展提供源源不断的动力，搞不好则会产业脱离市场规律，成为政府自娱自乐的过程。党的十八大将以前提出的市场经济对资源配置的基础性作用修改为市场经济对资源配置的决定性作用，就是要纠正多年来在"宏观调控"的名义下政府对市场越来越强的干预作用。

（二）认识文化产业与文化市场的复杂关系：文化市场本质上是思想观念的博弈，以产业政策推动发展非常复杂

首先，文化市场的交易对象是文化产品和服务，具有经济价值和文化价值双重属性，这一特质决定了文化市场的供需双方——生产者和消费者的关系本质上是思想观念的创作、传播与相互激荡的关系。这是一场由专注于自我表达的一方（创作者）与同样专注于希望获得自我满足的另一方（消费者）组成的连续不断的博弈，结果具有高度的不确定性，

对于这样的市场化过程的干预很难找到合理的尺度。其次，文化市场覆盖领域广泛，特异性高。比如说出版、影视、演艺等，每一个领域市场化形式都不同，产业化程度也不一样，很难照搬传统工业那种单一的产业发展模式。第三，目前我们正面临数字和网络技术发展的新高峰，新业态和新商业模式层出不穷，新兴文化产业发展呈现出极为复杂的图景，甚至"市场"和"非市场"的边界都日益模糊。可以想象，在这样一种市场环境中制定合理的"新兴产业"发展战略将是一件难度极大的事。

（三）我国文化产业与文化市场关系总体上看是市场开放程度落后于产业政策干预力度，"十三五"的核心任务是回归市场与产业的合理关系

"十二五"以来，文化产业发展速度日益放缓，回归常态，原因在于我国文化市场已经从十几年前的"总体短缺"走向了"短缺与过剩并存"的新阶段，我们已经具备了大规模放开市场，推动兼并重组，提升产业效益的条件（按照经济学的说法，在供给高度短缺的时候，政府保护企业是有理由的，供给过剩的时候就没有必要对企业那样呵护备至了）。更何况近年来移动新媒体发展迅速，草根自创渐成内容创新主体，客观上也要求进一步放开市场准入、减少行政干预、转变政府职能，科学界定政府和市场的定位和合理边界。因此，"十三五"时期的核心任务就是让产业回归市场，加大文化市场开放程度，充分发挥市场在资源配置方面的决定性作用，在这个基础上重新调整和完善产业政策。

（四）突破口是进一步改革内容生产和监管体制

要合理区分什么是一般文化内容，什么是意识形态内容，分类分级制定管理办法，尽最大可能保护人民群众的创造力。要培育大量的社会中介机构和行业协会，转交政府应该管但是却管不好的职能，为创造性的行为提供尽可能宽松的市场空间。

("'十三五'时期我国文化发展面临的国际、国内环境和急需解决的重大问题研究"课题组，组长：张晓明，成员：李河、章建刚、史东辉、祖春明、刘建华、刘德良。本文执笔：张晓明）

培育文化非营利组织，完善文化治理体系结构
——《"十三五"时期我国文化发展面临的国际、国内环境和急需解决的重大问题研究》之二

（2015年10月10日）

《文化政策调研》按语：党的十八届三中全会《决定》中首次提出要"培育文化非营利组织"，这是推进国家治理体系和治理能力现代化总目标在文化领域的一项重要的战略举措。"'十三五'时期我国文化发展面临的国际、国内环境和急需解决的重大问题研究"课题组认为，"十三五"时期应将培育"文化非营利组织"作为承接政府职能转变、推进国家文化治理体系的突破口和主要抓手。现将其观点摘报如下。

一、培育文化非营利组织是完善文化治理体系的关键

文化非营利组织是指独立于政府体系之外、不以营利为目的，且由公众自发组织形成，参与到公共文化领域建设中的组织类型。国际上现有主要文化非营利组织可以归结为以下几种类型。

（一）文化类中介机构

这类机构是介乎于政府与具体文化单位之间的、为各级政府实现"一臂间隔"（arm's length）原则[①]的重要机构。这类组织有两个基本特性：一是通常接受政府委托，为政府提供文化政策咨询并把政府的部分文化

---

① 治理型文化管理范式在文化政策的通行术语中通常被形象地表述为"一臂间隔"，其基本要义是指从对文化的集中管理到分权管理。"分权"具有"垂直"和"水平"两种向度，文化中介机构是各级政府实现水平分权的重要组织。

拨款落实到具体文化单位；二是由艺术方面和文化产业方面的中立专家组成，接受政府委托，但独立履行其职能。

（二）文化类基金会

利用自然人、法人或其他组织捐赠的财产，以从事公益事业为目的的非营利性法人机构。通常的做法是，这部分被捐赠出来的财产是一份本金，可以被投资到股票或债券市场以获得一定利息作为"运营资金"。文化类基金会通常是"非营利文化领域的大机构生存的一个核心元素"，也是"文化慈善领域运作的核心"。

（三）文化类行业协会

通常具有行业维权和行业自律两大功能。在维权方面，如美国电影协会等文化类行业协会已经成为行业维权的主导力量，可以与政府进行谈判，甚至影响国会决议；在行业自律方面，可以通过引导行业群体内部形成共享规范，形成对所有成员的内在约束力，这既可以有效减少机会主义等利益共同体中常见的不良行为的出现，又可以进一步减少监督和制裁活动所需要的社会成本。

（四）文化类社会企业

"社会企业"这个概念最早由经济合作与发展组织（OECD）在1994年首次提出[①]。按照当时的定义，社会企业是一种将商业运作与社会价值结合起来的创新型社会组织。在我国通常被称为"民办非企业"。与西方国家相比，文化类社会企业在我国的发展仍属起步阶段，在制度建设方面仍需进一步完善。比如，按照财政部、国家税务总局的有关规定，这类企业可以申请获得免税资格，但事实上却几乎享受不到任何免税优惠，即使是政府购买的服务也不能免税。

---

① 刘继同译：《经济合作与发展组织报告节选》，载王思斌编《中国社会工作研究（第二辑）》，中国社会科学出版社2004年版，第197—201页。

二、我国文化类非营利组织的发展现状及存在的问题

改革开放以来，我国文化类非营利组织获得了一定程度的发展，但其存在的问题仍较为突出。

其一，文化类非营利组织在数量和规模上相对滞后。根据民政部2014年6月17日印发的《2013年社会服务发展统计公报》显示，截止到2013年底，全国文化类社会团体有27115个，占总量的9.38%；共有文化类社会企业11694个，占总量的4.59%；共有基金会4044个[①]，文化类基金会具体占比不清，但截止到2014年，文化部主管的文化类基金会仅有12个，由此推测，文化类基金会数量并不多。

其二，文化类非营利组织存在人员专业素质不高、内部治理不健全，政社不分、管办一体、责任不清，独立运作能力较弱，整合社会资源和吸收社会资本能力不强，社会公信力和影响力偏低等问题。其原因部分与我国公众对文化领域公益的关注较少有关，但更为重要的是体制机制的设置问题：

一是由于文化领域具有一定的意识形态属性，对文化类非营利组织的审批相当严格。目前，我国非营利组织采用业务和登记机关双重管理体制，审批程序多达10道以上。文化类非营利组织特别是社会性组织通常会因无法找到主管行政单位而不能获得合法性地位。

二是由于文化类非营利组织在很大程度上依附或受限于政府，并没有形成具有市场竞争力的运行机制。业务主管部门因无暇顾及也只是名义上的指导，即使有些文化类非营利组织具有一定的独立性，但由于受到业务主管部门的制约，其开展的各类文化活动也会受到文化行政管理部门的干预和限制，这致使许多非营利组织很难形成市场开放性与竞争

[①] 参见中国民政部2014年第4季度《社会服务统计季报》（http://files2.mca.gov.cn/cws/201501/20150129172531166.htm）。

活力。

三是由于我国尚未建立起一套针对文化类非营利组织的社会监管机制，其内部自律性和外部公信力均较差。首先，按照相关管理制度要求，文化类非营利组织通常设有会员代表大会、理事会、常务理事会等机构，但大部分此类机构形同虚设；其次，文化类非营利组织内部并未建立起项目预算、账目公开、第三方审计等相应的监管制度；再次，社会未形成对文化类非营利组织的社会监管机制，比如英国的"举报制"、德国的"看门狗"模式等[①]。

三、"十三五"时期培育和发展文化类非营利组织的措施建议

我们认为，"十三五"时期亟需培育和发展文化类基金会和文化类行业协会，同时积极推动满足条件的文化事业单位或那些虽转型为企业、但市场化程度不高的文化机构向非营利组织转型。

（一）文化类基金会可能成为我国财富再分配的重要出口之一

我国收入差距在不断扩大，并且出现代际固化的新趋势，如不采取有效措施遏制收入和财产差距的进一步扩大，很可能引发严重的社会后果。因此，"十三五"时期要加强对文化类基金会的培育，使之成为社会财富再分配的重要出口和文化领域资金的重要来源。

---

① 英国的"举报制"是把社会监督全部动员起来，建立了一个非常广泛的社会监督体系，组成一个很有效的举报网络，任何公民发现问题都可以举报，政府通过举报系统获得信息对相关社会组织进行问责。德国的"看门狗"的模式也值得借鉴。有很多中介组织负责监督，一旦发现社会组织出了问题，就向相关的问责机构、执法机构进行举报。

（二）文化类行业协会不仅是文化产业各细分领域共享规范的制定者和监管者，更会对文化产业结构调整转型发挥积极作用

目前，我国文化产业正处于优化产业结构的"换挡期"。"十三五"时期应着力加快推进政会分开，完善协会制度建设，引入竞争机制和多元化社会监督体系，使其在加强行业自律、优化产业结构和调整资源配置等方面发挥积极作用，推动文化产业健康快速发展。

（三）积极推动有条件的文化事业单位和虽已转型为企业、但市场化程度不高的单位，主要是演艺机构，转型为非营利组织

演艺机构等文化单位虽已转型为企业，但由于它们自身市场化程度不高，如果缺乏稳定的资金来源，很容易走向只关注经济效益、忽视提高艺术创作能力的不可持续发展之路。如果允许这类企业向非营利组织转型，可以使其从主要追逐市场利益转向更多地关注原创。

鉴于此，"十三五"时期应以突破文化体制机制束缚与限制为着力点，主要加强以下工作：

第一，加强顶层设计，启动文化类非营利组织的专门立法工作。建议由文化部牵头组成文化类非营利组织立法专家咨询小组，起草相关法律草案，特别关注对捐赠文化类非营利组织的个人及企业和非营利组织本身实行的税收等优惠政策进行立法。

同时，完善非营利性市场主体的法律建设，如考虑采用"财团法人"形式。我国现存的社会团体法人、社会企业、基金会完全符合财团法人的内涵特征[1]。建议调整现行的企业法人、机关法人、事业法人、社团法人的法人分类，引入大陆法系传统的财团法人制度，建立作为他律法人的财团法人治理机制。

第二，进一步放宽文化类非营利组织的准入门槛，分类推进取消双

---

[1] 张国平：《论我国公益组织与财团法人制度的契合》，《江苏社会科学》2012年第1期，第91—96页。

重管理体制。建议由文化部牵头，组织相关领域的专家学者尽快制定分类标准的细化指标体系。以此为根据，对那些达到直接登记标准的机构进行试点，需要特别关注放宽文化类基金会准入门槛，简化登记程序。

第三，**在文化体制改革中，要由"一刀切"模式逐步转向文化机构自主选择营利还是非营利性质**。建议文化机构可根据自身的市场化程度和能力自主选择转型为营利性企业或非营利组织。这样可避免出现在某些市场化程度不高的文化机构强制转型为企业后，或者被市场淘汰，或者过度商业化的问题。

第四，**加快建构对文化类非营利组织的全社会监管体系，并充分发挥文化类行业协会的监管功能**。建议尽快建构对文化类非营利组织的全社会监管体制，要求所有组织账目公开、透明，可以随时接受第三方审计和全社会监督。建议在文化部设立投诉受理处，专门受理对文化类非营利组织的投诉案件，并建立文化类非营利组织的信用记录，作为非营利组织年度考核的重要依据，对那些社会投诉较多的文化类非营利组织进行警告、整顿乃至注销。

与此同时，加强对文化类行业协会在组织监管方面的能力培训，使之成为对文化类非营利组织进行社会监管的重要力量之一。

第五，**改变"民办非企业"这种临时性政策用语，统一使用非营利机构名称**。"民办非企业"名称本身不仅语义不清，且易引起误解，认为是政府对社会力量进入公共领域的一种权宜之策。这与党的十八大和十八届三中全会深化文化体制改革的初衷是相抵触的。

（"'十三五'时期我国文化发展面临的国际、国内环境和急需解决的重大问题研究"课题组，组长：张晓明，成员：李河、章建刚、史东辉、祖春明、刘建华、刘德良。本文执笔：祖春明）

建立健全现代文化市场体系，提升文化产业空间配置效率

——《"十三五"时期我国文化发展面临的国际、国内环境和急需解决的重大问题研究》之三

（2015年10月10日）

《文化政策调研》按语：2003年开始的文化体制改革是以打造市场主体为主要任务，到2013年十八届三中全会提出建立健全现代文化市场体系的改革方向，我国文化领域的体制机制改革和政策创新走过了从微观到宏观的发展道路。"十三五"时期要以"顶层设计"推动建立健全现代文化市场体系，进入一个以文化市场环境建设进一步推动文化企业全面、快速、健康发展的新阶段。

一、在统一的市场环境中进一步完善市场主体建设，特别是深化国有文化企业改革，全面推动创意、创新、创业

对于"十三五"时期我国文化企业发展前景的基本展望可以归结为以下三点：首先，随着政府职能的转变和文化管理体制改革的深化，特别是在文化投资和文化创新领域政府审批制度的革新，文化企业发展的制度环境将有明显改善。现代文化市场体系的逐渐形成将使市场的进入和退出机制趋于完善，市场竞争机制的作用得以发挥，各类社会资本将拥有更大自主经营空间，并因此大大提高我国文化企业的资源配置效率和盈利性。其次，随着国有经营文化单位转制工作基本完成，我国文化企业将出现全行业全方位的大规模兼并重组。特别是在转制企业比较集

中的新闻出版发行服务、广播电影电视服务、文化艺术服务3个大类中，转制企业与非转制企业在市场环境、政府管理及扶持、要素流动等方面原来较大的制度性差异会随之逐步消除，基于产品与服务的多样化与效益的竞争必将成为这些企业生存的唯一机会，在统一市场环境下的新一轮竞争必将展开。第三，随着转企改制任务的基本完成以及相关体制机制改革的全面深化，国家将进一步加强对内容生产的扶持，国有控股企业在文化内容生产领域的发展速度将进一步加快，非国有资本进入文化内容生产领域的速度也将加快，"新兴"文化内容生产企业也将对"传统"文化内容生产企业发起有力的挑战。我国文化企业将迎来一个新产品、新业态、新商业模式百花齐放，创意、创新、创业竞相迸发的时期。

这个时候特别需要关注以下问题的研究。

（一）如何在统一市场环境下创新梳理政府与企业的关系，严格界定公共文化政策和文化产业政策

政府公共文化政策服务于全社会公共文化服务体系的建设，其主要通过政府出资举办或政府购买服务的方式，满足全社会对公益性文化产品和服务的需求。而文化产业政策则服务于国家发展文化产业的战略需求，其主要通过扶持特定企业、特定商业性项目、特定商业性行为的途径，促进相应文化企业的成长，最终达到推动文化产业成为国民经济支柱产业的战略目标。此外，由文化发展的固有特性所致，许多文化产品和服务门类公益性和非公益性并存。为此在政府扶持这些门类企业发展的具体政策设计上，同样需要区分公共文化政策和文化产业政策。其中必须明确的是，文化企业固然需要把社会效益放在首位，但其并没有提供公共文化产品和服务的义务。如果需要由文化企业提供公共文化产品和服务，那就应当直接由政府出资，如政府采购、项目资助。

（二）如何聚焦文化内容生产活动，以鼓励创新为重点，进一步完善政府文化产业政策体系

现代文化产业涵盖面越来越宽，创意内容的前端的重要性越来越突

出，政府文化产业政策体系的设计理应聚焦文化内容生产活动。政府扶持政策聚焦于此既充分体现了文化内容生产活动的重大战略意义，也有利于最大限度地发挥政府扶持政策导向性、激励性作用。在聚焦文化内容生产活动的前提下，特别要以内容、技术、业态和商业模式创新为政策鼓励和扶持的重点。通过政府扶持，不仅能够使得文化企业的创新活动为经济增长和文化发展提供充足的动力，而且也有利于广大文化企业有效应对由创新的不确定性所致的风险，最大限度地提高创新投入。

（三）进一步规范政府对国有文化企业的扶持

一是要研究规范并改善对特许经营企业的政府管制。比如说，要特别注意在新闻出版发行服务、广播电视电影服务等行业中有着一大批拥有出版或播出特许经营权的国有企业，必须从反垄断和维护国家利益的立场出发，严格管制他们的纵向一体化行为，鼓励制作和出版、制作和播出分离，坚决抑制特许经营企业谋求垄断上下游市场的行为。同时，对特许经营企业从事非特许经营业务、特许经营业务所可能获得的垄断收益、对外投资等事项，要研究制定针对性的管制措施。二是要研究规范政府直接补贴国有文化企业的行为。鉴于目前各级政府对国有文化企业的补贴名目较多的事实，要研究并规范：如何继续维持政策性亏损补贴；如何减少乃至取消经营性亏损补贴；如何运用政府采购、招标、公开资助等方式为国有文化企业提供公益性文化产品和服务引进市场化机制，而不再采取政府直接补贴方式；如何更加科学合理地对于提供产品和服务社会效益特别显著的国有文化企业给予政府奖励。

二、鼓励"跨界融合"：推动文化创意产业与国民经济相关产业融合发展

"十三五"时期将是文化创意产业与国民经济相关产业实现跨界融合发展的高峰期。首先，跨界融合是基于产业链各个环节的垂直融合。

文化的资源、创意、生产、技术、资本、流通、消费等环节日益扁平化。以互联网行业为例，在移动互联网迅猛发展的不断催化下，产业链上下游的壁垒被进一步打破，电信运营商、内容和应用服务商、设备制造商、终端厂商、软件商等企业加速将自身业务向产业上下游延伸，通过企业并购、业务合作等形式，有针对性地打造硬件、软件、应用服务的一体化特色服务，以争抢移动互联网入口。其次，跨界融合是技术驱动下的行业融合。如传媒产业中的新闻出版、广播影视、新媒体业等媒体行业的融合，传媒业与歌舞演艺、艺术品业、会展业等不同文化行业的融合。再次，跨界融合是文化产业与外部传统行业的融合。如与零售、金融等传统产业纵深跨界融合加速，产业边界日渐模糊。最后，跨界融合是文化创意元素与第一、第二、第三产业的普遍融合。

近年来，随着我国新型工业化、信息化、城镇化和农业现代化进程的加快，文化创意和设计服务已贯穿在经济社会各领域各行业，呈现出多向交互融合态势。"十三五"期间，文化创意和设计服务的先导产业作用更加强化，与相关产业全方位、深层次、宽领域的融合发展格局基本建立，相关产业文化含量显著提升。文化创意和设计服务增加值占文化产业增加值的比重明显提高，相关产业产品和服务的附加值明显提高，为推动文化产业成为国民经济支柱性产业和促进经济持续健康发展将发挥决定性作用。

随着经济的增长，社会的发展，科技的进步，消费的"脱物化"趋势将越来越明显，经济整体越来越具有"体验"性质。产业内融合、产业间融合、文化与经济融合，是实现这一发展趋势的共同路径。从这个意义说，我们正在大变局的入口处。

三、实施"带状发展"的区域融合战略,提升文化产业空间配置效率

"十三五"时期将是我国文化产业从地方本位和行业分立式的发展模式走向统一市场和空间分布式发展模式的关键时期,文化产业将从空间整合和效益提升中获得重大发展机遇。

从空间布局角度看,我国文化产业存在的问题是地域性分割和发展的不平衡。我国长期以来对文化实行行政方式、条块分割的管理办法,在中央设立文化、广电、新闻出版等管理部门("条"的指挥体制),在地方则形成以地方行政当局统管的同样结构的下级管理部门("块"的行政管理)。在计划经济体制下,以地方行政单位为文化资源配置的基本单位,每个地方都具有完全相同的文化单位和设施。比如说,每个省都有同样的新闻出版、广播电影电视以及演艺机构等。

所谓发展不平衡是指,改革开放以来,在2000年以前,文化事业单位的发展主要依靠地方财政,以及允许事业单位自身创收的做法,导致文化发展在地区和城乡间严重不平衡。经济发达地区消费水平高,文化需求旺盛,购买服务能力强,财政支持力度又大,各种文化机构发展形势就好。落后地区有效需求不足,当地政府财政能力又低,文化机构发展形势就差。2000年以来,我国启动了文化产业的发展,开始市场机制对文化资源的配置,原有结构有所松动。但是从发展模式来看,由于从中央到地方都高度重视文化产业(特别是2008年全球金融危机以来),文化领域也很大程度上沿袭了与经济领域一样的发展模式:市场竞争+地方政府竞争。也就是说,文化产业获得了长足的发展,地方政府的优惠政策和财政支持起到了很大的作用,但是也强化了文化资源按照行政区域配置的传统模式,造成了重复建设和新的地域性分割。文化产业陷入了与宏观经济领域一样的不合理的发展方式。这种状况一直到全球金融危机后,宏观经济领域发展方式转型全面启动才得到遏制。

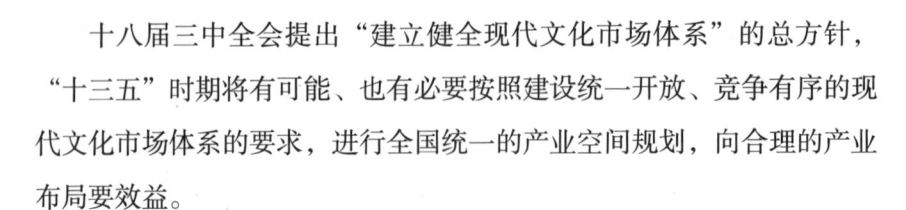

十八届三中全会提出"建立健全现代文化市场体系"的总方针，"十三五"时期将有可能、也有必要按照建设统一开放、竞争有序的现代文化市场体系的要求，进行全国统一的产业空间规划，向合理的产业布局要效益。

实施"带状发展"的区域融合战略应该成为规划实施全国合理空间布局的突破口。首先，"带状发展"战略的基础是文化资源与要素的地理分布。"藏羌彝文化走廊"项目就是按照藏羌彝文化资源分布制定的横跨7个省的"带状发展"规划，已经为我们提供了一个很好的范例。其次，"带状发展"的战略目标是提升产业协同效益。这就要突破行政区划，根据市场需要和产业竞争规律，进行产业规划，以期实现区域范围内产业效益的最大化。第三，"带状发展"战略还可以推动发展带内的地方政府和文化主管部门转变政府职能，改善对文化产业的财政支持方式，更好地发挥政府应有的作用。

根据目前掌握的文化产业数据，可以规划出4~6个文化发展带，作为地方文化产业"十三五"规划的指导，如长江文化发展带、珠江文化发展带、丝绸之路文化发展带、环渤海文化发展带、东北文化发展带、西部文化发展带等，把每个文化发展带打造成统一开放、竞争有序的现代文化市场体系。

（""十三五"时期我国文化发展面临的国际、国内环境和急需解决的重大问题研究"课题组，组长：张晓明，成员：李河、章建刚、史东辉、祖春明、刘建华、刘德良。本文执笔：史东辉、刘建华等）

关于推动文化与科技融合、加强文化金融合作的政策建议

——《"十三五"时期我国文化发展面临的国际、国内环境和急需解决的重大问题研究》之四

（2015 年 10 月 10 日）

《文化政策调研》按语： "十三五"是中国文化产业与科技、金融融合发展的关键时期。文化发展的关键任务之一是如何营造更加有利于文化科技融合发展的政策环境；如何适应"大众创业、万众创新"的新形势，多方面开展金融创新。要科学制定文化产业与科技、金融融合发展的规划，明确科技、金融支持文化产业发展的方向，提出主导产业发展目标和实现路径。

一、推动文化科技融合，提升文化产业的发展水平

近年来文化科技融合推动传统文化产业升级，出现了许多新的发展趋势。首先是在文化产业各个行业内部对传统产业的冲击。文化科技融合产生的新兴产业以其丰富的表现力、体验性、创新性，对几乎所有传统文化产业都产生了冲击，其中纸媒出版首当其冲。其次是文化产业与相关产业的跨界冲击。文化与科技融合推动了文化产业与许多原来与文化产业毫无关联的行业融合。比如说通过创意设计与制造业融合，与农业融合，以及用动漫、影视技术带动传统的旅游产业，等等。第三是文化科技融合引发的创新模式——众创空间的出现并被肯定。传统的以技术发展为导向、科研人员为主体、实验室为载体的科技创新活动正转向

以用户为中心,以社会实践为舞台,以共同创新、开放创新为特点的用户参与的创新2.0模式。特别需要关注的是,"众创"模式的出现使得"内容为王"走向"平台为王",或者同步发展,出现了平台弱化内容生产的趋势,现在需要重新强调"内容为王",至少应该实现"内容为王"和"平台为王"的统一。

目前我国文化科技融合战略落地存在诸多障碍需要清除。首先是文化、科技、金融等管理部门条块分割,各自独立,缺乏协作,造成政产学研之间的壁垒,既造成文化资源的高科技开发手段不足和文化科技装备不足,也存在科研成果与文化领域实际需求结合不紧、转化渠道不通等问题。其次是文化与科技融合发展缺乏系统有效的保障支持。相比于以往经济领域(如科技领域)的成熟优惠政策体系而言,文化科技领域尽管已出台了许多政策,但是真正落地执行,对文化科技融合形成支撑作用,还有一段过程。第三是文化领域科技创新不足,对文化与科技创新成果评价存在非需求导向。现行的研发成果评价机制单纯以论著级别和数量、专利数等为考量标准,是为科研而科研的评价机制,难以用经济价值考量。重复低效的成果研发,成果实际应用效果差,没有以市场需求为导向。第四是人才供给不足。传统的文化人才不懂得科技在文化传播、文化消费过程中的作用,而科技人才对文化内容重要性又普遍存在认识不足。文化企业普遍缺乏既通晓高科技、又熟谙文化的复合型人才,难以创作出民族文化与高科技手段高度融合的文化精品。

"十三五"文化发展规划在文化科技融合领域特别需要关注以下问题。

(一)以规划为统领,形成文化产业与科技、金融融合发展的联动机制

要科学制定文化产业与科技、金融融合发展的规划。明确科技、金融支持文化产业发展的方向,提出主导产业发展目标和实现路径。为落实融合发展战略,要从省或市的层面专门成立支持文化和科技融合的协

调机构，形成推进文化产业与科技、金融融合的联动机制，承担统筹规划、宏观指导和评价监测等工作。要发挥协调机构在专题咨询、联席会议、定期会商、业务交流和重点督办等方面的作用。强化部门协同，加强跨行业、跨部门、跨所有制乃至跨区域联合，加强文化基地建设，引导科技、资金等要素资源不断向文化基地和优势文化企业聚集。

（二）建立健全要素市场，完善文化科技融合的投融资体系

要加快培育产权、版权、技术、信息等要素市场，重点围绕旅游业、民族民间文艺演出业、民族民间工艺品产业、民族节庆与会展产业、山地体育与户外运动产业、广播影视、新闻出版、文化艺术与休闲娱乐产业、网络新媒体与动漫网游、创意设计产业等专业市场开展金融创新，建立多元化、多层次、多渠道融资体系。发挥科技银行的对口信贷扶持作用，在资金的规模、授信的额度、信贷的时间上给予文化科技产业扶持，提供个性化、系统化的融资方案，形成"科技与金融紧密结合，产业与资本无缝对接"的企业成长环境。建立联保机制、联席会议制度、企业融资项目库，切实解决文化园区企业融资困难。大力扶持园区文化企业上市融资，建立新三板申报企业项目储备库。

（三）以完善现代企业制度为突破口，做大做强与科技、金融融合的文化企业

以文化龙头企业为核心，形成一批规模型、龙头型的领军企业，打造一批与科技、金融融合的现代大型文化企业集团。大力引进国外知名文化企业，尤其是在我国文化产业发展重点领域内的国际知名企业。积极发展国有文化企业。培育一批核心竞争力强的国有或国有控股大型文化企业或企业集团，对国有文化企业跨地区、跨行业、跨所有制兼并重组和上市融资给予政策支持。放宽市场准入，按照"非禁即入"原则，鼓励和引导非公有资本以独资、合资、合作、联营、参股、特许经营等多种形式公平进入文化产业领域。推进信息科技手段在文化产业的运用。

（四）加强复合型人才培养，建立健全文化与科技、金融融合的人才体系

加快文化产业与科技、金融融合的复合型人才培养，加强国内外高层次文化科技人才，尤其是文化领军人才的培养和引进。同时，做好现有人才的专业培训，使之在快速发展的技术变化前具备充分的适应能力和驾驭新型文化技术装备的能力。将文化人才纳入特殊人才政策范畴，开通文化人才"绿色通道"，在子女入学、就医就业、税收返还等方面给予优惠政策。同时，为复合型人才、团队与研究机构的发展提供更为有效、完善的条件。加强理工学科与人文、管理学科的交叉融合，支持高校设立文化科技交叉学科，支持科研院所开展文化科技专业研究生培养，加强对有关文化园区、基地的管理人员的培训等，促进文化创新人才的培养。

二、加强文化金融合作，适应"大众创业、万众创新"的文化产业发展新形势

我国文化企业中90%以上是中小微企业，大多数企业缺乏金融经验和资源，也缺少专业化服务，资金是制约文化企业发展的核心因素之一。2015年3月国务院办公厅发布《关于发展众创空间推进大众创新创业的指导意见》，标志着中国进入一个以"大众创业、万众创新"为特点的发展新阶段。2014年，我国新注册的文化企业超过2013年20%以上，达到160万家，按照这个速度，2020年前后我国文化企业有可能达到250万~300万家。"十三五"时期文化金融合作发展的主要任务就是，如何适应"大众创业、万众创新"的新形势，多方面开展金融创新。

（一）加强无形资产评估和债券融资模式研究，建立良性的无形资产交易市场机制，不断完善中介服务和担保服务体系

当前我国文化产业发展存在市场机制不完善、法律法规执行不严谨、交易机制不透明等多种因素制约，无形资产债权融资依然没有完全破题。一些城市建立起来的版权交易中心在版权评估、融资中介等方面不断尝试，也产生了一定的作用，但与大量的版权融资需求相比微不足道。破解无形资产融资难的问题，核心是要建立完善的无形资产交易市场机制，要建立完善的法律法规，保障无形资产具有真实可信的评估依据。同时，无形资产融资的模式需要突破，版权链融资、债券融资、权益融资等模式需要创新。在这方面，需大量发展中介服务组织，在版权交易中介、版权交易评估、担保服务等方面发挥作用。

（二）适应大量中小微企业融资需求，大力发展小额贷款、担保体系，并对中小微企业提供金融服务支持

中小微企业，甚至个人自我就业将成为我国文化产业发展的主流和希望所在。文化企业的特点是资金使用时间计划性差、资金需求量小、资金使用期限差异较大，商业银行贷款普遍难以满足需求。因此，需要大力发展具有灵活性和快速审批等特点的小额贷款公司，适合中小微文化产业的资金需求。中小微企业普遍缺乏财务和金融知识以及融资技能，需要专业服务平台和服务机构的服务，但付费意愿普遍不足。在这方面，需要政府为专业服务平台和服务机构提供扶持，帮助这些机构降低经营成本，拓展业务机会。可以采取适当给予房租补贴、人才补贴、资金奖励等形式。

（三）适应大量创业企业对创新型商业模式的探索需要，鼓励发展天使投资人和创业投资基金

根据国务院办公厅《关于发展众创空间推进大众创新创业的指导意见》的要求，要到2020年形成一批有效满足大众创新创业需求、具有较强专业化服务能力的"众创空间"等新型创业服务平台，培育一批天

使投资人和创业投资机构，投融资渠道更加畅通。"十三五"期间，文化产业应大力挖掘和培育天使投资人和创业投资基金，积极为天使投资人和创业投资基金提供服务和机会。可以采取扶持专业化社会机构发起设立"文化产业天使投资人联盟"，建设"文化产业天使投资人网络服务平台"，信息交流、对接活动、会议论坛、培训等形式为天使投资人和创业型企业提供服务。

（四）越来越多的创意期和筹备期的项目和产品，市场探索和资金需求强烈，互联网众筹融资模式的资金来源日益重要

大量中小微企业创意和筹备阶段中的项目和产品需要探索市场反应并进行融资，互联网众筹平台已经显示出良好的生命力和资金融资能力。因此，应大力扶持互联网众筹平台的发展，并鼓励文化企业通过众筹平台融资。

（五）大型文化企业整合并购意愿将持续，整合并购资金需求维持高水平，整合并购贷款需求强烈，并购基金有着巨大的发展空间

"十三五"期间，文化产业的整合并购将进一步深入，并购所需要的资金规模还将扩大，并购基金将有着巨大的发展空间。政府管理部门可考虑研究将部分财政资金投入到并购基金，进一步推动整合并购的力度，推动文化产业向着集约化、规模化和专业化方向进一步迈进。

（六）鼓励社会资本进入文化产业领域，新兴的PPP合作模式的提出已经开辟了新的战略方向

多年来，从中央到地方政府都拨出了大量财政资金支持文化产业发展，其效果有待检验和评估。"十三五"时期我国文化产业将继续得到财政的大力扶持，但是支持方式显然应该发生较大的变化。PPP模式侧重于政府和社会资本合作，有利于增强公共产品和服务供给能力、提高供给效率，PPP模式还可以通过特许经营、购买服务、股权合作等方式，与社会资本建立利益共享、风险分担及长期合作关系。文化产业PPP

模式大有可为，"十三五"时期新型的PPP模式应该成为财政支持文化发展的重要战略方向。这就需要进一步创新社会化组织，承接财政资金的运作，联系广泛的社会资本和金融资本形成联动，推动PPP项目的实施。

（七）西部大量特色文化产业项目急需资金，需要建立针对性的投融资平台，大力扶持社会化专业化服务机构，为西部文化企业提供融资中介服务

相对中部和东部地区，西部文化市场更不健全，专业化机构更加缺乏，文化企业融资能力较弱，融资难的问题更加突出，因此，推动西部特色文化产业发展既需要增加财政资金投入力度，也需要专业化社会化服务机构和服务平台。可以考虑选择西部大型区域综合性文化产业项目进行PPP试点，建立"西部文化产业发展组合基金"。鼓励和扶持中东部优秀的服务机构加入其中提供专业化服务，争取获得突破性的成果。同时也可以采取资金资助、奖励、当地政府房租补贴、协助推广、组织培训班等形式，吸引中东部优秀的机构在西部开设分支机构。

（八）艺术品市场经过数年调整和阵痛，正在进入新的增长期，对艺术品金融的需求将有大规模增长，艺术品金融体系急需规划艺术品交易市场，建立艺术品交易数据库

当前艺术品金融面临的最大问题是艺术品交易市场机制不完善，交易规则和交易数据不透明，拍卖市场混乱和拍卖价格失真，缺乏真实可信的艺术品价值评估依据。发展艺术品金融，首先应完善艺术品交易市场机制，完善法律法规，规范拍卖市场，建立艺术品交易记录机制。在这方面，政府应采取措施规范拍卖市场，通过支持建立社会化服务机构采集和整合艺术品交易数据，面向艺术品投资人、经纪人、商业银行等金融机构提供交易信息服务。依托艺术品交易数据，鼓励金融机构开发艺术品金融产品和服务，推动艺术品金融创新。

（九）财政资金投入方式急需转变，应与社会资本、金融资本进一步加强协同合作，从扶持单个项目投资向扶持创业、扶持整合并购、扶持专业化服务平台方向发展

"十三五"时期，财政资金的投入方向应从单个项目投资和企业奖励转变为以"最大限度推动产业发展、最大限度产生杠杆效应、最大限度维护市场公平"为原则，与社会资本、金融资本协同合作的模式，联合社会资本、金融资本共同设立创业投资基金、整合并购基金，扶持社会化专业服务平台，扶持和奖励互联网众筹融资平台。

（"'十三五'时期我国文化发展面临的国际、国内环境和急需解决的重大问题研究"课题组，组长：张晓明，成员：李河、章建刚、史东辉、祖春明、刘建华、刘德良。本文执笔：刘德良）

"十四五"之思（上）：十八届三中全会以来文化产业的四大转型特点

（2020 年 3 月 11 日）

《文化政策调研》按语：中国社会科学院中国文化研究中心拟于 2020 年上半年推出《文化蓝皮书：中国文化发展报告》。在撰写过程中，课题组回顾总结了党的十八大以来我国文化产业发展主要特点，对"十四五"文化产业趋势进行了展望。现将课题组的研究报告分三期摘报。

2013 年底，十八届三中全会通过了《中共中央关于全面深化改革若干重大问题的决定》，提出"建立健全现代文化市场体系"这一总的政策基调。从那时以来，我国文化产业发展进入"大转型"，显示以下四个主要特点。

一、发展进入下行通道，规模型扩张阶段结束

总体来看，我国文化产业在将近 3 个五年计划的较长时段中，总体上实现了高速发展。根据 2018 年第四次经济普查数据，2018 年，我国文化产业实现增加值 38737 亿元，比 2004 年增长 10.3 倍。2005—2018 年，文化产业增加值年均增长 18.9%，高于同期 GDP 现价年均增速 6.9 个百分点。文化产业增加值占 GDP 比重，由 2004 年的 2.15%，提高到 2018 年的 4.3%。文化产业离"国民经济支柱产业"的目标越来越近，对国民经济与社会发展起着越来越重要的作用。

但是，如果将国家统计局 2004 年后每年公布的文化产业统计报表

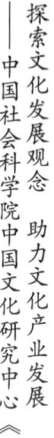

排列起来作一个纵向比较，就可以看到明显地分为两个阶段：2004年到2010年是个"飙升"阶段，文化产业年均增长率达到23.4%，但是2010年以后一路下降：2011年21.96%，2012年16.5%，2013年11.1%，2014年12.1%，2015年11%，2016年13%，2017年10.8%。

可以说，中国文化产业以规模扩张为主要特点的阶段已经基本结束，增长速度在2010—2012年的"陡降"后，进入了仅高于国民经济GDP 5%左右的"平台期"。

二、文化产业出现结构变化，转向创新驱动发展模式

2010年后，我国文化产业发展速度下降的同时，出现了重大的结构变化，带动了发展方式转换。

总体上来看，2008年的全球金融危机是一个转折点，刺激了数字和网络技术的大规模商用，推动我国文化产业与数字技术高相关度的部门爆发式增长，实现了令人叹为观止的整体结构跃迁。比如，从2015年开始，国家统计局每年发布文化及相关产业规模以上企业数据，其中特别区分出"'互联网+'为主要形式的文化信息传输服务业"。数据显示，2015年，以"互联网+"为主要形式的文化信息传输服务业是投资额增长最快的行业，比上年增长77%；2016年后，每年文化信息传输服务业的营收都是分行业增长最快的：2016年30.3%，2017年34.6%，2018年24%。以上数字充分显示出结构变化之剧烈。

2019年8月，国务院发展研究中心发布了一项研究成果——《数字文化产业发展趋势研究报告》，报告核算出2017年全国数字文化产业增加值达到1.03万亿~1.19万亿元，占比2017年文化及相关产业增加值总数高达34%，估计数字文化产业对于我国文化产业增加值的贡献率会达到70%以上。这些数据清楚地说明，我国文化产业内与数字技术相关行业已经迅速崛起，技术构成已经发生根本性变化。可以说，**数**

字技术在市场化力量的推动下，将文化产业从规模扩张型增长转向了创新驱动型增长。

三、从消费性服务功能向生产性和社会性服务功能延伸，融合发展成为无所不在的主题

2010年以后，在文化产业发展速度进入下行通道的同时，开始与国民经济和社会发展各领域出现融合发展的新态势。特别是，党的十七届五中全会提出推动文化产业成为国民经济支柱性产业的战略目标后，将发挥文化产业生产性服务功能，实现与国民经济各行业的融合发展纳入了国家战略。我国文化产业的发展开始撬动国民经济结构战略性调整和转变经济发展方式这盘大棋。

为了服务于以上发展需要，国家统计局2012年对我国文化及相关产业分类作了新的调整，加进了"文化创意和设计服务"这个最能反映文化产业与国民经济融合发展的新的指标类别。我们看到，在以后历年的统计公报中，除了2013年和2017年由于指标体系修改而未提供数据外，文化创意和设计服务都是仅次于"以'互联网+'为形式的信息传输服务业"的统计类别：2014年17.7%，2015年18.2%，2016年18%。

2018年，文化部和国家旅游局合并，文化与旅游融合发展成为最受关注的政策主题，标志着融合发展进入新的阶段。从统计上看，如果将文化和旅游的统计数据相加计算，增加值总量已经大大超过"国民经济支柱产业"5%的低线标准，甚至上达"国家战略性新兴产业"10%的高线标准了。

四、"放管服"与新动力：体制机制政策的再创新

在2014年和2015年的《文化蓝皮书》中，我们已经提出了这样的

观点：党的十八届三中全会将文化政策的"第一主题词"从文化产业改为文化市场，这是**"文化产业回归文化市场"**的重大转变，我国文化产业的发展已经从政府主导的启动阶段走向依靠市场内生动力发展的新阶段，"铺摊子"将转向"上档次"，市场将成为下一轮文化产业发展的最大动力。近年来，文化管理部门大力推动以"放管服"为名的改革，证明了这一论断的准确。

"放管服"是落实党的十八大改革基本方略——转变政府职能，让市场在资源配置中起决定性作用和更好地发挥政府的作用——的一组核心改革措施，其基本内涵就是围绕处理好政府与市场关系，简政放权、放管结合、优化服务三管齐下推动政府职能转变，从而优化营商环境，激发市场活力和社会创造力，促进经济持续健康发展。正是在这一工作主线基础上，近年来出台的一系列新政策才得以发挥促进文化产业转型升级的作用。

以"放管服"推动文化产业回归文化市场，本质上是一种体制机制的"原始创新"。党的十八大以来，我国文化发展在文化科技融合领域忽然发力，以令人炫目的"数字化"转换推动中国文化产业在新一轮全球化中从"跟跑"到"并跑"，最后到"领跑"。**在某种程度上说，我们脚下已经不再有前人走过的道路，发展已经将改革推进了"无人区"，一切都需要我们自己去探索，这才是真正的"摸着石头过河"，需要我们在体制机制政策方面作"原始创新"。**在这时，任何以往的经验甚至教条都至多具有参考价值，最为重要的事情就是尊重人民群众的首创精神，放开市场对资源的配置作用，以科学的包容的精神不断试错，摸索出自己的道路。这就是以"放管服"为名的这一轮改革的精神实质。

（中国社会科学院中国文化研究中心　张晓明）

"十四五"之思（中）：新时期文化产业发展面临新问题需要新思维

（2020年3月13日）

20年来，我国文化产业的发展模式发生了根本性的变化。前一个十年，文化产业搭上了加入世界贸易组织后中国工业化起飞这辆快车，特别是分享了城市化的"红利"，得到了政府大量财政补贴和税收优惠，才实现了超常增长。文化产业在这个阶段的增长看上去波澜壮阔，但是具有明显的体制性释放和政策性推动性质，并没有完成自身的商业模式，建立起良好的市场内生动力机制。后一个十年，由于国内外经济形势的变化，传统城市化模式中政府以土地财政支撑的"交叉补贴"式政策效应逐渐结束，文化产业需要超越传统发展模式，回归文化市场。在某种意义上说，这才真正开始了建立在市场经济基础上的文化产业发展。

如果仅仅是宏观形势变化和投资推动模式熄火，文化产业必然落入"存量改革"的陷阱。但是幸运的是，数字经济的强势崛起使得我国文化发展搭上了又一辆快车。也就是说，**在文化的改革和发展的前一个十年的"窗口期"关闭的同时，新的"窗口期"已经打开，我国文化发展正在进入新一轮"增量改革"周期**。

新时期有新问题，需要新思维。我们要积极地去探索和认识。

一、文化生态环境发生变化，新旧媒体需要转换与重构

我国传统的文化环境是由单一的政府主管主办的"文化事业单位"构成的，直至2003年才在文化产业发展的大背景下开始启动全面改革。

经过近十年来文化发展过程中剧烈的结构变化，由于数字技术和移动互联网的普及，传统以出版广电为主要载体的文化创作、生产、传播、消费系统，已经变成以"互联网+"为主要载体的全新系统；网络内容已经构成了文化产品和服务的主要内容，互联网服务公司已经成为最大的文化内容提供商和渠道运营商。**但是问题在于，以往由政府主管主办、以出版广电等传统媒体为主要载体的传统文化服务体系，如何能向数字化平稳转型？**如何能与以民间力量为主导，以新兴媒体为主要载体，在市场经济条件下迅速崛起的现代文化服务体系相互配套，相互支撑，日益融合，建构起一个全新的文化生态环境？

2018年1月，文化部发布了《关于推动数字文化产业创新发展的指导意见》，其中提出"建设数字文化产业创新生态体系"，这是解决问题的新思维。但是，无论是传统的出版和广电机构向"融媒体"转化也好，还是新兴的互联网企业助推文博文物机构文创开发也好，依然有一道有形和无形的墙横亘在新旧系统之间，"数字文化产业创新生态体系"尚无法成为全新的有机体。观念和体制的创新还有较长的路要走。

2000年10月，中共中央召开十五届五中全会，第一次将发展文化产业纳入国民经济和社会发展规划，文件中最早对文化产业的表述是："推动信息产业与有关文化产业结合"，这就是说，我国文化产业的提出是作为国民经济和社会信息化这个战略的组成部分的，是一开始就以数字和网络技术为基础的"新兴文化产业"，但是到目前为止，还不能说已经完成了信息产业与文化产业的融合。回顾这一段历史，令人深感发展与改革的艰难。

二、文化生产体系发生变化，需要从传统的"线性"生产体系转向网络化和智能化的"大生产"系统

直到近十年以前，传统文化产业都是"线性的"再生产体系，这就

是：创作—生产—交换—消费（或者展示）—回到创作。这一模式已经随着数字化和网络化的发展，特别是随着平台公司的崛起而终结。新的模式是开放性、网络化和智能化的，是截然不同的文化生产体系，有人将其称为"文化大生产体系"。我们认为，理解这个全新的"大生产体系"是理解新型文化生态系统的关键，也是理解很多纠结我们的问题的关键。

新型的网络化和智能化的文化大生产系统有几个突出特点：生产者和消费者相互融合，专业化生产者（PGC）和非专业化生产者（UGC）相互合作，人际交往的社交属性和商业属性无缝连接，等等。核心特征其实是一个，就是所有人都既是消费者也是生产者（所谓"产消者"），既是接受者也是传播者。这几乎就是"大众创业、万众创新"的真实场景。

从一方面说，"产消者"的普遍涌现凸显了互联网"人文主义价值"。数字和网络技术为千百万以往文化内容的被动接受者"赋能"，使他们发掘出以往不被发现的才能，他们生产的内容产品规模也极大地超出了专业群体生产的产品总量。比如，相比较出版管理部门每年发放约50万个书号，全国各种平台公司总共有1300万人在从事内容生产，年产约2400万部作品，以至于国内热播影视产品大都出自爆款的网络小说IP的改编。但是另一方面，问题也就出在这里，这些往往是在工作之余开始创作的、缺乏历史和人文训练的非专业群体，能创作出与我们悠久历史和高度文明相称的作品吗？

在短短的不到10年时间里，在中国出现了文化内容的创造者从小规模专业作者向大规模业余作者迁移的局面，也导致了"专业鸿沟"的出现：**一边是能够熟练使用数字网络的新一代"创意者"们，普遍专业化程度不够，因而生产的数字产品质量不高；另一边是传统的专业人文学者，大多不能熟练运用数字化工具，他们所供职的公共文化机构的数字化水平低，服务能力明显滞后。** 这种新旧创作群体的分野使得新一代内容生产者在创意爆发之际难以获得优秀传统文化机构的滋养和"文化赋能"，而传统文化机构和专业群体则因"技术赋能"不足而难以有所作为。

据普查统计，我国现有不可移动文物76.7万处、国有可移动文物1.08亿件/套，这些文物收藏在全国5000家左右的国有博物馆中，但是"展出率"只有2.8%。文物丰富和体量巨大如故宫，展出率甚至低于2.8%。于是场景是这样的：一方面是数千万非专业的"创意者"亟需得到丰富传统文化的滋养，另一方面是数以亿计的文物被关在博物馆仓库之中不见天日，专业人文学者们依然在"前数字化"的技术环境中工作与生存。从根本上说，这是文化传承的巨大风险。

三、文化发展形态发生变化，需要文化管理体系改革

根据上述，在短短的十年时间里，我国"互联网+文化"发展蔚为壮观，"新产业、新业态、新模式"层出不穷，已经开始形成了以网络大生产为基础、以数字创意为生态的全新文化发展态势。国务院发展研究中心课题组在《数字文化产业发展趋势研究报告》中认为，在"消费互联网"领域，我们已经开始全球"领跑"，正在5G推动下走向"产业互联网"，建构全新的文化生态体系。但是，当我们从文化管理者角度审视这个新世界的时候，有一种近乎"颠覆性"的感觉，**就是传统文化管理体系的管理对象已经消失，文化体制机制改革的"窗口期"已过，我们已经进入文化发展与改革的"无人区"，如何前进成为一个全新的问题。**

在2013年3月召开的第十二届全国人民代表大会第一次会议关于国务院机构改革和职能转变方案的决定中，我们曾经看到落实十八届三中全会改革蓝图的举措，即进一步适应市场对资源配置的决定作用，推动国务院机构改革和职能转变以提高行政效能。其中涉及到文化管理体系的部分就是进一步推进文化体制改革，统筹新闻出版广播影视资源，

将国家新闻出版总署、国家广播电影电视总局的职责整合，组建国家新闻出版广电总局。但是，2018年3月，中共中央印发了《深化党和国家机构改革方案》，我们又看到新的机构变动，将国家新闻出版广电总局的新闻出版影视管理职责又剥离出来，划入了中央宣传部。可见，这些年文化管理体制一直处在调整和变动之中，摸索过程正在进行，目标颇为模糊。

面向新世纪以来第三个十年，我们甚至可以说，自500年前谷登堡印刷技术诞生以来又一次新的"文明跃迁"正在展开。由此看来，中国遇到的文化管理体制的挑战具有全球性的意义，而我们在治理体系和治理能力上能否有所作为，也将会为全球瞩目。

（中国社会科学院中国文化研究中心　张晓明）

"十四五"之思(下):对未来文化产业趋势的分析与建议

(2020年3月14日)

展望即将开局的"十四五"及其以后的发展,我们最为强烈的感觉就是所谓的"未来已来"。与发展前景不确定性同时存在的是产业转型的不断加速,与发展动能不断积累同时增长的是改革创新的内在紧张。我们正在步入"无人区",无论是发展和改革都面临"原始创新"的挑战。

要言之,我们对于自2020年开启的新阶段有以下建议。

一、抓住5G商用的重大契机,实施国家文化遗产数字化战略,下大力量建设新一代文化基础设施,推动文化市场供给端重大技术革命,构建面向新时期的国家文化生态体系

2019年已经被看作"5G元年",紧随5G商用而来的,将是更为恢宏的文化生产系统变化和文化生态环境变迁,是从目前已经发展较为充分的消费互联网向产业互联网延伸。我们建议,**启动空前规模的国家文化资源数字化战略**,从根本上解决文化生态体系不耦合和文化大生产体系不平衡问题。

必须在国家战略层面认识到,延续几千年中华文明历史积累下来的优秀中华文化资源是中华民族取之不尽用之不竭的战略资源,而将国家文化资源向数字媒体作全面转移是将传统文化资源开发为经济资源的关键步骤,实质上是为空前规模的产业整合和文化经济发展准备条件,其

意义无论怎样估计都不会过高。只有将一向依赖于财政资助，并且到目前为止仅仅以实物形态存在的图书馆、档案馆、博物馆数字化和智能化，接入每一个人的智能终端，才会从根本上使国家文化生态发生变化，而只有建设一个以开放性、多元化、协同化的文化大数据"云服务"平台为核心的新型文化基础设施，才能实现上述目标。

自 2005 年我国正式提出建设公共文化服务体系以来，文化文物部门在硬件设施建设方面获得了举世瞩目的长足进展。面向新时期，我国公共文化服务体系已经开始了一个以软件建设为主，带动新型硬件设施建设的发展新阶段。建议在国家战略层面推动打造以文化遗产数字化为主线的新一代文化基础设施建设，将国家财政政策在供给端的引领作用和市场消费端巨大的拉动力量结合起来，推动文化资源数字化、素材化和智能化，建设全栈式、全链条、生态化、创新型的文化基础设施。

二、抓住国家经济发展方式转型和经济结构调整的契机，深刻认识娱乐和休闲的经济和文化价值，持续改善文化消费的社会环境，以内需扩大政策助推文化消费潜力释放，迎接新一轮文化消费高潮的到来

即将到来的"十四五"是我国人均 GDP 超越 10000 美元，以及向 12000 美元的发达国家门槛迈进的重要转折点。在中国这个特殊的场景中，这意味着更为深刻的变化。比如，这涉及到体制机制改革，即从传统计划体制向社会主义市场经济体制的根本性转折；又比如，随着闲暇时间超过工作时间，人们需要转变传统观念，更为积极地评价休闲的伦理和经济价值。这是一个有着巨大想象空间并有所作为的时期。

精确预测国家的消费趋势需要多学科专家的研究，但是有几个重要的方向值得引起决策者的关注。

首先，人均 GDP 超过 10000 美元是一个重要的门槛，不仅是发展

水平的标志，也是消费升级的一个转折点。据社会蓝皮书消费报告的分析，我国消费的总体水平为同样发展水平国家一半左右，发展空间巨大，其中文化消费的潜力将会更大。基于这一认识，目前受到高度重视的刺激消费政策将是一个长期的取向。

其次，数字和网络技术正在迅速改变整个经济结构，特别是随着与5G相关的大规模数字技术商用普及，供给和消费将会出现"强互动"态势，既是需求拉动供给，也会是供给创造需求。在市场机制作用下，消费场景创新将会层出不穷，其中可能产生的经济增量是难以预测的。基于这一认识，大力开放市场以创造宽松的创新环境极为重要。

第三，数字网络技术将改变市场竞争环境，创新投资与金融工具，令过多集中在房地产中的个人资产向艺术品投资市场转移，可能引发巨量的艺术资产投资需求。基于这一认识，建议对于如何重新启动艺术品投资市场进行研究和试点，尽快开始系统的政策创新。

三、抓住数字文化发展高峰期到来的契机，以"原始创新"的精神推动文化领域国家治理体系和治理能力现代化建设，开创文化体制改革的新局面

近10年来文化产业数字化和产业融合发展的大趋势证明，以"建立健全现代文化市场体系"为主线的文化管理体制机制的改革是发展的关键。尤其是近年来，随着中国在数字文化产业开始"领跑"世界，文化领域的发展与改革开始进入"无人区"，更需要深刻领会2003年以来文化体制改革的基本精神和深刻意义，将改革现有体系看作是一场革命，是"脱胎换骨"，是"走兽变为飞禽"（黄仁宇）。我们认为，基于传统行业技术性质的改革"窗口期"已过，改革已经落后于发展，现在需要打造适应数字文化产业发展需要的全新体制机制。

党的十八大提出将推进国家治理体系和治理能力现代化作为改革的

基本任务，以适应新时期社会主义市场经济的发展要求，其中包含了进一步推动文化体制机制改革的依据和内容。鉴于当前存在改革落后于发展的重大矛盾，我们建议，根据2019年10月党的十九届四中全会审议通过的《中共中央关于坚持和完善中国特色社会主义制度、推进国家治理体系和治理能力现代化若干重大问题的决定》的精神，**首先按照建立健全现代文化市场体系的要求，解决目前文化领域政府机构既干预过强又因职责不清而管理无效的问题，整合和优化文化管理机构设置和职能配置，从而提高行政效率效能。**在此基础之上，再进一步有序推进文化领域治理体系和治理能力现代化的进程。

四、整合文化和相关产业政策，形成"三元动力"体系，推动我国文化科技深度融合，领跑国际数字创意产业发展

从党的十八届三中全会到十九届四中全会，我国文化领域进入又一轮密集的政策出台期。从产业发展效果考量，最值得肯定的是文化－科技－金融三组政策。近年来数字文化产业发展充分证明，科技和金融是文化发展的"车之两轮""鸟之两翼"。**只有将"文化科技融合""文化金融合作""金融科技创新"三组政策整合联动，构成"三元动力"结构，才能推动新时期文化科技深度融合，文化产业结构顺利转换，领跑国际数字创意产业发展前沿。**

从目前情况看，文化发展的科技和金融两个轮子的运转存在较大的不协调。文化－科技这一轮转速总体上较高，但在文化资源数字化这个产业基础环节上还存在问题；文化－金融这一轮转速近年来迅速下降，究其根源，除了宏观经济形势差的短期影响外，根本原因在于文化市场中体制性障碍大，要素流通性差，金融工具创新不足。

如前所述，面向未来10~20年的发展，文化领域目前最紧迫的战略任务就是打造新一代文化基础设施。我们认为，随着大规模5G商用

阶段的到来，建设以国家文化遗产数字化为核心的新一代文化基础设施的窗口期已经打开，而这正是"文化-科技-金融"三元政策体系整合创新的最佳应用场景。我们建议，**抓住落实六部委《关于促进文化和科技深度融合的指导意见》文件出台的契机，将当前文化科技深度融合的主攻方向选在文化遗产数字化和文化金融工具创新两个基点**，一方面，建立由"数字技术研发方＋文化内容解读方＋文化资源提供方"共同发起的企业化协同创新平台，打通文化科技融合的"最后一公里"；另一方面，加强对在"互联网＋"平台基础上文化资源和文化资本的评估技术研究，加强对区块链等新技术在文化资源向资本市场转化的应用场景研究，加强对基于数字技术和网络平台的创新型金融工具研究，以金融科技创新打通从文化资源转化为文化资本的通道，建立起"公共财政＋社会资金＋商业资本"协作开发的创新机制，让文化-金融合作的轮子也快速转起来。

（中国社会科学院中国文化研究中心　张晓明）

积极应对疫情对脱贫攻坚的影响[1]

（2020年7月7日）

今年是脱贫攻坚战最后一年。习近平总书记指出："脱贫攻坚工作艰苦卓绝，收官之年又遭遇疫情影响，各项工作任务更重、要求更高。"如何坚决克服新冠肺炎疫情影响，以更大决心、更强力度推进脱贫攻坚，确保如期完成脱贫攻坚目标任务，是当前亟待解决的重要问题。

新冠肺炎疫情是新中国成立以来发生的传播速度最快、感染范围最广、防控难度最大的一次重大突发公共卫生事件，不仅给广大人民群众的生命健康安全带来了严重威胁，同时也不可避免会对经济社会造成较大冲击，特别是给贫困人口的脱贫致富和贫困地区的经济发展带来了新的挑战。面对疫情影响，需要采取一系列有效措施，精准作为，有的放矢，坚决夺取脱贫攻坚战全面胜利，确保全面建成小康社会目标的顺利实现。

一、实现全面脱贫与乡村振兴的有效衔接，着力推进新型城镇化

改革开放以来，我国紧抓国际产业转移的历史机遇，发挥劳动力资源丰富的比较优势，推动以劳动密集和资源密集为特点的制造业实现跨越式发展，使我国成为名副其实的"世界工厂"。在这个过程中，大量农村剩余劳动力涌向城市，在制造业中找到了出路，为我国的工业化进

---

[1] 此文载《经济日报》2020年7月7日。

程作出了重要贡献。尽管进城务工人员获得了收入，在一定程度上有助于摆脱贫困，但是，由于社会保障、医疗保险、子女教育、身份认同等多方面的因素，进城务工人员要真正融入城市还有一定困难，目前的城镇化与"人的城镇化"之间还有一定距离。这次新冠肺炎疫情发生后，出于疫情防控的需要，一些进城务工人员难以返岗恢复正常的工作秩序，而大部分务工人员的收入来源还比较单一，往往刚刚摆脱贫困或者处在脱贫边缘线上，这就需要从两方面开展长效性工作，以避免进城务工人员返贫。

一方面，应实现全面脱贫与乡村振兴的有效衔接，高度重视乡村产业建设和发展。不仅要尽快把务工人员送回城市的工作岗位，更要尽快恢复当地扶贫车间、扶贫工厂的正常生产秩序。从长期来看，要注重长期培育和支持种养业发展，促进扶贫小额信贷健康发展，加大易地扶贫搬迁后续扶持力度，确保稳得住、有就业、逐步能致富。同时，要适应医疗保健、休闲康养等方面的新需求，积极有效地吸引社会资本进入农村，以产业振兴牵引和带动乡村全面振兴。**另一方面，在经济发展过程中，农民贫困问题的解决还要依靠城乡融合发展的实现。**在现阶段，要以更大的决心继续推动社会保障、教育培训、医疗养老等公共服务领域的改革，给予进城务工人员以同等待遇，解决其离开农村的后顾之忧，从根本上破除城乡二元结构，着力推进以人为核心的新型城镇化。

二、高度重视小微服务业从业人员脱贫，着力优化产业结构

在我国目前的贫困人口中，有一部分从事的是附加值相对较低的服务行业，特别是集中在交通运输、快递物流、批发零售、住宿餐饮等行业，这些行业的特点是小微企业和个体创业占据了较大比重。近年来，国家出台了一系列扶持小微企业发展、促进就业创业的政策措施，小微

服务行业获得了蓬勃发展，同时也为解决城市贫困人口问题提供了重要途径，促进了第三产业在国民经济中的比重不断攀升。但是，在这次疫情中，城市小微经济受到了较大冲击。由于第三产业主要以面对面地向消费者提供服务为主要经营方式，而疫情防控必须避免人员接触、人群聚集和公共活动，这就使得一些服务业企业和商户无法开展正常经营，个体经营者特别是中低端生活服务业的经营者和从业人员普遍感受到很大的经营压力，陷入贫困的风险也有所提高。

为此，**应高度重视小微服务业从业人员的脱贫工作**，可考虑从以下四个方面采取措施。**第一，继续推动服务业与信息技术的紧密融合**。依托新兴的5G技术，实现经营业态的有效升级，能够实现线上销售的均可以把线上销售和线下服务结合起来。**第二，加大公益性的技术培训力度**。提高中低端服务业从业人员的素质技能，促使这些行业提高服务水平，改善服务模式，提高产业附加值，加快从业人员脱贫致富的步伐。**第三，优化城市生活服务业的区域布局**。一方面要加快建设服务业集聚区、商业街区、文体娱乐体验区等，另一方面要运用市场管理措施避免区域内的恶性竞争，进一步推动产城一体化。**第四，推动小微经济和生活服务业的产业重组**。吸引大型企业进入这些领域，以企业集团和连锁经营等多种形式向产业价值链的中高端攀升。

三、聚焦"三区三州"等深度贫困地区，着力推进绿色发展

目前，我国贫困人口主要集中在西部地区，"三区三州"等深度贫困地区是最难啃的"硬骨头"，这些地方大多自然条件恶劣，生态环境脆弱，交通也不便利，而且贫困群众普遍缺乏一技之长，脱贫难度非常大。受疫情影响，深度贫困地区的劳动力输出受阻，特色农产品的销售遭遇市场乏力，休闲旅游暂时受创，全面脱贫任务十分艰巨。因此，打

赢脱贫攻坚战，必须以深度贫困地区、特殊困难群体为重点，加大倾斜支持力度，制定特殊扶持政策，以更加有力的举措攻克最后的贫困堡垒。

（一）坚持国土空间主体功能区的划分原则，根据深度贫困地区所处的类型对贫困人口进行精准帮扶

全国主体功能区规划将国土空间划分为优化开发、重点开发、限制开发和禁止开发四类。对于优化开发和重点开发地区，要因地制宜地发展相关产业，通过销售地方特色产品拓宽贫困人口的收入来源。对于限制开发地区，要适当发展生态绿色产业，把保护和开发紧密结合起来。对于禁止开发地区，要严格执行生态环境保护政策，通过涵养生态、易地搬迁等办法改变贫困人口的生活环境。

（二）紧密结合区域协调发展战略，开展脱贫攻坚区域对口帮扶工作

党的十八大以来，实施了一系列区域协调发展战略，在这其中，长江经济带建设、黄河流域生态保护和高质量发展战略都涉及东中西部协作开展脱贫攻坚工作。当前，东部地区应帮助中西部地区降低疫情对脱贫攻坚的影响，深化区域合作，推进东部产业向西部梯度转移，实现产业互补、人员互动、技术互学、观念互通、作风互鉴，共同发展。

（三）保持脱贫攻坚政策稳定，建立健全防止返贫致贫长效机制

深度贫困地区脱贫工作具有复杂性，贫困人口返贫率比较高。对退出的贫困县、贫困村、贫困人口，要保持现有帮扶政策总体稳定，"扶上马送一程"。过渡期内，要严格落实摘帽不摘责任、摘帽不摘政策、摘帽不摘帮扶、摘帽不摘监管的要求，主要政策措施不能急刹车，驻村工作队不能撤。要加快建立防止返贫监测和帮扶机制，对脱贫不稳定户、边缘易致贫户以及因疫情或其他原因收入骤减或支出骤增户加强监测，提前采取针对性的帮扶措施。总的来说，对于深度贫困地区，精准帮扶要有利于激发贫困人口脱贫的内生动力，有利于提振其实现共同富裕的

信心。

  经过这些年来精准扶贫和脱贫攻坚工作的推进，现行标准下的农村贫困人口已从2012年年底的9899万人减少到2019年年底的551万人，接近完成脱贫攻坚的目标任务。坚决打赢脱贫攻坚战，让贫困人口和贫困地区同全国一道进入全面小康社会是我们党的庄严承诺。虽然新冠肺炎疫情对我国经济社会发展造成了较大的冲击，但这绝不能阻碍我们党向人民兑现这一承诺。我们要积极应对疫情对脱贫攻坚的影响，把疫情对脱贫攻坚的影响降到最低，奋力夺取疫情防控和脱贫攻坚的"双胜利"。

    （中国社会科学院中国文化研究中心　王立胜）

第二编 国内文化政策（下）：文化产业发展

2004年我国文化产业形势及主要特点
——2004—2005年中国文化产业形势分析与预测（上）

（2005年1月6日）

2004年，为落实中央十六届三中全会精神，实现经济社会全面、协调、可持续发展，文化体制改革试点工作继续深入，对文化产业发展的推动作用越来越明显。一场促进文化事业全面繁荣和文化产业快速发展、推动先进文化建设的热潮已经掀起。

2004年9月19日，中国共产党十六届四中全会通过了《中共中央关于加强党的执政能力建设的决定》，明确提出要"深化文化体制改革，解放和发展文化生产力"。这是一个崭新的提法。将目前正在深入开展的文化体制改革的目的归结为解放文化生产力，是对发展社会主义先进文化认识的一个新的飞跃，表明我们党已经在文化发展观上与时俱进，完成了转型。

一、我国新兴文化产业的规模已经超过传统文化产业部门，整个文化产业的带动作用已经非常明显

2004年前3个季度全国城镇居民家庭收支数据显示，我国城镇居民消费支出中，教育文化娱乐服务类支出增长11.6%，其中文化娱乐服务支出增长52%，在所有消费支出项目中居于首位。2004年，由于城镇居民文化娱乐消费大幅增长，全国消费总量有可能达到7000亿元左右。

2003年7月，为全面反映我国文化产业的发展情况，由中宣部牵头，成立了国家统计局、文化部、广播电影电视总局、新闻出版总署、国家

文物局等单位参加的"文化产业统计研究课题组"。经过深入研究,课题组对我国文化产业的概念进行了界定,提出了"文化产业及相关产业分类";并于2004年7月,利用现有统计资料对2003年我国文化及相关产业的主要指标进行了初步测算,首次公布了我国文化产业发展的官方数据。这既是我国文化体制改革的一个阶段性成果,也是我国文化产业发展史上的一件大事。

按照GDP增长持平计算,2004年我国文化及相关产业创造的增加值将接近3900亿元。从结构上看,我国文化产业的特点是:以传统意义上的文化产业如新闻、出版、广电和文化艺术等为主构成的"核心层",有从业人员223万人,实现增加值884亿元;以改革开放以来发展起来的新兴文化产业如网络文化、休闲娱乐、文化旅游、广告及会展等为主构成的"外围层",有从业人员422万人,实现增加值835亿元,新兴文化产业的从业人员已超出传统文化行业近1倍,创造的价值已接近传统的几个产业部门;从事文化用品、设备及相关文化产品生产、销售的"相关层",有从业人员629万人,实现增加值1858亿元,其发展规模在整个文化产业发展中占据了一半。

二、文化体制改革强力推进,产业发展获得新的动力

文化体制改革一直是近年来影响文化产业发展的最大动因。2003年6月,文化体制改革试点工作正式启动,实质性地推动了文化产业市场化和产业化的进程;12月,国务院颁发了《关于文化体制改革试点中支持文化产业发展和经营性文化事业单位转制为企业的两个规定的通知》,提出了针对文化体制改革试点单位在改革中可以实施的有关政策。

新闻出版、广播、电影、电视是我国文化产业的核心领域,其改革对产业发展的影响备受关注。我国新闻出版业开始了20年来最深刻的变革,除党报党刊及重要出版社仍为事业单位外,社会文化类报刊和绝

大多数出版社将转为企业，并吸纳社会资金（包括国有、民营）参股；在分销流通环节，新华书店将加快完成股份制改造，最后达到上市。广播电影电视领域文化体制改革也按照"政企分开、政事分开、事企分开、产权明晰、责任明确"的原则进行，实现转企、股份化、上市"三个转变"。截至目前，试点单位已经按时完成了预定工作，其中有一批单位已经为投融资试点作好了准备。此外，已有11家民营机构获得了图书分销领域的"全国总发行权"，其中一些还作好了进入出版领域的准备。

影视制作领域由于政策最为开放、市场准入程度最高而成为2004年文化产业发展的一大亮点。据统计，2004年，我国国产影片数量将首次突破200部，远远超过2003年140部的纪录；其中国有、民营资本联合拍摄的影片达到80%，国有企业投资比例已降至50%以下。民营影视企业已经成为中国影视产业的重要力量。

文化市场建设获得新的进展。最为引人注目的是，继四川的"西部文化产业博览会"以后，2004年11月在深圳召开了首届中国国际文化产业博览会。这是我国举办的第一个综合性、国际性的文化产业博览会，由文化部、广电总局、新闻出版总署、广东省政府主办，深圳市政府承办。博览会共设有60多个与文化产业相关的展示、交易、论坛、活动项目，有700多家企业参展，汇集了高达380多亿元的洽谈项目。深圳国际文化产业博览会作为我国最高规格的文化产品、文化技术和文化资本的展示与交易平台，必将会促进中国文化产品更好地走出国门、走向世界。

三、加快发展以动漫游戏产业为龙头的文化产业

2004年3月23日，人民日报发表《中共中央国务院关于进一步加强和改进未成年人思想道德建设的若干意见》，要求积极营造有利于未成年人思想道德建设的社会氛围和网络文化；加强少儿影视片的创作生产，积极扶持国产动画片的创作、拍摄、制作和播出；积极鼓励、引导、

扶持软件开发企业，开发和推广弘扬民族精神、反映时代特点、有益于未成年人健康成长的游戏软件产品。

为了落实《意见》的精神，2004年4月，广电总局、团中央、文化部等联合召开全国影视动画工作会议，要求各省市电视台创办动画卫星频道，以满足青少年观众的需求。2004年4月20日，广电总局向全国印发《关于发展我国影视动画产业的若干意见》，批准筹备成立北京、上海、湖南等三个卫星动画频道，同时鼓励省级电视台和副省级城市电视台开办的少儿频道增加动画片，尤其是国产动画片的播出量。2004年9月15日，信息产业部宣布，网络游戏已经被列入2004年电子信息产业发展基金重点招商项目，作为行业主管部门的信息产业部将大力支持网络游戏行业的发展。2004年10月19日，新闻出版总署发出《关于实施"中国民族网络游戏出版工程"的通知》，启动"中国民族网络游戏出版工程"，计划安排出版100种自主开发的大型民族网络游戏出版物。

四、网络信息内容产业继续保持旺盛的发展势头

最近几年，我国互联网发展迅速，上网人数超过9000万，居世界第二位。2004年上半年，我国网络游戏产业市场达到15.5亿元，同比增长了87.2%，年底将超过30亿元。目前网络游戏产业已成为网络经济及文化娱乐业的重要支撑。

据有关方面统计，中国自主开发的网络游戏目前只占网络游戏市场的10%。我国动漫游戏市场自主知识产权和价值取向的产品占有率过低的局面已经引起有关方面高度重视，各有关部门正在出台相关政策支持民族动漫游戏产业发展。文化部于2004年8月在上海成立了全国第一个"国家动漫游戏产业振兴基地"，广电总局随后也在湖南和上海成立了"国家动漫游戏产业示范基地"；新闻出版总署则宣布，计划在

2004~2008年期间投入10亿～20亿元人民币，开发100款高质量的网络游戏。另外，中国科学院将网络游戏通用引擎研究及示范产品开发两个项目纳入国家863计划，这也是此类文化产业课题首次纳入国家科技计划。

五、文化基础设施建设大规模展开

党的十六大以来，围绕发展文化事业和文化产业形成了"两手抓、两加强"的思路，文化基础设施建设受到了高度重视。国家大剧院、国家博物馆、国家图书馆等一批大型文化项目相继投入建设、扩建和整体维修，各地也有一批标志性文化设施宣布启动或者完成建设。我国多年来公共文化设施欠账严重的问题有了较大缓解。

2004年以来，"公共文化服务体系"这一崭新提法，正在越来越频繁地出现在从中央到地方有关部门的文件和领导讲话中。不少地方制定的文化发展纲要都提出建设公共文化服务体系的目标。有关部门在规划经济、社会的改革、发展蓝图时，也将它列为目标，如《国家发改委关于2004年经济体制改革的意见》明确提出要"建立健全公共文化服务体系"。

2004年3月19日，为了落实《中共中央国务院关于进一步加强和改进未成年人思想道德建设的若干意见》精神，文化部、国家文物局下发了《关于公共文化设施向未成年人等社会群体免费开放的通知》，要求从2004年5月1日起，全国文化、文物系统各级博物馆、纪念馆、美术馆要对未成年人等参观实行免票。通知下达后，北京、上海、湖北武汉、浙江等地立即宣布各种免费措施，提供良好的文化服务。

此项措施的出台既是落实《意见》的具体举措，也实质性地推动了公益性文化事业单位的改革。长期以来，我国公益性文化事业单位由于经费不足、管理滞后，不能向社会公众提供基本的文化服务。近年来，文化体制改革提上日程，又有人产生片面理解，认为改革就是要增加服务收费，就是卸"包袱"。《通知》出台后，在某种意义上推动了人们思考公益性文化事业如何建设、发展和发挥作用的问题，并促使作为公益性文化事业单位监管者的各级政府去积极地筹措社会资金，开辟新的融资渠道，积极改善服务质量，降低服务成本，实施开放式经营和有效监管。

六、宏观管理体制开始变化，为产业发展释放出新的空间

近年来，随着文化产业的发展和文化体制改革的深入，文化行政管理体系中条块分割、职能交叉、效率低下的问题日益突出，在很大程度上阻碍了全国统一的文化市场的形成，特别是对投融资体制改革的推进非常不利。2004年《行政许可法》出台后，各个文化行政管理部门都重新审核废除了一批行政审批事项，对保留的行政许可事项也进行了规范。这在很大程度上降低了文化机构对行政部门的依附性，预示着我国文化管理体制从重在"事前监管"开始转向"事后监管"的趋势。

2004年9月，中央宣传文化部门对综合性试点地区建立文化市场综合执法机构提出了具体意见。其中明确在综合性试点地区，以属地管理对文化市场实施统一综合执法，在地级市、县级市和县域内，对其现有的文化局、广电局、新闻出版局实行合并，设立文化广电新闻出版局，同时履行原三个部门的行政管理职能。建立文化市场综合执法机构，是文化体制改革的又一项重大决策，尽管其出发点是理顺文化市场执法体制，但是对我国文化管理体系的宏观结构将是一次重大调整，将为文化产业的互融互通、加速发展提供新的空间和机遇。

（中国社会科学院文化研究中心课题组　张晓明、胡惠林、章建刚　执笔）

我国文化产业发展存在的问题
——2004—2005年中国文化产业形势分析与预测（中）

（2005年1月7日）

一、我国文化产业发展存在"战略性短缺"问题，这是一种非常规的短缺状况

2004年出版的《财经蓝皮书——中国经济运行与政策报告》指出，在20多年国民经济持续快速增长的形势下，我国服务业的发展严重滞后。尽管我国1992年颁布了《关于加快发展第三产业的决定》，但是统计数字显示，从1991年到2002年，服务业对经济增长的贡献一直徘徊在1/3左右，结构上仅仅上升了1个百分点。这一发展水平比同等经济发展水平国家的平均值低了14个百分点，就业水平则低了近20个百分点。这种发展状况难以用经济增长和结构转换的一般规律来解释，是一种在我国特殊的体制环境下产生的现象。我国文化产业的战略性短缺是在我国服务业总体发展滞后这一背景下形成的。

近两年来，我国文化服务业这块"短板"越来越短。加入世界贸易组织以后，我国第二产业增长迅猛，第三产业增长速度下降，文化服务业的增长总体上也比较缓慢。这种情况的出现是与我国国民经济迅速发展，人民群众生活水平不断提高，消费结构不断升级的发展态势相矛盾的。如何以文化产业的发展参与国民经济战略结构调整，促进经济、社会、文化的全面协调均衡发展，仍是一个需要强调的重大主题。

二、文化产业关键性领域的关键性制度创新有待突破

两年来，文化体制改革尽管还处在试点阶段，但已经具有了明显的示范作用，解放了文化生产力，推动了文化产业的发展。但是，随着改革的深入，难度逐渐增加，出现了一些新的问题，需要进一步解放思想。

文化体制改革的中心环节是通过事业和产业单位的区分，实施微观体制改革，打造市场主体，构建产业发展的基础。目前，文化产品流通领域已经开放，无论是图书音像分销，还是电影院，市场主体已经多元化；影视制作领域投资活跃，竞争态势已成。但是，在书报刊出版和广电播出机构等产业高端领域，距离实现这一改革目标，启动产业发展，还有较大距离。正是在这一关键环节上，改革的深入需要新的思路和推动力。

在新闻出版业，无论是出版集团，还是报业集团，"事业单位、企业化管理"的国有独资体制是否能够为市场所接受，还有待观察。在广电业中，不同产业环节的区别性准入政策，正在使产业发展受到阻碍。2004年被我国广电部门称为"动漫游戏产业年"，各种民间力量介入动漫游戏产业内容制作的积极性空前高涨。但是，据报道，由于民营的内容制作机构和国营的播出机构在体制上地位不同，播出机构未真正实现"制播分离"，有序、公平、公正的市场定价机制尚未形成，致使70%的国产动画片在各省市县电视台无法播出，已播出的动画片往往也被不合理地压低价格，甚至被迫免费播出，导致制作机构的成本无法回收，其生产积极性受到抑制。

在投融资体制改革方面出现的问题很典型。文化投融资体制改革2004年以来受到高度重视，成为实现我国文化产业跨越式发展的关键环节。但是在实践中发现，如果仍然在现有的政策框架下，将媒体经营性资产分离出来，以此为主体吸收社会资本，将面对大量关联交易、无形资产评估等问题，很难与目前证券市场的管理规范接轨，而且它也很

难得到投资者的认同。如果这类企业大量上市融资，将可能给资本市场带来巨大的风险。

改革的难度还来自于事业单位内部。由于在体制内占据优越地位，握有垄断权力，这些单位已在多年商业运作中形成了既得利益，因此缺乏改革的内在动力。不脱离体制内的优越地位，同时尽可能在市场中获得商业利益，将事业和产业两种好处兼收并取，往往成为他们在"双轨制"条件下最为合理的选择。这种双轨体制在文化市场已经有所发育的今天，造成了严重社会不公的不良后果。

我国文化产业的发展有机遇期，改革也有机遇期，如不抓紧推动就可能丧失最佳时机。根据"入世"承诺，我国于2004年结束开放文化分销领域的准备期。截至2004年10月，有关部门已经向11家民营图书发行机构发放了"全国总发"许可。可以预见，完成了全国分销网布局的民营书业将迅速向上整合资源，一批大型的民营"出版－发行集团"将很快出现，市场给国有文化出版机构留下的时间已经不多。另据今年首次公布的文化产业统计数字，我国改革开放以来发展起来的新兴文化产业，其从业人员已超出以新闻出版、广播电影电视，以及演艺等构成的传统文化产业部门近1倍，创造的价值已接近传统行业。这些新兴文化产业部门很大程度上是由于体制环境的不同和技术装备程度较高（如网络文化），其发展速度才超过了传统文化产业领域。可以预见，如果文化体制改革在短时间内没有较大突破，增量资本将可能越来越向新兴文化产业领域集中，传统文化产业领域将被边缘化。

三、文化产业发展出现"泡沫化"现象

从2003年到2004年，一个突出的现象是，我国文化产业的发展冲动很大，公共财政对文化设施的拨款规模几乎超过改革开放以来的总和，大量业内和业外的、体制内和体制外的资本正在冲进文化投资领域，一

个前所未有的文化投资高潮正在兴起。但与此形成鲜明对照的是,我国文化体制改革还在酝酿之中,文化产业领域资源配置机制和政府职能转变还未完成。这就出现了一个在改革开放以来的经济领域多次出现过的,以行政性推动为特点的"投资饥渴"和"经济过热"景象。

比如,8号文件下达后,各相关部委纷纷出台发展动漫游戏产业的措施,各级政府也纷纷跟进。截至2004年10月,除了有十几个儿童电视频道已经开播或者准备开播外,据统计全国还有数十个内容类似的"基地"或"园区"已经启动或正在准备之中。大量电视频道的开播面临严重的内容不足窘境,而各种园区是否有实质性内容也是问题。有人认为,我国动漫游戏产业的"泡沫"已经形成。

我国文化产业正在进入一个新的发展阶段,这个阶段以体制改革与加快发展为主要特点,如何平衡这两个基本方面需要予以关注。2005年将是"十五"计划的最后一年,"十一五"规划已经提上日程,我国文化产业正在面临更大的发展机遇。如果我们不能很好地总结经济体制改革的经验教训,将发展纳入改革的轨道,以资源配置机制的重大转换推动健康的增长或发展,而是任凭个别领域的"泡沫化"趋势蔓延,就可能为今后的发展制造新的障碍。

(中国社会科学院文化研究中心课题组　张晓明、胡惠林、章建刚 执笔)

2005年我国文化产业发展预测与建议
——2004—2005年中国文化产业形势分析与预测（下）

（2005年1月8日）

2005年，我国文化产业发展将受两个因素的影响：一是文化体制改革试点结束，将可能在全国铺开；二是加入世界贸易组织过渡期结束，文化分销领域承诺开始生效，外国文化资本将进行战略布局。在投资文化产业的意愿和动力方面，国际大于国内，民间大于国家，地方大于中央。在文化产品与服务存在战略性短缺的情况下，这将对文化体制改革形成高压态势。如何抓住消费结构升级的机遇，通过开放文化市场加大文化产业的发展力度，缓解文化产品供应上的战略性短缺，将成为新的一年文化体制改革的主题。我们应该积极利用改革示范效应和外资激发效应的双重作用，加快文化产业发展节奏。

一、通过建立公平、统一的市场体制，扩大文化体制改革试点的示范效应，推进各种所有制市场主体之间的联合、兼并、重组，大幅提高市场集中度

2004年文化部发布的《关于鼓励、支持和引导非公有制经济发展文化产业的意见》表明，文化主管部门注意到了应该在文化体制改革迅猛推进的形势下，为不同所有制企业营造一个公平、公正、透明的体制和政策环境。从某种意义上说，这是一个重大进步，意味着随着市场经济体制环境的进一步成熟，落实人民群众文化权利的重点正在从消费领域转向生产投资领域，而政府宏观调控正在从以行政手段为主向以经济

手段为主的方向转化。

在新闻出版领域，类似政策的出台也极为必要。由于有关绝大多数出版机构整体转为企业的改革政策的实施，将会有一大批书报刊出版机构因失去行政性支持而迅速变为徒有虚名的"壳资源"。这些出版机构的出路，或者是被已经占据出版高端位置的国有大型出版集团兼并整合，或者是被具有全国性发行渠道的大型民营书业兼并和重组。如果政策环境适宜，就会在市场竞争中诞生真正超大型的发行-出版集团。

为此，应当适时出台推动和主导这一发展趋势的政策。比如，将以"书号""刊号"为基础的传统行政性宏观调控手段，适时转化为真正基于市场的经济调控手段，推动一批弱小出版机构资源向有实力的出版或发行集团汇聚。随着世界贸易组织过渡期结束，国外大型传媒集团将在中国传媒市场展开战略性投资，鲸吞体制内优质和闲置文化资源的速度将大大加快。有关主管部门应该采取加快国有文化单位改革和放开民营文化资本准入等多种手段，推动不同所有制企业的兼并和重组，提高市场集中度，提升文化产业竞争力。

二、将投融资体制改革作为改革的重点和产业跨越式发展的杠杆，推动新一轮传媒资本投资浪潮的形成

我国文化资本投资高潮正在兴起，而且将以文化市场为主战场。从外国文化资本进入中国的步骤来看，由于分销领域的逐步放开，他们在许多领域已经完成以文化产品对中国市场的占领，转入以文化资本大规模整合我优质文化资源阶段。本土民营文化资本也已经在几年的力量积蓄之后，进入大规模伸展时期。2004年我国文化资本市场已经浮现出如"中信"和"星美传媒"等文化资本巨头的身影，中国的文化资本市场将进入风起云涌的年代。目前，国内已有多家试点单位在集团化改革取得进展、现代企业制度基本建立的基础上，开始了新一轮股份化改革，

并拟订上市方案。仅就目前业内进入试点的为数不多的国有文化传媒集团而言，其资产总量、收入水平以及现金流量，已经具有筹集数百亿资金，在新闻出版领域掀起兼并狂潮的能力。如果再加上已经占据流通领域大半河山，并做好了进军出版领域一切准备的民营书业集团，以及环伺于体制门外的传统产业资本巨头，未来文化市场的兼并战规模就更为可观。

因此，尽管还有诸多体制和政策性障碍，但是2005年文化投融资体制将有重大突破。在这种形势下，最为合理的做法是，解放思想，大胆实验，主动拆除投融资政策壁垒，在关键性的领域实现关键性的制度创新，以体制性优势夺得经济发展的先机。

三、抓住"十一五"规划机遇，规范产业发展，推动区域文化产业格局成型

一年多来，一些地方政府开始打造区域性合作与发展的格局，文化产业在区域经济的各种构想与规划中的地位引人注目。江浙沪演出市场区域合作已经运作多年，取得重大成果。在所谓"泛珠江三角洲9+2"合作构想中，也包含了许多文化产业的内容。2004年11月，在有关正在制订的"十一五"规划将为珠三角、长三角、环渤海三大城市群进行区域经济定位的新闻报道中，文化产业作为环渤海城市群的主要产业发展方向赫然在列。

可以预见，在经济全球化迅速发展的形势下，中国经济增长正以向内地延伸和向海外扩展两种方式实现，区域经济合作之势正在迅速形成，文化产业也开始发挥越来越重要的作用。以珠三角、长三角、环渤海城市群为首的东部发达地区将成为中国文化产业最重要的区域，既推动中国文化走向世界，也带动中西部文化产业实现跨越式发展。各地方政府毫无疑问应该抓住制订第十一个五年计划的机会，制订文化产业发展规

划，通过参与区域文化产业共同体，提升本地区文化产业发展竞争力。

四、建立文化产业与传统产业的战略联系，拓展我国文化产业发展的新商机

我们应该研究文化产业的发展如何与总的国民经济的发展相协调，如何与传统产业的发展产生互动因而相得益彰的问题。目前国际上兴起的"文化创意产业"是一种值得考虑的战略性方案。

文化创意产业是近年来在已经进入知识经济时代的发达国家提出的概念。其主要特征是，重视发展现代文化产业的高端，重视将现代文化产业与传统产业相结合，以增加传统产业的文化附加值。文化创意产业的提出抓住了现代文化产业的核心和实质，调整了现代文化产业的发展方向，使其从单一的个人消费需求导向，转向既服务个人消费需求也服务生产领域的新思路。这一点无疑也符合我国经济现阶段发展的要求。因此，在制订"十一五"文化产业发展规划的时候，我们应该在科学发展观指导下，自觉地对文化产业与传统产业做更加整体性的考虑，探索一条具有中国特色的新型文化产业发展的道路。

我们正在进入一个风险与机遇并存的发展新阶段。在这个阶段，发展形势将发生深刻变化，城市化是否与工业化同步，公共服务是否普及完善，精神文化是否刚健饱满，将成为发展的关键。在这个阶段，经济发展将以社会发展为前提，而不是像我们以往所理解的那样，社会发展以经济发展为前提。只有认识这一深刻转变，才能真正理解提出"加强党的执政能力建设"这一重大题目的深远含义，才会将推动文化产业快速发展的问题置于其应有的位置上。

（中国社会科学院文化研究中心课题组　张晓明、胡惠林、章建刚 执笔）

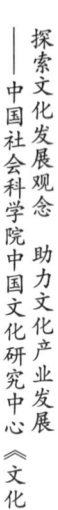

我国文化产业从突破走向规范
——2005—2006年中国文化产业发展形势分析与预测（上）

（2006年1月18日）

2005年是党的十五届五中全会将文化产业正式列入我国国民经济和社会发展战略的重要组成部分的第五个年头。在某种意义上，2005年可以称为我国文化产业发展的一个"拐点"，有许多突出的迹象表明了"从突破走向规范"这个特点。

一、文化产业宏观形势：随着消费增长而平稳上升

2005年，宏观经济形势的积极发展态势为我国文化产业的发展提供了更为良好的环境。随着我国在经济领域贯彻宏观调控的各项政策，经济结构调整得到积极进展，居民收入有较大提高，文化产业发展处在平稳上升运行状态，在国民经济GDP中所占比重也稳步上升。从供给面看，目前只有2003年我国文化产业发展的确切数字，2004年到2005年的发展状况只能推算。因此，假定2004年到2005年平均增长率为10%，则2004年为3935亿元，2005年为4328亿元。

从需求面看，2005年以来，我国城乡居民收入较上一年增长幅度更大。根据国家统计局数字推算，2005年1—3季度，我国城镇居民家庭人均纯收入为7901元，农村居民家庭人均纯收入达到2450元。若以城镇和农村居民家庭人均教育文化娱乐服务消费均比上年增长9%计算，加上人口增加因素和人口城市化因素，2005年全国居民教育文化娱乐服务消费总量将在8300亿元以上。根据国家信息中心的相关研究，

现阶段我国城镇和农村居民家庭人均教育文化娱乐服务消费中，教育支出均占到50%，因此，2005年我国城乡居民家庭文化消费总量在4150亿元左右。如果再加上文化产品国际贸易、政府公共文化消费支出、企事业单位文化消费支出，以及其他非家庭文化消费，我国文化产业从实际消费面看，总量显然还要远远大于这一数字。

二、文化体制改革进入试点总结，体制和政策创新进入调整、完善、规范阶段，有序推动文化产业发展

体制改革和机制创新继续成为文化产业发展的最大变量。自从2003年6月召开全国文化体制改革试点工作会议以来，北京、上海、重庆等9个省市和35个宣传文化单位进行了文化体制改革试点。2005年是文化体制改革的总结年，文化体制改革和机制创新进入了一个调整、完善、反思的阶段，改革经验向政策、法规转化，产业发展也随之进入一个更加规范有序的阶段。

从试点工作以来下发的一系列文件的时间看，除了试点工作会议后中办、国办立即下发的《关于印发文化体制改革试点中支持文化产业发展和经营性文化事业单位转制为企业的两个规定的通知》（国办发〔2003〕105号）以外，其他重要文件均为2005年发布。其中有《关于非公有资本进入文化产业的若干决定》《关于进一步加强和改进文化产品和服务出口工作的意见》《关于加强文化产品进口管理的办法》《关于文化领域引进外资的若干意见》《关于文化体制改革中经营性文化事业单位转制为企业的若干税收政策问题的通知》《关于文化体制改革试点中支持文化产业发展若干税收政策问题的通知》《关于鼓励发展民营文艺表演团体的意见》《关于进一步加强农村文化建设的意见》等。这些文件将深化改革与调整结构结合起来，将履行"入世"承诺放开准入和加强规范结合起来，将完善管理与促进发展结合起来，使文化产业获

得了新的发展动力，建立了一批重点产业，形成了一批产业基地和大型产业集团，并使一部分综合改革试点地区的文化产业成为国民经济的支柱产业。

三、文化产业进入新的发展阶段，三网融合将重新打造产业链条

2005年文化产业的发展值得关注的重大趋势是，新技术和资本市场对产业的撬动作用进一步显现。"三网（广电、通讯、网络）合一"战略越来越走向实质性操作，广电业和电信业分业经营的传统模式被日益打破，新兴媒体不断涌现，文化产业"核心层"与"外围层"的界限变得越来越模糊。这一趋势将会循着产业发展的固有逻辑继续前行，对未来几年文化产业的整体态势产生重大影响。

从广电业角度看，我国广播电视业在实现人口综合覆盖率接近发达国家水平（2004年分别达到94.5%和95.59%）后，广告收入水平开始下降，技术创新和商业模式创新成为新的发展动力。有线电视的发展使"广播"走向"窄播"，用户已经达到1.16亿户家庭；数字电视是从"窄播"走向"专播"，已经形成了青岛、佛山、杭州、大连等城市发展模式；最后是从有线走向无线，移动电视、手机电视、楼宇电视等均已相继推出。这一发展态势将使广电业越来越深入到电信业的核心业务。2005年湖南卫视的《超级女声》节目，改变了以往电视台以广告收入为主要经济来源的营利模式，将电视、电台、报纸、杂志等媒体充分融合，并充分运用手机、网络等新媒体，创新了传统电视的营利手段，使节目影响力辐射至全国。据初步统计，《超级女声》对社会经济的总贡献达几十亿元，其品牌的商业价值也将超过20亿元。

从电信业角度看，根据信息产业部发布的数据，截至2005年上半年，全国电话用户突破7亿户，其中，固定电话3.37438亿户，移动电

话 3.63168 亿户。我国的通信用户在整个"十五"期间保持了每年 1 亿户的增长速度。2005 年 7 月，中国互联网络信息中心发布报告，我国的上网用户总人数达到 10300 万人，互联网接入呈现宽带化趋势，互联网宽带接入用户达到 5300 万户，继 2004 年比 2003 年增长一倍后，又翻了一番。在这一背景下，IPTV 成为新的增长亮点，电信业与广电业的界限将不再清晰。

三网融合走向新阶段，对于文化产业链条的构建影响深远。渠道整合的结果是对原创内容需求的增加和应用领域的进一步拓展，引发了文化产业链条向上端和下端的不断延伸。"内容产业"和"创意产业"的热度不断升高可以视为文化产业链条延伸的趋势性表现，而影视制作的繁荣则是内容产业兴旺的最明显例证。我国电影产量继 2004 年达到 212 部后，2005 年实现新的跨越，可能突破 260 部；2005 年，我国有关部门已经批准了 20 多万分钟的动漫节目生产，增长速度甚为惊人。至于三网融合的进展对于相关消费类电子信息产品制造业的带动作用，就更是极为巨大。

四、"十一五"规划全面启动，文化产业成为区域协调发展新亮点

2005 年还是"十一五"的"规划年"，目前我国已经有大约 2/3 以上的省、市、自治区提出要建设"文化大省"和"以文化立市"，发展文化产业已经成为各个地区加快实现增长方式的转变和产业结构的调整优化、推进城市化进程、促进区域协调发展的工作重心。

"十一五"规划是我国文化产业发展被正式列入经济、社会发展规划的第二个五年计划。我国经济发展存在较大的不平衡，不同地区发展的阶段不同，发展的条件和任务也将有所不同，各地在制订文化产业发展规划的时候也就有所侧重。东部地区超越了人均 GDP 1000 美元的阶

段，珠三角、长三角、京津冀三大城市群地区已经开始进入 3000~5000 美元的中等发达国家水平。这些地区文化消费活跃，现代传媒发展趋于饱和，内容创新成为发展瓶颈，提出创意产业发展规划，或者将创意产业列为文化产业的升级目标，成为其发展规划的特点。中西部地区人均 GDP 大部分在 500~1000 美元之间，文化资源丰厚，文化消费刚刚起步，现代传媒还有较大发展空间，文化产业处于产品开发和要素扩张阶段。进一步完善公共文化服务体系，整理文化资源，打造文化品牌，开发特色文化产业，成为中西部地区普遍的规划目标。继 2004 年深圳成功举办首届中国国际文化产业博览会之后，2005 年我国又先后举办了中国东北地区文化产业博览会和中国西部（昆明）文化产业博览会。充分利用会展平台推动区域文化产业的发展，已经成功地调整了东北和中西部地区传统的发展思路，成为超越传统产业更替逻辑的重要战略选择。中央在"十一五"规划建议中提出的"合理的区域发展格局"的战略思路已经显现雏形。

五、"中国文化走出去"成为热点关注，积极参与国际文化竞争与合作的新型战略思路和战略机制开始形成

"实施'走出去'战略，努力在利用国内外两种资源、两个市场方面有新的突破"，是"十五"规划就提出来的。2003 年 12 月 5 日，胡锦涛总书记在全国宣传思想工作会议上指出，大力发展涉外文化产业，积极参与国际文化竞争，"走出去"战略首次出现在文化产业领域。2005 年 7 月 14 日，中办、国办印发了《关于进一步加强和改进文化产品和服务出口工作的意见》，标志着我国"走出去"战略在文化领域已经基本成形。

加入世界贸易组织以来，我国落实相关承诺，逐渐开放了文化服务领域，国际文化贸易规模不断扩大，但是文化产品和服务进出口差别

高度悬殊，不平衡局面愈演愈烈。这一年多来，形势开始出现转变。继2003年"女子12乐坊"在日本走红后，中国文化走向世界舞台的步伐明显加快。2005年9月，历时两年、覆盖两国全境、先后举办700余场活动、被誉为"中欧文化交流史上的创举"的中法文化年，在北京落下帷幕，标志着"政府主导、社会参与、多种方式运作"这样一种中国文化"走出去"的战略机制的形成。2005年10月，为期一个月的"中国文化节"在美国首都华盛顿特区举办，展演京剧《杨门女将》、话剧《茶馆》等剧，整体展现了我国当前文化艺术的最高水平。此次文化节的所有项目都在美国国家级表演艺术中心，也是世界上最著名的文化艺术机构之一的约翰·肯尼迪表演艺术中心进行表演和展示。这是我国文化部采取与对方主流文艺机构合作的方式，按照商业运作规律进行文化交流的尝试。

一年多以来，中国政府组成了由文化部牵头，广电总局、新闻出版总署、商务部和外交部等部门共同组成的政府代表团，在历次谈判过程中发挥了建设性的作用，促进了世界各国的合作与交流，显示出中国积极参与国际文化贸易规则制定的姿态，最大限度争取了我国的国家文化利益和文化安全。

六、内地和香港、大陆和台湾文化产业发展与互动呈现出新的发展态势

在新一轮全球化背景下，文化产业成为区域经济和社会一体化的活跃因素。近年来，中国大陆文化产业的迅猛发展也使海峡两岸暨香港、澳门出现新一轮互动态势。2005年11月，中央政府和香港特区政府关于文化领域特殊安排协议的签订，标志着自2003年签署《内地与香港关于建立更紧密经贸关系的安排》（CEPA）后内地与香港在文化产业领域里的合作进入深入发展的新阶段。2005年10月，台湾东森电视台

和中央电视台联合实况转播"神舟六号"发射全过程，成为台湾唯一进入到大陆，而且深入到航天城去采访的媒体，并在台湾创下收视记录。10月22日，首届"海峡两岸文化产业发展论坛"在上海交通大学举行，来自海峡两岸暨香港、澳门的专家积极探讨进一步扩大和发展海峡两岸文化产业的新途径，探讨建立海峡两岸暨香港、澳门文化产业学术交流互动机制的可行性。专家们还对打造统一的海峡两岸暨香港、澳门文化产业链，建立海峡两岸暨香港、澳门共同文化市场，以及推进海峡两岸暨香港、澳门创意产业合作等问题进行了深入探讨。

（中国社会科学院文化研究中心课题组　张晓明、胡惠林、章建刚 执笔）

我国文化产业发展存在的问题
——2005—2006年中国文化产业发展形势分析与预测（中）

（2006年1月20日）

一、文化建设的形势：发展与改革的"紧平衡"

"十五"期间，我国第三产业发展不足是非常规性的，有统计方面的问题，但主要是体制性原因。以科学、教育、文化、卫生等为主体的公共服务体系建设滞后，总量不足，投入机制不合理，还存在大量不合理的准入限制和垄断。相比较而言，文化建设的滞后最为严重，公共服务不能有效提供，产业化发展受到抑制，消耗了宝贵的财政资金，却生产着数量和质量均不够合意的产品和服务，使需求和供给之间出现了"战略性短缺"。

"十五"期间文化发展宏观形势中的问题也可以这样表述：人民群众的文化消费需要日益增长，满足需求的方式也日益市场化，国家直接兴办文化的传统模式已经不能充分满足需要，通过市场配置资源、满足需要的机制还没有建立起来，新的产业发展模式也还没有找到。于是改革和发展处在一种"紧平衡"状态：搞好了是以改革促发展，在发展中进一步完善改革的路径和方案；搞不好就是改革滞后拖发展的后腿，启动传统机制，使今天的发展成为明天改革的对象；或者急于改革，仓促上阵，脱离实际，使今天的改革成为明天发展的障碍。

以改革促发展费事费力，需要转变政府职能，花大气力研究、试点、制订方案和推动实施，短期不易见效。依靠行政权力和行政命令直接支配产业发展，则熟门熟路，容易得多。在宏观经济形势较好、政府税收大幅增加、手中颇有余钱的情况下，发展存在"路径依赖"的诱惑。实际上，文化体制改革早已随着经济体制改革进行而进行，但是由于双轨制下形成的思维惯性，至今仍显得思想准备不足。2006年将是从试点走向全面改革之年，文化体制改革的目标模式也呈现出前所未有的清晰图景，改革也将克服自身的"路径依赖"，走向新阶段。

二、文化产业发展战略：存量与增量的消长态势

经济学界将我国经济体制改革的成功经验归结为"增量改革"战略，这一现象也在文化领域出现。由于经济全球化形势的发展，国内经济持续高速增长，人民群众生活水平稳步快速提高，消费结构提升趋势明显，文化产业发展的冲动很大。相比较而言，体制内文化产业机构改革尽管勉力推进，但其发展仍较为缓慢和滞后。于是，出现了新兴文化产业由于技术进步迅速、新兴消费活跃、体制性障碍较少而迅猛发展，以国有文化机构为主体的文化产业核心门类则由于体制改革滞后而发展缓慢的局面。由于资源配置的市场机制还未能实现，特别是传媒业准入壁垒使得资源盘活还仅限于体制内存量领域，大大限制了我国文化产业核心门类利用现代资本市场实现跨越式增长的能力。

"十五"期间是国际文化产业技术进步迅速，资本市场开始恢复的阶段。我国自"十五"计划提出"三网合一"这一重大战略设想以来，消费类信息技术产品生产实现了跨越式发展，电信内容增值服务也突飞猛进，目前收入已经十倍于广电业，而且事实上已经通过新闻网站、网络电视和手机电视进入了广电业的核心服务领域。由于互动和定制式服务更加合乎青年一代的消费习惯，电视机前的消费者已经老化。在这种情况下，社会资本向文化产业的新兴增量领域大量集中是不可避免的。我国文化产业发展客观上已经出现了增量领域发展超过存量，引导创新的形势，经济体制改革中"增量改革战略"开始在文化产业领域出现。

广电和电信共同构成现代所谓信息产业，其相互关系的变化无不引发文化产业整体结构和链条的创新。有专家甚至认为，传统平面媒体正在日益成为数字技术所整合的现代传媒的"分散的低端资源"。产业的发展正在按照自己的逻辑延伸，体制和政策只能加快或延缓它，而不可能阻止。改革不仅有机遇期，而且有时间成本。增量改革并非是改革最低成本的选择，我们不能到了国有文化资源流失殆尽的时候再来盘活存量。

三、改革的中心环节：文化企事业单位的改革有待创新

文化体制改革几乎与经济体制改革同时起步，但一直在"事业单位企业管理"双轨制模式下运行，企事业单位市场主体的身份一直未能明确。经过两年的试点，随着宏观体制的目标模式逐步明确，企事业单位微观体制和机制改革的目标模式才逐步清晰。

但是文化事业单位改革还有待创新。"分类改革"基本原则已经确定，一大批经营性文化事业单位已经以不同方式实现了整体转制，但是作为"新型市场主体"的体制和机制的设计远未完成，改革过程可谓一波三折。改革难点仍然集中在媒体。

出版机构大部分按照"整体转制"方案改革，但是即使转制为企业，出版社是否具有完整的市场主体的特征？在国家依旧对出版社实行书号管理的形势下，转为企业的出版社是不是反而成了"企业单位事业管理"了？报业是我国集团化改革最早的行业，目前已经有39家报业集团，形成了"以党报为龙头、各类报纸共同繁荣"的格局，但是党报是否是"新型市场主体"，能否实行股份制形式？"以党报为龙头、各类报纸共同繁荣"的格局是不是"公有制为主体，多种经济成分共同发展"的基本经济制度在报业领域的具体体现？目前这些问题还未有结论。

广电业实施的是"剥离转制"式改革，已宣布不再设立事业性质的

集团，《北京青年报》下属的北青传媒股份有限公司已经在香港上市，深圳报业集团等单位也都制订了上市融资计划。但是，"剥离转制"上市的公司是否能按照上市公司规范方式操作以获得资本市场的认可，还存在争论。

目前最为彻底的转制案例应该是在流通领域。2004年11月24日，上海新华书店在上海联合产权交易所开标，通过市场竞价转让股权进行产权改革，成为通过市场机制实现混合所有制的第一家企业。

文化企事业单位改革是文化体制改革的中心环节，目前还有很多问题需要深入研究。实际上，无论是事业还是企业，文化单位都是文化产品和服务的生产和提供机构，发展文化生产力的微观主体。从公共经济学的观点看，文化产品和服务很少有真正的公共产品性质，作为公共产品来监管的原因在于其内容具有超出一般物质产品的文化价值属性，由此产生出了一种特殊的监管必要。但是，内容监管的必要性并不是将文化产品和服务从私益性产品转变为公共产品的充要条件，并不一定只有作为公共产品，由国家直接生产和提供才能保证其价值的实现。发达市场经济国家也有将文化产品和服务作为私人产品监管，发挥了良好的价值传播作用的成功经验，我们还要进一步吸取。

（中国社会科学院文化研究中心课题组　张晓明、胡惠林、章建刚 执笔）

推动我国文化产业进一步发展的对策建议
——2005—2006年中国文化产业发展形势分析与预测(下)

（2006年1月23日）

一、适应宏观经济形势发展的要求，发挥文化产业对于转变增长方式，调整经济结构，落实科学发展观，促进和谐社会发展的战略枢纽作用

"十五"期间我国文化产业受到宏观经济形势的影响，发展速度并没有提起来。由于投资和出口连年高位运行，消费率连年下降，第二产业发展速度一直高于第三产业，使第三产业在国民经济中所占比重有较大幅度下降，连带影响文化产业在经济、社会发展中重要地位的下降，战略作用没有得到充分发挥。这种情况在"十一五"期间有望扭转。

根据国家统计局最新预测，我国经济发展速度可能大大提前。按照GDP年均8.5%左右的增长率，"十一五"期末GDP总量将超过26万亿元，人均GDP近1.9万元，折算美元将超过2000美元；2015年将达到3000美元，提前实现小康；到2020年将达到5000美元，进入中等发达国家水准。权威部门提供的数字还显示，随着这一轮宏观调控的经济政策效应的逐步显现，我国人均消费到2020年将可能实现年均10.8%的增长，新的消费高峰就要来临，消费结构将不断升级，文化消费将真正成为拉动消费结构升级的主力军。这两年来已经出现了以住房和汽车消费为代表的消费升级，经济增长的主要动力已由投资拉动转变为消费拉动，下一轮消费升级的带动性项目将是教育、医疗、旅游、电信、信息和家庭娱乐商品等等。近年来在我国深圳、上海、北京、广州等城市，居民消

费已由实物消费为主走上实物消费与服务消费并重的轨道,消费升级的迹象已经开始显现。如果再考虑到"十一五"期间国家加强对教育、医疗等公共服务体系的建设,制约居民消费支出的因素将进一步得到解除,消费升级的速度将会更快。

宏观经济形势的发展动向充分说明,以文化产业的发展满足人民群众日益提高的精神文化消费需求,对于促进增长方式的转变、调整经济结构、落实科学发展观、促进和谐社会发展,将起到越来越重要的枢纽性作用。我们应该加快改革步伐,以体制创新、机制创新、政策创新的重大举措尽早地启动新一轮文化产业发展的高增长周期。建议抓住这一历史的机遇,制定我国文化产业发展的中长期发展战略,为未来5到10年的发展描绘出蓝图。

二、深化文化体制改革:形成新的产业格局和市场格局

2006年是文化体制改革在全国推开的第一年,体制改革的效应将开始全面释放,为文化产业发展提供新的动力。

2003年以来,试点地区积极推进政府职能转变,"党委领导、政府管理、行业自律、企事业单位依法运营"的文化体制改革目标模式已经基本清晰。可以预见,存量领域国有文化资产之间兼并、重组、整合的速度将加快,迅速产生一批跨行业、跨媒体、具有品牌竞争力和战略投资力的产业集团,大大提高我国文化市场的集中度,使"以公有制为主体、多种所有制共同发展的文化产业格局"浮出水面。新型的文化产业格局将有利于政府对文化产业实施基于市场的内容监管,推动"民族文化为主体、吸收外来有益文化的文化市场格局"的形成。我国文化管理体制将融入社会主义基本经济制度的统一框架,我国文化产业的发展将全面融入国民经济的统一市场。

两年的试点证明,在市场经济条件下,大多数文化产品和服务必须

进入市场，只有占领市场才能占领阵地，只有进入市场才能更好地贴近群众，社会效益和经济效益是统一的。意识形态是文化产业的特殊价值属性，如果没有市场化的资源配置机制，产业所负载的文化价值是无法抵达国民的心灵世界的。因此，必须努力革除制约文化产业发展的体制弊端，充分发挥市场机制在文化产品生产和服务中的基础性作用，进一步解放和发展文化生产力，"早改早主动，晚改就被动，不改没出路"的观念已经深入人心。

文化体制改革是解放文化生产力，推动我国经济、社会、政治、文化和谐发展，走向现代国家的一场革命。建议吸取经济体制改革和文化体制改革试点的成功经验，组成多部门参与的文化体制改革指导机构，开展全面调研，制订文化体制改革的总体方案，积极稳妥地加以推进。

三、统一和规范市场，推动文化产业全面发展

经过"十五"期间文化产业的发展，目前文化产品和服务比较丰富，人民群众自主消费文化产品的权利基本得到落实，但是自主生产文化产品的权利还没有得到充分落实。具体表现为：产品市场已经形成，要素市场还没有统一（投融资体制改革还在破题阶段）；不同所有制之间，增量领域和存量领域之间还存在壁垒。随着"十一五"规划对于形成"以公有制为主体、多种所有制共同发展的文化产业格局"的明确，国有文化资产监管体系正在积极推进，国有文化企业中现代企业制度正在逐渐建立，股份化过程将逐步实现，投融资市场将形成，统一规范的文化产业要素市场将真正建立起来。这些发展动向说明，统一、规范的文化市场将推动形成文化产业全面发展态势，这是一个极大的"利好"消息。

国有和民营文化资本在统一市场体系中并轨是不可避免的趋势，这有利于我国文化产业的健康发展，可能成为下一阶段的重要特点。经济发展、收入增长、文化消费增加是一个"常量"，如果国有文化机构不

能满足需要,非国有的文化机构一定会来弥补;如果本国文化产业机构不能提供,国外文化资本将以其他产品填补;如果正版产品不能满足需要,盗版产品就会乘虚而入。在国有文化机构不能迅速松绑的情况下,民间资本挟技术与资金双重优势异军突起是不可避免的。我们必须非常明确地认识到,市场已经成为基础性的发展环境,产业的人为分割,体制上不切合实际的人为设计,在市场作用下都将形同虚设。

从经济体制改革的经验看,"增量改革"在体制转型的特定阶段必不可免。就目前而言,开放市场、鼓励非公经济发展已经成为在文化领域建立"公有制为主体,多种经济成分共同发展"的产业格局的重点,具有明显的促进改革的积极作用。活跃民间投资将提高体制内闲置资源要素的价值,并提高延迟改革的"机会成本",使得国有文化单位改革产生"内生动力",并使加快改革以"盘活存量资源"更为容易。"十五"以来我们一直实行以文化产业发展推动文化市场开放的战略,"十一五"期间应该转变为以全面开放和构建文化市场推动产业发展的新阶段。

四、关注技术进步,在文化产业结构重组中实现体制和机制创新

2006年文化产业的结构变化将可能由技术和资本唱主角。由于技术进步,宽带和移动通信技术的历史性结合已经实现,广电和电信统一的技术平台和商业平台正在出现,商业模式趋于成熟,资本市场再度活跃,新兴文化产业将出现爆发式增长局面,打破广电和电信分业经营的格局,推动文化产业的产业结构和链条发生历史性的重组,对文化体制改革产生巨大压力。从这个意义上说,十六届五中全会在"十一五"规划建议中提出的"加强宽带通信网、数字电视网和下一代互联网等信息基础设施建设,推进'三网融合'"的建议具有重大意义。

新兴文化产业领域历史包袱较少，将成为新型的传媒监管体制的试验场所，从而与体制内文化体制改革遥相呼应。

我们应该抓住文化体制改革全面展开的历史性契机，最大限度地放开市场准入，统一体制性环境和政策性环境，将发展压力转化为发展动力。建议有关部门抓住数字电视、网络电视以及下一代互联网的发展的历史机遇，革除束缚国有文化资本发展壮大的体制性障碍，主导终端消费市场的整合，抓住这一契机，走向新的发展阶段。

五、加强区域协调，寻求产业发展新机遇

为了适应新的发展形势，国家将区域协调发展列为"十一五"规划的重点。2005年以来，各地都在积极制订"十一五"文化产业发展规划，发展文化产业已经成为促进区域协调发展的重要因素。

我国的经济、社会现代化呈现一种从东到西、从城市到农村逐步展开的分梯度非均衡发展态势。处在经济、文化发展历史逻辑的不同阶段上的各个地区，应该在差别竞争的基础上，加强整合与合作。沿海发达地区，特别是珠三角、长三角、京津冀三大城市群发展程度较高，已经处在与全球化最前沿领域"接轨"状态，可以制定"外向型发展战略"，着眼于尽快成为全球性文化产业竞争的"一极"，并带动中西部文化产业走向国际市场；如果进一步对近年来两岸四地文化产业的发展与互动的新态势在战略和政策层面予以关注和鼓励，将有效推动中华文化在东亚以至于全球文化产业竞争中占领先机。中西部地区发展程度较低，应该在政府主导下加强公共文化服务体系建设和文化市场建设，整理文化资源，打造文化品牌，开发特色文化产业。从全局着眼，我国文化产业东部实力强大而西部资源丰富，因此产业发展的龙头在东部，但是可持续发展的基础在西部。

无论在东部还是中西部，文化产业都将成为下一阶段经济、社会发

展的战略重心。东部发达地区已经到了积极发展文化产业以替代传统产业的阶段，中西部地区也应该将文化产业发展纳入经济结构调整的整体战略，作为"新兴工业化道路"的一种重要选择。中西部地区是我国文化资源的富集地区，文化产业符合资源节约型和环境友好型特点，如果成功替代传统产业，将改写中西部地区现代化的发展逻辑和路径。

六、加强农村文化建设，构建和谐社会发展新局面

"十一五"期间将成为我国农村文化建设的转折时期。2005年11月7日，中共中央办公厅、国务院办公厅发布了《关于进一步加强农村文化建设的意见》，对加强农村文化建设进行了全面阐述。

我们应该认识到，现阶段我国广大农民群众的文化消费极不平衡，既有所发展又极为不足；广大农村文化市场的发育极不平衡，既有多层次多方面的文化消费需求不能满足的问题，又有基本文化权益不能保障的问题。对此，我们既需要加大政府投入，加强文化基础设施建设，构建公共文化服务体系，以克服市场失灵，实现和保障农民群众的基本文化权益；又需要积极培育市场机制，发展文化产业，充分调动社会各方面力量参与农村文化建设，提供更多更好的文化产品和服务。从根本上说，就是要改革体制，转换机制，将文化建设转移到新的体制基础上来。

目前的政策重点应是加强农村公共文化服务体系建设。相比较而言，农村地区经济发展水平差距较大，公共文化设施欠账很多，人民群众基本文化权利没有得到很好的落实，主要的问题是如何加大财政支持力度，令其在短期内有较大改善，为今后的发展奠定基础。建议从建立覆盖全国的公共文化服务体系，以及建设社会主义文化新农村的考虑出发，加大中央财政投入占全国的比重（目前地方财政所占比重高达93.7%），加大中央财政对农村和西部地区的转移支付力度，加大对农村和欠发达

区域教育和文化基础设施建设的补助，以解决西部和农村地区政府财政能力不足的困境。

（中国社会科学院文化研究中心课题组　张晓明、胡惠林、章建刚 执笔）

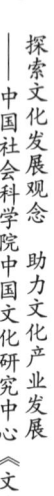

走进"十一五":文化产业发展进入新阶段
——2006—2007年中国文化产业形势分析与预测(上)

(2007年1月18日)

2006年是我国第十一个五年规划的开局之年,一系列重大事件凸显出开局之年的新气象。2006年颁发的《关于深化文化体制改革的若干意见》《国家"十一五"时期文化发展规划纲要》《中共中央关于构建社会主义和谐社会若干重大问题的决定》三个文件,是指导"十一五"期间我国文化建设的纲领性文件,明确了文化产业发展的体制、政策环境,发展任务,以及战略方位。如果说"十五"期间中国文化产业的发展是以"改革"作为中心环节的话,"十一五"期间将以"发展"作为基调。

2006年,我国文化产业发展宏观形势总体上表现出转向常规发展态势。我国文化产业发展的战略框架已经拉开,文化产业与高科技的联姻,整体产业链条向上、下游的拓展延伸,全国区域性产业布局的初步形成,以及对进出口文化产品和服务贸易逆差的遏制,均有长足的进展。

一、根据首次经济普查,文化产业总量不大,但结构趋于合理

2005年12月底,国家统计局公布了我国首次经济普查的数据,经济总量有较大增加,特别是第三产业有较大提升,服务业(特别是新兴服务业)已经开始扮演中国经济增长的主角。2006年5月19日,在深圳举行的第二届文化发展战略论坛上,国家统计局首次发布了根据经济

普查的基础数据重新测算的我国文化产业统计数据。数据显示，2004年，我国文化产业实现增加值3440亿元，占GDP的2.15%；从业人员996万人（其中个体从业人员89万人），占我国全部从业人员（7.52亿人）的1.3%，占城镇从业人员（2.65亿人）的3.8%。数据表明，与第三产业总量大大提高正相反，文化产业总量不大，并比以前的统计有较大缩水。

尽管我国文化产业总量不大，但是结构更为合理。根据国家统计局数据分析，我国文化产业无论从法人单位的数字、拥有资产、营业收入、实现增加值等项看，经营性产业单位都大大高于公益性事业单位，说明文化部门已经不是传统计划经济条件下的"公共服务部门"；从法人单位注册类型中内资（96.2%）、港澳台商（2.1%）、外商（1.7%）所占比重看，我国文化领域不断开放，已经呈现多样化形态；从法人单位所有制类型看，公有资本与非公有资本之比为51：49，国有控股的文化企业在单位数量上已经不占优势，说明我国文化领域投资主体多元化的局面已经形成。

二、文化消费继续平稳增长，消费环境不断改善，新兴消费形式不断涌现

根据国家统计局的数字，2005年我国城镇居民消费支出中，教育文化娱乐服务类支出增长6.26%，占人均消费性支出总额13.8%，达到1097.5元。农村居民消费支出中，教育文化娱乐服务支出增长19.3%，占人均消费性支出总额7.16%，达到295.5元。当年城乡居民教育文化娱乐消费支出总量为8372亿元。

又根据国家统计局公布的数字，2006年1—3季度，我国城镇居民家庭人均可支配收入为8798.32元，全年预计将达11700元以上，农村居民家庭人均现金收入2761.9元，全年预计将达3680元以上。若以城

镇和农村居民家庭人均教育文化娱乐服务消费支出均保持上年增长率计算，再加上人口增长因素和人口城市化因素，可以估算出2006年全国居民教育文化娱乐服务消费总量约为9370亿元。按照现阶段我国城镇和农村居民家庭人均教育文化娱乐服务消费中教育支出占到50%计算，2006年我国城乡居民家庭文化消费总量将为4685亿元左右。

三、数字化推动新兴文化产业发展，电子消费终端发展迅猛，新一代"生产消费者"出现

数字化继续成为推动我国新兴文化产业发展的主要力量。最新的统计数字显示，我国广电业在完成基本覆盖后，继续"数字化"的基本路线，推动增值服务的发展。根据国家广电总局发布的统计数据，2005年，我国有线电视用户达到1.28亿户，有线数字电视用户数量为397万户。2006年上半年，全国有线电视用户数进一步发展到1.3亿户，有线数字电视用户增至650万户。预计到2006年底，有线数字电视用户将突破1000万户。又根据国家信息产业部发布的数据，2006年1—9月份，全国新增电话用户6860.9万户，其中固定电话1886.1万户，移动电话4974.8万户。目前，我国已经形成了约4亿家庭电视用户、8亿电话用户、覆盖多种消费人群的终端体系。

最为醒目的发展动向还是对网络的应用，以及新型数字内容产业的生产和消费模式的出现。2006年7月，中国互联网络信息中心（CNNIC）在北京发布《第十八次中国互联网络发展状况统计报告》披露，我国的网民人数、上网计算机数分别达到了12300万人、5450万台，比上一年同期分别增长19.4%和19.5%。此次报告还显示，截至2006年6月30日，我国宽带网民人数为7700万人，占网民总数的近2/3，与上一年同期相比增加了2400万人，年增长率达45.3%。我国宽带上网的计算机已达到2815万台，占上网计算机数的1/2强。在线调查结果显示，

我国约有 1500 万人经常使用网络教育，2500 万人经常使用网上招聘，3000 万人经常上网购物（与上一年同比增长 50%），2800 万人经常使用博客（半年前还只有约 1500 万），说明数字化传媒手段的普及正在启动数字内容的应用，网络技术正在生产出符合其自身特点的、"产消合一"的内容生产和消费方式，新一代"生产消费者"已出现。

四、产业链条上移，内容原创备受重视，文化资源保护与开发水平实现历史性的提升

近年来，在国际文化贸易领域出现了一种新的动向，即从文化产品的全球贸易，文化资本的跨国兼并与整合，转向对所在地文化资源的掠夺性占有和使用。中国文化成为对全球文化市场具有强烈吸引力、并具有高水平唯一性的战略资源。迪斯尼出产的《花木兰》以中国民间题材打造美国大片，可以作为这一动向的端倪；中、韩、日之间关于"端午申遗""中医申遗"以及西游记拍摄的各种争论，可以看作这一趋势的发展；2006 年，谷歌在中国推出"图书搜索"项目，揭开了对数字化知识资源争夺的序幕。

在这一形势推动下，国内保护文化遗产的呼声持续升高。2004 年，在基本完成《中国民族民间文艺集成志书》基础上，文化部、财政部启动"中国民族民间文化保护工程"。2005 年，11 位著名学者建议设立"文化遗产日"，得到国家有关部门的高度关注。2006 年 6 月 10 日，我国迎来了第一个"文化遗产日"。在这一天之前，国务院还公布了第一批国家级非物质文化遗产名录。

目前，全国各省都成立了实施"民族民间文化保护工程"的相关机构，一些民族民间文化遗产特别丰厚的省份已经完成了摸底调查和非物质遗产名录的编纂工作。2006 年，中国社会科学院与国家民委共同启动了"中国少数民族文化发展战略"大型研究项目，将用 5 年的时间，进行系

的民族文化发展状况研究，出版年度性的文化蓝皮书——中国少数民族文化发展报告，并制订未来 10~20 年民族文化发展的战略规划。这标志着我国高等院校和研究机构正在行动起来，为我国新时代的文化建设提供至关重要的智力支持。

五、文化创意产业引领东部文化产业战略升级，产业布局开始形成

2006 年 1 月 15 日，北京市颁布了国民经济和社会发展第十一个五年规划纲要，提出要把北京建设成"创新型城市"，要推进产业结构调整和增长方式转变，走高端产业发展之路，要重点支持发展文化创意产业。从 11 月到 12 月，上海举办了第 2 届上海国际创意产业活动周，北京紧接着又举办了首届中国北京国际文化创意产业博览会，将这一轮发展热潮推向了全国。

如果说上海市提出创意产业还是文化产业发展重点的不同的话，北京市则更像一场声势浩大的战略转型与升级，使得东部发达地区文化产业发展格局为之改观，扬起了我国文化产业发展的龙头。北京市国家级文化机构密集，历史文化资源深厚，创意人才集中，软件产业发达，实施文化创意产业发展战略将进一步提升我国文化产业在内容原创上的高端优势。上海市位于长三角全球制造业中心区，设计业发达，实施创意产业发展战略将推动文化产业与传统制造业联姻，在全国领跑新兴工业化道路。可以推断：广州、深圳可能延续改革开放以来的发展路径，进一步提升文化产业的国际化水平，并和香港加强合作，在金融、营销等方面服务全国，成为中国文化产业全球化的跳板。我国东部地区三大城市群各自的特色正在显示出来：北京推动"中国制造"走向"中国创造"，上海侧重从"中国创造"走向"中国设计"，广州和深圳着眼于从"中国创造"和"中国设计"走向"中国营销"。

六、"走出去"战略初显成效，文化贸易逆差形势有所扭转

根据党的十六大提出的"走出去"战略，国务院新闻办公室和新闻出版总署2005年联合发起"中国图书对外推广计划"，采取扶持措施鼓励中国图书"走出去"。这一政策当年就获得了成效。据国家版权局网站公布的信息显示，2004年，我国引进与输出版权的比例是7.6∶1。2005年，全国通过出版社共引进图书版权9382项，输出图书版权1434项，引进输出比例为6.5∶1，版权贸易逆差进一步缩小。在第57届法兰克福书展上，我国总共达成版权贸易1496种，其中版权输出为615种，版权输出和引进比为1∶1.43，为扭转图书进出口贸易版权逆差开创了新局面。2006年9月，在第13届北京国际图书博览会上，我国输出版权1096项，引进891项，取得输出大于引进的历史性突破。一个月后，在第58届法兰克福书展上，中国展团推出展品3600多种、4000余册，达成版权输出或签约意向1936项，版权引进1254项，同样形成版权贸易进出比例的突破和逆转。

2006年度最为引人注目的文化"走出去"成功案例是出人意料的。2006年1月25日至29日，上海国家动漫游戏产业振兴基地组团参加了在法国举办的第33届安格雷姆国际连环画艺术节，基地选送的漫画家郭竞雄的作品，在该艺术节上荣获组委会特别奖，这是中国人第一次获得此项有漫画界"奥斯卡奖"之称的顶级奖项。与此同时，郭竞雄还签约世界最大的漫画出版公司太阳出版社，创作根据《封神榜》等中的中国故事改编的漫画，报酬高达百万美元。郭竞雄也由此成为在欧洲获得版税最高的华人漫画家。

（中国社会科学院文化研究中心课题组 张晓明、胡惠林、章建刚 执笔）

文化产业发展中存在的问题
——2006—2007年中国文化产业形势分析与预测（中）

（2007年1月18日）

我国正处在工业化和城市化中期，经济发展和收入增长速度快，文化需求也在觉醒之中，但是市场化的资源配置机制却还没有建立起来。这就使人民群众对精神文化产品的需求在相当长时间里与供给方缺乏有效的互动与链接，一方面是巨大的潜在需求不能实现，另一方面是大量无效的产品供给，以及更加巨大的文化资源不能产业化。

一、尽管文化消费热点叠出，但是总量过低，基本面仍然比较沉寂，多种原因制约了文化消费需求的释放

从横向比较看，特别是将目前消费的总体水平和经济普查后调高的人均GDP相比，我国目前文化消费相对比重下降，总量过低的状况还比较突出，增长速度也远不能令人满意。就文化消费的基本面而言，多年来所预测的巨大的、带有结构升级特征的增长还没有出现，消费热点还仅仅是局部的现象。

按照经济普查后的数据，2005年，我国人均GDP达到1700美元，2006年有可能达到1850美元左右。根据国家统计局入户调查得出的城乡居民教育文化娱乐消费支出的数字，继续保持均衡上升：2005年在8300亿元以上，2006年可能达到9370亿元。去掉其中50%的教育支出，2005年我国文化消费总量在4150亿元左右，2006年将为4685亿元左右。根据国际统计分析，如果人均GDP达到1600美元的发展水平，恩格尔

系数应为33%，文化需求在个人消费中应占20%，实际需求总量应为20100亿元。2005年，我国人均GDP就超过了1600美元，只有4150亿元左右的文化消费支出，距离同样发展水平国家平均值的差距至少在15000亿元以上。换句话说，我国居民的文化需求的满足程度仅仅不到1/4。

我国目前文化消费过低的原因是多方面的。从消费面看，我国城乡之间，特别是不同阶层居民之间收入差距过大是主要原因。目前，我国中低收入阶层达到11.5亿人左右，是基本消费群体，扣除衣食住行、住房、医疗、养老和教育准备等支出后，可用于文化消费剩余其实很少，消费能力严重不足。再加上目前我国处于向市场经济体制过渡的转型时期，原来由国家统包的一系列社会福利制度，逐步改革为由国家与个人共同负担，导致居民收入预期越来越不确定，致使居民谨慎消费。从供给面看，则是有效供给不足。我国文化市场开放程度过低，法律法规建设滞后，管理不规范，文化产品和服务的供给尚未形成有效的市场机制，最终导致供给短缺，真正适销对路的文化产品和服务尤其缺乏，使得潜在需求得不到开发，已形成的有效需求也不能满足。

二、文化产业发展"战略性短缺"，市场开放不足使得文化体制改革成果难以检验，产业发展步伐不快

经济普查后的数字进一步凸显了我国文化产业"战略性短缺"形势，急需以改革促进产业的迅速发展予以缓解。现在的问题是，文化体制改革试点与文化市场开放的步骤不协调，市场开放不足使文化企业没有伸展的空间，无法在规范的市场环境中迅速成熟，甚至令改革的效果打了折扣。

出版业在产品层面上市场化程度已经较高，企业化和股份化依然步履蹒跚，缺乏文化资本市场开放竞争是重要原因。从表面上看，仍然由

政府主管的500多家出版社实行着自负盈亏的企业化运行体制，负责着出版产业的关键环节。实际上，40%畅销书的策划出版功能已经转向了总数达到近4000家的民营工作室，50%左右的发行渠道已由民营发行机构承担。……

广电业市场化程度更低。虽然确立了"剥离转制"的改革做法，已经形成了由国有和民营制作机构共同构成的内容生产商群体，但是由于制作机构和播出机构的体制不同，难以形成正常的市场交易关系，致使内容制作机构备受煎熬，经营活动难以为继。关于动漫产业的研究报告显示，在进口动画片的低价冲击下，我国电视台的播出费极低，相对于动画片的制作成本几乎达到微不足道的地步（电视台播出费只有制作成本的1/10）。如此低的回报率只能让动画片制作企业停止迈向市场的步伐，转而寻求政府的支持。于是，出现了市场机制不断萎缩，一方面要依靠政府推动成立新的播出机构、培育节目需求市场，另一方面还要依靠政府不断加大对制作机构的扶持力度，满足不断增长的需求的不良局面。

根据国家统计局的数字，我国文化产业领域公有资本与非公有资本已经是平分天下的局面，国有控股的文化企业在单位数量上已不占优势，投资主体多元化的局面基本形成。从监管角度看，必须考虑市场主体间的"公平竞争"和"反垄断"问题。如果已经"企业化"的国有文化机构仍然要求特殊的产业政策保护，甚至攫取市场垄断利益，将对整个产业的发展产生不利影响。

三、区域发展不平衡，发展战略雷同，可能落入产业发展陷阱

研究显示，与我国经济发展东、中、西部不平衡发展形势相一致，文化产业发展存在着较大的区域不平衡发展态势，在整体发展不足的形

势下，出现了文化资本的局部过剩。我们基于经济普查后公布的文化产业统计数据，对于区域文化产业发展形势进行了专业分析，发现文化产业诸多指标显示东部地区好于中西部，但是投资收益数据却显示出西部省份高于东部地区。也就是说，我国文化产业总体上发展不足，但是区域之间发展不平衡更为突出。东部经济发达地区文化资本过于集中，逐步成为文化资本输出地区，而西部的投资机会则好于东部地区，成为吸纳投资的最佳区域。

区域发展不平衡是客观规律，关键问题在于是否有合适的发展战略，利用这一规律以实现良性的发展。目前，全国许多省市都完成了"十一五"文化产业发展规划，尽管都力图在盘点地方文化资源基础上制定发展战略，但是仍然有发展思路单一、产业结构雷同、区域特色不够明显的问题。近年来，一些地方出现了盲目发展动漫游戏产业的趋势，超出了自身的技术和人力资源条件，必将陷入经营困境，成为不久就会到来的新一轮"洗牌"中的牺牲品。能否实事求是、因地制宜地制定差别化的区域发展战略已经成为下一步发展的关键。

四、发展冲动巨大，新兴文化产业发展迅猛，但是政策供给不足，监管手段滞后，发展环境不顺

近年来，全国各地发展文化产业的热情空前高涨，但是相比较而言，监管手段滞后，政策供给不足，发展环境依然不顺。为了追求发展的短期利益而重新启动传统体制和机制，以及因体制机制落后而拖发展后腿这两种情况都有出现。

比如，在政府部门的支持下，各种"产业基地""产业园区"不断涌现，各种文化节庆活动不断举办，动辄就投入大笔资金，开展大规模的招商引资活动，以行政命令指挥企业上阵，令一些企业疲于奔命。热闹过后，企业却发现，一些急需解决的问题仍然存在，产业发展环境并

无改善，于是继续向政府要政策，要资源。而政府也发现，在财政资金支持下营造出来的发展氛围，还要财政资金的后续投入才能维系。企业与政府之间的这种持续博弈的过程抑制了市场机制的形成。

如何有效地实施政府监管成为新的问题。发展文化创意产业新战略的提出，带动了文化部门与科技部门携手，文化产业与传统产业融合，宣传文化部门、科技教育部门，连同综合经济管理部门积极合作的有利局面。但是如何在政策上实现整合创新以支持新兴文化产业发展，并不清楚。数字技术的迅猛发展正在开辟出新的产业发展空间，但是也凸显了新的监管难题。"网络博客"的超常增长如疾风暴雨般袭来，在法制不健全的情况下难免泥沙俱下，良莠不齐。"全民DIY"在落实了平等文化权利的同时，缺乏个人自律、道德责任缺失的状况却颇为明显。

从传统体制下发展文化事业到改革体制以发展文化产业，是一次历史性的转变，文化创意产业的强势崛起，又出现了新的政策创新要求，我们所面临的局面是复杂而紧迫的。但是应该看到，我国目前已经初步建立起了社会主义市场经济的体制，并且已经超越了发展文化产业的初期动员阶段。消极防御和盲目赶超是典型的文化心态，现在应当有所改变。

五、文化产业发展高潮的兴起与理论研究的落后形成落差，高等院校和研究机构学科建设、人才培养机制落后于发展现实需要的状况日益突出

近20年来，文化产业相关理论已经在国际学术界成为新的热点，日益显示出当代学术研究的多学科交叉和综合的特点，以及理论联系实际的独特品格，已经在政策研究领域产生广泛影响。但是我国文化产业的相关研究较为落后，学科建设和人才培养机制远远落后于现实需要。本应是主角的经济学家们由于研究文化产业机会成本过高而无暇顾及，

文化学家则局限于文本研究的学科传统而难以进行规范的产业分析，传媒学对于文化产业的核心领域比较专业，但是仍然有视野狭窄的问题。近年来举办了大量的与"文化产业"有关的论坛，大多具有浓重的"造势"与"做秀"的色彩；成立了大量以"文化产业"为名的研究机构，但实际研究能力有限；一些"专著"和"论文"，篇幅的浩大也掩饰不了内容的贫乏。在对文化产业理论研究的巨大需求与建设性成果的有限供给之间，依然存在巨大的落差。

随着发展文化产业被列入国家发展战略，我国各个高等院校积极开辟新专业，与文化产业相关的专业增长速度极快，特别是动漫游戏等热门专业已经形成了相当可观的规模。但是，在师资力量、教材准备、学科建设方面却显得捉襟见肘，明显不足。这一状况令人担忧。

（中国社会科学院文化研究中心课题组　张晓明、胡惠林、章建刚 执笔）

开阔视野，创新机制，推动文化产业发展
——2006—2007年中国文化产业形势分析与预测（下）

（2007年1月18日）

2006年结束了世界贸易组织的"后过渡期"，文化产业发展受到多股力量的推动。这些力量包括：文化体制改革的全面展开，数字化和网络技术的进步所导致的内容产业发展新模式的出现，建设创新型国家和发展文化创意产业的大规模合流，我国文化产品进出口贸易的迅猛增长，等等。我们应该有文化产业发展的新视野，以体制、机制、政策创新的新综合，更好地利用这些发展机遇，推动文化产业发展登上新的台阶。

一、建设与完善公共文化服务体系，推动消费结构升级，进一步解放与发展文化生产力

2007年我们对消费问题应给予更多的关注。根据2006年公布的经济普查数据测算，2007年，我国人均GDP将接近甚至超过2000美元，如果消费没有实质性的启动和结构性的升级，将使发展更加不平衡。启动文化消费成为一项战略性任务。制约消费的因素很多，收入差别过大是主要因素，建设公共文化服务体系是解决方案之一。近年来，我们较多地将注意力放在文化产业供给不足方面，着力于释放体制内国有文化机构的存量潜力，强调通过改革文化体制，达到解放文化生产力、满足人民群众有效文化需求的目的。但是我们也发现，私人文化产品的满足主要依赖于个人文化消费能力，对于经济发展落后地区和消费能力不足人群，满足文化消费需求还要依靠建立和完善公共文化服务体系。在我

国发展的现阶段，发展的不平衡不可能很快解决，贫富分化也会长期存在，个人有效需求不足的状况相当一段时间内不会明显缓解。因此，建设公共文化服务体系，是将人民群众潜在文化需求转化为现实文化需求、进一步发展文化生产力的重大主题。建设公共文化服务体系的关键是改革公共文化管理体制，这是文化体制改革的深化。一个适应现代市场经济发展要求的公共文化服务体系的核心精神就是，政府退出公共文化产品"垄断性的生产和提供者"位置，创造各种条件保证文化产品和服务能够有效提供。这套新体制成功建立的条件超出文化体制之外，取决于宏观体制环境的变化，法治环境和公民社会的成熟。在这方面，我国社会组织中"第三社会部门"的发育与否起着决定性的作用。

目前，公共文化服务体系建设已经受到普遍的重视，但是公共文化管理体制改革还没有受到应有的重视。建议将公共文化管理体制改革放在文化体制改革的大框架中作进一步的统筹考虑，通过深化文化体制改革有效地推动公共文化服务体系的建设，以达到推动消费结构升级、进一步解放和发展文化生产力的目的。

二、深化文化体制改革，推动文化企业的兼并、重组、上市，打造一批具有核心竞争力的文化产业"战略投资者"

我国"十一五"期间文化产业的发展，体制性变量因素将有所降低，市场环境的基础性作用将加大，建设文化市场将对巩固改革成果，扩展改革空间，延伸改革影响，起到关键性的作用。

在目前已确定的改革蓝图中，文化产业仍然是一个"有限开放"的领域，还存在相当程度的准入限制。但是，由于体制外增量领域民营文化产业机构的日益成长壮大，要求"公平竞争""国民待遇"的呼声越来越高，以及对外文化交流的深度和广度的拓展，政府对行业的监管方式，必然从传统的"准入式管理"，转向"市场化管理"；对国有文化机构的监管方式，必然从"实物监管"模式，转向"资产监管"模式；文化资本市场的建设和投融资体制的改革必然步入快车道，国有文化资产管理框架将走向成熟，推动国有文化企业战略性重组，以及国有文化资产价值形态的有机流转，并在这个过程中形成一批"战略投资者"，壮大我国民族文化产业中国有文化经济的实力和控制力。

10年前，国有企业改革曾经历过从"国营企业"向"国有企业"，再向"国有经济"的转化过程，最后才建立起适应社会主义市场经济的国有资产监管体制，国有文化企业也将走上这条道路。"十一五"期间是我国国有文化企业的发展机遇期，在技术进步不断加速、新的内容生产模式日益成熟、文化市场不断扩展壮大的形势下，有关主管部门应改被动应付为主动应对，引导国有文化企业走向市场经济。

三、适应文化产业化和产业文化化汇流的发展趋势，实行体制和政策的综合创新，形成跨产业、跨部门的发展合力，为文化产业发展提供良好的市场环境

自2006年初中央提出创建"创新型国家"，到年底在北京举办中国北京国际文化创意产业博览会，显示出建设"创新型国家"的国家战略正在与发展文化产业实现战略合流。中国大地正在上演着一场文化产业化和产业文化化双向推动，跨产业、跨部门、跨地区多方合作的，发展文化经济的大戏。

跨产业、跨部门、跨地区的合作依赖于体制、机制、政策的创新。上海市成立了创意产业促进中心，有效地整合了政府和民间两种力量，营造出发展的良好态势。北京市成立了文化创意产业领导小组，形成了由20多个局、委、办参与的协调机制，并正在酝酿成立文化创意产业促进中心。但是，真正形成发展的合力还需要在政策创新上下功夫。

从国外的发展情况看，文化创意产业体现了文化产业与信息产业汇

流，是经济、社会进步到一定阶段的结果。文化创意产业政策结合了文化政策和高科技政策的精华，已经成为政策创新的热门领域。发展文化创意产业要关注其"聚集"的特征，但是形成文化创意产业的"聚集区"不是盖厂房，也不是盖写字楼，而是要建设富于创造性的"社区"，以及提升城市整体生活品质。这就要建立合乎创意产业发展的产、学、研新型合作开发模式，要形成适合创意人才生活的宽容的文化氛围，要有规范有序的商业环境，以及完善多样的公共文化服务设施，等等。建议深入研究文化创意产业自身特点，启动促进文化创意产业发展的体制、机制、政策、环境的创新性研究，形成可持续发展的坚实基础。特别要关注目前大笔投入的财政资金的使用方式和使用效率，防范风险，不使其成为复制传统体制和机制的无效资金。

四、正确认识当代文化产业发展的特殊规律，制定差异化的区域文化产业发展战略

对文化创意产业的关注，将越来越多的行业卷入文化产业的发展，开辟了产业发展的多种路径，对于制定差异化的区域发展战略，形成分工合理、特色明显、优势互补的区域产业结构大有好处。我国是一个经济发展极不平衡的国家，发展文化产业应该适应不同地区的条件。北京、上海、广州为中心的东部发达地区，由于具有强大的经济、技术基础和高水平的现代消费群体，劳动力价格也较高，宜于发展"高技术含量和资本密集"的文化产业类型。中、西部地区，以及农村地区有丰富而多样化的民族民间文化资源，以及传统和民间消费习惯，宜于发展"高传统技能含量和劳动力密集"的文化产业类型。只要能够充分利用资源，发挥创意，适应消费需要，无论是什么类型都有发展的机会。

认清资源优势后，就会大大地减少产业发展的盲目性。建议各地，特别是中、西部地区切实研究自己的资源禀赋，从"在地资源"出发制

定文化产业发展战略，以实现可持续发展。

五、加强文化产业理论研究，加快人才培养和学科建设

中国发展文化产业既是应对全球化挑战的需要，也是自身发展的要求；既要遵循国际性产业发展的一般发展逻辑，也要承继我国改革和发展的特殊发展规律。这就要求我们既要学习和了解国外文化产业的理论，又不能完全照搬现成的理论模式，而要形成我们自己的文化产业理论。

直到 2000 年，我国才正式提出发展文化产业。"十五"期间，文化产业进展迅猛，文化产业研究显得捉襟见肘，成果供给明显不足。随着体制环境趋于稳定，文化产业开始了一个更为常规化的发展时期，有关研究也应该有一个更加冷静与专业化的面貌。建议少搞一些大而无当的会议和论坛，多从事一点实实在在的研究和探讨。少作些一般性议论，多进行一些实证性的案例研究。在这方面，有关行政管理部门仍然负有专责：应该在学科建设和专业设置上给予文化产业研究以应有的地位。

社会科学研究的体制和机制也面临创新。我们正在进入发展知识经济和建设创新型国家的历史新时期，体制创新是国家间竞争的根本优势所在，人文社会科学研究机构与国家创新实践紧密相关，承担着制度创新的公共产品提供者的职责，应该有所作为。政府有关部门也应该创新公共政策研究机制，加强政府采购，为培育民间研究力量，改善发展战略和相应政策研究供给短缺状况作出更大努力。

六、全面推进中小学艺术教育，培养未来的文化艺术消费者和创造者

2006 年，以文化体制改革试点结束和《国家"十一五"时期文化发展规划纲要》出台为标志，开始了我国文化发展的新时期。正如《纲

要》所指出的，我们正处于一个新的历史起点上。在这时，我们应该考虑一些更为长远和根本性的问题，文化教育就是这样一个问题。中华民族伟大的文化复兴依赖于整整一代文化艺术消费者和创造者，但是今天的中小学文化艺术教育却还不符合实现这一伟大目标的要求。

近年来，国家已经针对未成年人教育开始了一系列努力，包括免费开放图书馆、博物馆、艺术馆等公共文化服务场所，开通专门的青少年电视频道，等等。但是，在中小学校门内，这一系列努力还没有收到应有的效果。举国一致的应试教育体制和过于僵化的"文理分科"教育模式不利于培养青少年一代的创造性，给未来的文化艺术发展留下巨大的隐患。

从学前的儿童到最著名的科学家或艺术家，每个人都是有创新意识的。创意、创新和原创性的思想是人类最重要的元素，也是社会发展最重要的因素之一，必须"从娃娃抓起"。建议教育部门按照建设"创新型国家"远景和《国家"十一五"时期文化发展规划纲要》的要求，开始尝试制订一个推进中小学文化艺术教育的远景规划，旨在使每一个孩子在成长的每一个阶段都拥有发展创新性潜能的机会，使社会的每个个体的创新性才能从其孩提时代开始就得到鼓励，因而开辟每个人的多种发展的可能性。

（中国社会科学院文化研究中心课题组　张晓明、胡惠林、章建刚 执笔）

2007年我国文化产业总体态势及特点

（2008年2月13日）

一、我国国民经济保持持续快速增长态势，文化产业提速特征明显，结构进一步趋于合理

我国经济连续数年保持10%以上的增长速度，如果2008年不发生有重大影响的突发事件，在宏观调控措施的作用下，GDP增长率即使有所回落，也将保持在近11%的水平上。据专家分析，我国国民经济自2000年以来已经连续8年在8%以上的区域运行，出现了中华人民共和国成立以来从未有过的经济周期波动"良性大变形"。从根本上说，这是社会主义市场经济体制建立、资源配置机制转型的结果。

2007年5月，在第三届深圳文博会的中国文化发展战略论坛上，国家统计局发布了《2006年我国文化及相关产业发展测算报告》。报告显示，我国文化产业的发展也出现了不同寻常的增长态势。据初步测算，2006年我国文化产业实现增加值5123亿元，按可比价格计算，比2005年增长17.1%，年增速高出同期GDP增速6.4个百分点，高于同期第三产业年增速6.8个百分点。此外，2006年文化产业对GDP增长的贡献率为3.41%，拉动GDP增长0.36个百分点，均比上年有所提高。据测算，2006年文化产业占GDP的比重是2.45%，比2004年提高0.3个百分点；文化产业从业人员有1132万人，占全部从业人员比重为1.48%，占城镇从业人员比重为4%，分别比2004年提高0.16和0.24个百分点。

数据还显示，我国文化产业结构进一步趋于合理。2005年，

文化产业"核心层"、"外围层"和"相关层"的增加值之比是37∶20∶43，从业人员之比是31∶17∶52；2006年增加值之比是42∶18∶40，从业人员之比是34∶17∶49。可以看出，核心层在总量结构中所占比重有明显提高，显示出我国文化产业在文化体制改革的推动下，在存量领域已经出现了实质性的增长，引起了总体结构的良性变化。

二、人均收入不断增长，文化消费空间进一步扩大，度假消费模式出现转型

2006年，我国的人均GDP超过了2000美元；2007年将突破2200美元。消费结构的升级成为推动本轮经济增长周期的重要因素，文化消费也不例外。根据国家统计局的数据，2006年，我国城镇居民人均可支配收入达到11759元，人均文化娱乐服务消费支出591.1元，比上年增长65元。农村居民人均纯收入达到3587元，人均文教、娱乐用品及服务支出305.13元，比上年增长10元。据此估算，2006年全国城乡居民文化消费支出总量约为5700亿元，比上年增加800亿元，增长18%。2007年以来，由于宏观经济保持平稳快速增长，国家连续出台努力提高城乡居民收入的重大措施，预计城镇居民人均可支配收入将分别增长12.5%和10.9%左右，高于前两年水平；农村居民人均纯收入增长率将分别达到8.5%和8%左右，高于前两年水平。人均收入的增长将继续推动消费需求增长保持在12%以上。假定文化消费需求增长比例不低于消费总需求的增长比例，2007年文化消费需求总量将达到6300亿~6600亿元的水平；2008年将突破7000亿元。

2007年在文化消费方面出现了一个重大的变化。继"五一"黄金周旅游人数再度增长20%后，"十一"黄金周接待游客人数同比下降了0.5%。多年来持续上升的黄金周旅游人数，遭遇了第一个转折点。

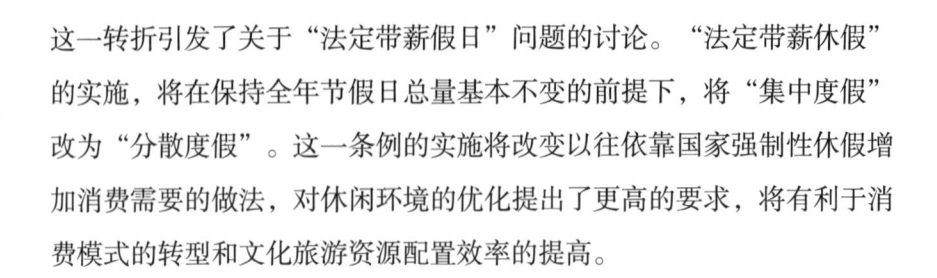

这一转折引发了关于"法定带薪假日"问题的讨论。"法定带薪休假"的实施，将在保持全年节假日总量基本不变的前提下，将"集中度假"改为"分散度假"。这一条例的实施将改变以往依靠国家强制性休假增加消费需要的做法，对休闲环境的优化提出了更高的要求，将有利于消费模式的转型和文化旅游资源配置效率的提高。

三、文化体制改革深化，文化产业存量领域与资本市场开始全面接轨，新闻出版媒体首度"整体上市"

2007年将因文化产业与资本市场的全面接轨而在中国文化产业发展史上记下醒目的一笔。早在2005年末出台的《关于深化文化体制改革的若干意见》在总结试点经验的基础上，提出过"运用市场机制，以资本为纽带，实行联合、重组，重点培育发展一批实力雄厚、具有较强竞争力和影响力的大型文化企业和企业集团"的目标。2006年发布的《国家"十一五"时期文化发展规划纲要》则进一步明确提出"培育文化产业骨干企业和战略投资者"的要求，依靠资本市场做大做强文化产业成为各界的共识。与此同时，我国资本市场自2005年经历"股权分置改革"以后，又于2006年启动了"多层次资本市场"建设。结果不仅市场规模出现了突破性的变化（上证指数从2005年的1000点上升到2007年的6000点，股票市值增长到30万亿人民币），而且市场结构出现了重大变化（出现了一板、二板、三板市场），过于狭小的市场格局正在从根本上改变。这一切都为文化企业上市准备了条件。

从2007年开始，上市正式成为文化市场主体规范化的一个关键性环节。从1999年和2000年博瑞传播和赛迪传媒分别买壳上市开始，在"有限开放"的资本市场上就已经出现了新闻出版媒体产业化先行者的身影。2007年4月，新华传媒在继2006年通过华联超市借壳上市后，实现向解放日报报业集团和上海中润广告有限公司定向增发，突破了传媒上的一些传统壁垒，实现了"准整体上市"。10月，新闻出版总署宣布，中国政府将完全放开符合产业发展条件并经过批准的出版机构、报业企业和官方骨干新闻类网站在国内外上市，并不再要求它们将编辑业务与经营业务拆分，而是鼓励整体上市，以"体现产业的整体性，减少关联交易"。12月，出版传媒股份公司IPO完成路演并开始接受申购，成为国内第一家编辑业务和经营业务整体上市的新闻出版企业。

四、技术进步酝酿突破，广播电视和电信产业融合稳步推进，新型内容生产和传播模式值得关注

近年来，数字技术的进步日新月异，始终指向"三网合一"的方向。我们一直认为，广电和通信两大行业的合流动向，代表了中国新兴文化产业发展的大趋势。2006至2007年，这两大行业的基本动向是：业务主线不断接近，技术进步酝酿突破。

从数字上看，广电业依旧是快速、平稳地发展。2006年，全国广播电视总收入为1099.12亿元，比上一年增长了18.04%。如果不出现重大变化，2007年还会保持20%左右的增长。从整体上看，广电业的传统业务基本饱和，只有在数字电视以及视听新媒体（如手机电视）等方面出现重大突破，才有可能出现结构性变化和快速的增长。通信产业在整体上也是平稳快速增长，2007年在2006年基础上再次增加1亿用户，固定电话、移动电话用户分别达到3.68亿户和5.46亿户，互联网上网人数达1.8亿。通信业在整体上处在转型发展的关键阶段，新技术将带动硬件设施新一轮投资，而新型视听业务将带动业务结构的升级变化。特别值得关注的依旧是网络。2008年互联网报告显示，从2006年到2007年，网民数量增加31%，增速大大加快，进入快速发展通道。一个最新的发展动向是出现了近4500万用手机上网的网络群体，人数比2006年增加了2.26倍。如果将这个数字和广电业视听新媒体发展趋

势联系在一起，我们看到的是渐行渐近、日益清晰的现代传媒产业大融合前景。

数字化内容服务领域再度获得资本市场的青睐。仅就网游市场看，2006年中国网络游戏市场规模达到65.4亿元，增速高达73.5%，给通信、IT产业、媒体和传统出版等相关行业带来直接收入333.2亿元，拉动率达到1∶5。2007年将突破125亿元。奥运在即，中国的网游企业掀起了新一轮海外上市热潮。北京的完美时空和金山软件、上海的征途（现更名为巨人）、福建的网龙等四家公司相继赴纽约或香港上市，将2007年中国游戏产业发展推向了高潮。

从产业发展新趋势角度，2007年异常火爆的电视剧《士兵突击》将成为继2005年《超级女声》、2006年《一个馒头引发的血案》之后一个新的、值得研究的产业融合现象。《士兵突击》的意义不仅在于其内容受到普遍的好评，收视率居高不下，而且在于其传播的模式完全超出了传统模式。从2006年开始在地方台播出，到2007年红遍全国，该剧传播的最大特点是传统媒体和新媒体互动的"网络化"模式。据统计，截至2007年12月底，"士兵突击贴吧"已发的贴子超过了250万篇，活跃的"粉丝"数以十万计。这种网上的传播与各地电视台的循环热播，相关音像制品和书籍的热卖，甚至是无数网民参与剧本、情节乃至人物的再创造，从2007年形成了独特的大众文化景观，昭示了一种新型的文化业态。从一定意义上说，是网络推出了《士兵突击》，是网民参与创造了"许三多"等一批新型偶像，这种新型的数字内容生产和传播模式值得我们密切关注。

五、促进文化产业发展政策逐步成型，文化产业基地建设走向规范，北京市文化创意产业发展形成"模式"

自从文化体制改革试点结束，《国家"十一五"时期文化发展规划纲要》出台，我国文化产业从突破走向规范，文化政策的创新就成为中央和地方政府的工作重点之一。十七大报告中特别提到了"加快文化产业基地和区域性特色文化产业群建设"，将本轮文化政策创新推向了高峰。

动漫游戏产业一直是各方面关注的焦点，动漫游戏产业领域政策的创新已经走在前列。2006年4月，国务院转发了财政部等十部委《关于推动我国动漫产业发展的若干意见》，提出建立"扶持动漫产业发展部际联席会议制度"。2007年4月，组建了扶持动漫产业发展部际联席会议专家委员会，并启动了扶持动漫产业发展专项资金。在"部际联席会议"这一创新机制的作用下，各地动漫产业基地建设进入规范化发展的新阶段。

北京市提出发展文化创意产业仅仅两年时间，目前已经基本形成了以"文化创意产业领导小组"为协调机制，以《北京市促进文化创意产业发展的若干政策》为政策依据，以文化创意产业集聚区为政策实施手段，"政府引导、产业主导、企业主体"的发展模式，成功地整合了资源，启动了市场，令文化创意产业异军突起，为全国树立了榜样。北京的发展经验说明，在我国这样一个处在工业化中后期、人均收入还在全球居于中低水平的国家，发展文化产业，特别是发展文化创意产业，不仅要依靠文化主管部门，更要依靠包括综合经济部门在内的政府各部门的协调与合作；不仅要依靠一线文化机构，而且要依靠政府、文化机构以及各种社会中介组织之间的全面配合；不仅要有创新产业政策的扶持内容，更要创新产业政策的实施手段，提升政策执行力，这样才能在短期内实现跨越式发展。

（中国社会科学院文化研究中心课题组　张晓明、胡惠林、章建刚 执笔）

目前我国文化产业存在的问题

（2008年2月13日）

一、宏观经济环境趋紧，对文化产业发展的不利因素要注意

在盘点 2007 年宏观经济形势时，大多数经济学家认为，虽然我国国民经济快速增长的总体形势是好的，但是持续走高的发展速度已经显示经济形势趋于过热，对于经济结构调整带来不利影响，投资与消费的比例和产业结构失衡这些长期存在的问题有恶化趋势。这说明宏观经济形势存在对文化产业发展的不利因素。

投资与消费的比例失调是一个长期的问题，"十五"期间有恶化趋势，实际上造成了对文化产业所依托的消费环境的不利影响。数据显示，2007 至 2008 年，全社会固定资产投资增长将保持在 20% 以上，明显高于经济增长速度（11% 左右）和消费增长速度（12% 左右）。由于投资增长过快，预计 2007 年投资占 GDP 比重超过 56%，2008 年将进一步超过 60%。消费虽然增长速度不慢，但是收入差别扩大的速度大于消费需求的增长速度，造成了"消费断档"，令少数高收入阶层奢侈性消费和大多数人消费能力不足拉开了距离，使相当数量的人根本无力消费文化。

产业结构失调表现为近年来在经济发展速度不断走高的形势下，第三产业发展速度和所占比重连年下降。根据研究，从改革开放以来，我国服务业年均增长 11.2%，总体发展速度快于 GDP 的增长速度，在 GDP 中所占比重也不断提高。但是进入"十五"以来，却出现了增长

速度低于 GDP 增长速度、占 GDP 比重不断降低的现象。而且工业化程度越高的地区，这一现象越严重。有人统计，2002 至 2006 年，全国人均 GDP 从 1135 美元提高到 2018 美元，4 年间提高 883 美元；第三产业增加值比重则从 41.5% 下降到 39.4%，4 年间下降 2.1 个百分点。珠三角与全国比较工业化程度更高，4 年间人均 GDP 从 3131 美元上升到 6166 美元，提高 3035 美元，是全国的 3.4 倍，但是，第三产业增加值比重则从 48.7% 下降到 45.9%，4 年间下降了 2.8 个百分点，下降幅度大于全国 0.7 个百分点。

经济学家认为，是由于投资和消费比例严重失调，以及收入差别过大，造成了人均 GDP 增长、服务业比重反而下降这一违反经济学常理的现象。宏观经济环境存在的这些问题对文化产业的发展不利。文化产业是新兴服务业，由于文化消费缺少刚性，一般排在教育和卫生消费之后，所以文化产业对消费环境的敏感度，以及对于教育和卫生等相关行业的敏感度都很高，特别容易受到经济结构不利变化的影响。当消费受到收入落差抑制的时候，最先从账单上消失的往往是文化消费；当服务业发展受到挤压的时候，最先被挤出去的往往是文化产业。

因此，在宏观经济环境趋紧的形势下，需要考虑应对措施以保持文化产业的发展势头。如果近年来文化产业的发展还具有体制性"松绑"和政策性推动的性质，那么现在是到了进一步深化改革，从市场本身寻求内生性增长源泉的时候了。

二、文化体制改革在全国铺开，文化市场建设滞后问题开始凸显

文化体制改革试点以来，一直将区分事业和企业，打造市场主体作为中心环节。这是对前一阶段经济体制改革首先将国企改革作为中心节的基本经验的成功运用，也的确在微观体制机制上打开了缺口，启动

了全面改革。但是，以试点的方法推动改革，往往要借助于"定制性"的政策，形成特殊的环境，在选定的机构进行"试验"，各部门还要全力"保驾护航"。由于这种政策性的微观环境与宏观市场环境不同，所以试点经验的普遍化无异于改革的全面深化，需要更为认真和深入地研究试点经验"可普遍化"的条件，进行大范围市场环境建设，否则将遭遇新的障碍。

公平竞争是市场经济的基本规则，如果市场主体没有平等的起点，市场竞争环境就是不公平的，目前的转制企业就面临这种境况。尽管改革开放以来文化市场的开放持续进行，已经有越来越多的文化机构转企改制，但是还有更多的文化机构没有改制，管办不分、政企不分的现象仍然存在（根据2007年5月深圳文博会上提供的数字，全国目前有16%的图书出版机构、1/3的电影制片厂、约1.5%的国有艺术院团完成了转制）。它们在开展"创收"活动时与营利性企业无异，但是仍然享受文化事业单位的种种待遇，在各项社会保险待遇以及税收优惠甚至工资收入等方面，与转制企业相比优越得多，因此扰乱了公平竞争的市场秩序，也在一定程度上影响了已经转制的企业员工的情绪。

资源的分散配置是市场经济的基本特征，如果不存在一个分工充分、各种专业化资源都可以自由配置的市场，就会极大地束缚转制企业的手脚。在目前的文化市场上，还存在大量行政垄断资源；产品价格信号往往被严重扭曲（如演出票价和电影票价虚高）；商品流通不遵循等价交换原则（如广电机构无偿使用影视制作机构提供的产品）；资产转移时常被低估甚至无偿占用（如为了组建集团，以划拨方式合并资产）；专业化中介机构不能很好发育（存在种种不合理的"准入"限制），等等。这些现象所造成的结果是，不少文化机构尽管已经"转制"为企业，但还是要时时处处受到"事业化"的监管，依赖政府出面组织提供各种专业资源，最终导致这些企业不能根据市场需求信号及时和充分地提供适销对路的产品和服务，不能根据发展的要求自主地实行兼并和重组，潜在的文化生产力不能有效释放。

三、在整体上市的大门打开之后，要特别注意防止市场集中度过高，形成垄断妨碍竞争

辽宁出版集团的"整体上市"，使文化体制改革实现了历史性的突破。未来5至10年，我国文化产业将进入一个改制、兼并、重组的"战国时期"。这时，我们或许更需要认真研究市场与企业的平衡发展规律，防止过度集中造成垄断，抑制竞争机制对文化创新的积极推动作用。

当我们看到辽宁、吉林、四川、江苏等一个接一个出版和发行机构冲破现行行政管理体制的"条条块块"限制，踏上跨行业、跨地区兼并重组之路，继而走向国内外资本市场的时候，的确为多少年来一直束缚出版产业发展的体制和机制障碍被解除而欢欣鼓舞。我国是一个经济迅速发展，文化消费快速增加，但是文化产业存在"战略性短缺"的国家，培育出10至30个销售额50亿元至100亿元的出版集团是绝对有必要的。但是，当人们将全部注意力集中在"做大做强"、提高市场集中度的时候，也要防止出现另外一种倾向，防止我们本来并不多的出版市场主体大大减少，从而大大削弱文化原创者对于出版商的选择地位。

过高的垄断将会对出版市场上高品质原创作品的生产产生什么影响，是一个值得关注的问题。如果市场上只有一些规模巨大的出版集团，我们的出版业还能敏感地向个人的创造性致敬吗？强势的资本话语权和多样化的文化表达权会不会和谐相处？当资本的力量急剧膨胀起来后，人民群众的文化权利在市场经济环境中如何保障？我国是一个文化资源深厚、人口众多的国家，应该具有一个大中小型出版机构并举、多种经济形式并存的发达完善的出版市场，才能真正形成"百花齐放、百家争鸣"的文化发展与繁荣态势。因此，我们不仅需要出版巨头，更需要成千上万个活跃的中小出版机构和个人工作室。

四、在文化体制改革刚刚起步的今天，发展和繁荣文化也要警惕政府对市场的过度干预和企业对政府的不良博弈

党的十七大以后，更加自觉推动文化大发展大繁荣的号召深入人心，全国上下形成了文化建设的新高潮。但是也应该看到，由于改革目标远未实现，政府职能转变还没有到位，财政资金高增幅和财政支出的软约束并存，在新一轮政治周期刚开始的今天，政府高昂的积极性容易导致对文化市场作用的忽视，有可能诱发企业对政府的不良博弈。

比如说，在文化产业发展遭遇消费乏力的抑制的时候，建设公共文化服务体系既可以满足人民群众基本文化需求，也可以通过财政购买服务为产业部门输入新的发展动力。但是相比较市场在推动产业发展、满足人民群众多样化需求方面的主渠道作用，公共文化服务在满足人民群众基本文化需求和拉动产业发展方面的作用依然是补充性的。如果动辄政府直接上阵大举兴办各种豪华的文化工程，提供免费的文化大餐，可能反而起到扰乱市场、削弱产业竞争力的作用。在改革刚开始，新体制机制还没有落地生根的时候，这种情况是特别容易出现的。

公共财政要支持文化产业发展，是近年来写入中央文件的战略性意见，并已经成为从中央到地方政府支持文化产业发展的重要方式。但是在财政增收较快、资金相对宽裕的情况下，重要的问题不是财政是否具备能力，而是能否创新支持产业的体制机制，使得财政资金能够有效发挥作用。目前我国投资体制和金融体制都滞后于经济的发展。地方政府主导投资资金来源导致投资行为不规范，投资冲动和投资饥渴难以抑制，是经济增长速度过快和投资消费比例失调的重要原因。在这一形势下，我们尤其要警惕，过于慷慨的财政资金支持，却对支持方式缺乏合理设计，可能诱使文化企业把政府作为"客户"，开展不良博弈，降低财政资金的效用。政府适当的支持可以使产业发展的步伐加快，过分的保护和支持可能使企业依赖于政府，反而造成竞争力的衰落。

五、"走出去"虽然已经形成共识，但是对于国际文化产业发展现状，国际文化贸易发展规律缺乏了解，盲目性较大

"十五"以来，中国文化"走出去"已经出现了历史性的突破。党的十七大提出提升国家文化软实力的战略目标，"走出去"的意义更为重大。现在的问题是，对国际文化产业发展现状和国际文化贸易发展规律我们所知不多，还需要学习和了解。中国社会科学院文化研究中心与深圳文化局于2007年12月共同推出了第一本《文化蓝皮书：国际文化产业发展报告》，其中透露的信息显示，中国在加入世界贸易组织、加速融入国际分工体系、国际贸易急遽提升的过程中，文化贸易也在国际上异军突起。从2002年开始，在联合国教科文组织统计研究所确定的有关核心文化产品国际贸易领域，中国已经成为第三大出口国。尽管这一统计数字与国内有关方面披露的数字差别较大，其可信程度、统计口径、统计方法等还需进一步推敲，但至少可以从中得出这样的结论：在文化产业领域，我们也要从"中国制造"走向"中国创造"。

文化产业有些门类本身就具有国际化的性质。这既是由于国内外市场已经无法区隔，也是由于加入国际分工体系是成为国内市场合格的内容提供者的重要步骤。比如说动画产业，国际性的发展规律是：后发国家首先承接先发国家动画产业的外包业务，然后再生产自己的动画产品打入先发国家市场。因此，承接外包业务既是产业发展的必经阶段，实际上也是必要的学习过程。如果片面地强调做内容原创，而且一做就是成百上千部，将难免落入产业陷阱。近年来全国各地出现了"动漫产业热"，到处都在设立专项资金，批建动漫园区，打造"原创精品"，很可能导致无效投资。

目前，全球化正在从制造业向服务业发展，全球性的服务业外包成为趋势，文化产业也不例外。我国文化产业不仅要提出文化产品的出口战略，而且要提出加入国际文化产业分工体系的战略，从国际文化产品

制造和服务供应商走向原创文化内容供应商。

　　分析上述问题的原因，我们认为，我国文化产业是在市场化未完成的情况下，在政府强力主导下发展起来的。在体制改革获得突破性进展、产业发展势头已经强劲显现的时候，的确需要回过头来弥补市场建设不足的课。我们必须学会在社会主义市场经济的大背景下，评估与判断文化产业的发展问题；必须认真研究我国宏观经济发展环境与文化产业发展的关系，认真研究一个越来越开放的市场经济环境对于发展文化产业的基础性作用，认真研究如何将我国经济体制改革的成功经验、国有企业改革的成熟做法运用于文化体制改革和文化机构改制，以及认真研究如何将我国经济、社会发展研究的有益成果运用于分析文化产业。只有这样，才能使文化体制改革与社会主义市场经济体制的大环境建设尽快合拍，使相关政策的出台更加切实可行，使文化产业在发展方式转型和经济结构调整中发挥更大的作用。

（中国社会科学院文化研究中心课题组　张晓明、胡惠林、章建刚 执笔）

我国文化产业趋势预测和政策建议

（2008年2月13日）

2008年是进入"十一五"规划的第三年，经济仍将在高位运行；将迎来举世瞩目的北京奥运会，经济发展的利好因素很多。由于宏观调控力度将加大，投资增长速度将有所下降，财政资金将更多用于教育、卫生、社会保障等领域，从而释放出新的文化消费潜力。与此同时，十七大报告提出的促进文化大发展大繁荣的要求，将推动新一轮体制机制创新，进一步解放文化生产力，并带来更为丰富的文化产品和服务满足人民群众日益增长的文化消费需求。

党的十六大以来我国文化领域观念突破的理论深度要大于体制改革推进的实际程度，产业发展破冰的意义要大于产值增加的实际数字。因此，当务之急是全面总结文化体制改革试点的新鲜经验，将经过试点证明成功的改革措施，加以总结并推广实施；将试点方案已经确定，但是还没有完成的改革措施，坚定地加以推进，尽快取得试点经验；在那些在观念上已经实现了突破的领域，尽快制订出改革措施进行试点。总之，要在市场经济的实践的基础上，围绕"合理性设计"这一核心理念，落实党的十六大和十七大以来提出的一系列文化建设的理论、方针、政策，有序推进发展。

总体上说，在当前形势下，我们需要学会像管理经济工作那样动用多种手段调节文化产业的发展。在文化体制改革从局部性试点走向全局性实践，国有企事业单位改革进一步深化的时候，我们需要更加关注政府职能转变进程，关注市场经济环境的完善。在文化企业上市推动要素市场迅速成型，文化市场集中度迅速提高的时候，我们需要更加关注扩

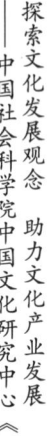

大市场准入和建立公平的市场竞争秩序。在以往对于文化市场和文化产业错误的思想观念已经基本扭转，文化市场日益与市场经济大环境融汇一体的时候，我们需要更加关注研究市场经济基础上文化建设的特殊规律。

一、在当前宏观经济形势下，要以多种手段推动文化产业的发展，形成以扩大供给为主、兼顾需求的组合政策

目前宏观经济环境存在不利于文化产业发展的因素，因此必须研究解决的办法。经济学家认为，国家调控经济的发展在理论上可以有两种办法：第一种指向需求，依靠财政出资购买公共产品和服务，以弥补低收入群众基本需求的不足，这种做法可以增加对产品和服务的生产订单，对产业部门有刺激作用；另一种是指向供给，以放宽市场准入、降低税收等调动生产者积极性的政策手段，增加产品和服务的生产。开放市场将增加供给，使价格降低，进一步刺激需求，并拉动新的供给，因此形成良性循环。第二种方法对产业部门的激励作用更大，因此往往成为经济学家改善宏观经济环境的首选建议。

客观地说，在经济发展速度较快，财政收入增加亦较快的情况下，第一种办法对政府官员有较大的吸引力，因为相比较近年来年均20%~30%的财政增收幅度，拿出来购买公共文化服务的资金实在是个小数字。但是，我们还是个处在文化体制转型中的国家，还没有建立起一个真正符合市场经济精神和规则的公共文化管理体制，动用财政资金大肆兴办公共文化服务容易引起体制的行政性复归，增加下一阶段改革的难度。相比较而言，由于我国市场经济取向的改革已经进行多年，各种类型的市场主体已经有了相当程度的生存经验，因此，第二种办法可以更大程度上利用已形成的市场经济体制环境和政策环境，能够给予更多的生产者以新的发展机会，是更符合改革精神的选择。

当然，由于我国的文化体制改革还处在初期阶段，一个符合社会主义市场经济体制的文化管理体制还在建设之中，放开市场准入还需要一个过程，因此符合当前实际情况的政策选择可能是两种办法的组合，即以扩大供给为主，兼顾需求。即一方面放松管制，加快市场开放的速度，鼓励民间资本兴办文化企业，以及加快国有经营性文化机构的转企改制，生产更多价格低廉、适销对路的文化产品和服务，满足大多数人多样化的文化消费需要。另一方面，加快建设公共文化服务体系建设，加大财政拨款以购买公共文化服务，弥补部分群众基本消费需要的不足。

二、在改革全面推开的形势下，应该从以国有文化企事业单位转制和改制为中心，走向企业改革和政府职能转变并重，全面建设市场经济环境

我国文化领域的开放基本上是和改革开放同步启动的，但是直到本轮改革试点才从以"搞活"微观企事业单位为目的的"双轨制"式的改革进入到全面改革，涉及到政府职能转变在内的一系列问题才提上日程。但是总体上来讲，目前仍然强调推动企事业单位转企改制，培育文化市场主体是文化体制改革的中心环节，"改革配套措施"仍然具有试验的性质，往往做"例外"处理，一事一议，不具有稳定性和权威性。在改革的初期和试点阶段，这种做法是必要的，但是根据目前先行试点的单位暴露出来的问题看，如果要将改革在全国推开，已有的做法可能就不够了。

因此，我们需要研究，随着文化体制改革推向全国，改革的中心环节和关键命题是不是开始转向宏观环境？如何能够使改制后的企业有一个较为公平的市场竞争环境？如何能够进一步规范市场进入和退出机制，给予不同所有制性质的企业以国民待遇，从而在文化领域落实社会

主义基本经济制度？政府如何能够更多地采取经济调控的手段，通过市场管理文化，从而与现阶段经济体制改革的精神更加合拍？是否可以将种种临时性的、任意性的、有时是地方性的、未经过缜密和科学论证的实施意见进行清理，将政府行为规范化和法制化？是否可以将政策性的安排转化为制度性的建设？有一点可以肯定，没有一个规范化和法制化的市场经济环境，不划清政府与市场的界限，市场主体不可能健康成长。转变政府职能已经成为本届政府的一项中心工作，也是2008年改革工作的重点，文化管理部门也不会置身事外。

三、新闻出版业整体上市突破后，应该进一步降低市场准入，鼓励兴办中小型文化企业和个人工作室，形成大中小并举的文化产业格局

2007年已经实现了媒体内容和经营业务"整体上市"，文化产业与资本市场联姻的大门已经打开，2008年无疑将成为"文化产业上市年"，涌起中国文化产业兼并、重组的狂潮。我们应该抓住这个契机，进一步降低市场准入，鼓励民营资本进入文化产业各个领域，鼓励兴办各种中小型文化企业和个人工作室，将体制机制创新落实为人民群众大规模的文化创业热潮。

改革开放三十年来，我国已经基本建立起社会主义市场经济体制，人民群众中间巨大的文化消费和文化创造热情正在觉醒。改革使我们认识到，正是社会主义市场经济基本制度的建立和技术的进步，致使绝大多数文化产品都可以成为个人排他性的消费对象，因而使多数人和个人的多数文化权利的落实可以通过市场直接实现。

我们目前文化产业的制作能力已经相当可观，文化市场的数量空间已经充分扩展，缺乏的是有意义的内容原创；需要的是进一步提升原创能力，为人民群众提供形式更为多样、内容更为丰富多彩的文化产品。

而要做到这一点，只有降低市场准入，完善公平的市场竞争秩序，激发每一个人的文化创造力才行。

近年来，发展文化创意产业的热潮一浪高过一浪。越来越多的人已经认识到了内容原创的重要性，但是未必有很多人认识到，最适合激发个人自由创作的，是分散决策的市场经济制度。如果经济资源集中在一个人手上，出资购买艺术品或资助艺术创作，就会在创作者间形成竞争关系，创作者对于出资人存在人身依附关系，就不会有独立的精神表达，也就不会有高质量的原创作品。而如果经济资源分散在许多人手上，就会在出资人之间形成竞争关系，创作者的精神较为独立，创作自由就会大大增加。因此，如果我们想要获得更多更好的原创作品，最好的办法就是鼓励建立更多彼此竞争的文化企业。

四、在发展文化产业的观念深入人心之后，更要深入研究在市场经济基础上文化发展的特殊规律，以及文化企业的特殊组织形式，避免转企改制简单化

文化体制改革试点以来，我们提出"新文化发展观"，全面梳理文化建设与社会主义市场经济的关系，破除了长期以来经济建设和文化建设"两张皮"，以市场的方式搞经济、以行政的和意识形态的方式搞文化的观念障碍，开创了文化大发展大繁荣的新局面。目前需要进一步深入研究在市场经济条件下文化发展的特殊规律，以及在现代企业制度基础上构建文化企业的特殊组织形式。

文化体制改革试点强调将"公益性文化事业"和"经营性文化产业"两种性质的文化机构区分开来，开启了我国文化企业走向规范化建设的关键一步。但这仅仅是现代文化企业制度创新的开始，还有很多问题要深入研究。比如，在现代市场经济环境中，对一个股份制文化企业，如何进行内容监管，保证先进文化的建设方向？"整体上市"将使文化内

容的选择权向社会资本开放,如何有效保障文化安全?我们显然面临新一轮体制机制创新的挑战。

当前我们尤其缺少对一些特殊行业中的文化企业的研究。演艺业是个比较突出的例子。演出市场的发展受到文化旅游产业强大的需求带动,近年来发展速度很快,也因此推动演艺团体转企改制走上了快车道。但是,在经济学界看来,演艺业属于服务业中效率难以提高、存在"成本弊病"的那一类。原因是演艺业依赖于现场演出,"以演员为中心",不能像出版和广电那样实施大规模复制与传播。如果这种理解是正确的,那么就很难认为,所有的经营性演艺机构都是营利性的,并具有相同的营利能力。不能认为只要是转企,就一定能股份化,甚至就能上市,成为优质的投资产品。

企业是市场经济的基本主体,是各种生产要素之间形成的契约,但是形式却是多种多样的。如果没有一个规模不等、类型多样、进出自由的企业群体,市场就不会活跃。随着文化发展高潮的兴起,我国必然进入一个文化企业体制机制密集创新的时期,在"企业"(营利性)和"事业"(非营利性)划分的基础上,将出现丰富多样的组织形式。我们应以开放的心态迎接这个时期的到来。

我国的改革已经进入"而立之年",工业化的任务已经接近完成,中国特色的社会主义市场经济制度已经基本形成。党的十七大的召开和"文化大发展大繁荣"号召的提出,标志着我们的国家正在进入文化发展的新时代。一个国家、一个民族,只有产生了大规模文化创造热情时,才能刺激文化消费的迅速增长和居民文化素质的迅速提高。只有形成了有利于文化创造的制度和政策环境时,才能真正出现文化创造热情迸发、文化创造力充分涌流的大好形势。尊重文化创造者主体地位,保护人民群众文化创造的权利,是一个有利于文化创造的文化体制的本质特征,也是社会主义市场经济制度的性质所要求的。改革开放三十年的经验告诉我们,只有建立起一个适应社会主义市场经济体制的新型文化制度,才能为文化大发展大繁荣奠定长久的基础。这是我们这个时代促进文化发展繁荣的一个很高的起点。

（中国社会科学院文化研究中心课题组　张晓明、胡惠林、章建刚 执笔）

关于进一步发展文化产业的政策建议

（2009 年 3 月 31 日）

《中国社会科学院要报》编者按： 2008 年在宏观经济形势大动荡下，文化产业如何发展，值得关注。日前，我院文化研究中心认为，比较其他行业，国际经济危机对文化产业的冲击总体上说比较有限。我们应当抓住机遇，实现文化产业历史性的跨越。

一、重新梳理文化产业概念，将发展文化产业提高到"发展范式"转型高度

今后 5～10 年，国内外环境将为我国文化产业发展提供更为宽广的舞台。2000 年 10 月，"文化产业"一词开始写入相关政策文件，其定义几经变化。现在看来，我们需要开阔思路，重新认识"文化产业"概念，将其作为国家发展战略的枢纽概念，以更好地服务于国家发展战略的转型。

在当今世界，文化产业已经成为引领发展潮流的主导产业，文化和经济在数字技术推动下正在出现全面汇流。出于国家重大政策使用概念的稳定性要求，我们可以继续使用"文化产业"概念，但是有必要对其作出进一步的解释。目前特别需要关注最新的国际发展动态。2008 年 4 月，联合国发布《2008 年创意经济报告》。该报告由联合国贸发会议和开发计划署等五个机构共同推出，第一次对全球范围内正在兴起的创意经济进行了评估。该报告最重要的贡献就是，代表联合国首次宣告，创意经济是一种新的发展范式，正在全球范围内兴起。

"创意经济"概念包含着启发思考和拓展思路的内容。上述报告以极为肯定的语气提出，"创意经济"是新的"发展范式"，这值得我们高度关注。所谓"范式"，就是"公认的模型或模式"，"发展范式"就是普遍公认的发展的模型或模式，而"新的发展范式"的出现当然就意味着发展模式的转型。在全球经济步入危机、我国经济发展方式面临转型的时候，该报告的这一核心见解具有不容忽视的参考价值。

二、以新的发展思路研究制订"国家文化产业'十二五'发展规划"，为新的增长周期的到来早作准备

文化产业在我国发展已有10年，虽然市场机制已经开始发挥作用，但是体制性的束缚依然较大，出自市场本身的、内生性质的产业发展还没有普遍出现。

因此，有必要在制定《国家"十一五"文化发展规划纲要》的基础上前进一步，制订我国第一个文化产业的发展规划，即《国家"十二五"文化产业发展规划》。这个规划应该全面研究国际经济发展的最新趋势，充分估计我国城乡居民潜力巨大并日益增长的文化消费需求，统筹考虑国民经济战略性转型中制造业的"服务化"趋势，以及国民经济各行业对文化产业的创意需求，全面评估新型数字化信息技术在推动产业融合、创造新型业态和商业模式上的巨大能量，并在此基础上设计切实可行的战略措施。

鉴于文化产业发展的特殊规律和长周期性，也有必要在充分调研的基础上，借鉴《国家中长期科学和技术发展规划纲要（2006—2020）》的做法，制定与全面建设小康社会的国家战略相衔接、到2020年的《国家中长期文化产业发展规划纲要》。

三、深化文化体制改革，发扬国民创造精神

目前推动改革，有两大有利条件。一是由于国际金融危机推动中国经济转型，开辟了我国文化产业发展的新空间；另一个是数字技术的进步推动新兴文化产业发展，降低了体制内文化资源的稀缺性。总之，出现了更为宽松的市场环境，也为文化体制改革创造了新机遇。我们应该认清形势，以科学发展观为指导，解放思想，凝聚共识，进一步改革体制、创新机制。

首先，30年改革开放已经凝聚起了中华民族对于走社会主义市场经济道路的全民共识，30年文化市场的发展，也使绝大多数文化产品和服务成为商品。在这种情况下，要不要转变文化内容的管理方式？其次，由于数字技术的发展，传媒资源已经从"稀缺"走向"过剩"，负载信息日益多样化、分散化和碎片化，个人文化权利自主实施的能力极大提高，对此，要不要转变对媒体的行政管理方式？再次，在广电和通信产业汇流的情况下，个人普遍掌握了大规模复制与传播技术，在技术上还有无可能沿用原有模式实行政府有效监管？总之，对传统的监管体制应该以改革精神重新加以审视，努力构建一个适应社会主义市场经济体制、适应于新技术环境的新型管理、监督体制机制。

出版业在文化产业各个行业中最接近于原创性的前端，可以在新一轮改革中作出更大的突破，真正成为改革的"深水试验区"。出版产业改革近年来通过转企改制、上市融资、兼并重组等，已经在"退出"机制上取得了重大进展。现在的关键是进一步开放市场，扩大"准入"。新闻出版领域改革，不仅应该是体制内的存量改革和调整，而且应该是出版市场的开放和民营资本的进入；不仅是3到5年内通过已有的出版发行机构之间的兼并重组打造六七家超过双百亿的大型出版企业，而是在同样时间内涌现出六七百家，甚至六七千家创新型的中小出版机构。对于文化产业价值链中一个最接近原创环节领域的制度建设而言，出版

制度改革的成功与否最终不是看出现了多少个大体量的出版集团，而是要看原创内容是不是得到有效激励，人民群众中蕴藏的巨大的创造精神是不是得到充分释放，我国这样一个文化大国版权贸易逆差是不是得到根本扭转，国家文化软实力是不是得到有效增强。

四、以"创意经济"的大视野，创新产业政策，推动文化产业与传统产业结盟

近年来，内需启动不力，文化产业发展的"内生动力"不足，在宏观经济环境发生巨变的时候，一些文化产品和服务由于不能适应市场需要，变成积压产品；一些文化企业没有找到适当的商业模式，大规模投资无法回收，陷入经营困境；还有一些文化企业原有的商业模式过时了，同样陷入困境。于是，在体制内原有存量资源还没有盘活的情况下，留下了新的闲置资产。在文化产业参与发展方式转型、经济结构升级的前景豁然开朗的今天，应集中使用财政的和产业的各种资金，创新金融工具，推动兼并重组，盘活前一轮发展留下的闲置资产。

2009年将是关键性的一年，也可能是我国改革开放30年以来困难最大的一年。政府对产业发展的引导和推动作用还会主要集中在产生短期效应的政策上。这个时候尤其应注意改进财政资金的使用方式，更加注重在公共资源使用中与民间资本结合，更加注重专家意见和中介机构的参与。从一定意义上说，经济危机是大规模动用财政资金刺激经济的时候，也是发展专业化社会中介机构的绝佳时机，政府完全可以通过向市场采购专业化服务为服务业提供实质上的财政补贴。

在文化-经济大融合的形势下，不能再仅仅从文化部门内部，或者狭隘的"文化产业"概念自身出发理解文化经济政策了。在新一轮文化经济政策创新中，要有"创意经济"的大视野。不仅要完善原有的文化政策，支持发展文化产业以满足人民群众日益增长的文化消费需要，而

且要制定和完善新一轮文化经济政策，支持文化产业与其他经济部门联姻。不但要支持文化企业更好发展，而且要设计政策支持非文化企业（如制造业）更多投资于品牌创意和设计，从而为文化产业发展开拓更大的市场空间。为了解放一切"创意资源"，应该支持专业化的个人自我创业，甚至支持一切并非从事专业工作的个人利用业余时间开展形式多样的创意活动。

我国文化产业总体形势、存在的问题及对策建议

（2010年4月1日）

《中国社会科学院要报》编者按： 中国社科院文化研究中心撰文指出，2009年我国文化产业实现超常增长，但在"GDP挂帅"和"增长主义"倾向支配下，一些领域存在泡沫化趋势，应加以改变。今后要将思路从加快文化产业"增长"转到加快文化产业发展模式转型上来，从结构调整中获得新的发展动力，实现新的发展。

一、2009年我国文化产业总体形势

（一）2009年文化产业规模大约为8000亿元

城乡居民文化消费支出总额约6076亿元，政府公共文化消费支出约1224亿元，文化产品和服务出口总量规模为700亿元左右。

（二）存量和增量领域出现联动，文化体制改革取得突破

2009年文化体制改革的最大特点是，宏观经济形势的要求，数字和网络技术的进步，文化消费需求的释放，以及民间创业激情的迸发，对体制改革形成"倒逼"机制，引发了存量和增量领域出现联动态势，推动体制改革取得突破。其中，出版体制改革依然走在前列，非公出版工作室参与出版成为突破口。同时，体制内存量出版机构改革也进入快车道。到2009年底，已有400多家出版社完成了转企改制。广电业的改革更为广泛和深刻，围绕三网（电信网、广播电视网和互联网）融合这一重大发展课题将出现一轮体制改革和政策创新高潮。

（三）数字化和网络化进展迅猛，新媒体新业态开始唱主角

在3G的推动下，媒体汇流并走向移动终端的趋势日益明显，并罕见地出现出版、广电、通信多行业联动的局面。被称为"中国下一代广播电视网"（简称NGB）的启动，可能带来更为深远的影响。出版行业在"3G"的影响下，掀起"数字化"的浪潮，迎来了"拐点"。2009年数字出版业的整体收入将超过750亿元，并首次超过传统出版业产值。

（四）产业融合迅猛推进，制造业升级机遇凸显

最引人瞩目的变化发生在动漫产业与相关衍生产品和授权产品行业。2009年，广东奥飞动漫文化股份有限公司成功上市，成为中国动漫第一股。奥飞动漫从做玩具发展到做动漫，走了一条与传统动漫产业相反的发展道路。另一成功动漫产业案例是广东原创动力的《喜羊羊与灰太狼》，总票房超过1亿元，刷新了国产动画片的票房记录。其衍生品授权合作商目前已达到500多家。

二、我国文化产业存在的问题

文化产业承担着参与经济结构调整的历史性职责，但是自身也面临重大的结构调整任务，只有转变发展方式才能获得新的发展动力和增长空间。我国文化产业一些领域目前存在泡沫化趋势，这是一种与经济领域同样性质的"GDP挂帅"和"增长主义"倾向导致的，必须加以改变。

（一）产品结构有待调整

目前我国文化产业基本完成产品的市场化过程，今后的发展依赖于在市场机制作用下形成合理的产品结构。如何有效地优化文化产品结构，以便既满足人民群众不断增长的消费需求，也满足国民经济结构调整新出现的生产需求，成为摆在我们面前的重要任务。

（二）企业组织结构有待调整

今后几年对于我国文化产业来说，既是大企业盘活存量、重新洗牌的机遇期，也是个人创业、建立中小企业的最佳时期。但文化市场开放度不够，还有许多不利于企业发展的障碍。

（三）所有制结构有待调整

目前的主要问题还是国家没有从文化产业竞争性领域退够，民营资本准入限制过多，多种所有制共同发展的合理格局远未形成，极大地制约了我国文化产业现实潜力的充分发挥。

（四）技术结构有待调整

我国文化产业在不同地区、城乡之间发展很不平衡，不是所有地方都适合发展高技术装备的文化产业类型，那些产自乡村或不发达地区的，创意设计投入很高、富含民族文化符号、劳动密集程度高但同样以知识产权为基础的工艺类产品，已经具有相当大的出口规模。应该建立一个合乎我国经济、社会发展现实要求的、多层次的文化产业技术结构。

（五）区域布局结构有待调整

由于文化生产单位对行政主管部门还有较大的依赖性，在地方政府"攀比"作用下，出现了在经济建设领域常见的"投资饥渴症"，甚至在一些地方导致显而易见的重复建设，浪费了宝贵的经济文化资源。

三、进一步推动文化产业发展的对策建议

今后，我们应将思路从加快文化产业"增长"转到加快文化产业发展模式转型上来，从结构调整中获得新的发展动力。要以改革的全面深化来推动文化产业发展模式转型，为我国文化产业的可持续发展奠定稳定的制度基础和形成完善的政策保障。

（一）明确改革目标，围绕公民文化权利构建基本文化制度，形成文化体制改革的基础

转变发展方式，实施结构调整，首先要从制度建设上做起。文化产业领域的"粗放式增长"模式根本上源于政府过度干预。解决这一问题，首先要明确谁是文化建设的权利主体，从而消除这种干预的合法性。应进一步强调公民作为文化消费主体享受文化成果的平等权益，承认公民作为文化创造主体自由进行文化艺术创造的权利。

（二）调整改革重点，转变政府职能，充分发挥市场资源配置的基础性作用

在以结构调整为中心的下一轮发展中，围绕如何发挥人民群众主体创造作用的文化法制建设变得更为紧迫。推动法制建设的前提就是转变政府职能，使市场机制充分发挥作用。我们要不失时机地将文化体制改革的重点逐渐从微观改革（所谓"事转企"）转向微观改革与宏观改革并重，将"政府职能转变"和文化市场建设提上日程，逐渐将资源配置机制从政府真正转向市场，这样才能根据市场本身的发展建立起调节个人文化经济利益的法制体系。目前文化市场依然充满各种行政性的和体制性的壁垒，产业发展所需的各种资源和信息仍然被切割与瓜分得支离破碎，以至于无论是转制完成的文化企业还是有志于投资文化产业的个人，想有所作为都会遭遇重重障碍。只有实施微观和宏观并重的改革措施，形成"政府调节市场，市场调节企业"的新型体制性格局，才能极大地拓展产业发展的空间。

（三）梳理产业政策，完善政策衔接，充分利用国民经济结构调整的战略机遇期

1. 要完善重点文化产业的振兴政策

《文化产业振兴规划》明确了重点工作任务。建议在选定的重点产业中进一步形成更为具体的结构调整政策，对于类似产品结构、组织结构、所有制结构、技术结构，以及区域结构等对于提升发展的质量效益

的重要问题予以充分研究，制定有针对性的政策。

2. 要制定文化产业与相关产业的融合政策

目前国际文化产业的发展趋势是，文化创意产业与一系列相关产业关联度越来越高，产业边界越来越模糊。因此，应该大力促进文化产业与相关产业进行整合，不仅支持文化产业自身的发展，而且鼓励相关产业向现代服务业（特别是文化创意产业）分化。

3. 要关注文化产业与城市化发展的衔接政策

由于全国高速铁路客运系统建设提速，将出现新一轮城市化迅猛发展的形势。将文化产业发展纳入城镇化的基本战略组成部分，为此而制定相关政策，既符合打造现代城市生活环境的需要，也符合发展"低碳""绿色"产业的需要。

4. 要高度重视文化产业与外贸出口政策的衔接

世界经济在后危机时代已经呈现出结构性调整的趋势，我们应大力调整出口产业结构，加大高文化附加值和高科技附加值产品的出口。要利用国际市场创意产品进出口（特别是发展中国家的出口）迅猛增长的形势，特别是利用我国在国际创意产品市场上已经形成的优势地位，合理处理文化产业的外贸和内需关系，将文化产业作为新的出口增长点，制定"出口导向产业"相关政策加以鼓励。

（执笔：张晓明、胡惠林、章建刚）

转变文化产业发展方式，迎接新的发展周期

（2012年11月24日）

《中国社会科学院要报》编者按：中国社科院文化研究中心研究员张晓明撰文总结分析了当前文化产业发展的趋势特征，并提出相应对策建议。2011年，是"十二五"的开局之年，也是文化产业向国民经济支柱性产业目标迈进的起步之年。中国文化产业的发展将进入实质性的拐点。综观2010年以来我国文化产业发展的实际情况，总体走势正在下行，转型趋势已现。如何顺势而变，推动文化产业实现发展方式转变，发展为名符其实的国民经济支柱型产业，需要我们认清形势，拿出对策。

一、当前文化产业发展的趋势性特征

据测算，2012年，我国文化产业增加值将达到16000亿元以上，增长速度为18%左右。总体来看，我国文化产业面临着来自产业外部宏观经济形势下行压力，以及产业内部政策效应衰减影响，增长速度会继续下行。主要有以下4个方面的主要趋势性特征。

（一）我国文化市场已经从总体短缺转向短缺与过剩并存，将迎来大规模洗牌和兼并重组浪潮

近年来，在改革引发的体制性释放和政策性推动作用之下，大量公共的和私人的资金投入文化领域，文化产业的产能快速提升，大量文化产品被企事业单位快速生产出来。由于移动互联网和宽带技术的发展，越来越多的普通文化消费者也参加到内容生产中来，供给短缺的局面已经极大缓解，进入了短缺与过剩并存的新时期。可以说，经过前一个十

年的高速发展，我国文化产业投资高峰期已过，发展的动力将从投资转向消费，发展方式将从数量规模型走向质量效益型，大规模洗牌和兼并重组不可避免。

（二）我国的文化产业已经从分业发展走向了融合发展，文化产业内各个行业主管部门主导的发展，将越来越为跨行业的融合发展取代，甚至为文化经济普遍融合发展所取代

近年来我国文化产业始终强调要实现"跨行业""跨地区""跨媒体""跨所有制"的融合发展。但是，由于原体制"行业主管主办"格局难以突破，进展艰难。随着"事转企"改革的完成，国有文化企业与主管部门逐步脱钩，成为独立的市场主体，必将在文化市场推动大规模的混业经营和跨界发展。今后一段时间将是文化产业实现融合发展的高峰期。

（三）我国文化产业将从区域性竞争发展走向统一市场条件下的整体协调可持续发展，地方政府本位的发展模式将为国家层面的、由综合经济管理部门主导的发展模式所取代

我国经济发展的重要特色是地方政府主导的区域竞争模式，文化产业发展很大程度上复制了这一模式。经过了前一个十年文化产业高速发展的积累，国家层面文化产业发展目标日益清晰，有关政策也日益完善配套，而地方政府主导的发展模式开始显示出大量低水平重复建设和泡沫化的弊病，越来越难以持续。文化产业的发展从地方政府本位转向国家层面发展之后，将会在整体空间布局上更为合理，区域特色发展、错位竞争发展将会成为主流。

（四）我国的文化管理体制，将从行政性的行业分层管理走向面向市场的综合性大部制管理，部门合并已成必然

没有管理体系上的根本性改变，上述发展趋势都会遭遇挫折，文化行政管理体系中条块分割、职能交叉、效率低下的问题难以解决，产业发展难有空间。当前我国文化产业存在的问题几乎都和落后的文化管理

体制有关。动漫产业是最明显的例子。我国全年动漫产量已达26万分钟，大大超过了全球动漫大国日本，但是真正有市场品牌号召力、有持续盈利能力的产品却不多，原创能力不足的问题凸显。在某种程度上，从中央一级的多个行政主管部门，到各地的地方政府，种类繁多而且过于宽松的财政支持，降低了动漫产业的生产者对高质量作品的追求动力，助长了厂商对消费者需求的漠视，导致了越来越多的"山寨"作品甚至"抄袭"作品的出现。

二、对策与建议

面向下一个周期，保证国家文化产业发展的战略目标得以实现，就必须适应转型发展的客观趋势的要求，摆脱陈旧的发展方式的惯性逻辑，主动地实现文化产业发展方式的转变。为此，我们建议在以下几个方面加强研究，制订对策。

（一）应对短缺与过剩并存的新形势，研究相应对策

根据我国经济体制改革的历史经验，市场供给的适度宽松正是体制改革深化的有利条件，我们应该抓住机遇，乘势而上。现在的情况是，在供给总体水平依然不高的基础上，已经出现了结构性过剩。特别是在市场开放度高、政府支持有力，以及数字技术进展迅速的领域，一般意义的内容短缺已经一去不复返了，有效需求已经成为产业发展的根本性动力。在我们的政策文件中的用语是，我们已经进入了一个如何满足人民群众日益增长的多样化的文化消费需求的阶段。我们应该为此作出重大政策调整。

以有效需求拉动产业发展，关键是要进一步开放市场，确立市场在文化资源配置上的基础性作用。新的政策思维逻辑应该是这样的：要从有选择地（往往是主要选择国企）直接资助企业的政策转向放宽市场准入、降低税收等普惠性的政策，更广泛地调动生产者积极性，在市场竞

争中有效地增加产品和服务的生产。在竞争中增加供给和降低价格，进一步刺激需求，并拉动新的供给，因此形成良性循环。为此，要进一步转变政府职能，科学界定政府和市场在文化产业发展中的功能定位和合理边界，将发展的基础从政府支持转向市场竞争，将发展的主角从政府转变为企业。

（二）应对建立统一市场和实行融合发展的转型要求，合并原有分业管理的体制，尽快组建综合文化管理机构

在文化领域按照技术特征实行分业管理（主要区分为文化艺术、出版、广电等部门），也被称为"竖井式管理"，是很多国家都曾经历过的文化管理模式，在20世纪80年代兴起数字化信息技术的发展浪潮中，大都陆续进行了改革。我国传统文化管理体制也是"竖井式管理"模式，本轮文化产业的改革发展以来，这一管理模式事实上已经处在不断调整改革之中。建议全面启动新一轮文化管理机构的改革，推动国家层面的文化管理机构的合并，建立起在全国范围内面向统一市场的综合文化管理机构。

（三）应对上一轮发展的"政策红利期"即将结束的局面，以深化改革开启新的"制度红利期"，提供新的发展动力

近年是改革推进的高峰期，也是政策效应释放的高峰期，文化产业的繁荣于此获益良多。随着本轮改革接近尾声，"政策红利期"行将结束，如何将"输血机制"转换为"造血功能"，真正以制度创新推动发展，形成一个新的"制度红利期"，成为发展的关键。

目前最重要的是要加快文化产业立法进程。早在2004年就已列入中宣部文化立法10年规划的《文化产业促进法》，在《国家"十一五"时期文化发展规划纲要》中被正式列为抓紧研究制定的一部重要文化法律。"十一五"已经过去了，"十二五"也已经过去了一年，如今，这部改名为《文化产业振兴法》的法律却仍然停留在研究论证阶段。

加快《文化产业振兴法》的立法进程，要更新观念，确立法律促进

发展的基础地位；要解放思想破除难点，加快文化产业主阵地的新闻出版等领域的立法，尽快弥补我国法律对宪法规定的公民文化权利保障不足的重大缺陷；要在立法工作中实行重点突破，上位法缺失、体制改革不到位、文化产业的复杂性等，都不能成为妨碍立法推进的理由；要立足当前，着眼长远，既满足文化产业振兴的当前需要，又较好地适应文化产业发展的长远要求。作为文化产业振兴的基本法，《文化产业振兴法》应该对文化产业振兴体制，文化产业振兴的基本制度、基本振兴事项和振兴措施等共性问题作出制度安排。

从文化市场的特殊属性看我国文化市场建设的困境

（2014年10月22日）

党的十八届三中全会通过的《全面深化改革若干重大问题的决定》，以"建立健全文化市场体系"为题，指出了我国文化发展的新目标和新任务。但与此目标相比，目前我国对于现代文化市场的特殊属性认识不足，因而文化市场建设方面尚存在诸多困境，为此我们需充分认识到建设文化市场体系的复杂性。

一、现代文化市场的特殊属性

文化市场具有与其他市场极为不同的特点，表现在以下方面。

（一）文化市场的交易对象是文化产品和服务，而文化产品和服务是具有高度复杂性的商品

文化产品具有经济价值和文化价值，其中经济价值可以用经济术语解释清楚，但是文化价值就不行了。文化价值是多层面的，包括审美的、象征的、精神的或历史的所有品质，这些价值大多涉及主观评价，需要动用多种手段测评，包括专家评价。同时，数字技术出现之后，越来越多的产业部门具有了文化产业的特征，文化产品和服务形式变得空前多样化。

（二）文化市场的交易主体是生产者和消费者，构成文化市场交易活动的供需双方，其特点是高度的不确定性

文化产品的复杂性本质上来源于其负载的思想和意义，思想本身的

复杂性和多义性决定了思想的生产和消费的不对称性，并直接导致了交易活动的不确定性。从生产者方面看，文化产品的创造者关心的是自己产品的原创性、卓越和艺术表现，不愿服从生产过程中的管理要求，甚至不屑于关注产品的市场收益。从消费者方面看，会由于个人的不同，呈现出文化需求能力和取向的层次性和多样性。文化消费差异极大，"萝卜青菜各有所爱"，不存在所谓刚性的"基本需求"。

（三）文化市场的交易中介是大批专业化的服务机构和个人，其特点是具有高度的分工和专业性，其目的是降低、消除文化市场供需双方的不确定性

文化产品的生产和消费就是思想的生成和传播过程，这个传播过程很大程度上依赖于中介机构对思想意义的转交和说明作用。比如说，艺术品市场，有画廊、博览会、艺术品评论和鉴赏杂志、策展人和机构等，在艺术家和消费者之间构成了完整的产业链和生态圈。因此，文化市场的发展历史已经告诉我们有效解决供需双方交易困难的方法，就是建立起大量专业化的服务机构和个人，形成一个"场域"，令富含创意内容的文化产品在这个"市场"中得到评价、讨论、解释和传播，并最终引起共鸣，为消费者理解、接受、购买，以至于"追捧"。在这个意义上说，文化市场从根本上说是一个"思想市场"。

（四）文化市场的交易环境由法律法规和政策构成，其特点是具有多重结构，既规范又有弹性

市场经济是"法治经济"，文化市场具有高度的复杂性，对于规范的交易环境依赖度更高。从这个意义上说，要想"建立健全文化市场体系"，就要建立健全文化市场法律法规和政策体系。发达市场经济国家经过了长期演变的过程，基本上形成了以出版自由制度为标志的基本文化制度，以传媒监管制度为代表的文化管理体制，以及关注大众"生活方式"的综合性文化政策体系等多层次的制度结构。

二、当前我国文化市场建设存在的问题

发达国家的文化市场是"原生性"的，是从某种自发活动和具体的行业市场逐步发展起来的；而我国的文化市场是"继生性"的。这在客观上造成了我国对于现代文化市场的特殊属性认识不足，导致在文化市场建设中存在种种问题。

（一）对文化产品复杂性认识还不到位，不能明确定义意识形态属性

2003年开始的文化体制改革，我们在认识上有了巨大的进步，提出了文化产品的商品属性是"一般属性"、意识形态是"特殊属性"的新观念。文化产品的文化属性是多重的，其中会有"意识形态"属性，但是不应将文化属性全部归结为意识形态属性。我们需要将文化产品的特殊属性再作区分，看看究竟哪些具有意识形态性质，哪些不具有，就能真正客观地和科学地认识文化产品，为认识文化市场发展规律开辟道路。

（二）对文化产品的生产活动的不确定性认识不清，管理上无法涵盖日益多样化的文化市场活动

比如说，对于如何管理富含文化意义的原创活动，我们还很生疏。特别是，对于转型之后的国有文化企业，如何通过"出资人制度"的资本杠杆进行间接管理，尚需要明确的制度安排。对于在市场化环境中诞生的民营文化企业，以及想进入文化产业领域的业外企业和投资人，文化市场依然充满前置性审批，影响了企业的积极性。

（三）对文化市场赖以支撑的中介系统的重要性认识不足，不能放手发展

我们目前对于文化市场中介系统的认识大多局限于经济层面，也就是"市场营销学"所关注的范围。而一个有效运转的文化市场中介系统实质上是一个思想的"场域"，由独立的文化机构组成，存在着对文化

产品思想内容的独立而健康的讨论和传播。这实际上是一种公共领域，既独立于政府干预，也不服从于私人的利益。思想市场在建立健全文化市场方面，有着相当于"顶层设计"的重要意义。

（四）对建立健全文化市场所需的体制机制政策环境认识不足，导致文化管理体制改革难以深化

十多年来，我国文化体制改革的进步是巨大的，有目共睹的，但是仍然还有较长的路要走。现在的问题是，如何深化文化管理体制，使之适应建立健全文化市场体系的需要。比如说，在十八届三中全会文件中，提出"按照政企分开、政事分开原则，推动政府部门由办文化向管文化转变，推动党政部门与其所属的文化企事业单位进一步理顺关系"，而如何处理好党政部门与其所属文化企事业单位之间的关系则需要进一步明确；强调"建立党委和政府监管国有文化资产的管理机构，实行管人管事管资产管导向相统一"，而在建立健全文化市场体系条件下究竟如何贯彻这一原则则需要进一步回答；强调"坚持主管主办制度，落实谁主管谁负责和属地管理原则"，而如何处理好贯彻这一原则与建立健全的文化市场的关系则需要进一步研究。

三、充分认识建设文化市场体系的复杂性

解决我国文化市场建设方面存在的问题，十分必要和紧迫，但是在提出具体解决方案之前，还应该对建立健全文化市场体系的复杂性有充分的估计。

（一）在工业化高峰期构建文化市场，与我国市场经济大环境不兼容

我国从20世纪80—90年代才开始大规模工业化建设，世纪之交加入世界贸易组织将中国推入了工业化的高峰期。为应对加入世界贸易组织要求开放服务贸易市场的挑战，中国开始开放文化市场以启动文化产

业的发展。因此，开放文化市场是中国政府为应对世界贸易组织挑战的主动选择，是在适应工业化发展需要的市场经济环境中进行的，与工业化的市场经济大环境不兼容。比如说，我们经常感受到发展文化产业是宣传文化部门热，而综合经济部门冷，以及文化产权交易难、文化机构贷款难等问题，大多与市场经济大环境比较适应工业发展需要，不那么适应文化产业发展需要有关。

市场的发育是一个长期的过程，因此我国文化市场可能长期与目前的经济管理系统处于紧张状态，我们需要从文化产业发展的实际出发，从文化企业的日常运行需要出发，不断发现问题，解决具体问题，不断完善市场环境。

（二）率先发展文化产业，与文化市场发展规律相脱节

我国文化市场的开放尽管与改革开放几乎同步，但是长期的"双轨制"造成市场隔绝、价格扭曲、寻租盛行、利益固化，以及政府与市场界限不清，政府与社会中介组织不分，市场发育水平远远落后于全国市场体系发展一般水平。在这种情况下发展文化产业，必然会高度依赖于政府的支持和主导。但是所谓"成也萧何败也萧何"，政府主导大力发展文化产业，既会收文化产业的短期超常发展之效，也会使文化市场"行政分割"的形势更加严重。

文化市场开放是一个渐进的过程，因此我国文化产业的发展将会长期与不完善的市场机制形成张力，搞好了是产业推动市场开放，搞不好则是产业脱离市场规律，成为政府自娱自乐的过程。关键在于我们是不是能够始终坚持市场取向的改革，根据市场需要制定产业政策，通过产业发展不断扩大市场空间。

（三）在政治体制改革的攻坚期建设文化市场，与相关领域的改革难协调

从目前的情况看，我国文化领域最为薄弱的环节依然是内容生产，在内容环节居于绝对主导地位的国有文化企业，尽管已经转企改制，但

是离建立现代企业制度还有较大距离。如何认识市场的决定性作用，如何利用资本的力量引导内容生产，以及如何建立一个政府调节市场、市场调节企业的，合乎市场经济规律和要求的宏观管理体制等问题需要在实践中进一步研究和解决。

全面改革是一个长期的过程。我们需要始终从市场中汲取发展的动力，以改革扩展发展的空间，才能突破体制转换的困境，走出一条稳健的发展道路。

（中国社会科学院文化研究中心　张晓明）

应重视文化产业统计数据反映的结构性缺陷

（2015年3月23日）

一、一定要瞄准5%吗

在市场经济条件下，文化产业是复制技术的商业应用的结果。由于文化产业是负载内容的传播，因此本质上都是媒体。但世界各国对文化产业概念没有完全统一的界定，也没有完全一致的产业统计指标体系。一般地说，国民经济统计中一定量的公共服务也会加入文化产业增加值的范畴；不仅包括公共文化服务产品及服务制造与提供的指标，还会包括国家文化行政方面的财政投入。这就是说，文化产业统计数据要大于纯粹的市场部门对增加值的贡献。因此我们在了解中国文化产业发展状况的时候，还应能够在使用相应数据的时候，也能通过分析看到它们掩盖着的一些问题甚至是结构性的问题。

国家统计局在2003年应有关部门的要求开始建立中国国内文化产业统计指标体系，并在既有国民经济统计方法、框架与数据基础上尝试着从中剥离并合成（国内）文化产业统计及其数据。为此，国家统计局开展了两项工作。

第一，于2004年建立了一个文化产业的行业分类，最终表示为一个三层的同心圆模型。其三个环分别被称作核心层、外围层和相关层。2012年，国家统计局修订了文化产业分类。新的分类参照了UNESCO 2009年《文化统计框架》，并将上述同心圆结构中两个内圈合并，还对原有内容进行了少量增删。但基本构成变化不大。

第二，陆续给出了中国文化产业年产值数据：2003年中国文化产业创造了 3577 亿元的增加值，占当年 GDP 的 3.1%（参见图 1）。到 2012 年，这个连年统计发布的数据已高达 18071 亿元，是 2003 年的 5 倍有余，其年均增幅都在 20% 以上，大大超过 GDP 的增幅。到 2013 年这个数字预计将达 21000 亿元。换个角度也可以说，中国公民人（年）均文化消费达到了 1340 元上下的水平。应该说，中国文化产业发展的速度似乎是很快的。

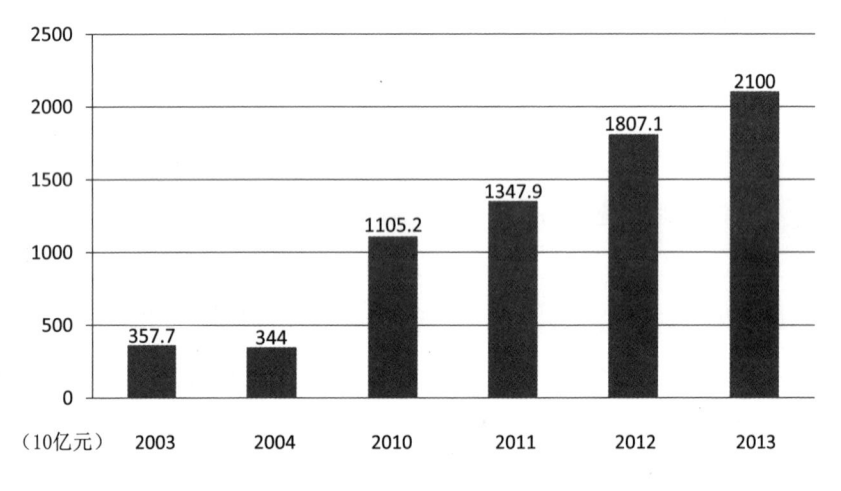

图 1　2003—2013 年中国文化产业增加值的增长

2003 年前后，国内有关部门请默多克来华演讲。他告诉中国人，美国和英国的传媒产业对 GDP 的贡献率都是 5%。这个数字给我们留下深刻印象，也成为日后中国做大文化创意产业的中期目标。但我发现欧盟各国文化创意产业的增加值在 GDP 中的占比多为 2%~3% 之间。而将 5% 作为目标，尤其在 GDP 的影响下，会给我们的文化产业发展带来不必要的压力，会让我们更多重视数量而不是质量。

二、统计数据的结构缺陷分析

（一）结构性缺陷做小了 GDP

这样的文化创意产业发展数据中也蕴含结构性缺陷，它首先是和文化体制改革目标中的内在矛盾有直接关系。

在完全竞争的市场上，文化产品 P 的成交量应是位于供应量（X）与价格（Y）坐标右上方区域中一条向右下方倾斜的曲线 ab，其实现总收入（或增加值）可以 abdc 四点连线的围合空间表示（参见图 2）。

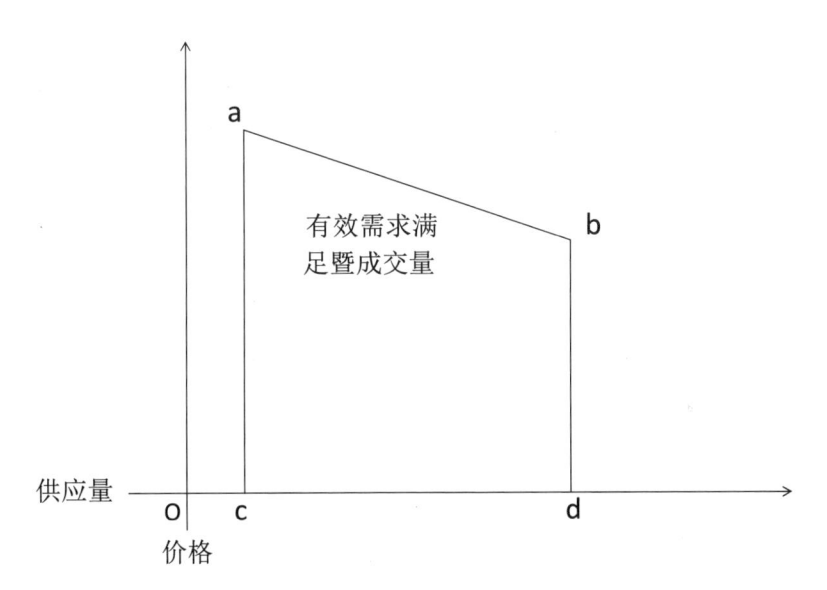

图 2　文化产业增加值总量构成示意图

但在结构性缺陷下，产品供应品种及数量不足，生产风险过高、成本增加，同时生产商预期盈利水平上调，导致价格上升，抑制了弹性本来就很大的有效文化需求。于是使上图中表示实际成交量或总收入的 a'e 连线、c'f 连线的距离大大短于 ab 和 cd（供应量减少），仅剩 a'efc' 围合的面积。这时总收入减少，但利润率增加（参见图 3），a'c' 相对 ac 的稍稍左移反映的是供应短缺造成的价格上涨（为少量的产品支出更多的货币）。这时居民的文化消费选择性不足，需求未能全部实现（不能实现的有效需求或者进入银行，或者被用于其他消费）。

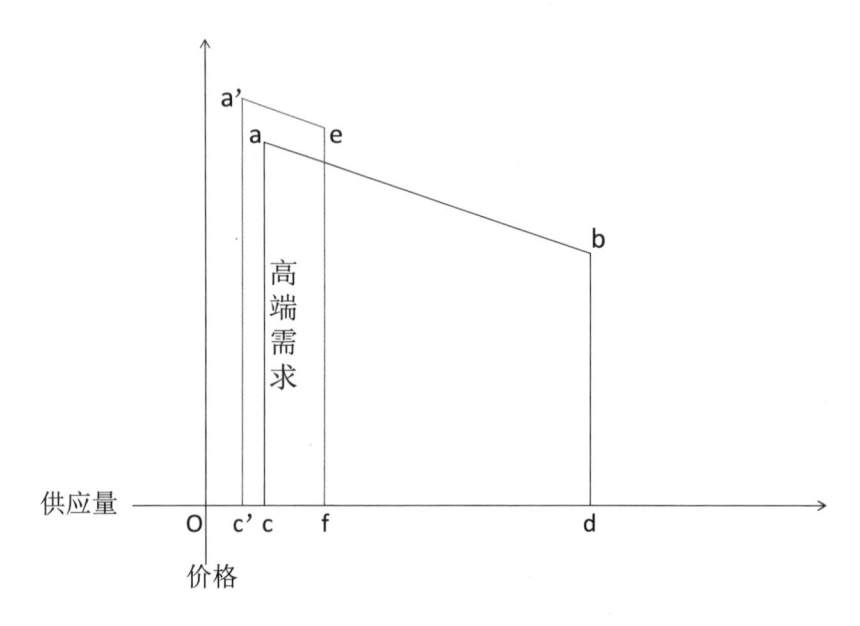

图3 市场文化产品选择性不足造成文化消费价高量少状况示意图

（二）使GDP由小变大的两种办法

文化产业增加值减少不是政府所希望看到的，于是有关部门可能采取两种办法改变人们的印象。第一种办法是扩大统计口径，将一部分本属于第二产业的生产部门及其产值、增加值等纳入应属于第三产业的文化产业范畴中加以统计。在中国当前的统计数据当中，占GDP 3.48%（2012年）的文化产业增加值当中约有50%来自传统的制造业：如办公用品、玩具、电视机、照相器材等。在中国，不仅（包括广告和包装物印刷在内的）印刷行业创造的增加值占较大的比重，而且连纸张油墨的生产也列入其中。这样的统计口径也许是过大了，其结果是使中国文化创意产业产出的文化含量被大大"稀释"，文化产品的物化成分过高。

在中国的一些省市也乐于将最初文化产业的名称改为文化创意产

业。"创意"两字的增加正是为了将一些"低内容"的行业如设计等列入统计，做大业绩。而国际上也有某些统计指标体系，依据中国文具玩具办公用品等（资源消耗型）产品货物贸易出口数据，将中国视为国际文化产业大国。这加深了世人对"made in China"的负面印象。

  提高数值的第二种办法是增加公共投入，将财政投入直接改写为GDP增加值。而中国的媒体虽然也纷纷更名为集团公司，但这些国有公司的运营在很大程度上是由财政拨款支撑的；对基础设施和设备的投入甚至重复投入相当巨大。中国的新闻出版业尽管已完成了全行业的"转企改制"，但其盈利水平也是很低的，并且目前政府仍然会通过某些项目的公共财政资助对其进行补贴。

  公共文化服务体系的构建是社会现代化的标志之一。中国政府也在这样做。改革过程中，中国各地的博物馆已全部免费开放，所有运营经费由财政负担。而向基层社会提供的公共文化服务是政府更为津津乐道的。在县及以下行政单位（包括乡镇和村庄），包括广播电视村村通、农家书屋、农村电影放映工程、村文化活动室和信息共享工程村级终端共5个方面的公共文化服务机构、机制被建立起来。经过不到10年的努力，中国农村居民的（公共）图书拥有率已从0.1册提高到1册，迅速增加了9倍之多。应该说，在经营管理方面，这些新的制度设计比计划经济时期的做法有许多改进，多少考虑到了运营成本及可持续的问题。但其宏观运行体制在很大程度上仍然是计划经济的，因为其预算程序上并没有出现实质性的变化。更为重要的是，这样的公共产品（大部分图书和老电影）并不受消费者（农村居民）的欢迎。因此这部分投入在上述图3当中，又制造了一个新的区域gb'd'h（参见图4）。如果不将这部分交易（"政府采购"）视为完全虚假的，那么就应承认它与abdc之间多少有些重叠；而且它的存在也提供了少许就业机会。但它造成的浪费是巨大的。占中国文化创意产业增加值很大一部分（约20%）的公共投入是极其"不经济"的。

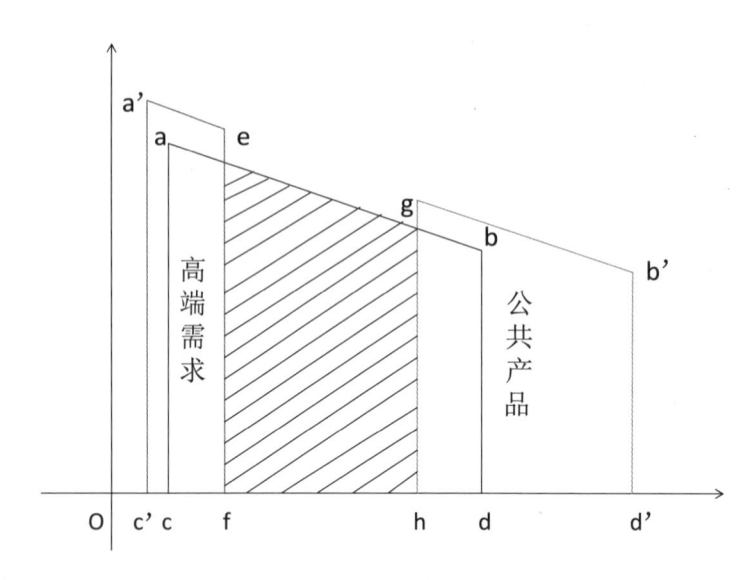

图 4　公共文化产品效益低下及稀缺与过剩共存状况示意图

政府的不当公共投入还造成了新的产能过剩。近年来中国各地政府以支持动漫产业发展为由投入了大量资金，从建设产业园区开始，到开办企业，招聘员工，创作脚本，直至完成动画制作。到 2013 年止，中国动画片的年生产能力已达到 26 万分钟。这就是说，这个行业每年制作的新片，需要昼夜不停地播出半年才可以放完一遍。恐怕没有哪个国家会需要这么多的新动画片在电视或影院里播出；事实上也没有多少动画片能在电视上播出。人们不知道这些文化产品被放在哪里。而这部分政策性投入也被计入文化产业增加值当中。人们现在甚至不知道究竟谁应该为这种不负责任的投资行为负责。

概言之，中国文化产业 GDP 是由两个四边形 a'efc' 和 gb'd'h 构成的，前者包含了消费者多支出的部分；后者则包含政府多支出的部分。而中间带阴影的四边形显示了战略性短缺的存在，显示了文化产品供应中的"结构性鸿沟"。这里每个部分都隐含着一定程度的不合理。在这样的格局下，国内现实的文化产品供给既有短缺，又有过剩；而整个社会的文化消费既不强劲，更不优雅。

三、消除结构性缺陷的途径就是改革

这个改革包括两项任务：

第一，逐步开放文化市场；第二，在原有由财政供养的文化生产部门中进行一次区分，让那些可以提供文化商品的部门转制成为企业，作为经营主体进入市场并与民营展开竞争。二者中第一个方面更为重要。改革的成功将打造一个国有及民营企业同台竞争，并有适当公共部门作为补充的充满活力和竞争力、规范有序的文化市场；不断丰富的文化产品满足居民不断增加的文化需求。这样，文化不仅会作为"硬实力"改善中国的经济及产业结构，而且会作为"软实力"促进社会交往，提高市民素质，并在创新中提升自身。

文化体制改革的关键在于更大面积地开放文化市场。中国的改革一直采用"增量改革"的策略，即让新体制下的市场主体显著获益，从而拉动旧体制单位参与市场化转型。这是一种利益驱动，有一定的合理性和可操作性。但这种方式必然造成"双轨制"并存的现象。而持续的"双轨制"可能带来更多的社会不公及腐败问题，导致社会的撕裂。与此同时，数码和网络技术的迅猛进步也构成新的挑战，它已完全改变媒体的传播方式。以单向传送、制作播出为特征的广播电视技术已经被互动、实时的网络传播技术所超越。每一部电话都成了一个媒体，这更像是对文化的对话本质的肯定。因此必须改革的是我们的管理体制。应该说，全面深化文化体制改革的窗口期并未消失，从中国人热衷出境游、抢购国际知名奢侈品、不断更换手机和对网络的依恋看，他们的文化消费热情是巨大的。这就是"让市场发挥基础性作用"的基本条件。现在需要的的确是个"实干"的问题！

（中国社会科学院文化研究中心　章建刚）

对"十三五"时期我国现代文化市场体系建设的若干建议

（2015年9月7日）

"十二五"以来，现代文化市场体系建设受到党和政府高度重视。党的十七届六中全会、十八届三中全会、《国家"十二五"时期文化改革发展规划纲要》都对加快建设现代文化市场体系提出了明确要求。在这一背景下，我国现代文化市场体系建设取得了重要的突破和进展。但是，我国现代文化市场体系建设现状与统一开放、竞争有序的总体目标相比，还存在不小的差距，尤其是在文化市场法制环境建设、市场中介发展、资源配置机制以及内容监管机制建设等若干重要领域，还存在着重大的改进空间。我们认为，"十三五"时期我国应将进一步完善现代文化市场体系作为文化改革发展的首要目标，在文化市场法治环境建设等若干基础性领域寻求新的突破，为早日全面建成统一开放、竞争有序的现代文化市场体系奠定基础。具体建议如下。

一、加快文化立法建设，奠定文化市场繁荣发展的法治基础

我国文化建设的历史表明，只有在文化领域充分依法行使公共权力，才能最大限度地保护人民群众的公民文化权利，最大限度地保护国家的文化创造力。提高文化市场管理的法治化水平，完善文化立法最为关键。我国文化立法进程较为缓慢，到目前为止，由全国人大颁布的文化相关法律仅5部（《中华人民共和国文物法》[1982]、《中华人民共和国

著作权法》［1990］、《中华人民共和国广告法》［1995］、《中华人民共和国国家通用语言文字法》［2000］、《中华人民共和国非物质文化遗产保护法》［2011］）。新闻出版、广播、电影、电信、互联网、演出等诸多文化管理领域，主要依靠国务院颁布的"条例"和文化相关部门颁布的"通知""规定""办法"等低位阶法规来保障。由此造成我国文化领域法律少，法规多，法规的整体性、权威性不足，不能适应文化市场依法监管的需求，制约了文化创造的繁荣。

党的十八届四中全会提出了"全面依法治国"的重要目标，我们认为，加快文化立法，全面建设完善的文化法治环境是我国推进"全面依法治国"的有机组成部分。"十三五"期间，我国应围绕全面依法治国的要求，加快文化立法进程，在完成《文化产业促进法》《公共文化服务保障法》等法律的制定的同时，全面建构以促进人民群众文化表达权为中心的现代文化法律体系。

我们建议，尽早启动《新闻传播法》《出版法》《电信法》《电影法》等基础性文化法律的立法程序，从而改变我国文化市场管理过程中高位阶法律不足的现状，建立以文化法律主体、以行政法规和部门规章为辅的文化市场管理体制和内容审查机制，奠定促进社会主义先进文化繁荣的法律基础。

二、大力发展文化市场中介机构，形成良好的文化市场自身调节机制

文化市场的中介机构是市场自律的重要力量。在文化市场中，发达的市场中介体系是完成文化资源配置由政府主导转向市场主导的前提，也是实现政府对文化市场进行"消极干预"的基础。同时，从国家治理的角度，发达的市场中介机构还是社会力量全面参与文化治理的重要组成部分。文化市场中的中介机构有三种类型，一是市场要素配置和交易

中介，如拍卖行、版权交易所、会计事务所、文化基金、经纪公司、票务公司、画廊、博览会、策展人和机构等；二是市场自律中介组织，如行业协会、从业者联合会等；三是意义评价中介，如作品评奖委员会、媒体文艺评论专栏、剧评杂志、专业评论杂志等等。

我国现有的文化市场体系中，三类市场中介机构发育都不充分，这与我国文化市场发育时间较短，政府长期在文化监管领域处于绝对主导地位有很大关系。文化市场中介组织发展缓慢造成文化市场中介（行业自律组织）对市场主体的权威性和影响力不足，难以履行行业自律和市场自律的职责。这又为政府持续、全面干预市场提供了理由，形成因果循环。

我们建议，"十三五"期间，按照行政许可法中"不设行政许可"的原则，对各类行业协会和从业者公会等文化市场中介的成立采取备案制，积极鼓励各类文化市场中介机构发展，使中介体系在文化市场要素配置、行业自律、内容监管、市场诚信建设等方面担当更为重要的角色。同时，建立政府文化主管部门与各类文化市场中介的联络与指导机制，形成以市场中介独立运行为主，政府指导为辅的文化市场中介运行机制。

三、全面扩大市场在文化资源配置过程中的作用和范围

从世界各国的经验看，市场在资源配置过程中发挥主导作用是保持文化市场竞争力的重要保证。在我国，由于历史原因，市场在文化资源配置中的主导地位尚未建立，行政手段依然是我国文化资源配置过程中最为重要的途径，文化市场资源配置方式创新不足，资源配置效率较低，影响了文化市场的发展。首先，从市场发展的过程来看，我国文化市场是典型的"转型市场"，由计划经济时代的文化资源配置方式转型而来，绝大部分存量资源掌握在政府手中，政府对使用行政手段进行文化资源配置具有一定程度上的路径依赖。其次，对文化产品意识形态属性的认

识不足造成党政宣传部门和文化部门对市场主导资源配置存有担忧，不能放手发挥市场在文化资源配置中的积极作用。再次，我国现行的税收、金融等政策环境是面向工业经济建立的，与文化市场发展的需求不对接。从税收角度讲，我国尚未全面建立起有利于文化产业发展、提高文化企业竞争力的税收机制，也未建立起鼓励社会资本向公共文化服务领域投入的税收激励体系。从金融环境的角度讲，各类金融机构对文化产业的风险特征和文化资产价值评估规律认识不足，普遍缺乏针对文化创意产业投融资需求的风险应对方案，文化企业融资困难，制约了文化产业的发展。

我们建议，"十三五"期间，要进一步解放思想，从现代文化市场的客观规律出发，不断扩大市场在资源配置过程中的作用和范围。

一是从"消极干预"的原则出发，建构扩大市场进行资源配置的基础框架。首先要通过不断减少政府对文化市场的行政干预，通过市场自律、行政授权等方式，充分发挥市场中介机构在文化资源配置过程中的积极作用，为最终建立市场发挥主要作用的文化资源配置机制奠定基础。同时，要以完善文化立法为前提，改革宣传思想文化领域开放准入的方式，推动传媒领域市场准入从审批制向登记制（备案制、注册制）转变，扩大市场力量在宣传思想文化领域的作用和影响。

二是从"积极干预"的原则出发，完善扩大市场配置资源的体制和机制。首先，要对绝大多数国有文化企业实行法人治理制度，通过股份制管理，通过特殊管理股、混合所有制等制度设计，推动国有文化资产跨地区、跨所有制、跨行业的兼并重组，实现国有文化资产运行和资源配置由市场来主导。其次，要建构以税收制度为核心的市场化资源配置方式。通过建立企业和个人对公共文化部门及非营利性文化机构的捐助款抵税制度，提升市场力量参与公共文化服务发展的空间和渠道；通过将文化企业的人力成本和版权生产成本计入 R&D 支出等计税制度，大幅降低文化企业税负，为国内文化企业大幅提升竞争力和实现超常规发展创造条件。

三是从"无限干预"的原则出发，将与少数与意识形态关系最为紧密的媒体和企业，作为"管人管事管资产"、"主管主办"、财政资金全额拨付等制度的实施对象，从而把影响意识形态传播和社会价值导向的主导权牢牢把握在党和政府手中。

四、优化文化内容监管机制，建立有利于充分激发全民文化创造力的文化内容监管机制

文化内容监管是文化市场监管机制建设的核心。从思想表达的角度，文化市场是思想的生产、传播、消费和再生产的过程。"思想产品"的复杂性和特殊性决定了内容监管需要采取更为复杂的、多层次的体制设计，以激发"思想产品"生产的活跃性，为社会提供创造性的"思想盛宴"。传统上对"思想市场"全面事前监管，是一种对思想资源的集中化配置方式，抑制了原创思想的充分涌流。

我国的文化内容监管机制形成于计划经济背景下，内容监管偏重意识形态，权力完全集中于国家。在媒介汇流的技术背景和文化发展的市场背景下，原有的监管机制中市场自律不足、监管重点过于狭窄、文化创造和思想原创受到压抑等问题日益突出。建构有利于促进"思想市场"的充分发育、有利于激发内容原创、有利于提升国家文化影响力的新型内容监管机制应当是"十三五"时期我国文化市场建设的又一重点。

我们建议，"十三五"期间，我国应该从面向数字技术革命、面向全面提升国民文化创造力和国家文化软实力的角度出发，着眼于文化管理体制的先进性、高效性和开放性，进一步完善我国文化市场内容监管体系。

一是在完善文化立法的基础上，充分运用内容分级手段和行业自律机制，广泛吸收社会力量，建设以社会主义核心价值观为引领、以政府

监管和市场自律相结合为基本方式、以事中与事后监管为主要形式，以消极干预为主，积极干预为辅，无限干预为特例的内容监管体系。这新型内容监管体系，应该是我国社会主义事业"道路自信、理论自信、制度自信"的重要组成部分，也是新的时代我国文化繁荣发展的重要保证。

二是提高内容监管过程和监管标准的公开性和透明度，为文化内容生产者提供一个可预期的稳定环境。

三是要进一步改革文化管理的宏观体制，推进大部制改革。建议借鉴相关国家的做法，成立国家电信网络广播电影电视委员会，从传播渠道层面完成监管的统一性，从而推动三网整合向纵深发展。在此基础上，考虑在国家电信网络广播电影电视委员会下设专门的内容监管机构，针对不同媒体的特点，实对内容分类监管，应对三网融合背景下的内容监管的新要求。

（中国社会科学院中国文化研究研究中心　惠鸣、张晓明）

释放全民族文化创造力，以市场的力量推动社会主义文化繁荣发展

（2019年1月10日）

党的十八大报告指出，建设社会主义文化强国，关键是增强全民族文化创造活力。回顾40年改革开放的历程，我们深刻感受到，坚持党对文化领域和意识形态领域的领导权，是抵制文化领域和平演变，不走歪路邪路的保障；而坚持以市场力量推动文化事业繁荣和文化产业发展则是提升国家文化软实力和中华文化的世界影响力、坚定中华民族文化自信、推动中华优秀传统文化创新性转化和创造性发展的根本保障。

改革开放以来，我国文化领域不断深入的思想解放进程以及文化体制改革的全面深化进程为社会主义文化大发展大繁荣奠定了认识前提和制度环境，推动我国文化发展的最主要的动力则是市场的资源配置力量。**而市场的力量则是从计划经济体制下的文化管理体制逐渐松动和改革过程中释放出来的。**这一过程大体可分为三个阶段。**第一个阶段**是20世纪80年代到90年代，我国民间文化娱乐消费市场在市场经济中逐渐壮大，广告、传媒、娱乐、演艺等领域民营文化企业逐渐产生。同时，国有文化机构经历了演艺院团承包制和双轨制改革、影视制作领域向民营机构开放等改革措施，文化领域初步形成国有文化机构与非国有文化企业并存的市场格局，人民群众的精神文化消费空间得到极大拓展。**第二个阶段**是20世纪90年代以来到21世纪初，随着互联网的兴起和普及，以及全球范围内媒介汇流的历史趋势，一大批非国有资本背景的互联基因的文化公司创立，网络文学、网络音乐、网络游戏、网络影视等新型文化产品大量出现，大批普通消费者成为文化内容的生产者，而大批国

有出版传媒机构则面临互联网挑战和消费者分流带来的生存困境，这是我国文化市场第二次重大变局。**第三个阶段**是 21 世纪初以来，随着互联网和移动网络技术的进步，我国文化发展领域形成了以 BTA 为代表、具有世界性影响力的互联网文化巨头企业，全国网络文化产业规模急剧扩张。同时，各类民营资本大量进入文化产业领域，民营文化企业获得极大发展。这一时期，国家大力推动国有文化机构的管理体制和运营机制改革，按照政企分开、政事分开原则，推动政府部门由办文化向管文化转变，推动党政部门与其所属的文化企事业单位进一步理顺关系。经过这一阶段文化体制改革，我国文化领域形成了以国有文化企业为主体，民营文化企业活力充沛、部分领域对外资开放的多种所有制企业共同发展的，统一开放、竞争有序的新局面。

我国文化市场改革发展的进程，正是市场对资源配置的主导性力量不断凸显、全民族的文化创造力不断释放、文化产业对国民经济发展和实现"五个发展"产生深刻影响的过程。在市场力量的推动下，我国文化产业获得极大发展。根据国家统计局发布的数据，2017 年全国文化及相关产业增加值为 34722 亿元，占 GDP 的比重为 4.2%。而从 2004 年到 2017 年，我国文化产业年均增速 20%，成为国民经济中高速增长和潜力巨大的部门。从就业看，截至 2015 年底，我国文化产业法人单位共吸纳就业人员 2041 万人，比上年增长 6%，占全社会就业人员的比重为 2.6%，且在高速增长中，对全社会就业贡献突出。从文化贸易和文化传播的角度看，2016 年，我国文化产品和服务进出口总额达到 1142.1 亿美元，文化服务出口占我国服务出口总额的比重为 3.1%，影视、动漫、网游等新兴文化产品出口同比增长 25%，版权输出达到 1 万种，成为提升国家文化软实力的重要途径。

从文化产品的生产来看，我国文化产品的制作水平、质量得到极大提高，逐步走向世界。近年来，我国大型互联网企业百度、腾讯、阿里巴巴都已经成长为具有全球影响力的综合性文化企业，各自拥有体量巨大的视频、文学、音乐、游戏等内容产业，成为中国文化对外贸易、传播的重要平台。在这一过程中，我国网络游戏产业抓住了从互联网到移动网络转型的技术革命，实现了在全球网络游戏竞争领域地位的重大提升。

文化产业的繁荣发展为满足人民群众精神文化需求和日益增长的对对美好生活的向往提供了重要的精神文化资源。与改革开放初期相比，人民群众的精神文化生活获得了极大丰富。2016年，全国城镇居民文化娱乐消费支出1269元，比2013年增长34.2%；农村居民人均文化娱乐消费支出252元，比2013年增长44%。

回首改革开放40年我国文化产业繁荣发展的过程，可以强烈感受到以市场化方式对资源进行配置是文化繁荣发展的直接动力。**市场化资源配置方式中，人力资源、资本和文化科技是最关键的几种要素。在这些领域，市场充分显示了其强大的影响力。从人力资源来看，**当代文化产业中最活跃的部分是网络文化产业，而网络文化产业繁荣的背景后是全民族文化生产力的巨大释放。仅以网络文学为例，目前，网络文学写手已经达到1300万人，其中签约作者60万人，网络文学作品1400万部，日更新1.5亿字。这组数据的背后是我国文化产业发展已经进入专业生产机构（文化企业）和个人用户共同创造文化内容与文化价值的新时代这一基本事实。**从技术要素看，**互联网和移动互联网技术平台不仅促成我国网络文化产业极大繁荣，而且正在深刻影响着传统文化产业发展，给我国文化产业国际竞争力提升插上了技术翅膀。近年来，我国纪录片生产和对外传播取得重大突破，《颐和园》《当卢浮宫遇见紫禁城》《舌尖上的中国》《超级工程》《本草中国》《我在故宫修文物》《河西走廊》《美丽中国》等纪录片都达到了世界级的制作水准。这些纪录片运用先进的影视科技，以中国丰富的自然、文化遗产和现代科技进步作为内容，精心构思，以生动感人的方式讲述中国故事，向世界传播着中国的历史文化和当代生活，受到中外观众的普遍好评，为我国影视文化对外传播提供了生动的示范和案例。**从资本的角度看，**文化领域的改革开放使大量社会资本进入文化产业部门。2016年，我国文化产业固定资产投资规模达33713亿元，占全社会固定资产投资总规模的5.7%，其中企业自筹资金的比例高达82.1%。而2012年到2016年期间，我国文化产业基金支数和募集规模呈全面增长，文化产业投资基金总规模突破千亿元。大量社会资本的进入为文化企业技术升级、兼并重组和市场开拓提供了资金保障，极大促进了文化产业繁荣发展。

回顾文化发展领域40年改革开放的伟大实践，我们深刻感受到，正是文化产业的繁荣发展和文化生产力的解放推动了全民族文化创造潜力的释放和提升，从而实现了全民族精神内涵的不断丰富，使改革开放精神成为当代中华民族的精神标签。可以说，没有改革开放40年中华民族伟大创造精神的释放和文化创造活动的极大繁荣，就没有今天中华民族坚定的文化自信，也不会有中华文化日益强大的全球影响力。

改革开放40年的实践启示我们，创新是改革开放的生命。实践发展永无止境，解放思想永无止境。我国文化发展领域的改革开放依然在途中，中华民族伟大复兴中国梦的实现依然任重道远，中华民族的文化软实力、中华文化的全球影响力依然需要持久不懈的努力去提升。在纪念改革开放40周年的历史节点上，我们依然需要保持勇立潮头、奋勇搏击的气概去推动现代文化市场体系的建立和建构，为中华民族当代文化发展创造更加优良的内外环境，从而为中华民族伟大复兴奠定更加浓厚的文化根基。

（中国社会科学院中国文化研究中心　惠鸣）

第三编　国外文化政策：调研与借鉴

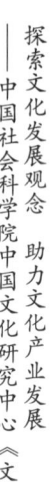

国外文化政策综述:"一臂间隔"原则与文化理事会

(2003年7月4日)

国家在管理文化和发展文化产业方面应扮演什么角色?怎样使政府实现从"直接办文化"向"主要管文化"的转变?这不仅是我国文化体制改革中亟待解决的问题,也是其他国家,尤其是发达国家面临的问题,带有一定普遍性。有鉴于此,自20世纪90年代以来,许多国家相继程度不同地采用了"一臂间隔"的国家文化管理观念和体制。了解这一情况,对我国文化体制改革或许有一定的意义。

一、"一臂间隔"的含义

"一臂间隔"是英文 arm's length 的译名。它原指在队列中每个人与其前后左右的伙伴保持一臂之长的等距离。"一臂间隔"原则最先在经济领域实行,指的是:具有隶属关系的经济组织,如母公司与子公司、厂商和经销商等等之间,在策划和实施各自的营销规划、处理利益纠纷乃至纳税义务等方面,都具有平等的法律地位,一方不能取代或支配另一方。

"一臂间隔"原则用于文化政策时,多指国家对文化事业的拨款采取间接管理模式,这种模式同时要求国家对文化采取一种分权式的行政管理体制。在政府与文化单位之间保留一个中间的过渡地带,从集权管理到分权管理,是"一臂间隔"原则的基本要义。

实施这一原则主要有两种形式,即"垂直分权"和"水平分权"。

"垂直分权"涉及中央政府与其所属行政部门和各级地方政府的纵向分权关系：中央政府将部分文化拨款的责任以及文化政策制定和实施的主要权力交给其所属的文化相关部门（如芬兰的文化和教育部，英国的文化、新闻和体育部，法国的文化部，澳大利亚的艺术和通信部等）；同时还要求各级地方政府行使相应的权力，或承担相关的责任。例如20世纪90年代，英国中央政府对文化领域的年平均预算为10亿英镑，而同期英格兰、苏格兰、威尔士和北爱尔兰四大行政区对文化的年资助额超过了10亿英镑。在芬兰2000年的公共预算中，中央政府对广义文化产业的财政支持占支出总额的58.6%，地方政府文化财政支出占41.4%；对狭义艺术生产的资助，中央和地方政府各占一半。澳大利亚、日本的情况也大体如此。

"水平分权"是指各级政府与文化方面的非政府公共组织之间的横向分权关系。非政府公共组织是介于政府与具体文化单位之间的中介机构，它有两项基本职能：其一，这类组织通常接受政府委托，为政府提供文化政策咨询，包括向政府提供文化政策设计，并策划具体的实施方案，同时还负责把政府的部分文化拨款落实到具体单位。就此而言，它是代理政府具体管理文化的准政府组织。其二，这类组织往往由文化方面和文化产业方面的专家组成，它虽接受政府委托，但却独立履行职能，各级非政府组织之间通常也不具有隶属关系。这类组织具有非政府和超党派的性质，是为了避免过多地受政府行政干预和党派纷争的影响，从而尽可能保持文化发展的连续性、稳定性。

在英国，这类非政府文化组织被称为"官哥"（quango），意为"准自治非政府组织"。其中起主要作用的是各级文化理事会（arts council，又译为"文化委员会"）。

二、英国文化理事会

文化理事会体制首创于英国。2003年的《芬兰文化政策》自称，芬兰"是'一臂间隔'原则的最早实践者"，这是不确切的。2000年成立的国际文化理事会和文化机构联盟（IFACCA）在2002年5月公布的文件中指出："成立于1945年的大不列颠文化理事会是全球第一个体现'一臂间隔'原则的中介组织。"

英国率先设立国家文化理事会有其历史原因。作为老牌自由市场经济国家，它在20世纪30年代以前对文化艺术基本上放任不管。中央政府既无相关管理部门，也无相应政策。在这期间，民间出现了许多维护行业利益的组织，如英国皇家合唱协会（1871年）、英国出版商协会（1896年）、英国出版权协会（1921年）、英国民间歌舞协会（1932年）、英国全国音乐协会联合会（1935年）等。二战前夕，由于意识到文化对国民精神的鼓舞作用，英国政府开始考虑把文化管理纳入国家的管理体制，但考虑到文化领域的特点和英国的实际情况，它不愿像其他具有古老帝国传统的法国、德国和俄罗斯那样对文化采取"一竿子插到底"的国家庇护管理模式，因此便致力于创造一种既能强有力地推动文化，又可以防范国家、党派对文化直接干预的模式。按照"不能不管，也不能多管"的思路，1939年经英国议会批准和皇家特许，建立了英国音乐艺术促进委员会和国家娱乐服务联合会两个半官方文化管理机构。

1945年6月，英国音乐艺术促进委员会转变为大不列颠文化理事会，成为实现政府文化政策的重要机构。随着不断改造，英国逐渐形成了三级文化管理体制：

（一）政府：包括中央政府和地方政府及所属文化行政管理部门。

（二）与各级政府对应、作为准自治非政府公共组织的文化理事会。

（三）各种行业性的文化联合组织，如电影协会、旅游委员会、广播标准理事会、体育理事会、博物馆-美术馆委员会等38个机构。

英国文化理事会由各文化行业内的专家组成，理事会成员由政府任命，任职后获得独立的法律地位。文化理事会的任务包括：

（一）向政府提供文化政策建议咨询。当政策通过立法程序后，他们还要制订各种实施方案。值得说明的是，英国注重调动专家资源参与决策过程。除文化理事会外，还有8个非政府政策咨询机构。

（二）对文化成果进行"同行评议"，对艺术创作和文化发展状况进行专业性的常规评估。

（三）依据专业评估，部分代理政府对文化优先项目的财政拨款，并对拨款效果进行监督评估。如果被扶持文化单位的状况不能得到改善，文化理事会将给出18个月的警告期，以决定是否取消扶持。

随着时间的发展，英国文化理事会在文化政策咨询方面的作用得到进一步加强。1990年以后，面对知识经济、文化产业发展的态势，英国文化理事会会同政府部门召开数以百计的研讨会并组织调查，在1992年5月形成"国家艺术文化发展战略"讨论稿，经政府审批，1993年以《创造性的未来》为题公开发表。这是英国第一份以官方身份公布的文化政策纲领性文件。它有力地推动了英国艺术和文化产业的发展。

三、文化理事会制度在国际上的发展

文化理事会制度的核心是在管文化的国家与办文化的具体单位之间增加了一个专业性的中介，它提高了国家管文化的水平，在促进文化创造质量、改善文化发展环境、前瞻性地应对国际文化竞争方面发挥着"旗舰"作用。基于英国的经验，英联邦国家在20世纪50年代后相继采用文化理事会体制。1957年加拿大建立了国家文化理事会；澳大利亚于1968年在联邦总理倡议下建立澳大利亚文化理事会，1973年，该理事会直接更名为"澳大利亚理事会"，直属内阁管理。

20世纪80年代以来，文化理事会这类组织在英联邦以外国家普及开来。国际文化理事会和文化机构联盟的文件指出："目前在世界各地，无论穷国还是富国，也不论英语国家还是非英语国家，都普遍建立了对文化艺术进行资助的准政府国家机构。"这项制度得到了联合国教科文组织的大力支持。相关的国际会议进行了多次，相关国际组织也发展起来。

但由于历史的、政治的和经济的原因，各国对"一臂间隔"原则和文化理事会体制实行的力度是不同的。以英国为参照，大概可分为强意义的和弱意义的两种文化理事会体制。

澳大利亚是强意义的文化理事会体制的代表。该国联邦政府积极提升理事会的规格，特别强调它在政策咨询、文化拨款、开发文化产业和建立文化产品国际营销结构等方面的中介性和主导性作用。1993年出台的澳大利亚文化政策《创造性的民族》对此有专章论述，如："澳大利亚理事会是这个国家最重要的文化资源之一。在它成立的21年中，艺术活动和文化产业有了长足发展，一般说来，这是对联邦政策的成功证明，具体而言，则是对澳大利亚理事会的成就的证明。……澳大利亚理事会需要把越来越多的资源用于培育视听受众，与广播技术领域建立各种联系，开拓市场，鼓励赞助商和拓展对外出口等领域。"为鼓励对文化产业开发，澳大利亚理事会专门设立"主要文化组织董事会"，董事会成员来自那些对国家具有重要意义的、经营状况较好的文化企业，其任务是监督和处理重要文化企业的财政状况，以避免它们落到向政府寻求援助的地步。澳大利亚文化政策专门列出多项条款，以强化该理事会的行政和财政功能。除澳大利亚外，芬兰也对文化理事会的地位和功能十分重视。

弱意义的文化理事会体制，是指一个国家尽管设立了文化理事会，但其对政府文化政策的制定缺乏实质性影响。国家对文化的管理权主要还是集中在各级政府及其所属行政部门，文化理事会则是表达、协调各具体文化单位或行业协会利益的论坛性机构。例如，德国文化体制主要是由政府机构与以自我管理权为基础的具体文化组织这两级组成。1998年，德国联邦政府扩大了自己对文化事务的管理权限，建立了文化事务和媒体专门委员会，联邦文化基金会也由政府直接管理。同时联邦议会也建立了自己的文化事务委员会。而文化理事会的中介性作用却并不明显，仅限于就职业艺术家组织的保护和扶持等提供一些专业咨询意见。2002年《德国文化政策》指出："一般说来，在联邦政府和非政府活动者组成的多样化组织之间尚没有形成有组织的文化活动合作和协调机制。"在这个文化政策中，对文化理事会的功能没有专门讨论，这与澳大利亚形成鲜明对照。在这个背景下，如何转变在文化管理体制上有效贯彻分权原则、削减政府对文化发展的直接义务和管理责任，动员各种社会资源发展文化，目前成为德国国内正在争论的问题。

法国的文化体制也没有给"一臂间隔"性质的文化理事会留下一席之地。《法国文化政策》开宗明义指出："法国文化政策的历史可上溯到16世纪的皇室庇护传统，从那时直到今天，法国文化政策一直具有这种皇室扶持特征，即提高文化知识和文化艺术，逐步完善国家文化行政管理结构和文化预算。"在这个文化政策的"组织机构"部分，对文化理事会没有任何描述。

德国和法国的管理模式与其历史传统有关。必须指出，"文化"在这两个国家向来具有重要地位。如《德国文化政策》宣称要建立"文化国家"；《法国文化政策》也声明"文化是国家形象的重要因素"，法国要成为具有鲜明特点的"典型国家"。这些国家对文化的关注力度和资金投入力度向来很大。目前，由于财政负担加剧，文化产品在世界市场中激烈竞争的前景日益明朗，这两个国家也都在考虑对文化管理实施分权，吸引各种社会力量发展文化。它们是否会最终大力实施"一臂间隔"原则，尚待观察。

由于有德国、法国这样的实践，东欧国家在转型中的一个重要话题，就是应当借鉴源于英国的"一臂间隔"原则来强化文化理事会制度，还是要参照德法的经验来加强国家对文化的宏观管理。2000年欧盟理事会出版的文化政策论文集刊载了匈牙利学者西蒙·蒙迪的文章《对文化的"一臂间隔"资助：为什么要或为什么不？》。从这个题目可以看出，是否接受"一臂间隔"原则并强化作为中介组织的文化理事会，是这些国家面临的政策选择。这种选择的基础在于，如何理解在知识经济背景下出现的国际文化产业发展态势，如何认识自己的国情，如何在此基础上与时俱进，实事求是地确立自己的文化发展目标和文化体制。对于这些问题，我们也需要深入研究。

（中国社会科学院文化研究中心　李河）

国外文化政策文件选编之一：芬兰

（2003年6月24日）

《文化政策调研》按语：《芬兰文化政策》（2003）是芬兰政府管理文化发展的指导性文件。由于芬兰在1995年加入欧盟，它的文化政策是欧盟框架文件的一个组成部分，其文本形式与英、德、法等国一样，都包含八个部分。它的许多基本原则都力求与欧盟其他成员国保持一致，如中央政府对文化的管理方式采用了体现水平和垂直分权的"一臂间隔"（arm's length）模式；关于文化和文化产业的定义也采用了欧盟的界定方式；在文化发展模式上，该文件特别强调欧盟与美国的一个区别，即"美国偏重于文化产品的经济可开发方面，而欧洲国家则较偏重保护艺术及表演的创造力"；在电视配额方面，芬兰积极执行欧盟提出的"电视无边界"原则，为欧盟制作的电视节目留足一定黄金播出时间；等等。

芬兰文化政策的总目标和基本原则与其他欧盟国家有相当多的共同点，但芬兰的特殊国情也决定了它有自己的侧重点和优先选择，主要是：

（1）芬兰是个小国。从12世纪起它就是瑞典王国的一部分，六百年后又被沙俄吞并，直到1917年获得独立。这样的历史使芬兰文化表现出很强的多样性特征：它的现行社会和法律制度可以溯源到瑞典统治时期；除芬兰语外，瑞典语是第二国语；它还与俄罗斯文化保持着一种血缘联系；等等。但多样性的历史来源又使芬兰具有一种强烈的"民族认同危机意识"。因此在尊重文化多样性的同时，强化自己的民族认同就成为芬兰文化政策的一个重要特征。

（2）芬兰是发达国家。2001年它被两个国际组织分别评为世界第一和第三最具国际竞争力国家。竞争力主要来自信息产业。其互联网和移动电话普及率均居欧洲第一和世界前列；信息技术及产品出口占工业出口总额近30%，已超过传统的森林和金属工业。现代信息产业的高度发展大规模促进了芬兰经济和文化的融合。针对传媒技术负载文化内容的规律，芬兰在20世纪90年代大力提倡发展"创造性的内容生产"，芬兰信息发展协会提出2000—2004年"内容创造启动方案"，强调要大力发展以市场运营为依托、以现代传媒技术为平台的文化内容生产，从而把芬兰文化、由芬兰文化符号包装的物质产品推向世界，提高芬兰在世界市场"文化化"中的竞争力。

（3）芬兰有长期由政府直接投资艺术、文化设施和大众文化培训的传统。但20世纪90年代初的福利国家危机使其文化发生了一些变化，集中表现为一种"去中心化"取向：要求更多关注那些边缘性和非经典的文化现象，如少数族群文化、女权文化以及大众文化等；提出了"一臂间隔"观念，要求国家把对文化的管理权分散给地方政府、中介性的第三部门（艺术理事会）；要求国家从唯一投资人转向广泛组合包括私人部门在内的各种社会资本；等等。

由于芬兰在民族认同方面存在着强烈的危机感，因此相比于那些文化产业大国，《芬兰文化政策》较多地强调中央政府在促进文化发展方面扮演的重要角色。实际上，芬兰国家更像一个大型文化发展公司，在当今这个强国林立的时代，它更希望借助国家的力量保持自己的民族文化特征，并在此基础上使具有自己文化特色的产品在国际市场上赢得一席之地。

（李河）

芬兰文化政策

一、历史透视：文化政策和法律文书

1809—1917 年俄国统治时期，芬兰自治政府对音乐、文学、表演、视觉艺术给予了强力支持。19 世纪一直被认为是芬兰艺术和文学的黄金时期。国家文化建设机构（国家剧院、国家戏院、国家音乐厅）的萌芽和专业艺术家的高级培训也肇始于此。

1917—1918 年的民族独立战争中，人民运动分为资本主义阵营和社会主义阵营，并因此导致短暂内战。尽管有如此分歧，但在国家统一的文化和民主问题上，两大阵营的立场却完全一致。新建的民主福利国家非常尊重艺术和文化，通过专家委员会对艺术作品进行评估，并给予特殊奖励。

地区自治政府主要负责成人教育和公共图书馆服务，国家给予财政扶持，政府资助行为在 20 世纪 20 年代变为法律。到目前为止，国家政府和地区自治政府的联合资助是现代芬兰文化政策的支柱。20 世纪初，芬兰文化产业（摄影、电影、音像业）伴随出版业的出现而产生。芬兰广播局成立于 1926 年，作为国家控股公司，从许可费中获得财政支持。

20 世纪 60—70 年代，芬兰改制为福利国家。60 年代晚期在法律支持下实施艺术家津贴制度。

20 世纪 90 年代以来，芬兰文化政策发生了很大变化，在一定程度上降低了国家对于文化服务业的扶持程度，而地方市政对文化建筑和配套设施提供资金扶持以及对创造性艺术的更为专业的培训（艺术业中的职业工作者以及新兴媒体中与艺术相关的领域）则显得越来越重要。

作为欧盟成员国，芬兰文化政策必须放置在整个欧盟文化框架之内，但同时，芬兰强调地区文化建设和管理的重要性以及配套政策的重要性。

二、管辖权、决策和管理

（一）组织结构（图表，略）

（二）机构体系综述

芬兰负责文化建设和文化管理的主要体制如下。

1. 议会

主要负责文化草案的最后确立以及文化财政预算计划。

教育文化部主要负责文化政策问题，财政司提出财政支出和限制。

2. 政府

根据宪法，芬兰政府有义务向议会提交文化发展规划，同时提交实施的详细计划，所有这些计划都是制定文化政策的依据。

政府并没有固定的委员会或专家来负责文化政策的制定。它有可能设置工作组去指导重要的政策部分。目前政府工作组中与文化政策联系最为密切的是教育者和从事媒体行业者。

3. 政府部门

从部门层次上来看，主要的计划和行政责任依赖于教育文化部，文化和艺术的发展由它直接管辖。教育文化部下分为两个部门，教育科学部和文化运动青年部。在教育科学部下设各个处，主要负责文化策略的创意，提供一些相关信息。而文化教育管理的实际决定权主要由以下机构负责：

艺术理事会：它包括芬兰国家艺术理事会和各艺术行业委员会，包括电影、文学、视觉艺术、剧院、设计、建筑、摄影、音乐、舞蹈。主要负责实施国家关于艺术和艺术家的政策并对艺术进行评估，决定是否给予艺术家特殊津贴。

国家古文物小组：除考古功能以外，小组成员还主要负责国家文化遗产和博物馆的各项活动。

芬兰电影基金会：负责分配电影制作和发行的公共资助。

同时，还有一些更为具体的政策由其他团体实施，如国家美术馆、芬兰电影档案局等。

地区一级文化政策的决定主要由地区艺术理事会（由选举出的成员构成）和行政部门负责，这些委员会官员和行政官员由市长领导。

地方委员会是芬兰委员会的地区机构，由教育文化部直接管辖，它们与国家委员会在功能上相同，负责地方文化事件。

（三）各部门、各级政府间的合作

在芬兰的政治制度中，政府和主要的委员会、工作组对于各独立政府部门间的合作具有重要的控制和指导作用。

从20世纪80年代后期，各部门之间的分工合作成为探讨的热点。欧盟需要一个新的合作组织，即欧盟事务协调委员会。它下设许多委员会，其中之一负责欧盟各成员国的文化和影视传播。

芬兰文化政策的计划和决定主要依靠教育文化部，但工贸部、通信部（涉及传媒、信息技术）、司法部（涉及版权和其他知识产权问题）、劳工部（涉及公共事业以及聘用制度）也起着重要作用。同时，内务部由于直接负责地区发展计划而直接与欧盟地区发展基金相联系，地位也逐渐加强。

（四）国际文化合作

在教育文化部的权限内，国家间的文化合作被委托给国际文化事务秘书处，其主要功能是负责处理文化双边或多边关系。

芬兰在15个国家设有文化机构，这些涉外文化机构的经费占教育文化部跨国文化合作经费的绝大部分开支。

芬兰成为欧盟成员国后，其国际合作形成了新型网络关系。比如，设立在芬兰电影协会的欧洲媒体工作室和国家文化古迹委员会负责国际文化遗产的合作，国际交流中心主要负责学生在欧洲国家的对外交流项目。

外交部积极促进芬兰文化和艺术的国际交流，有人称这些国际交流具有深刻的政治意义。芬兰在文化上与周边国家的交流与合作主要由外交部提供财政资助，对于交流与合作计划的选择以及资金的分配也同时有其他部门参与。

三、文化政策的总目标和原则

（一）当前国家文化政策模式的主要构成

芬兰文化政策采用水平-垂直分权的"一臂间隔"模式，它是这一模式的最早实施者。

水平分权是一种常用的合作方式：即政府联合职业艺术家和文化工作者，在决定关于艺术家各项政策的形成和实施过程中发挥重要作用，决定特殊津贴的发放以及文化方案的资金投入。同样，在所有权和版权问题上，这种合作也显得非常重要。

垂直分权是以中央政府和地方政府为核心。政府通过给文化建设提供财政支持来打通政府与艺术之间的通道。最早的资助形式是由教育文化部发放补助金。从1993年始，地方政府也参与进来。这种资助延伸到公共图书馆、成人教育机构、非体制文化活动、博物馆、戏院、乐团等文化机构的发展建设上。芬兰政府同时对于业余艺术教育给予特殊资助。

芬兰的文化模式具有三个特征：

1. 芬兰文化依赖公共所有权和公共预算，尤其在立法方面，艺术与文化的法令常常依赖于国家拨款。这意味着，拨款数目和法规的改变只能依靠议会。最近的"去中心化"趋势正在逐渐瓦解这一特征。

2. 第二个特征是政府依靠各种彩票收入扶持艺术和文化的发展，但在1991—1993年的经济萧条中，这一特征的弊端暴露无疑。最近立法机构正努力改变这一状况，打算拨出一些款项到正常的预算基金中去。

3. 芬兰的文化模式中缺乏独立的地区一级的政府。芬兰艺术理事会从开始就在11个省设立了省级艺术理事会,后来演变为13个。目前争论的焦点是,地区艺术理事会在行政上是否应该直接与芬兰艺术理事会挂钩,还是应该与直接给他们提供款项的教育文化部相联系?

（二）文化的民族性定义

芬兰文化政策并没有对文化的明确定义。它通常对文化作狭义与广义两种区分。

狭义的文化首先指艺术,包括创造性艺术和表演性艺术,艺术作品和文化产业的相关分支（小说出版业、电影制造业、古典音乐）等高水平的文化内容。其次,包括文化服务业的主要领域（公共图书馆和成人教育的文化机构）、文化遗产（历史纪念碑、古建筑、文化遗址、历史艺术博物馆）以及国际文化合作。常规的艺术教育（对儿童和青年人）也包含其中,职业艺术教育由于行政原因（属于高等教育管辖权限,如国家图书馆、科学研究图书馆、历史行政档案馆和相关的信息服务业）被排除在外。

广义的文化包括所有文化产业,即艺术、文化、图书馆、档案资料的任何一部分都包括在内。

最近的欧盟国家文化统计框架是建立在广义文化概念上的。但这一统计忽视了文化中的手工业者、广播、广告和旅游业。芬兰文化产业委员会则在讨论以下几项议题:芬兰文化政策目标如何适应观众的不同趣味,顺应趋势以调整政策,发展国际性制度。

（三）文化政策的目标

民族文化认同一直是芬兰文化政策的最重要目标。其次是对艺术原创性的鼓励,这一点可以从国家给予艺术家更多的经济补助表现出来。鼓励国家和各地区对文化生活的积极参与,并大力支持地区全面文化服务建设。

保护少数群体（包括讲瑞典语的芬兰人）。这一政策可以看作是文化多样性的一种变通。这一努力的理想目标是:提高人权和少数群体的文化权利。

四、现行文化政策发展和争论的问题

（一）过去五年文化政策的优先性

芬兰政府的文化目标在1999年的政府规划中是这样概述的：A.进一步澄清和明确艺术理事会的角色和任务；B.对艺术和艺术家准备新的政策计划；C.提高对于国产电影业的支持；D.增加对于独立剧院的支持；E.发展文化的多样性；F.在所有发展计划中，增强文化政策的重要性。

除此以外，对于创造性和艺术作品的支持也是芬兰各届政府历来的目标。同时，通过文化发展带动经济和社会发展的政策已开始实施，它包括以下计划：建筑、设计、图书业、木偶剧院的发展，还有博物馆的发展以及国家美术馆的改革。

但这些目标和计划的实施由于1991—1993年的经济低谷影响而受到一些阻碍。经济低迷加上国家努力偿还国债限制了对文化产业的投资，因此对文化产业的财政支持只能依赖于彩票业等，非常不稳定，不利于新的改革举措的实施。

把文化发展作为社会发展的一个维度已是一个共识。政府认为对音乐大厅、多文化中心的投资将会鼓励生产者，从而带动文化和经济的全面发展。

（二）当前政策问题和争议

1. 文化少数者的条例

在过去五年里，政府努力提高文化少数者和难民的权利，帮助这些群体在经济和社会意义上与芬兰社会融为一体。到1995年，有了多语种图书馆（有60多种语言的图书）。但教育文化部对此的财政资助是非常有限的。

2. 性别平等和文化政策

芬兰的性别平等政策主要是付诸法律。中国召开世界妇女大会后，芬兰的性别政策根据欧盟的主导政策作了相应调整。但在身份、就业、晋职和薪水等方面，还有许多问题尚未解决。

3. 媒体与文化间的关系

尽管芬兰的媒体政策与欧盟一致，比较自由，但是大众广播公司仍然坚持自己是公众服务的坚实堡垒。电视与广播的机构改革旨在播放高品质的节目，同时进行广播电视的数码改革。

4. 文化产业：发展计划与合作伙伴

影视业的主要财政支持者可根据不同级别的作品达成一定协议，资金筹措可以建立在双边或多边的协议上。

政府对于其他文化产业分支（尤其是图书业和音像业）的公共扶持是非常有限的。但是，作者、译者或音乐家可以通过版权组织来获得大众版权补偿：主要包括公共图书资源，在公共领域播放音乐和电视的补偿。目前主要的争论问题是"公共空间"到底如何界定。

5. 新技术与文化政策

芬兰文化政策简章指出，要把芬兰发展成为"文化的""文明的"社会。国家拨出专项基金用来发展"文化的"社会。其中大部分款项用于教育，少部分拨给文化自身，主要用于图书馆的数字化、展览馆的陈列品以及社会文化信息计划。政府要通过教育发展民族文化产业，并进行技术和相关能力的培训。

6. 艺术教育：计划和模式

芬兰政府规定地区政府必须开设艺术类别的选修课，并给予经济上的扶持。

7. 文化遗产和政策

20世纪90年代初，文化遗产问题主要是保护历史建筑、城市和郊区风景。目前主要需要解决的问题是如何发展博物馆以及博物馆在全国的分支建设。

五、文化领域的主要法律条款

（一）法令管辖权的概观

芬兰是一个非常重视和尊重法律的国家，基本政策的实施都依靠法律。确认芬兰文化政策基本原则的最佳途径就是考察关于文化方面的相关法律和条例。芬兰文化政策法规的主要目录如下：

关于文化政策的制定和行政管理。

关于支持艺术、艺术家和艺术创造性。

关于文化艺术组织和文化服务的财政支持。

职业文化艺术组织和市政当局的文化服务。

成人教育。

艺术教育和培训。

广播、电影、大众媒介、文化产业。

税收。

自由竞争。

版权。

文化遗产。

文化少数者和移民。

国际文化合作。

（二）涉及艺术家的法规

直接对艺术和艺术家提供支持的法律主要是艺术、艺术家促进会行动方案。

1. 社会保障和劳工关系

关于提高艺术家的失业保险和社会保障制度，最新制定的相关法规虽然对现状有所改善，但仍存在着一系列问题。在三个领域仍需改革：

A. 对文化从业人员的补贴发放；B. 如何调整社会保障制度，更好地协调艺术家收入不均问题；C. 提高艺术家的权利，使之等同于自由职业者。

2. 税收策略

近几年主要解决改善税收待遇和版权收入问题。

（三）文化产业

很少有直接与文化产业相关的法律。仅有的法律也是关于电影创作、广播和电视的相关规定。主要是在播放内容上进行年龄限制，防止少年儿童观看暴力、犯罪、色情等题材的影片。

针对自由竞争的保护性法规对文化产业产生了一些消极因素，有碍于市场中的价格规律。芬兰委员会正在对这一法规进行调查。1972年芬兰就已废止了固定的书价。

1. 电视配额

根据欧盟指导委员会的"电视无边界"条例，芬兰规定，除新闻报道、体育报道、游戏、广告、电视外，芬兰广播电视应将15%的份额给予欧洲独立制作的节目。

2. 语言条例

国家基本法规的基本理念是芬兰有两种平行的文化，分别建立在瑞典语和芬兰语上。1999年颁布的芬兰宪法规定瑞典语可作为官方语言，瑞典语居民具有相同的受教育权和公共职业权。

3. 电影业和其他相关条例

芬兰电影基金会负责对电影业的扶持。重新修订的芬兰宪法对此给予很大关注，尤其是注意到对于私人组织不能给予行政指派的重要性。

（四）版权修订案

1. 作者的权利制度

制定著作权法规的主要目标是促进和保护各种形式的创作，这对于创作者来说是一个很大的鼓励。保护这些文化产品是国家文化和社会发展不可或缺的部分。芬兰著作权立法以欧盟版权协定和国际版权决定为基础；当然，各国的侧重点不尽相同，如美国偏重于经济的可开发方面，而欧洲国家则较偏重保护艺术及表演的创造力。

芬兰目前的版权法是1961年通过的，迄今已经修订20次。在版权法案框架下，主要的版权和相关版权组织（作者、译者、作曲家、表演艺术家、音像制作者）有效地监护作者和制作者的权利，包括公共场所音乐演出和作品复制权。

2. 空白磁带征收税

从1984年开始对空白磁带征税以来，总额为13500万欧元，大部分用于对版权所有者的补偿，还包括培训和艺术资助。这一方式成为影视产业的重要财政支持。

3. 公众文化产品出租条例

公众借阅补贴早在1961年的法规中就已确定，给予作者和译者以特殊拨款，主要由芬兰艺术理事会负责。2000年该委员会以各种形式向小说家和译者提供200万欧元的补贴。

（五）文化遗产保护

芬兰文化遗产保护政策主要有以下几项：保护纪念碑和具有历史意义的建筑，文化遗址和文化景点，保护博物馆的历史文物。所有这些活动由国家古迹小组和环境部共同负责。

（六）鼓励私有基金对文化的投资

所得税立法规定：对于国家、大学、艺术和科学的非营利性机构的捐赠具有文化意义，对于投资者，可以在一定范围内减少税收。

六、文化的财政扶持

（一）简要概述

一般而言，芬兰文化及艺术活动所需的公共资金是由教育文化部、芬兰艺术理事会及地方理事会共同资助。此外，市政当局及市政府亦是资金提供者。另外，其他部门，像美国科学工程学会、芬兰电影协会也提供部分资金来支持芬兰戏剧、表演、展览等各项文化活动及庆典。

文化消费占政府预算的2.5%。其中国家文化财政支出占58.6%，地区文化财政支出占41.4%。

（二）人均文化消费

根据广义的文化概念，芬兰每年人均大众文化消费为159.2欧元，与GDP的比值为0.63%。根据狭义概念，人均消费仅为104欧元。

（三）文化产业活动的财务问题

文化产业中最基本的问题是资金服务，因为传统企业并不能配合现今的发展趋势而提供资金服务。针对目前的状况，许多文化产业都必须与新科技结合，并提供资金来进行研究。所以，如何改变企业的结构以适应新文化产业的发展，是一项需要研究的课题。

七、文化机构和新的合作关系

（一）公共责任的重新配置

对文化教育的财政资助有两个主要途径：国家资助和地区政府资助。随着当今经济形势的日益严峻，这一区分越来越明晰。

国家最近几年减少了对地区文化事业的财政资助，增加了地区的经济压力。地区政府因此寄希望于文化产业能拉动地区经济。短期内，国家与地区对文化事业的财政资助的分配模式不会改变。

（二）主要文化机构的地位和发展

1. 对文化和艺术机构以及文化服务业的财政资助，主要靠国家政府和各地区政府联合资助完成。财政法规对国家和地区所承担的不同建设部分有明确规定。

2. 关于文化艺术机构的法规对文化艺术机构作了不同区分。

3. 文化艺术的教育和培训直接受教育文化部的管辖，独立于文化教育的其他行政部门。

4. 成人教育也是一个重要部分。

5. 艺术组织必须与商业挂钩，必须市场化。

（三）新的合作关系

受国家和地区政府资助的私营文化机构被称为私营公共企业。这些企业的私人资金投入非常有限，每年运行所需费用在很大程度上还要由政府来资助，它们仍可归为公共的文化产业。

对芬兰文化产业的私人资助主要是文化建筑。据统计，私有资金为芬兰文化建筑每年提供5000万欧元；除了这些，大银行和公司每年对艺术文物的资助大约是1000万欧元，其中包括银行和公司购买艺术作品。

这引发了两个问题：一是怎样处理资助款项？是否应该把私人资助与国家资助完全划开？二是道德问题，资助者与被资助者可能会建立潜在的经济联系，资助者可以从被资助者购买超出法规许可的权利。政府工作组对此提出了大纲，但并无具体立法。

八、对创造性、参与性的支持

（一）对艺术家的直接和间接扶持

1. 特殊的艺术家扶持计划

直接资助包括：A. 艺术家津贴（从半年的资助到五年的资助；艺术家职业金）；B. 艺术方案津贴；C. 高额的艺术家津贴；D. 剧本创作补贴；E. 视觉艺术者的版权补偿费；F. 图书馆图书版权补偿费；G. 音乐家和作曲家的版权补偿费。到2000年止，所有补偿款项为345个，补偿费近700万欧元，一般为一年、三年或五年发放。

艺术理事会对艺术和艺术家的资助（奖金、补偿艺术作品的公共使用费、特殊作品和展览的资助等）每年已超过1400万～1500万欧元。

2.对职业艺术家组织和团体的支持

教育文化部对国家艺术团体和文化组织有固定的资助，每年资助总量大致为4200万~4500万欧元，占文化实际支出的35%。同时国家还通过资助具体事件、庆典和展览给予间接的支持。

市政当局同样对文化艺术团体从财政预算和国家的拨款中进行直接扶持。

（二）参与倾向和具体数字

测量和评价对文化生活的参与状况至少有三种方式：文化服务和商品的消费，时间分析（包括频率和每次所花时间），票房收入。

从消费数字来看，近年文化和艺术的日常消费没有明显变化，一些特定的文化消费稍有上升，其中以与电脑相关的活动、CD播放和音乐会的入场券为最。传统形式的公共图书馆使用频率依然很高，除了传统的借阅服务，公共图书馆越来越成为"信息服务中心"。

芬兰人民对文化的参与一直比较稳定，国际互联网的出现并未改变基本的活动方式。但这种状况有可能随着时间发展而逐渐改变，阅读书报等传统文化项目可能会因此而成为牺牲品。

（三）促进文化参与性的政策和方法

最近几年，许多文化机构设置观众教育栏目，增加了学校、文化机构和艺术家之间的联系。

另外，国家开设的职业艺术课程对于艺术家的专业培训和增加观众的兴趣、鉴赏力都大有益处。

创造儿童参与文化生活的机会，发行儿童读物，制定公共图书馆的儿童条例，发展儿童剧院，增加视觉艺术的可参与性以及文化中心（非常广泛，尤其在城市）的舞蹈课程。目前打算把不同的艺术教育整合成一种富于创造性的文化教育模式，即实行艺术终身教育，从托儿所开始直至退休。

（四）业余文化艺术团体的作用

在芬兰，经官方登记的业余艺术家组织有：2500个艺术家团体，700个文化遗产和博物馆联盟，近1000个文化促进会。

"艺术爱好者"在发展芬兰文化生活中具有极为重要的意义。这些业余爱好者的主要场所是剧院和歌舞戏院。他们组织各种活动、展出和庆典，经费由教育文化部、市政当局和地区艺术理事会承担。

（尚晓莉 译）

国外文化政策文件选编之二：美国

（2003年7月15日）

《文化政策调研》按语： 本期摘编的《文化投资：各州的政策创新》（简称"《政策创新》"）是美国全国州立法会议2002年公布的文化政策报告。"州立法会议"是由民主党和共和党成员组成的常设咨询机构，旨在为美国各州决策者们所关心的议题提供研讨的机会。该立法会议委托一个包括6个州的众议员和文化管理专家组成的工作组来起草这份报告。

这份报告的内容主要取材于两位学者2002年提交的研究报告：《政策伙伴：联邦各州的文化投资》。这两人就职于美国著名的非政府研究组织——IMC研究公司（该公司包括90余位具有博士学位的学者和文化管理专家），他们的工作还得到了美国最有影响的皮尤（Pew）慈善信托基金会为期1年的资助。皮尤基金会素以支持文化政策研究著称，近年它还曾资助加州的兰德公司做1966年以来文化发展对美国社会的影响以及目前全美文化概况的调查研究。

在这份报告中，有以下几个突出的特点值得我们关注：

首先，这个报告文本的产生，经过了"基金会—专业研究—立法或行政实施"这个流程。这是美国式文化管理体制的典型操作程序，它表明美国人如何把人文社会科学的研究转化为公共制度产品。

其次，尽管这个报告不像欧盟各国文化政策那样属于官方指导性文件，但作为联邦立法机构的政策文件，其权威性丝毫不亚于前者。

第三，如题目所示，这份报告的看点是"文化投资"和"政策创新"，即"从经济的角度关注文化，从体制创新的角度发展文化"。报告特别关注文化这个"新经济"的要素对于形成"创造型产业群、创造型劳动力和创造型共同体"的重要性；报告显示美国不仅注重"对文化的经济开发",而且形成了一套比较健全的私人捐助、社会捐助和基金会制度,这套制度已为芬兰、澳大利亚和德国等许多国家所肯定和效法；等等。总之可以从报告中看出,美国的非营利文化组织、文化企业、基金会与捐赠制度、各级政府等等之间,是如何形成良性互动机制的。

第四,这份报告反映出美国这个"全方位市场经济国家"的体制和文化发展观与所谓"莱茵河模式的资本主义"(指欧洲)的不同。迄今为止,美国尚没有联邦政府级别的文化政策文件,但是美国却是世界上第一个进行文化立法的国家。1791年美国宪法第一修正案规定："国会不得制定法律剥夺人民的言论和出版自由。"显然,这是一个最大限度约束政府权力和最大限度开拓文化生活空间的原则,它使行政和立法机构在文化政策干预方面变得十分谨慎。美国学者认为,美国联邦机构"一以贯之"(always, already)的文化政策,就是"无为而治"(non-activity, non-regulations)。

有所不为才能有所为。美国文化在政府、非营利组织、企业和基金会之间多极互动的体制环境中活跃发展,这一体制的潜在预设是：最大限度的文化生活空间是最大规模的文化市场和文化产业赖以形成的基础,文化产业只有做大才能做强。因此,所谓"管理"就注重于文化发展的专业性研究和咨询,注重于法律和政策协调,尽力为文化生产和市场提供最大限度的体制空间环境。应该说,这是美国能够从文化历史资源小国迅速成长为文化产业大国的一个基本经验。

(李河)

文化投资：各州的政策创新（摘录）

一、引言

作为公众信任的代表，各州的立法者们竭力维护选民的意愿，并合理使用每一美元的税金。

对各州政策所具有的价值进行衡量的方法之一，就是考察与收益相关的产出——换句话说，就是看一看为进行这些活动投入的资金取得了什么样的成果。通过这样的衡量，全国各州的政策制定者们就可以发现，用于文化方面的合理投资常常会获得巨大的收益。

本报告中使用的"文化"一词包括以下四个不同的领域：艺术，民俗与遗产，历史保护，人文科学。

文化机构服务于年龄及收入层次不同的所有人群，覆盖了城市和乡村。它们有助于人们利用文化，并提高那些很少有机会参与文化活动的人们的生活水平。此外，文化为人们提供了无形收益，有助于塑造社区的精神并发展一种真正的"责任感"——所有这一切共同创造了一个更好、更富有活力的社区。

繁荣的文化场所更容易吸引富有进取精神和频繁流动的知识工人（他们依靠智力而不是依靠传统的体力劳动工作）。这一点对于那些一心要增强本州经济活力的州政策制定者们来说特别重要。在几十年里，知识已经取代了劳动密集型产业而成为优先获得选择的稳定和发展经济的途径，人力资本业已成为一个地区经济健康发展的主要决定性因素。知识工人们非常重视生活质量。由于认识到文化部门对提高生活质量的重要意义，一些州已经通过具有创新性的政策变成了文化方面的主导力量。

本研究的目的在于，识别有可能促进州一级的文化政策发展的各种机制、观念和实践，其成果可以概括为以下五点：

1. 要使文化领域在政策论坛上产生与其他部门同样的影响，就必须发展联盟和能够有效传播文化价值的统一的信息手段。

2. 文化合作可以建立在其他州的政策范例的基础之上。

3. 成功地促使政策向有利于州的方向发展需要特殊的能力，包括对本州当前的政治和经济环境的理解。

4. 国家文化组织是使政策在州和地方层次上发挥作用的主要合作者。

5. 政策组织和舆论领导人在实现文化目标的竞争中可能取得胜利。

二、文化项目如何实现州的政策目标

文化领域已经随着时间流逝发生了变化。纯粹为艺术而艺术的时代已经过去，社会希望艺术能够丰富城市的生活。幸运的是，艺术处于能够应付这种挑战的有利地位上；一种强有力的文化议程有助于各州实行下列目标：（1）可利用性和参与；（2）多样性；（3）发展经济；（4）教育和问题青少年；（5）增加国民收入；（6）乡村发展；（7）旅游业；（8）都市复兴。

（一）可利用性和参与

州文化机构最重要的功能之一是提供参与机会。通过消除由于经济地位、教育、偏见、距离或者特殊需要所造成的障碍，这些机构有助于确保公众参与文化项目。该目标可通过以下几种方式来实现：主要文化机构为专业学校演出提供自由开放日、巡回演出、将艺术传播到全国各地的各种展览，展示文化并且吸引新的观众。

除了进一步提供参与文化活动的机会以外，各种文化机构都致力于推动市民的参与。这些机构提供使人们亲自参与文化活动的机会，无论人们具有什么社会关系或艺术天分。它们甚至为那些并不具备艺术天分的人们提供了参与艺术活动的机会。

（二）多样性

文化项目有助于推动群体之间的交流，促进对各种遗产的理解。例如，在很多社区广泛流行的亚洲节日，便提供了有关与西方日常生活方式极为不同的各种传统文化的洞见。此外，对不同文化的展示也有助于人们了解不同的思维方式，这一点在经济全球化过程中显得越来越重要。

（三）发展经济

文化通过发展创造型产业和提供竞争优势来帮助各州实现经济发展目标。

发展创造型产业——文化自身是一个巨大产业，也是国家发展最好的产业之一。创造型的商业性产业，包括艺术家与创造型工人，在出版、音像、音乐和录制，以及娱乐行业方面的产品，都是国家主要的出口项目，每年的海外销售额都突破600亿美元。

提供竞争优势——在新经济中，企业的成功取决于招聘知识型工人的能力。富有吸引力的文化场所就会为各州和社区提供优势。地区的各种人文素质因素，与传统经济因素诸如工作与职业机会等，是同样重要的。社区的生活质量会使一份工作对年轻知识工人的吸引力增加33%。

（四）教育和问题青少年

研究表明，学习艺术的孩子在学校的各个方面表现都更出色。1999年的一项研究发现，几乎在各种考察中，接触艺术机会多的学生都胜过"缺乏艺术素养"的学生，而且这种优势与学生的社会经济地位无关。

此外，参与文化活动也会对学习其他学科产生积极影响。经常参与音乐和戏剧活动的学生更容易在数学和阅读方面取得成功。对于那些有少年犯罪、成绩不及格、滥用药物、早孕及其他问题的年轻人来说，参与文化活动可以改进其学校表现，减少逃学，提供积极的出路，培养新的技能，从而使他们有机会过更好的生活。简言之，各种文化项目可以增强学生的自信，使其获得进行沟通和解决问题的技巧，并有助于将年轻人培养成为雇主们今天所追求的具有创造性思想的人。

（五）增加国民收入

许多研究都发现，文化投资可以在直接消费、新的就业以及税收等方面带来丰厚的回报。对于联邦、地区、州以及地方各级来说，情况都是这样。

联邦——"美国人文"组织2002年6月公布调查结果：全国非营利性文化产业（各博物馆、剧院公司、表演艺术中心、管弦乐队、舞蹈公司及文化协会），每年创造的收入高达1340亿美元，这个数字比世界上大多数国家一年的国内生产总值还高。这1340亿美元中，有532亿来自文化组织的直接开支，较1992年的368亿增长了45%；808亿来自参加各种文化活动的观众支出——包括停车费、购买纪念品、餐饮及其他。此外，这1340亿还提供了总共约485万个全职工作机会，其所占美国从业劳动力的比例，比医生、律师或会计的比例还要高。非营利性文化产业每年为联邦、地区、州及地方创造244亿美元的税收。相比之下，联邦、州及地方各级政府每年为支持艺术而投入的资金不足30亿美元。政府每年对非营利性文化产业投资的资金回报是8倍多。

地区——所有地区都可以从文化活动中获益。新英格兰委员会2000年发表的"倡导创造型经济"报告考察了艺术和文化在该地区经济生活中的地位，力主将创造型经济（包括非营利与营利性的企业）视为一个整体，指出它的三大关键是：

（1）创造型产业群，指那些直接或间接生产文化产品的企业与个人。

（2）创造型劳动力，指那些受过专业文化与艺术技能培训的劳动者。

（3）创造型共同体，指那些创造型工人、创造型文化组织集中的地域。

州级——2000年，受得克萨斯州文化信托基金委员会之托，该州著名经济学家雷·佩里曼进行了一项经济影响力研究，其结论是，艺术对得州的经济具有异乎寻常的巨大影响。总体上,文化艺术消费支出占得州全部消费支出的12.3%,共计1902亿美元,还提供了近200万个永久性工作岗位。

地方——根据最近对丹佛市的研究,就经济影响而言,文化产生的国民收入已经从1999年的8.44亿美元增加到2001年的10亿多美元,其中包括各文化组织6.48亿美元的支出,参加文化活动的观众4.35亿元相关支出。

（六）乡村发展

文化有助于乡村地区重新焕发活力。很多小城镇被依据市场原理进行投资的经济发展战略忽视了。这种战略得出结论,这些小城镇没有维持或吸引新商业或产业投资所需的规模。然而,小城镇可能拥有其他资产,如传统建筑。而当地文化的保护和开发,是乡村地区具有创造新的经济活动潜力的特色。

俄克拉荷马州的格斯里拥有2169座古建筑,已被确定为国家历史见证区,这一结果使这个城镇发展成为文化与历史中心。

肯塔基州的帕杜克（有2.8万人口）为了鼓励重新开发具有历史意义的街区,市政府与当地财政机构共同努力,推动艺术家们走向具有历史意义的市中心及市郊街道。这项努力促成了"艺术家重新定居"项目的形成,为那些在该地区重新定居的艺术家们提供激励。财政上的激励包括低于市场利率的低息贷款,完全的无息贷款,降低所有交易费用,无偿为重新定居的艺术家提供抵押贷款。此外市政府还提供很多商业上的鼓励政策,如保护纳税信用,提供免费网站域名,提供专门的健康保险等。该项目2001年启动,目前已有18位艺术家许诺定居帕杜克。

（七）旅游业

旅游业是美国第三大零售行业。通过文化和历史古迹来吸引游人的观念正日益流行起来。文化与遗产旅游是世界旅游业中发展最快的部分。这对各州而言是个好消息,因为对文化感兴趣的旅游者很可能为经济带来重大的变化。

（八）都市复兴

城市文化基础设施使人们乐于参观市中心，有助于提供城市复兴的动力。历史保护也在都市复兴方面发挥了重要作用。老城区是历史文化中心，对现有古建筑的保护为传统的市中心地区注入了活力，并通过开发郊区创造了更好的社区。城市将由于其老城区恢复活力而更富有活力。

1980年以来，国家重点街区保护中心一直同美国国内各社区一起努力，以恢复其历史或传统商业区的生机。这种"保护重点街区"方案在保护具有历史意义的商贸建筑和由美国社区建筑环境构成的建筑风格的同时，也成为一个强有力的经济发展工具。该项目启动以来，迄今已有超过1650个社区加入，共获得公共及私人的重新投资达161亿美元，平均每个社区970万美元。而社区用于重点街区保护的每一美元，则带来了40美元的再投资。

三、传播文化的价值

强有力的文化议程有助于各州实现某些政策目标。然而公众和立法者们却并不是总能认识到文化对日常生活的影响。与公众进行沟通是文化共同体为推进一项强有力的文化政策所付出的努力遇到的最重大障碍之一。

大多数人都是通过个人的经历来理解政策议题的。要依靠文化共同体使人们了解，公众的确可以从文化政策中获益。传播这种信息的第一步是建立一致的信息，它应当把共同目标与不同的文化领域统一起来，诸如推进各种能够灌输某种"责任感"的州文化政策，或者改善生活质量。

州政府下设的各文化机构的结构和地位，并不总是有利于合作或者形成统一的信息。州一级的文化代表往往没有什么计划。尽管每个州都有隶属于州政府的文化机构，但各州政府部门内部设置却存在着相当大的差异。尽管不同的机构都理解其使命，但一般公众却不易识别每一机构的不同作用。例如在专业领域之外，很少有人能理解遗产旅游与文化旅游之间的区别。由于固守各自领域之间的区别，文化共同体进一步进行文化投资的理由正面临着挑战。

因此无论采用何种组织结构，合作都是重要的。使各文化组织实现其目标的最好途径之一是相互之间合作，或与其他州的机构合作。通过政策合作，它们成为更大努力的组成部分，就可以与政策制定者合作以代表整个社会的利益。

四、文化合作

以下部分包括了三个成功地进行文化合作的例子。

缅因州：新世纪社区项目——1998年，由7个艺术和文化机构组成的缅因州文化事务委员会（MCAC），设立了"新世纪社区项目"。这个方案是由公立和私立机构共同发起的，其中包括州文化委员会，州历史保护委员会，州图书馆，州博物馆，州历史学会，州档案馆和州人文科学委员会。1999年，在一个私立的非营利性倡导组织缅因州社区文化联盟支持下，"新世纪社区项目"被提交给州立法机构以寻求资金支持。州立法机构在2000财政年度为该项目提供了320万美元资金。项目开展的第一年，"新世纪社区项目"把230多万美元分配到各地，并且通过配套基金和相关资助获得了980万美元的收入。总共有超过420份资助津贴被发放到遍及全州的180个社区，所涉及的范围包括历史性建筑的保护津贴、图书馆发展项目，以及艺术与人文科学项目资助。

俄勒冈州文化信托基金——2001年，经过长达两年的努力，州艺术、人文科学、遗产和历史保护方面的领导者（俄勒冈州艺术委员会、州历史保护办公室、州遗产委员会、州历史学会，以及州人文科学委员会等）推动立法机构设立了俄勒冈州文化信托基金，为州的文化发展提供资金。该基金不取代对文化合作机构的现有资助，而是对正常拨款的一个补充。

未来10年它将通过以下3种方式筹集2.18亿美元资金，并将利息用于资助与州文化发展计划相关的各种活动：

1. 通过税收优惠政策募集资金预计1.147亿美元。为捐助非营利性文化组织的公司及个人减税，自2002年12月起，个人捐赠给信托基金的金额只要达到500美元，法人机构的捐赠金额只要达到2500美元，就可以享受全额抵扣的州免税优惠。

2. 通过立法，对于归州所有资产（劳动教养处拥有的工厂及用地）收入的转换，获得资金预计1.024亿美元。

3. 来自文化专营的特许收入，预计可达到2020万美元。

宾夕法尼亚州：钢铁之河国家遗产区——"钢铁之河"项目是文化项目与经济发展和社区政策的结合。1996年，"钢铁之河"被同时指定为国家级和州级的文化遗产区。这使该地区既获得了申请国会遗产区域运作专用资金的资格，也获得了申请"州遗产公园项目"基金的资格。"钢铁之河"项目已成为创造投资与经济发展战略、促进各县遗产旅游业发展的催化剂。

自1991年以来，为"钢铁之河"地区的项目募集的资金已经超过了4340万美元。"国家遗产区"基金近400万美元，通过其投资杠杆作用，已经募集到超过2350万美元的新增公共和私人资助。霍姆斯泰德工厂国家公园有望通过遗产旅游和其他支柱产业产生6000万美元的收入。

这些范例表明，文化领导者与政策制定者的合作能够代表整个共同体的利益。它们都是可以启发其他州的典型。

五、其他州的文化政策

为获得有限的州预算基金，各文化机构面临着激烈竞争。教育、运输、劳教、环境规划、公共服务业、旅游以及经济发展，都强烈要求获得州的资源支持。由于各州政府都难以大幅度增加税收，致使用于文化资金的经费经常出现短缺。这种情况自然会推动旨在增加文化预算的政策创新。

如前所述，文化合作是一种使各州政府成功地提供公共服务、募集公众文化事业投资的途径。各立法机构也进行了专为增加文化投资的立法（直接支持）。另外，政府官员们也采取了一些可以间接增加文化部门收入的政策和调节措施。本节强调了某些可以增加对文化组织投资的筹资机制和州政策。

（一）直接支持

传统上对州文化机构的支持，是将普通基金拨给州一级的基金组织，再由州直接拨付给各文化机构。然而，有一些州已经找到了具有创造性的、通过资源组合来资助文化的方式。

捐赠或信托基金是州充实文化基金的最普遍做法。捐赠是一种专用的独立资金。公共捐赠资金是通过立法设立的，并由州进行管理。本金投资于长期有价证券，利息收入移交给受益人作为可以自由使用的基金。有17个州设立了文化信托基金。如：

亚利桑那州捐赠基金（被称为"亚利桑那州艺术股票"）1996年由州立法机构设立。在2008年之前，州政府将每年拨付200万美元作为捐赠基金的本金，来源于以1994年为基准年征收的商业娱乐税。私营部门的捐赠，则加在州提供的本金之上，作为指定的专用基金或者非专用基金。指定的专用基金直接捐赠给一个特定的文化组织，非专用基金则捐赠给亚利桑那州艺术股票，并且由州文化委员会来分配。

佛罗里达州文化机构信托基金是专门用于文化机构的基金，它以各种各样法人机构的一部分申请费为基础。该基金设立于1988年，当时政府每年从25元的法人机构申请费收益中，拿出10元作为文化信托基金。该信托基金也从商业运营费用以及违规商业的罚款中获取资金。实施七年后，从申请费提取的文化基金增加到20元。这些年受到基金资助的组织数量则增加了一倍。

佛罗里达州专项资助是1984年由州立法机构批准，为确认、保存、保护和修缮历史遗产而提供的资助。最初拨款额仅为4万美元，1985年上升到5万至25万美元不等。这些资助以法定的形式拨给地方非营利性组织、市政当局、学校董事会，以及州里负责特殊项目的机构，并需要至少5万美元的配套资金。

密苏里州历史保护税收优惠项目是1997年通过立法制定的有关历史保护的税收优惠项目。该项目允许用25%的税收优惠支付对历史住宅和商业建筑进行修复的费用。在此基础上，还可同时享受用于商业性建筑修复的20%联邦税收优惠。据统计，州一级的税收优惠加上现有的联邦税收优惠，就为历史建筑保护提供了全国最好的经济激励之一。

新罕布什尔州土地和社区遗产投资项目2000年6月由州立法机构拨款300万美元作为启动基金设立，是该州政府第一个把土地保护和历史保护结合起来的项目。该项目为当地的社区提供最高达50%的配套资金，增加了公共和私人的基金投资。

得克萨斯州县政府所在地保护项目1999年由州立法机构开始实施。这个项目为得克萨斯州各县提供部分配套资金，用于修复具有历史意义的县政府所在地。

（二）间接文化投资方案

有时那些表面看来与财政收入无关的政策，却能为文化部门提供切实的财政收益。例如，1996年，印第安纳州就对其资助文化事业的方法进行了分权。这种做法变成了一种长期的、使地方当局寻求更多公共基金的策略。结果，尽管分权政策的目的并不是提供更多的基金，但在随后的四年中，法定的艺术投资却增加了大约28%。

分权也是宾夕法尼亚州文化委员会的一个目标。最好把这种政策理解成一种"权力区域化"（regionalization）。州文化委员会与地方合作者共同利用文化基金，这使该委员会更容易接近，合作者和受益方面对面的互动更具有个人色彩并更加有效了。因此，该委员会使人们对公共基金分配有了更多的理解和支持。

路易斯安那州的"地区民俗生活项目"。该州有五所州立大学利用州提供的基金建立了民俗生活院系，民俗学研究者们在社区之中从事鉴定、资料整理和展现地方民间文化传统和艺术家的工作，这些院系在地方和高等教育机构之间发挥了沟通桥梁的作用。

调节性政策有时会直接影响各种资源在公共部门与私人之间的分配。南卡罗来纳州立法机构颁布调节性法规，保护白菖蒲的生长地免遭破坏或者被用于土地开发，规定在白菖蒲生长地区的土地开发者，都必须承担费用，供研究在这种生长地上进行开发可能带来的后果。其他部门的法律和调节性法规也可以为实现各种文化方面的意图创造机会。教育就是一例。一些州要求中学生必须选修艺术和音乐课程方可毕业。另一些州则要求被公立大学录取的申请者，都应当具有艺术课程学分。虽然这些只是教育政策，但却有助于促进文化政策的发展。

全国州立法委员会文化政策工作组关于如何鼓励文化合作和促进文化政策发展给州政策制定者的建议是：为各种文化议题设立一个"常设立法委员会"；如不能设立这样的常设委员会，则应组建一个文化核心小组；让全州公众普遍了解各种文化议题；要求接受公共基金资助的文化机构对其所获资助的使用进行说明；要求或者鼓励立法机构在各种文化理事会或文化委员会上作出说明；研究州的各种文化活动所产生的经济影响；召开由政策制定者和文化部门共同参与的研讨会，以讨论各种文化政策议题；等等。

六、结论

各种文化项目都有助于州实现不同的政策目标，但就文化政策怎样与公共政策议题或者与其他政策议题联系起来而言，提供给政策制定者的信息却并不总是明确的。州与文化的领导者们越来越认识到，各种机构的合作可以有效地推进州一级的文化议程。

本报告提出的很多事例都与增加文化专用公共基金的数量有关，但它们还有其他特征。首先，政策开发者们界定了通过立法对新基金进行分配的方式，或者在对政策进行系统论证阶段就基金分配如何达成一致意见的形成方式。其次，它们清楚地反映了公众从这些战略中所获得的收益，其中包括诸如公众参与艺术活动的增加，艺术组织的稳定，以及公众对文化资产的进一步了解。第三，所制定的政策目的在于增加可以利用的资源，而不是取代现有的资金。

州文化政策的目标值得称赞，但是，大力支持各种文化项目的政策制定者们，却不应总是谈论抽象的文化政策概念。明智的做法是明确地表达文化的价值，以使每个人都能理解。最近加拿大参议员劳里·拉·皮埃尔在下面的讲话中很好地表达了他的观点：

"文化并不是一种产品。一个国家的文化就是这个国家的灵魂。灵魂当然不是可以被买卖的商品。是的，艺术和文化是一个大的产业，但文化不仅是经济的推动力量，它还有更重大的意义：它是社会进步的推动力量。从地方层次上看，艺术和文化可以通过无数种方式丰富社区的生活。剧院、画廊、博物馆和遗产场所，都是我们社区的心脏。它们吸引志愿者，使古老的市镇中心焕发生机，吸引众多的游客，帮助理解我们的过去，也帮助我们建立各种社区、地区与民族之间的桥梁。

"所有的民主国家都拥有一个共同的目标，即建设一个鼓励自由表达思想和多样性的世界——而且这种目标是有充分的存在理由的。因为只有那些深信自己的文化不会受到威胁的人，才是更加强大、更加自信的公民。这种自信有助于人们树立对他人的宽容与尊重。在我们的一生之中，以前从来没有出现过如此重要的目标。"

（原文 2.5 万字，霍桂桓 译）

国外文化政策文件选编之三：日本

（2003年9月1日）

《文化政策调研》按语：市场经济社会的公共广播电视机构应该如何经营？这是数字化和多媒体时代各发达国家政府管理部门和公共广播电视机构均在探索的课题。NHK（"日本放送协会"简称）模式具有一定代表性。本期刊登的这份材料是根据日本《放送法》、《日本放送协会章程》、《日本放送协会收视章程》以及NHK的《经营情报》《情报公开》和《录用情报》等资料编译的。总的看，该模式具有以下三个特点：

第一，高度法律化及其内部管理的高度制度化。组建NHK的根据是1950年制定的《放送法》。该法共6章59条，其中第7条到第50条都是关于NHK的。从NHK的目的、法人性质、业务、所在地、章程和登记，到经营委员会、理事会、民法的适用、收视费、事业年度的划分，以及收支预算、事业计划和资金计划、业务报告书的提出、节目编辑、会计和支出限制等，甚至NHK解散时的财产归属，都有相应的法律条款。而对于法律没有细化或需要NHK自主决定的一些重要事项，如节目标准、收视章程、信息公开准则、关连团体的管理制度等，都根据法律规定或按法律赋予的权限以内部制度的形式加以规定。

第二，NHK模式是一个高度自主性的模式。《放送法》关于收视费制度、NHK的工作及其结构等方面的规定，不仅赋予了NHK经营的自主性，而且为其提供了详细具体的保障。NHK按照法定程序提交收支预算、事业计划和资金计划、结算书和业务报告书，并根据国会批准的方案自主经营；NHK根据法律赋予的权限和相关规定，自主制定《日本放送协会国内节目标准》和《日本放送协会国际节目标准》，以此作为节目编辑标准，并设置中央、各地方及国际广播节目审议会；NHK在财政上具有不依赖于政府或企业资助的独立性，其实现的途径和机制是收视费制度。

第三，NHK模式是一个高度自律性的模式。作为不以营利为目的、仅以收视费为主要财政来源的公共广播，NHK以高度的自律性保障其事业始终能够沿着国民期待的方向推进。NHK的自律意识既表现在自觉接受法律规范的制约方面，也表现在自主经营的自我规范方面；NHK还制定了一系列自律性的措施和规定。如，在国内节目编辑方面的自律性措施和规定、节目审议会制度、信息公开准则、广播伦理基本纲领和规范、广播伦理体制的建立、关连团体经营管理准则和活动章程，等等。

当然，在数字化和多媒体时代，NHK模式也面临着严峻的挑战。据NHK放送文化研究所2001年10月所作的舆论调查（《不同国家对公共广播的评价——日、英、美国际比较调查》）显示：在日本，认为商业广播必要的人比认为NHK必要的人多14%，而且在除70岁以上的其他所有年龄段中，有9成以上的人认为商业广播是必要的。特别值得注意的是，对商业广播必要性的认同率显示出随着年龄段的降低而升高的趋势，而对NHK的满意度和信任度却显示出相反的趋势，即随着年龄段降低而降低。可见，如何应对商业化潮流的强大冲击，如何争取青年视听者，是NHK未来的重大课题。

他山之石可以攻玉。NHK模式的上述特点及其存在的问题也许会对我们有所启示。比如，关于我国广播电视体制的法治化建设问题，除了应完善广播电视法律体系外，是否需要考虑使广播电视机构的运行程序化、法治化；关于收视费制度问题，虽然我国没有法律上的收视费制度，但靠有线信号接收电视节目的用户是要付费的，是否可以考虑在协调各方利益相关者之间利益关系的基础上，将这种事实上存在的收视费制度规范化、法律化；关于广告播放问题，禁止播放广告，对于增进公共福利，保持公共广播的客观公正来说是必要的。虽然我国尚无公共广播与民间商业广播之分，但可否考虑开辟后一途径，从而使广告播放真正商业化，同时净化公共广播的社会新闻舆论空间；最后，NHK模式所面临的挑战，特别是如何赢得青年一代的信任和支持，也从另一个方面证明了中央提出的贴近实际、贴近生活、贴近群众，增强宣传思想工作的针对性、实效性和吸引力、感染力方针的正确性。

（贾旭东）

日本NHK模式概要

一、NHK概述

NHK是日本放送协会的简称，其前身是1925年3月22日日本进行首次广播的社团法人东京广播事业局，1926年改为社团法人日本放送协会，1950年根据《放送法》正式组建成为现在的NHK。

（一）NHK概况

目前，NHK共有员工11944人。电视节目五套：综合电视、教育电视、数字高清晰度电视、卫星第一电视和卫星第二电视。日本国内广播节目三套：无线电第一广播、无线电第二广播和FM广播。国际广播节目一套。除位于东京涉谷的广播中心外，在日本全国各地共有53家广播事业局和14家支局，每个都道府县至少有一家NHK广播事业局，从而构成地域分布十分密集的信息网。同时，以大都市圈为中心共设立了20个NHK营业中心；NHK还在世界许多国家和地区设有办事机构，其中共有3个总局、10个支局和32个信息中心。

（二）NHK的目的与主要业务

NHK的目的是为了公共福利，通过丰富而出色的广播电视节目，提供整个日本都能收听或收看到的国内广播和委托广播，同时开展广播及其接收技术发展进步所必须的业务，以及国际广播和委托国际广播业务。

为了实现上述目的，NHK主要从事以下四项业务：

1. 日本国内广播：中波广播、超短波广播和电视播放；

2. 通过电视播放的委托播放业务（委托日本国内广播业务）；

3. 广播及其接收技术发展进步所必须的调查研究；

4. 国际广播及委托国际广播业务。

除此之外，NHK还可以从事《放送法》规定的其他八项业务。

（三）NHK的特征

为了与公共广播的地位相适应，《放送法》规定NHK不得以营利为目的，并赋予其独立于社会任何势力的法律地位。具体地说，NHK具有以下八个特征：

1. 公共广播

NHK是靠视听者交纳的收视费运营的"公共广播"。之所以称其为公共广播，是因为它不依赖政府和企业等特定资助者的资助就能够面向全国提供高质量的节目。当大规模地震、台风等紧急状况发生时，能够提供"人人需要的信息"和"可以信赖的信息"。

2. 灾害报道

NHK是《灾害对策基本法》中规定的国家指定公共机关中唯一的报道机关，其使命是通过广播"保护国民的生命与财产"。

3. 收视费制度

要保持广播的自主性并始终站在国民的立场上，必须保证"财政独立"。为此，《放送法》规定NHK的主要财政来源是收视费，并禁止CM广播（播放广告）。NHK的出发点是"能为视听者做什么"。正是由于确立了收视费制度，才能制作出面向视听者的、有助于文化进步的节目。

4. 数字广播

"开发广播新技术""积极将技术革新成果引入广播"，也是公共广播 NHK 的使命。

5. 文化活动

本着"公开与参与"的经营理念，NHK 在全国各地积极播放节目、组织活动，并主办与大型节目配套的展览会、教育项目、福利事业等丰富多彩的活动，通过举办各种文化活动积极促进以亚洲为中心的世界各国之间的文化交流。

6. 节目编成

NHK 的广播大致可分为"地面广播"和"卫星广播"两大类，在节目编排上充分发挥各自的特性，通过全部广播节目努力满足视听者的需要。

7. 地方广播

NHK 地方广播事业局以地方为中心，通过广播为地方的文化与社会发展做出贡献，并成为地方情报和文化的信息来源。在节目制作方面，以挖掘各地方传统文化和社会问题、满足地方需要为主。

8. 国际广播

《NHK 世界》是 NHK 海外播送的总称，由《NHK 世界 TV》《NHK 世界·premium》和《NHK 世界·日本广播》三部分构成。

二、NHK 的体制与运行机制

自 1950 年制定《放送法》和《电波法》以来，日本形成了 NHK（公共广播）和民间广播（商业广播）并存的二元广播电视体制。政府主管部门是总务省（以原总务厅、邮政省及其自治省为母体，2001 年 1 月 6 日组建）。规范广播电视的法律有《放送法》《电波法》和《有线电视放送法》，其中的《放送法》规定了日本广播电视制度的基本框架和广播电视节目编辑等有关事项，并具体规定 NHK 的体制与运行机制。

（一）NHK 运行的基本程序

NHK 日常事业运行以作为国民代表的国会为中心，其基本的决定程序如下：

1. 年度收支预算、事业计划和资金计划

NHK 每事业年度（每年 4 月 1 日到次年 3 月 31 日）制订收支预算、事业计划和资金计划，并提交给总务大臣；总务大臣签署意见后，经内阁提交给国会；在国会，经众参两院委员会审议决定是否批准。收视费的月额由国会批准的收支预算决定。

2. 决算

关于决算，由监事在借贷对照表等及说明书上签署意见后，提交给总务大臣；总务大臣将其提交给内阁，由内阁经会计检察院检查后提交给国会。预算、决算的资料以政府公报等形式公布。

3. 业务报告书

业务报告书也需要监事签署意见后提交给总务大臣，再由总务大臣签署意见后，经内阁提交给国会。

（二）NHK 经营委员会

根据《放送法》规定，NHK 设置经营委员会，以决定事关 NHK 经营方针及其他业务运营的重大事项。

1. 经营委员会的组成

NHK 经营委员会由 12 名委员组成。设委员长 1 人，由委员互选决定；委员长总理委员会事务；经营委员会必须预先从委员中确定委员长有事时代行委员长职务的人。

2. 委员的任命

委员从能够公正判断公共福利并具有丰富经验和知识的人中选出，经两院同意，由内阁总理大臣任命。委员的选任必须考虑能够公平代表教育、文化、科学、产业等其他各领域。

在上述任命中，其中8名必须从在东京都等8个大的地区拥有住所的人中各任命1名，其余4名在所有这8个地区范围内任命。委员任期届满或出缺时，若因国会闭会或众议院解散而无法征得两院同意时，内阁总理大臣不经两院同意即可任命委员。

有下列情况之一者，不能担任委员：①被判监禁者；②国家公务员受到免职处分，从被免职当日起未满两年者；③国家公务员；④政党官员（含任命日以前一年内担任职务者）；⑤广播用的播放机、接收用的接收机的制造业者和销售业者，或者此类行业法人中的管理人员及拥有该法人议决权的十分之一以上者；⑥广播事业者（受托广播事业者除外）、电信劳务利用广播业者、报社、通讯社及其他以新闻和信息发布为业的事业者，或者这些事业者是法人时其管理人员、职员或拥有该法人议决权的十分之一以上者。

在任命的委员中，不允许有5人以上属于同一政党。

3. 委员的任期、罢免与报酬

委员任期三年，补缺的委员只任其前任剩余的时间。委员可以连任；委员即使任期届满，在新委员未被任命前，仍可不受任期限制继续在任。

当委员中有5人以上属于同一政党时，内阁总理大臣为使属于同一政党者减少为4人，经两院同意，可以罢免委员。但是，不得罢免持不同意见的委员。

委员除享受旅费及履行其他业务时所发生的实际费用外，还可享受与其工作天数相当的报酬。

4. 经营委员会议决的事项

下列事项必须经过经营委员会的议决：

收支预算、事业计划和资金计划；收支决算；广播事业局的设置计划和开设、休止与废止；委托日本国内广播业务和委托国际广播业务的开始、休止与废止；节目标准及节目编辑的基本计划；章程的变更；收视合同的条款和收视费免除的标准；广播债券的发行和借款的借入；土地的信托；关于事业管理和业务执行的准则；工作人员的报酬、退休金和交际费；经营委员会认为需要认定的其他事项。

5.经营委员会议决的方法

经营委员会由委员长召集，在委员长或代行委员长职务者和6名以上委员缺席时，不得召开会议进行议决；经营委员会议事，除另有规定者外，需出席委员超过半数决定，当赞成者和反对者人数相等时，由委员长决定；会长和监事出席有关收支预算、事业计划和资金计划的会议时可发表意见。

（三）NHK理事会

《放送法》规定，NHK的管理人员，除经营委员会委员外，设会长1人、副会长1人、理事7人以上10人以内和监事3人以内。

1.理事会的组成与职能

理事会由会长、副会长和理事组成；理事会由会长召集，根据NHK章程规定审议重要业务的执行。

2.会长等的职务

会长代表NHK，并按照经营委员会的决定总理其业务；副会长根据会长的决定代表NHK、协助会长管理业务，会长有事时代行其职务，会长空缺时履行其职务；理事分专务理事和非专务理事，专务理事根据会长的决定代表NHK，协助会长和副会长管理业务，会长和副会长有事时代行其职务，会长和副会长空缺时履行其职务。

监事监察会长、副会长和理事负责的业务，并将其结果向经营委员会报告，在其认为有需要改进的事项时，可向经营委员会或会长提出意见或建议。

3.会长等的任命与任期

会长由经营委员会任命。任命会长时，经营委员会必须经过委员9人以上的多数议决；副会长及理事，经经营委员会同意，由会长任命；

监事由经营委员会任命。

会长、副会长任期3年，理事、监事的任期为2年。会长、副会长、理事及监事，可以连任；会长任期届满时，在新会长任命前可继续在任。

4. 会长等的罢免与兼职限制

经营委员会或会长，根据权限对其任命的管理人员进行罢免。经营委员会认定会长、监事不能胜任其职务时，或者认定会长、监事存在不正当行为时，可以将其罢免；会长认定副会长、理事不能胜任其职务时，或者认定副会长、理事存在不正当行为时，可以将其罢免。

会长、副会长及理事，不得成为以营利为目的的团体的管理人员，或者独立从事营利事业；会长、副会长及理事不能投资于广播事业（受托广播事业除外）和利用电信劳务的广播事业。

（四）保障监督机制

《放送法》赋予NHK公共广播的法律地位，明确规定了NHK的广播节目只要在法律规定的权限内不受任何人的干涉或约束。因此NHK日常的事业运行除受法定程序制约外，具有完全的自主性。保持这种自主性和节目编辑自由，是NHK作为公共广播的内在要求，但也因此存在着偏离公共广播轨道的可能性。为了不致使这种可能性变为现实，除了法律规范、法定的监督和制约外，NHK还建立了以下三种自律性的保障监督机制。

1. 节目编辑标准

NHK自主制定了《日本放送协会国内节目标准》和《日本放送协会国际节目标准》，并向公众公布，以据此规范自己的广播节目的编辑制作。同时，还设置了中央、各地方及国际广播节目审议会，以保障广播节目的适当性。

在节目编辑方面还有其他一些自律性措施和规定。如，日本国内广播节目的编辑不得损害公共安全和良好的风俗；政治上公平；不得歪曲事实；对于存在意见对立的问题，尽可能从多角度使论点更明晰等，并要求保持教养、教育、新闻报道和娱乐节目相互间的协调平衡。同时，特别强调在满足公众需要的同时，为提高文化水平、保护传统文化、培育和普及新文化作出贡献。

2. 广播伦理及其体制

在表现自由的前提下，为国民提供多样化的信息是NHK的使命。为此，必须使节目编辑的自由得到制度上的保障。NHK认为，在根本上支撑节目编辑自由的就是从事节目编辑的广播事业者的自律，而这种自律的根本，就是参加采集、编辑和制作的每个人的"广播伦理"。特别是作为公共广播的NHK，因为要靠国民的收视费运营，其生存与视听者的信任密不可分，所以更需要严格的广播伦理规范。只有广播现场的每个人都能深刻领会广播伦理的重要性，并能严于律己、身体力行，NHK才能在未来赢得视听者的信任和支持。

NHK的广播伦理规范主要有两类：

其一是NHK与日本民放联盟于1996年9月制定的《放送伦理基本纲领》，其基本要点是：

——广播的使命是通过其活动，有益于福利的增进、文化的进步、教育与教养的发展和产业经济的繁荣，为和平社会的实现作出贡献；

——广播应本着民主主义的精神，以公共性为重，遵守法律和秩序，尊重基本人权，为国民的知情权而捍卫言论和表现自由；

——广播的社会影响力极大，因此必须考虑广播对国民生活，特别是对儿童和青少年以及家庭的影响，丰富国民的文化生活；

——对于存在意见分歧的问题，必须尽量从多个不同的角度使论点明晰，以保持公正；

——广播应努力运用适当而确切的语言和图象，注意表现的品位。一旦出现错误，应立即更正；

——报道的事实必须客观、公正、公平，并尽最大的努力逼近真实；

——对于民间广播而言，作为其经营基础的广告内容必须真实；密切注意对视听者有益的事件,也是民间广播对视听者所负的重要职责。

其二是NHK的特殊规范。作为公共广播,NHK在广播节目的采集和制作方面应遵守以下几点:尊重人权;期待正确;坚持公平、公正的立场;努力保持品位;诚实对待取材对象;企划的独立性与真实性;隐匿取材来源;尊重著作权;划清公与私的界限。

为了保证广播伦理的有效实施,NHK还建立了广播伦理体制,主要是成立了三个委员会:

——"广播现场伦理委员会",简称"伦理委员会"。设在本部,其职责是就公共广播的伦理进行日常性的自我检查和自我规范;

——"伦理委员会作业部会"。其职责是将伦理委员会的方针告知广播现场并进行指导,同时承担关于广播伦理活动的计划、报告、记录等任务。

——"四条委员会"。这是一个法律方面的委员会,其职责是对根据法律规定进行订正或取消的广播请求的必要性进行商讨。

3. 信息公开制度

NHK根据《日本放送协会章程》第39条第2款的规定,于2000年12月19日制定了《NHK信息公开准则》(2001年7月1日实施),其主要内容如下:

第一,关于信息提供。信息提供内容:NHK全部事业活动的信息(包括子公司的信息)。如,业务报告书、财务报表、预算书、经营委员会议记录等。即使不是信息公布要求的对象领域的信息,也努力在可能的范围内提供。信息提供的手段:广播;在各放送局等放置资料;在日报上刊登、发行印刷品等;在互联网主页上刊登;对通过电话等询问的回答;NHK设施的开放等。

第二,关于信息公布。信息公布的结构:公布的对象为NHK职员在业务上共同使用并保存的文书(包括软盘等),但可能妨碍广播节目编辑自由的信息、以销售为目的的书籍和杂志,以及需要特别管理的资料等，不在公布对象之列；因公布而可能给 NHK 带来障碍的，或可能侵害个人私生活等方面的信息，是不公布信息；可要求公布信息者为 NHK 广播的视听者。此外，对信息公布要求的受理程序与处理方法、文书的部分公布、第三者的保护程序，以及公布的实施和手续费等，也都有具体规定。重新审查要求的结构：对于 NHK 作出的不公布决定不满并继续要求公布的，NHK 设置信息公开审议委员会（由 5 名委员组成，委员从具有非凡见识、能够进行公正判断的人中选出，经经营委员会同意，由会长委任），以通过采纳第三人的意见来保证客观性。同时，规定了重新审查要求的受理程序与处理方法。

第三，关于信息公开的实施措施。为有助于顺利实施信息公开，关于公开的要求程序、手续费等具体实施程序，不公开信息的程序，NHK 信息公开审议委员会运行程序等，均另有规定；对文书的管理、提供方便视听者的信息和施行状况的公布等也都有具体要求。

三、NHK 的收视费制度

NHK 不是半官半民性质的广播，不是国营广播，也不是商业广播，而是靠收视费维系的公共广播。收视费是 NHK 的主要财政来源。所谓的收视费，是为了进行公众期望的广播而由拥有电视的人完全公平负担的"特殊负担金"。

（一）收视费制度的法律依据

NHK 的收视费制度是根据《放送法》制定的。《放送法》第 32 条第 1 款规定：凡设置能够接收 NHK 广播的接收设备者，必须与 NHK 缔结收视合同。

根据这一规定，NHK 制定了《日本放送协会广播收视章程》，对收视合同的类别、单位、合同书的提出、合同的成立、收视费的额度、支付方法、接收机设置的确认措施、收视合同的解除、收视费的免除等一系列事项，均作了具体详细的规定。

（二）收视合同的类别

NHK的收视合同共分五类：

1. 彩色合同：不含卫星电视广播的接收，仅含地面电视广播的彩色接收的收视合同；

2. 普通合同：除卫星电视广播的接收和地面电视广播的彩色接收之外的收视合同；

3. 卫星彩色合同：含卫星和地面电视广播的彩色接收的收视合同；

4. 卫星普通合同：不含卫星和地面电视广播的彩色接收，仅含卫星电视广播的黑白接收的收视合同；

5. 特别合同：在因自然地形原因难以接收地面电视广播的地区，或者在列车、电车及其他营业用移动体上，不含地面电视广播的接收，仅含卫星电视广播接收的收视合同。

上述五类合同缔结的具体规定如下：

设置仅能接收地面电视广播的彩色电视接收机者，缔结彩色合同；设置仅能接收地面电视广播的黑白电视接收机者，缔结普通合同；设置能够接收卫星电视广播的彩色电视接收机者，缔结卫星彩色合同；设置能接收卫星电视广播的黑白电视接收机者，缔结卫星普通合同；在因自然地形原因难以接收地面电视广播的地区，或在列车、电车等营业用移动体上，设置仅能接收卫星电视广播的电视接收机者，缔结特别合同。

（三）收视费的额度、支付方式与方法

收视费（其中含5%的消费税）从每年的4月到下年的3月每两个月一期，共分6期支付，其额度（含预付优惠）和支付方式见下表（略）。

（四）收视费减免

根据《放送法》第32条第2款的规定，《日本放送协会广播收视章程》第10条规定了广播收视费免除的程序和条件，并据此制定了具体的免除标准。

收视费的免除分全额免除和半额免除两种。符合条件的社会福利设施、学校和受国家扶助者等，经申请可以全额免交收视费；符合条件的视听障碍者、重度身体残疾者、重度残疾军人，经申请可半额免交收视费。

（五）近三年收视合同的件数与收视费收入

2000 年底：合同总数是 37238086 件，其中卫星合同数 10484641 件；2001 年底：合同总数是 37651454 件，其中卫星合同数 11045758 件；2002 年底：合同总数是 37966038 件，其中卫星合同数 11495772 件。截至 2003 年 5 月底，合同总数已达 38081426 件，其中卫星合同数为 11648097 件。

NHK 2002 事业年度收入总额为 6687 亿日元，其中收视费收入为 6486 亿日元；事业支出总额为 6603 亿日元；收支差额约 83 亿日元。2003 事业年度预算收入为 6738 亿日元，其中收视费收入为 6527 亿日元。

（六）关联团体

NHK 关联团体共覆盖五个领域：广播节目的企划、制作、销售领域；地方关联团体；业务支援领域；公益服务领域；福利保健团体。截止到 2003 年 4 月，共有 21 家股份公司，6 家靠基金建立的公益事业团体等。

NHK 关联团体的基本任务是补充和支援 NHK 的业务，配合 NHK 开展作为公共广播的业务。其主要目的是通过推进 NHK 的业务效率将 NHK 无形资产和技术知识回馈社会，通过节减经费和次要的收入等方式对 NHK 的财政有所贡献，减轻视听者的负担；目标是在规范经营业务的同时，使事业运营更具有透明性。

NHK 关联团体根据各自的功能发挥其专业性，开展以节目、活动和出版等为重点的丰富多彩的事业。同时，充分运用数字化的成果，开发与普及具有创造性的高品质服务，为创造数字时代的新的广播文化贡献力量。

（中国社会科学院文化研究中心　贾旭东 编译）

国外文化政策文件选编之四：澳大利亚

（2003年10月8日）

《文化政策调研》按语：在西方文化政策的发展史上，1993年是个重要的年份。这一年，英国首先推出其官方文化政策《创造性的未来》。随后澳大利亚、加拿大等英联邦国家的文化政策相继问世。到90年代下半叶，欧盟各主要国家陆续将文化政策当作其经济、政治和社会发展基本战略的重要组成部分。

本期摘编的《创造性的民族：澳大利亚联邦文化政策》起草于1992年，1994年正式推出。作为澳大利亚政府第一个官方文化政策文件，这个文本比较完整全面。在各发达国家的文化政策中，这个文件规模最大，内容最详细。原文长达7万字，这里摘编了近2万字。我们所关注的是以下几点：

一、该文件的标题是"创造性的民族"，点明了制定政策的宗旨。文件把塑造文化的"创造性"或"创造力"当作核心。对现代澳大利亚人来说，培养文化创造力直接意味着要形成现代澳大利亚的"文化认同意识"。而要形成这种意识，从历史上看，就是既要反对"狂热的亲英情绪"，消解那种把澳大利亚文化理解为"不列颠文化的摹本"的传统意识，又要反对"粗暴的本土沙文主义"，消解盲目排外的"文化自大狂意识"。从现实来看，就是要抵御随着信息技术革命和全球化而出现的外来强势文化的影响，一方面认识到，"信息技术革命和全球性的大众文化浪潮正以潜在的方式威胁着我们的固有特色。它威胁着我们的认同意识，威胁着现代人和后代人赖以发展其知识和艺术的各种机会，威胁着我们的自我表达"；同时也看到，"这种新技术的巨大力量完全可以被利用于一种民主的和创造性的文化目的。它可以充实我们,可以生成一些使创造性机会得以产生的全新领域"。总之,要形成"澳大利亚特色的文化"(distinctly Australian,语出澳大利亚联邦总理1994年的文化政策实施报告)。基于这种意识,文件强调要加强对澳大利亚土著文化的保护和发掘;要从资金和政策上加强对文化人和文化单位的创意活动的扶持力度;在视听领域中保证澳大利亚原创作品的播出份额;等等。

二、该文件引人注目地指出,"这个文化政策还是一个经济政策"。因为一方面,文化"创造财富"和"提供了就业机会";另一方面,文化还"增加价值",是澳大利亚"工业的品牌",对澳大利亚产品的创新、市场营销和广告作出了巨大贡献,其"本身就是一个重要的出口产品,是其他出口产品的重要附加物","它对我们的经济腾飞是不可或缺的"。这一点表明,像澳大利亚这样的发达工业国家,文化与经济的融合已经达到了相当的程度,文化政策已经成为一种经济政策,与国家总体发展战略结合在一起了。它提示我们:可以将我国文化产业发展的政策与信息化所引领的"新型工业化道路"作综合考虑。

三、该文件在政府管理体制上作出的新安排。文件说,由于从行政体制看,诸如教育、传媒、旅游和国际事务等关键的文化传播领域不能纳入艺术部门的管辖范围,为了"保证使联邦政府的各个机构充分考虑其政策的文化内涵",使文化政策"贯穿于政府的各个领域之中",以便使政府承担起为"文化繁荣创造一个适当的环境"的重任,需要"建立一个使艺术和传媒得到统一管理的文化部,并使该部在内阁中获得一席之地"。在这项文化政策发布的早些时候,政府已经决定把艺术部与通信部合二为一。

四、现代文化产业,从目的上来说是要提高大众的"生活舒适度和愉悦度",从条件上来说需要依赖于大众文化素养的提高。这一切都需要以保证大众的文化权利为前提。为此文件郑重地推出了"文化权利宪章",宣称"应当保证所有澳大利亚人获得:(1)接受一种新式教育的权利,该教育旨在培养个人的创造性和欣赏他人创造的能力;(2)接触我们的知识和文化遗产的权利;(3)进行全新的知识和艺术创作的权利;(4)参与共同体的知识和文化生活的权利"。总之,卓越与创造、民主与普遍参与,是澳大利亚文化政策所规定的总体发展目标。

五、文件充分肯定,在政府"管文化"和具体单位"办文化"之间,必须要有一个具有协调功能的中间环节——文化理事会,亦称"澳大利亚委员会"。澳大利亚委员会的成员不仅包括文化专家,也包括一些熟悉市场的专才;它不仅承担对文化创造进行"同行评议"的功能,还代理政府进行文化拨款,在政府和文化单位之间、文化创造和市场发展之间充当着中立性和专业性的调节器。总之,它既接受政府委托,又在文化政策实施方面使政府保持"一臂间隔"的距离。该文第四部分整个用来阐述文化理事会的改革方案,这在其他国家的类似文件中是不多见的。

(李河、张晓明)

创造性的民族：澳大利亚联邦文化政策

（1994年10月）

（原译文7万余字，14章）

序　言

谈论澳大利亚的文化就是识别我们的共同遗产。它是指我们共同分享的观念、价值、情感和传统，以及这些价值所体现的、对澳大利亚人来说至关重要的东西。

文化所涉及的是认同，即民族的、共同体的和个人的认同。我们致力于保存我们的文化，因为它对于我们了解"我们是谁"具有根本性的意义。它是我们一向具有的名字，是我们居住的屋宇。文化是那种使我们对自己有所意识的东西。

文化还涉及到自我表达和创造性。我们不仅致力于保存我们的遗产和传统，而且还培育它们。我们保存着那些使我们成为我们的东西，并且还培育着那些可以使我们的所能得以实现的各种手段。我们将文化视为民族的生命。在一个可以使艺术和理想得到繁荣发展的环境里，在一个我们可以通过娱乐而受益于这种繁荣的环境里，我们的全部生命变得日益充实。

通过文化政策，我们要意识到我们对促进和保存这种环境承担着一种责任。我们要意识到一种遗产与认同的关系，意识到自我表达和创造性的各种手段对于人类需求和社会的健康发展来说是至关重要的。

由于文化同时反映与保存着集体的和个人的需求，由于它可以直接为我们之为我们提供保障并召唤我们达到我们所能达到的高度，这种文化政策便期许着民主和卓越这一双重目标。它将使我们的艺术、理智和文化生活以及我们的遗产更加能为所有人接受。它将有助于创造这样一些条件，从而使我们那最优美的创造性表达得以实现并为人们所享用。这种文化政策的最终目标是丰富澳大利亚人民的精神生活。

这是澳大利亚历史上第一个国家文化政策，如果说这意味着我们过去确实缺乏某种类似意愿，但绝不意味着我们对此没有任何兴趣。事实上，相关争论可以追溯到欧洲移民最初定居的时代。早期殖民者为他们确定的文化目标是，将不列颠文化成功地移植到澳大利亚。用威廉·查尔斯·温特沃兹（W. C. Wentworth）的话来说，就是在另一个世界创造出一个新的不列颠。这种想法一直延续到20世纪。但是，随着100年前这个国家的诞生，这种信念里便分明融入了属于澳大利亚的声音。

大体来说，20世纪关于澳大利亚文化的争论一直循着上述线索展开。狂热的亲英情绪和粗暴的本土沙文主义构成了这个争论的两极。在很长时间里，我们一直忍受着菲力普斯（A. A. Philipus）所说的"奴性文化意识"的困扰，这种意识坚信，除非得到伦敦或纽约的首肯，澳大利亚人自己的文化价值无从谈起。与之对峙的是另一种同样令人困惑的信念，即"文化自大狂意识"。它坚信，澳大利亚的文化价值无一不产生于本土之内，它甚至与域外资源全不相干。

上述两种立场均不会给我们带来启迪和助益。它们的破坏性效果是显而易见的。当那些才华横溢的澳大利亚人得出结论说他们自己的国家是一个文化沙漠时，当他们把求助的目光转向欧洲时，我们民族的生命所遭受的损失是无可估量的。当我们国家的第一个世纪即将结束的时候，新的文化政策出现了。从某种意义上，我们可以认为它宣告了那种奴性意识和自大狂意识的双重破产。这种政策带来了希望，即在21世纪，富于才华的澳大利亚人再也不觉得他们有理由对自己的国家弃之不顾。

近年来我们已经懂得，我们在向世界的开放中所获甚丰而无需恐惧。不仅从经济来说是这样，对文化来说也是如此。事实上，舶来的文化与本土生长的文化的相遇使我们获得了极大的丰富。而旧有的恐外心理和不安全感则日见淡薄。多元文化的澳大利亚是我们这个伟大民族的重大成就之一，它是一个充满多样性并对之抱以宽容态度的社会，一个对多样性加以鼓励的社会。我们必须记住，这个成就的取得根源于澳大利亚社会的传统内部力量，这一点绝不应当受到忽视。正是基于这个理由，澳大利亚政府才渴望更加深入地理解我们自己的制度、历史和传统。在公民专家组（Civics Expert Group）的帮助下，我们启动了这个进程。在这同时，我们积极推进文化多元主义，我们试图推动所有的澳大利亚人进一步了解我们的遗产，并由此理解他们与澳大利亚之间的深刻依附联系。

我们今日的充实不仅来自这些国际的和本土的资源，还来自地球上最古老文明（土著澳大利亚人和托雷斯海峡岛民的文明）的辉煌遗产，以前我们从未认识到这一点。在文学、艺术、音乐、话剧和舞蹈中，澳大利亚土著文化融入并充实了当代文化。土著澳大利亚人和托雷斯海峡岛民的文化和认同意识已经成为澳大利亚人的认同意识的一个重要组成部分，成为对"我们是怎样一个整体"这一问题的生动表达。

由此而来的经验是，只要我们自己的遗产和技艺的价值能够得到保障，我们便绝不惧怕其他文化的影响。然而，许多澳大利亚人都说，今日的澳大利亚文化正面临着前所未有的威胁。这种看法是有充分理由的。信息技术革命和全球性的大众文化浪潮正以潜在的方式威胁着我们的固有特色。它威胁着我们的认同意识，威胁着现代人和后代人赖以发展其知识和艺术的各种机会，威胁着我们的自我表达。因此，我们在这个文化政策中所提出的各种措施，从根本上说是为了应对这种挑战。其目的是为了让我们这个一度被称为文化沙漠的国家不致沦为充斥着全球化和同质化的庸俗作品的海洋。

正因为这样，我们在谈到信息革命和新媒体时虽然不必恐惧和憎恶，但却要有足够的想象力和智慧。我们需要看到它为娱乐和创造性带来了绝好的发展机会。我们需要对它进行扶持，正如战后的大移民曾迫使我们接受文化的多样性一样。我们应当意识到，这种新技术的巨大力量完全可以被利用于一种民主的和创造性的文化目的。它可以充实我们，可以生成一些使创造性机会得以产生的全新领域。我们需要利用这种技术，并给它打上澳大利亚的印记。基于这个理由，今年（1994年）澳大利亚政府通信部和艺术部合并为一个部，以顺应那个正在改变着我们生活的技术革命。

这个文化政策的最终目的是提高澳大利亚人生活的舒适度和愉悦度。它将高度浓缩我们的体验，强化我们的安全感并增进我们的福祉。就此而言，它与其他社会政策的目标并无二致。通过以新的或发展着的国家制度来保存我们的遗产，让技术服务于这种遗产的保存和传播，通过从艺术、知识增长中创造新的税收，通过扶持我们的艺术家和作家，我们便能够驾驭全球化浪潮，使之保护并提升我们的民族文化。

这个文化政策还是一个经济政策。文化创造财富。根据粗略统计，我们的文化产业一年创造的产值达130亿澳元，文化相关产业为33.6万人提供了就业机会。此外，文化增加价值。它对我们的创新、市场营销和广告作出了巨大贡献。它是我国工业的品牌。从根本上说，我们的创造力水平决定着对新经济规则的适应能力。它本身就是一个重要的出口产品，是其他出口产品的重要附加物。它吸引着大量游客和海外学子。它对我们的经济腾飞是不可或缺的。

这就是澳大利亚历史上第一个联邦文化政策。它将产生深远的影响。

一、导言：民主是文化价值的核心

澳大利亚如世界上其他国家那样，正处于历史上的一个关键时期。在世界各地，传统的价值和意识形态正经历着新旧交替的震荡，全球化的经济和技术变革对各国政府应对未来的能力提出了质疑。对澳大利亚文化来说，我们尤其感受到那种来自同质化的国际大众文化的侵袭。

但具有讽刺意义的是，我们的文化似乎从未像今天这样充满发展活力。社会各个层面的澳大利亚人都参与着文化活动，这种活动再次塑造着我们的民族认同。大多数澳大利亚人都认为我们需要提高和充实我们的文化。为实现这一目标，文化政策需要提到联邦决策的议事日程上来。

什么是澳大利亚文化？文化产生于共同体，即使该共同体或许对它缺乏充分的意识。它涵盖了我们的全部生活样式、我们的伦理、我们的制度、我们的行为方式和习惯。它不仅是对我们世界的解释，而且直接是对它的塑造。艺术和科学是我们文化中发展最为充分和最具有想象力的部分，它们通过那些富于才华的个人而造福于共同体。

在过去许多年里，澳大利亚那些最天才的艺术家和作家一直在寻求海外的承认。如今这种状况已经改变。在过去25年中，澳大利亚文化获得长足发展，它今天已经成为一个充满异域情调的混合体。这些变化不仅得益于开明政府对各种艺术的支持，还得益于一种开明的移民政策，一种对土著人和托雷斯海峡岛民的日益尊重。此外，海外旅游的体验、教育的开发以及对由于传媒革命所带来的全球化意识都对上述变化产生了重要影响。同样重要的是，人们在这同时也渐渐对我们文化所拥有的独特品质有了更加深刻的认识。

不过，文化决策者们仍面临着一个难题。激励意识——更不要说那种桂冠式的荣耀意识——正在使澳大利亚的平均主义和公平竞争观念受到挑战，少数天才正在损害着多数人的利益，这一点在这个文化和道德相对主义以及文化商业化趋势走红的时代尤其如此。

在此背景下陷入危机的不仅是平等观念，还包括那种对多样性的信念，那种旨在以持久的效益回馈社会的信念。这个社会需要致力于确立其文化标准，并慷慨地承认卓越性的标准。

现在已到了把文化提到政府的政治议程的时候了。我们意识到，这在所有澳大利亚人的期待中占据着位置。基于这一点，我们有必要作如下宣示：

·文化是一个社会的审美、道德和精神价值的表达，是对世界和生活自身的理解；

·文化传递着过去的遗产，同时也创造着未来的遗产；

·文化是文明化的一个尺度。从最好的意义来说，它使人的生存得到提升并变得高尚；

·在澳大利亚的语境下，"文化"一词还蕴含着这样一种含义，它应当是"对一种可以识别的澳大利亚精神的表达"。

澳大利亚联邦怎样才能使澳大利亚文化充分繁荣并使澳大利亚的各类艺术家和作家充分施展他们的才能？我们怎样才能充分欣赏并在最大程度上利用好我们国家的文化财富？我们怎样才能使所有人都能对我们的丰富文化有所领略，并使年轻的澳大利亚人发现和实现他们的创造性潜能？

从行政体制来看，诸如教育、传媒、旅游和国际事务等关键的文化传播领域并不在艺术部门的管辖范围之内，但一种文化政策必须贯穿于政府的各个领域之中。我们应当保证使联邦政府的各个机构充分考虑其政策的文化内涵。为文化繁荣创造一个适当的环境是需要政府承担起的重要责任。因此，我们这个专家组一致提出：建立一个使艺术和传媒得到统一管理的文化部，并使该部在内阁中获得一席之地。

我们郑重要求政府对"文化权利宪章"作出承诺。它应当保证所有澳大利亚人获得：

·接受一种新式教育的权利，该教育旨在培养个人的创造性和欣赏他人创造的能力；

·接触我们的知识和文化遗产的权利；

·进行全新的知识和艺术创作的权利；

·参与共同体的知识和文化生活的权利。

二、联邦政府在澳大利亚文化发展中的作用

很少有人认为,政府能够或应当直接参与文化或民族认同意识的创造。澳大利亚文化的创造和一种澳大利亚认同意识的形成过去是、今后仍将是澳大利亚人民自己的任务。他们在日常生活中,以共同体或个人的方式(无论他是作家、企业中的工人、农民、父母还是一般公民)实现着这一任务。所谓"澳大利亚特色"是指我们根据对历史遗产中的各种要素的独特组合而进行的创造活动,是指我们的环境和我们在当代世界中的位置。它包括一种土著文化,无论它是古老的还是现代的;包括一种不列颠的文化遗产(它通过语言、法律和我们的制度而体现出来);包括诸移民群体所带来的多样性历史遗产;包括各阶层和地区的独特体验以及不同地方的特定影响。我们是真正意义上的和独一无二的"多元文化共同体"——其多元含义超越了种族多样性的界限。

联邦总理在 1992 年 7 月 10 日指出:联邦政府的责任在于保持和发展澳大利亚的文化手段。在诸多要务中,我们需要在国家层面首先做到:

·持续鼓励各种体制创新和观念创意活动;

·鼓励艺术的自我表达和创造意识;

·强化这样一种意识,即遗产只有在高度发展中才能得以保存。所有澳大利亚人都要有参与和接受的机会。

我们希望以此来焕发民族的生机,并以其文化产品来回馈人民。联邦政府早已意识到,它肩负着保存民族遗产和培育文化产品的重大责任。多年以来,联邦建立了多个国家级的文化机构,并为创造性的艺术家和组织提供了各种程度的支持。例如,早在 1908 年,政府就设立了联邦文学基金(the Commonwealth Literary Fund),澳大利亚电影组织(Film Australia's)的成立可以追溯到 1911 年,而联邦艺术咨询理事会(the Commonwealth Art Advisory Board)则成立于 1912 年。

各届政府以及属于各个政治派别的个人都对联邦扶持艺术的努力给

予了巨大支持。其中，约翰·戈尔顿政府所采取的一些措施产生了最为深远的影响。1968年，戈尔顿创立了澳大利亚艺术委员会（Australian Council for the Arts），它在1973年被更名为澳大利亚委员会（Australia Council）。

从那以后，联邦政府的作用得到了极大加强。1994—1995年，经由澳大利亚通信和艺术部（Department of Communications and the Arts）而投向艺术领域的联邦投资据估计超过了10亿澳元。此外，其他政府部门也给澳大利亚文化发展提供了额外的资金支持，如外交和贸易部，就业、教育和培训部，澳大利亚总理和内阁部以及环境、体育和疆土部。

涉及文化事务的政府机构和法定部门数以十计。所有这些机构都服务于联邦政府所设定的那些基本目标。与此有关的政府项目包括那些旨在提高私人企业参与程度的有限投资和贷款计划，如建立电影金融公司（Film Finance Corporation）；对总值在5亿澳元以上的巡回会展提供补贴的补偿方案；旨在对公共图书馆中的作品创作者提供补偿的公共贷款权计划（Public Lending Right Scheme）；还包括一些对公司和个人提供资助的机构，如澳大利亚委员会和澳大利亚电影协会（Australian Film Commission），等等。

澳大利亚政府以各种方式履行了它对文化发展的责任：直接的联邦投资；通过税收制度而体现出来的间接支持；各级政府部门、团体和私人机构对文化事业的共同参与；以立法和法规形式出现的支持，如通过版权法对知识产权提供保护；以及旨在使广播和电视更多表现本土内容的相应法规，等等。

基于对艺术活动在我们民族生活中的重要角色的意识，联邦政府于1993年在内阁中成立专门机构负责艺术活动。1994年早些时候，政府决定把艺术部与通信部合二为一，因为在当今时代，二者之间存在着密切的协同联系。这两项措施使联邦政府部分地履行了它的承诺，即要把文化发展主题纳入我们民族生活的主流，并在决策中给这个主题以恰如其分的位置。目前所见的这个文化政策则是联邦政府朝着这个方向迈出的又一大步。

总之，联邦政府在文化发展中的作用大致可以归入以下五个范畴：

1. 培育创造性和卓越性。

2. 使所有澳大利亚人享受最大程度的文化体验。

3. 保存澳大利亚的文化遗产。

4. 推进对澳大利亚文化认同（包括其鲜明的文化多样性）的艺术表现。

5. 发展活跃的和可持续发展的文化产业，包括那些伴随新技术而出现的文化产业。

三、澳大利亚委员会

澳大利亚委员会是这个国家最重要的文化资源之一。在该委员会成立以来的21年中，艺术活动和文化产业已经有了巨大发展。一般而言，这是对联邦政策的成功证明，具体而言，则是对澳大利亚委员会的成就的证明。现有从业艺术家和艺术团体的数量分别是20年以前的三倍和四倍，而且他们大部分的继续存在实质上依赖于澳大利亚委员会。这个委员会现在发现，在一个筹措资金和安置员工的要求日益提高，尤其是非联邦的支持已经难以应付客户的同步增长的环境中，要满足这个不断扩大的共同体的要求越来越困难了，这并不令人惊讶。

政府也认为，该委员会必须把它的注意力从艺术工程的"供给"方转向艺术消费者对更高水平的创造的需求，这是一个很紧迫的问题。澳大利亚委员会已经把相当可观的资金和精力用于在本地和国际上推动艺术发展和开拓艺术市场，否认这一点是不公正的。但是在这个区域，该委员会的努力在某种程度上受到了阻碍。向新的方向发展的新倡议，往往会由于财力不足而失败。在委员会以外进行短期的协商，并不是一个恰当的解决办法。

联邦政府认为，这个委员会必须经历一个结构转变过程，以适应其角色的新需要。20年来已有所发展的澳大利亚委员会的结构应该精简，以便使这个组织能更灵活地对艺术共同体不断变化的需求作出回应。

以后的艺术基金必须是私人基金和公共基金更恰当的组合，这倒不是因为政府想减少它在这一领域的支出，而是因为，如果艺术共同体要扮演我们所期待的它在国家未来发展中的角色，这样的组合才能满足它的需要。简而言之，我们必须逐渐向美国的那种捐助方式转变。

澳大利亚委员会一定要集中精力为澳大利亚人所创作的作品培养视听众。在澳大利亚国内，这方面有许多事可以做。澳大利亚委员会必须继续与各个学校以及中等教育以上的教育机构密切合作。在一种健康的艺术陶冶中，那些最喜欢艺术活动的人会对他们置身于其中的那些艺术传统有所理解，从而更能以批判的眼光与之切合。在这一领域，教育负主要责任。

一个只关注艺术家和艺术产业工作者的技能发展的文化教育体系是不充分的。艺术教育远非仅仅是技能的培养。我们需要有一种基础广泛的教育体系，它所关注的焦点是既强调想象力和创造性、也强调技能的全面的教育价值观。

视听众的发展不仅要通过正式的教育机构，而且也要通过平行的教育系统，包括图书馆、博物馆、史学团体、开放式学习和继续教育机构、以及电影和电视等类似的方式。找出一些能够打破传统上存在于这些不同的教育系统之间障碍的机制，是这个委员会必须面对的一个挑战。

更一般地说，澳大利亚委员会应该进行必要的结构调整，以确保新科技能改善澳大利亚艺术家的收入，确保澳大利亚的著作权得到充分的开发，并且确保澳大利亚的天才在新的广播技术领域中被雇用。澳大利亚委员会的前身——澳大利亚艺术委员会，原来成立的目的就是要促进电影和电视与其他艺术形式的结合。与以前相比，现在，各种艺术的相互依赖更强了。

政府确信，澳大利亚委员会应该能在促使艺术向基于屏幕的媒介（screen-based media）的转变方面扮演一个至关重要的角色。政府认为，对于为信息高速公路生产有关澳大利亚内容的活动，该委员会应该给予相当高的优先权。应当通过免费的和预约的广播广泛推广接近艺术的新途径，从而使一个范围更广的由专家、教育部门和视听大众所构成的综合性环境充分发挥作用。通过开始实施上述措施以及该委员会在这一过程中业已执行的其他措施，在增加本国视听众方面，可能会出现一种实质性的发展。

我们也需要通过与其他文化机构甚至其他部委，尤其是外交和贸易部的合作，发展跨艺术形式的国际战略，向国外推广我们的文化产品。政府认为，澳大利亚委员会显然就是这样一个实体，它可以发展一种促进文化交流的国际文化市场营销结构。

概要地说，政府认为澳大利亚委员会需要把越来越多的资源用于发展视听众、与广播技术领域建立各种联系、开拓市场、鼓励赞助商和拓展对外出口等领域。这些过程的结果在中期将会对艺术家的收入以及整个共同体的福利产生实质性的影响。

政府因此将会为该委员会提供一系列措施，以便使它能够获得成功：

政府将会向澳大利亚委员会提供3年期的基金；

政府将设立澳大利亚委员会主要相关组织理事会；

政府将会增加该委员会的基础基金水平以便向个体艺术家提供额外的赞助；

政府将为该委员会发展国际市场营销战略提供资金；

政府将为该委员会的一个促进私人对艺术赞助的新计划提供资金；

澳大利亚委员会将承担对澳大利亚文化发展基金会的责任；

联邦政府将把澳大利亚委员会主席的职务设置为一个专职的行政职务。

四、联邦政府对艺术的资助

通过为艺术筹措资金，联邦政府将追求以下目标：

- 通过演出、广播、出版和展览等，创造并出售澳大利亚的原创性产品；
- 追求艺术实践中的卓越性标准；
- 最广泛的艺术享受和最广泛的对艺术的参与；
- 通过艺术反映多元文化社会的财富；
- 将澳大利亚土著以及托雷斯海峡岛民文化作为传统文化的重要部分来加以保持，确保当代土著文化的艺术表现能够得到发展。

联邦政府将通过以下方式促进这些目的的实现：

- 直接为艺术提供资助；
- 为著作权和相关的权利立法，从而鼓励创造和投资；
- 创造一些条件，以便使得艺术和文化产业在可能的环境中实现可持续发展，并使文化生活和经济生活结成一个整体；
- 通过税收和其他刺激手段，鼓励私人通过投资为艺术融资和其他方式对艺术的支持；
- 确保文化部门的发展与通信技术的发展保持同步。

如果艺术家能获得新的艺术创造的工具和媒介，现有的艺术形式将会扩大和发展，艺术形式之间惯常的界线将会日趋模糊。预计，把现场演出艺术与其他如视频和电影等技术结为一体的计划，在不远的将来会变得越来越常见。

联邦政府对艺术的支持领域和项目包括：

（一）表演艺术

1. 土著和托雷斯海峡岛民的表演艺术
2. 表演艺术

（二）澳大利亚巡回演出

1. 节日

2. 学校中的"音乐万岁"计划

3. 歌剧

（三）音乐

1. 国家音乐学院

2. 管弦乐队

3. 当代音乐

（四）文学

1. 著作权

2. 图书租借权

（五）舞蹈

（六）视觉艺术和工艺品艺术

五、电影、电视和广播

电影、电视和广播渗透在澳大利亚人的生活之中，反映和塑造了我们的民族文化，而且为了解其他文化提供了一个窗口。

政府认为，要使澳大利亚人看到和听到能反映澳大利亚人的体验并且能提高对澳大利亚成就和潜力之认识的资料。政府实施的一系列政策，就是为了满足这一抱负，其中有一些关系到有关地方内容的配额和对地方的支持。

在所有电视上播出的节目中，澳大利亚的节目占60%。近年来，澳大利亚人已经通过收音机分享了水平日趋增长的有关澳大利亚的资料。澳大利亚电影的票房收入在1992—1993年增加到票房总收入的7%。

在20世纪80年代，电影业以及商业电视和商业广播经历了相当可观的剧变。在这十年中，无论是其中哪个行业，都已经变得越来越强大了，而且已经准备就绪，要迎接新的电视和通信服务的挑战。

政府意识到，一旦通信技术的发展创造了机会，内容将成为决定性的因素。我们在电影、电视和广播方面所发展的技术将有助于我们成为一个重要的内容提供者。澳大利亚的电视节目安排正在吸引可观的全球观众。现在，我们作为节目提供者的地位已经确立，因为我们在提供高质量的戏剧、纪录片和儿童节目方面享有很高的声望。我们的多元文化社会是另一个重要的优势，使我们能够见识其他国家的文化。除此之外，我们有一个尖端的通信系统，配备了现代化的基础设施，在这些产业中有高水平的创造力和专业技能。

基于所有这些理由，我们现在可以充分利用通信革命所具有的优势，而这一革命是通过建立具有高度创造力的基础设施而实现的。现在面临的挑战是，调整我们的电影和电视产业，让它们提出将会在澳大利亚和海外找到观众的所有系列计划和实施方案。然而，只有当这个产业的所有从业人员认同共同的目标，并为实现这些目标而努力时，有创造力的基础设施才能发挥其效力。

这一合作将需要：

·电影、电视和多媒体软件的创作人员；

·有大规模销售和内容分配经验的广播公司；

·新闻出版业提供令人满意的企业家型人才。

（一）政府与内容方面的国际贸易

从长远的观点看，最近的国际贸易协定(即服务贸易总协定，General Agreement on Trade in Services) 中涉及音像服务部分的内容，或许会对澳大利亚电影业的生存能力和发展造成一定的冲击。但澳大利亚不会感受到由此而产生的任何直接的冲击。不过，随着贸易自由化谈判的进行，政府认识到，它有责任确保我们的文化目标不受到侵害。

（二）电影

澳大利亚的电影业自20世纪70年代复兴以来已经取得了巨大的成

功。在1992—1993年，澳大利亚在影视生产方面的总支出超过了12亿澳元。澳大利亚的创作人员——导演、演员和电影摄影师，已在国际电影业中取得了引人瞩目的成功。

独立制片人的活力和专门知识，已经使今天的澳大利亚电影恢复了它在20世纪20年代的水平，成为了一项文化财富。独立的生产已经创造了具有多元性、能提高效益并能节约成本的电影业。

政府将通过以下方式继续支持澳大利亚电影业的发展：

·对地方电视节目的内容进行调节管理；

·为澳大利亚的电影和电视节目的生产提供资金和税收鼓励；

·努力确保国际贸易自由化不会对文化目标造成危害。

（三）政府对电影生产的资助

政府确认，它将继续提供直接的基金，用以支持澳大利亚的电影生产和作为我们创造性基础之一部分的本国电影业。仅文化获益就可以证明政府对澳大利亚电影业的投资是明智之举。而且正是为了寻求这种获益，联邦政府在过去25年对这一产业提供了资助。政府并不打算开倒车。

联邦政府对电影生产的积极投资和电影税收鼓励政策，只对可确定的澳大利亚的产品有效，这些产品具有澳大利亚各方面的优势，包括澳大利亚的创作人员、角色演员和剧组人员、主题和外景拍摄场地等。

（四）国家广播公司

澳大利亚广播公司是澳大利亚主要的文化机构之一，是我们杰出的国家广播公司。澳大利亚特别广播服务公司为多元文化的澳大利亚打开了一个独特的窗口。它是世界上独一无二的部门，而且联邦政府将会继续资助它。

我们的国家广播公司从未像现在这样，要接受公众如此仔细的审查。使我们的国家广播公司变得如此受重视的特色之一是，通过立法，它们的编辑和节目编排的独立性得到了保证。因此，政府将会要求澳大利亚广播公司（ABC）和特别广播服务公司（SBS）有效履行宪法规定的职责。

今年，政府为 ABC 和 SBS 二者的为期 3 年的资金保证协定作了担保——保证在实时期限内提供资金。这已经给它们提供了机会，使它们可以在不必担心资金不确定的情况下，致力于有重要意义的未来规划。这更进一步加强了他们的独立性。

六、多媒体

（一）信息时代的文化生产

就在不久以前，有关计算机、电话技术与广播事业的政策内容还是在强调它们的纯粹产业和服务业特性。广播事业关注的焦点是硬件设备在信息制作和传播方面的应用，它强调的几乎全是效率和生产率。

今天，信息技术飞速发展已经为交换信息和观念提供了一个广泛的手段。信息技术所提供的文章、图形、声音、影像再也不是简单化的数据，而是概念化的和可以理解的，其创造力开阔了我们的眼界，其设备的功能可以适合于当代行为的观念。信息技术，以其所提供的手段，超越了技术的界限而进入到意识的领域，并向着文化的领域前进。今天的多媒体手段，使我们能够以各种形式来塑造信息，使其成为汇集我们人生经验的整体。

相互作用的多媒体所具有的潜能，在教育、艺术、文化和服务业以及世界最大的信息商业中成为一种新兴的力量。它将改变我们的通信方式、学习方式、贸易方式、创造方式，以及我们每天的生活方式。如果作为一个国家，我们能够创建振奋人心的多媒体产业，我们将长期确保遵循新的世界秩序，并保留我们独特的澳大利亚的文化。

多媒体能够为我们提供一种面向世界的重要的、全新的文化方式和主要产品，还会为我们提供新的道路，进入智慧宝库和具有创造性的遗产。澳大利亚已经在为这些新的机遇投资。我们有全世界最先进的电信网络系统，当前实质性的投资正在进行，以确保我们的信息高速公路畅通无阻。但是它的内容是绝对重要的,它决定着我们铺设在高速公路上的是否是真材实料。我们有既强大而又能创新的影视工业,有先进的软件技术和长期创新的传统以及所有企业家的努力。然而,如果要在澳大利亚国内外开拓一个具有澳大利亚内容的市场,我们就必须使我们的基本观念转化为这种信息包装与展示的新形式。

这些新的服务项目将渗透并可能改变我们的生活方式、工作及娱乐。这些服务项目将使个人和组织基本能够通过通信手段把信息和娱乐节目从任何地方发送到任何其他地方。

澳大利亚政府对此迅速作出反应,重新评估政府以往的传统政策。1994年1月,通信与艺术部门的合并使政府能够更好地对广播、远程通信、计算机、创作性产业(如电影和相关产品)和技术予以整合。这反映出一种观点:即通信服务的内容与信息传递的内容是不可分割的。这一变化向作品的创造者和作品的经销者双方发出了明确的信息,即政府已了解了把我们带入信息高速公路时代所需的政策。

机遇的大门并不总是敞开的,除非我们快速地、创造性地行动,否则我们将面临错过搭乘幸运之舟的危险。

(二)澳大利亚多媒体计划

从最初创意到最终创造出多媒体产品是一件困难且包含风险的事情。因为在每一个成功的多媒体品牌背后,或许会有2/3的产品开发胎死腹中。即使在投放市场的产品中,也会又有2/3的产品不能得到适当的回报。一个成功的产品需要品牌确定、良好的管理、有效的市场管理和营销运作以及适当的资金投入。所有这一切在产业发展初期尤为重要。

传统的金融运作形式往往因循着那些既定的多媒体产品开发模式。这通常是可以获得丰厚利润的,但当一个多媒体品牌通过其在世界上的大量产品销售而得到确立和巩固时,这种运作模式就显得不适用了。这种高风险、高回报的产业开发需要全新类型的资金安排。政府将为建立澳大利亚多媒体产业提供4500万澳元的基金,以资助互动性多媒体产品的开发、营销和服务。这个资金运作计划将通过加速高质量的互动性多媒体产品的生产和服务，为发展澳大利亚的内容产业提供保证。它将孕育出世界上最好的操作规则或法规，使之成为令投资不断增长的催化剂。这种投资的增长一方面将直接借助于自己的资源，另一方面则间接地仰赖于在项目基础上形成的私人部门投资。由此，澳大利亚的小型多媒体公司将获得一个发展平台，使它们在提供创新性、高质量的多媒体制造和服务方面赢得世界性的声誉。

澳大利亚多媒体计划将循着一种开发性资本的管理模式，像一个公司那样来管理各种基金。从事这项管理的是一个专家委员会，它的任务是保证一种世界水平的多媒体内容生产，并对澳大利亚通信和艺术部负责。它将负责从概念创意开始、直到市场营销等各个环节的评估和监督工作。其他与之相关的产业开发规划也将在澳大利亚产业规划的总框架中得到协调。

通常，多媒体项目开发需要的是各种跨行业的技术能力。因此，澳大利亚多媒体计划将以一种项目管理的方式，在互动性多媒体的生产、营销和服务方面促成一种企业伙伴合作模式。专家委员会将鼓励私人部门参与项目投资，包括鼓励那些被纳入澳大利亚伙伴开发规划（Partnership for Development Program）的公司进行长期项目投资和战略投资。此外，区域部门合同规划（Regional Headquarters Contract Program）也将被用于吸引国际投资以建立区域性的和全球性的多媒体生产中心和内容制作中心。

（三）合作性的多媒体中心（略）

（四）多媒体论坛

目前，澳大利亚多媒体产业要想获得成功还面临着一个障碍，那就是在各个艺术创作和软件生产的部门之间尚缺乏充分的对话和良好的互动联系。在很长时期内，这些部门习惯于并行不悖地发展，而从不尝试进行协同合作。因此，当前的第一要务应当是加强它们之间的互动合作，让那些高科技行业与包括电影制作人、电台、美术馆、博物馆和教育机构的文化领域链接起来。通过这些链接，我们就可以更好地开发和销售我们的互动多媒体产品和服务。

为了达到这个目的，澳大利亚政府将在今后 4 年内投入 390 万澳元资助一系列的全国多媒体论坛。这个论坛将由澳大利亚产业、科学和技术部以及通信和艺术部联合主持。

（五）澳大利亚的光盘计划

使澳大利亚人在尽可能大的范围内接触文化经验和文化资料，是政府的文化政策的一个关键部分。

澳大利亚的光盘计划旨在大范围地展示澳大利亚人在文化方面所付出的努力、澳大利亚的艺术演出以及在鼓励我们的多媒体产业发展的同时我们在保护遗产方面取得的成就。

（六）新媒体计划

除了保证实施一些建立综合性的多媒体产业的措施之外，政府也很希望看到现有的机构能受到鼓励，扩大它们在多媒体领域中的能力。

为此目的，政府将为澳大利亚电影协会 (AFC)，澳大利亚电影、电视和无线电信学校 (AFTRS) 和澳大利亚儿童电视基金会 (ACTF) 提供特别帮助。

这一计划的目标就是要把文化创造者、多媒体技术人员以及厂商联合起来，共同促进新的多媒体计划的发展和提出，同时也要兼顾音像部门的企业培训需要。

（七）结论

在这一主题中略述的多媒体措施，是确保政府使澳大利亚向信息经济转型的一个重要步骤。它们的中心，必然是这样一些措施，它们旨在鼓励在我们的文化产业中生产含有澳大利亚内容的产品。

七、保护澳大利亚的创作者

（一）版权

联邦政府的版权政策的目标是在下列诸方面之间达到某种平衡：

- 奖励具有创造性的澳大利亚人；
- 逐渐增加版权产业的投资；
- 维护所有澳大利亚人对各种资料的利用。

文化政策的基本要素之一就是，对具有创造性的作品的使用进行公平的补偿。对于创作者的经济独立、专业地位，以及参与新的信息产业的过程来说，行之有效的版权法是至关重要的。我们的版权制度将有助于为人们对正在崛起的各种传播服务内容方面的投资创造某种有利的环境。

联邦政府将提出一个法律框架，这个框架会促进和保护人们在诸如电影、音乐、出版、计算机软件以及多媒体方面进行的投资。联邦政府将遵守国际公约规定的关于向版权的创造者、拥有者和使用者提供保护的各项义务。

新技术和各种传播方法所提出的挑战，既有可能严重威胁人们对版权领域的投资，也有可能使人们对版权进行创造和保护。联邦政府已经迅速地开始对《版权法》进行改革，以增强它应付这些挑战的能力。

联邦政府确认，版权保护必须适应技术领域、商业领域和其他领域所发生的变化。对于富于创造性和学术性的活动来说，版权将继续作为一种行之有效的刺激和奖励而发挥作用。

（二）版权托收代理机构（略）

（三）版权汇聚团体（CCG）（略）

（四）保护澳大利亚土著和托雷斯海峡岛民的文化遗产（略）

（五）道德权利（略）

（六）表演者的权利（略）

八、遗产——我们的过去和未来

所有澳大利亚人必须都能够利用我们的文化遗产。它包含着我们所继承下来的各种自然景观和文化景观，也包含着由澳大利亚人创作的各种人工制品和对象——有关我们的过去的故事，亦即我们的历史。

联邦政府承认，我们的文化景观、可移动的文化遗产和无形的文化遗产，都是相互联系在一起的，因而都需要某种完整的政策和管理方法。

联邦政府的遗产管理政策所提出的目标是：

·尽可能使各种场所和对象保持其原初的状态，尊重各有关共同体和个体的关联和所有权；

·对各种需求和义务进行平衡，从而使人们对文化遗产既能够利用，又加以保护；

·保证对民族遗产的表达范围能够适当地表现民族的多样性。

联邦政府还将保证，各种新的通信技术将使澳大利亚人能够利用他们迄今为止在很大程度上还无法利用的文化资源。它将使我们通过运用多媒体体验我们的历史并展望未来；而且，多媒体将使我们能够从互动的角度利用国家的各种文化收藏品和研究机构。

联邦政府非常重视作为一种就业创造者的遗产部门在经济方面所具有的重要意义和发展潜力。许多地区重新焕发活力，都是以澳大利亚国内和国际旅游者对我们的文化遗产日益增长的兴趣为基础的。政府一直通过把诸如《土地保护和环境行动纲领》（LEAP）这样的纲领包含到各种就业方案之中，为与遗产部门的工作有关的各种技术的发展提供支持。

政府将继续支持和进一步研究各种机制，以鼓励遗产部门所具有的包括遗产保护、修建和旅游在内的就业和经济发展机遇。

（一）建筑方面的遗产

联邦政府支持在整个澳大利亚发展统一的遗产定义、遗产标准和遗产立法。联邦政府认为，所有这些立法都应当是一致的和统一的。

国家遗产被定义为：那些作为澳大利亚的自然环境或者文化环境的组成部分而存在的场所，它们无论对于现在的共同体来说，还是对于将来的人们来说，都具有审美、历史、科学或者社会方面的重要意义，或者说都具有其他方面的特殊价值。

遗产立法应当实现下列目标：

·制定一项容易理解和容易操作的法案；

·通过协定进行遗产保护（而不是通过强制进行遗产保护），同时维持已经形成的各种标准和条件；

·保护文化环境的适当的权力；

·制定有关向部长与政府提建议和协助保护文化环境的条款；

·把有关遗产保护的条款当作管理规划的一个有机组成部分来对待。

这个目标将通过遗产部部长会议和其他相关的政府论坛实现。

根据《世界遗产国际公约》《1983年世界遗产保护法案》和《1975年澳大利亚遗产委员会法案》，联邦政府有义务代表所有澳大利亚人，对澳大利亚全国各种具有重要文化意义的场所进行保护。在实施那些鼓励对澳大利亚国内的遗产性建筑进行谨慎和富有创造性的利用的革新性纲领的过程中，联邦政府发挥了领导作用。

澳大利亚遗产委员会是根据《1975年澳大利亚遗产委员会法案》建立起来的、独立的法定权威机构。其目的是对国家的遗产进行鉴定，并且就国家遗产的提出和保护提供建议。该委员会的目标是：

·发展和维持一个具有准确性和综合性的《国家遗产登记名单》；

·在与国家遗产的提出和保护有关的所有领域提出客观的建议；

·成为政府决策过程中有助于解决涉及国家遗产的各种争端的一个有机组成部分。

为了进一步发展公民立法提案程序，从而为使用和维护联邦政府的遗产性建筑建立一个前后一致的策略，联邦政府将建立一个复审委员会，以考察对于联邦政府所有的各种遗产的管理，使它们的保护得到进一步的保证。该委员会由主要的遗产所有机构和一些极其重要的专家组成。该委员会即将考虑实施的主要措施有：

·关于联邦政府所有部门和机构都对资产进行概略性考察，以鉴定那些具有文化方面的重要意义的场所；

·对有关这些场所的管理的各种指导原则进行发展和补充；

·对各种目前可以利用的、鼓励私有部门介入的奖励措施进行扩展。

该复审委员会还将关注联邦政府的各种建筑的处置权，保证联邦政府对其资产进行谨慎和富有创造性的运用，以及关注影响城市设计和地区发展的性质和特征的各种机遇。

（二）城市设计——我们未来的遗产

就联邦政府在城市设计和地区设计方面所发挥的作用而言，它有责任展望未来的遗产。显然，城市设计对我们的城镇生活、城市生活和郊区生活都会产生非常重要的影响。无论各种文化活动和文化企业，还是具体的设计，都会影响人们在工作和从业地点、退休和旅游等方面所作出的选择。

1993年，澳大利亚总理任命了由约翰·曼特主持的城市设计特别委员会，以考虑城市设计所产生的巨大影响，并且为政府提出各种建议。其"专门委员会报告"不久就会面世。它将集中注意政府的各种机构、法律和调节体系。它将促进各种富有创新精神的研究，特别会注意有关新的城市开发区的设计。它还将提出各种尺度——根据这些尺度，政府就可以在出色的城市设计和经济发展潜力之间形成具有建设性的关系。

（三）可移动的遗产

联邦政府将与各级政府部门合作，以提高人们利用那些展示我们各种各样的文化遗产的收藏品的程度。这些收藏品被保存在国家、州、区和地方的博物馆之中，各种展览馆和博物馆不仅可以使澳大利亚的历史获得更多的意义，而且可以让每一个澳大利亚人在这种历史上的地位获得更多的意义。

（四）博物馆（略）

（五）私人对各种文化机构的支持

联邦政府已经通过人文艺术税收奖励方案（TIA）对捐献进行奖励，该方案是根据《1936年收入税评估法案》第78条第1款（aa）和相关条款加以实施的，它通过向捐献者提供税收优惠，鼓励捐献人向各种公共图书馆、博物馆和艺术展览馆捐献具有重要的文化意义的收藏品。

"杰出的澳大利亚人"遗赠方案，是作为对TIA方案的一项补充而被引进的，其目的在于鼓励那些私人收藏家通过应用于其财产权的税收优惠，把具有重要意义的各种作品和收藏品遗赠给国家。

（六）把我们的遗产保存在澳大利亚国内

联邦政府通过《1986年保护可移动文化遗产法案》，履行其有关保护可移动的文化遗产的国际义务。这种做法将会控制对澳大利亚那些意义最重大的可移动文化遗产的出口，并且控制为了展览其他文化的杰出方面而暂时进行的进口。这项立法使澳大利亚能够资助把非法进口的其他国家的文化财产退还原国家的举措。该法案还强调，通过保证不出口各种具有神圣意味和神秘意味的对象，保护澳大利亚土著居民和托雷斯海峡岛民的文化遗产。

1. 澳大利亚土著和托雷斯海峡岛民的文化遗产（略）

2. 土著文化遗产保护（略）

3. 无形遗产（略）

九、文化产业开发

我们的文化所具有的力量和创造性依赖于各种独立自主的、可持续发展的文化产业。这些产业也可以为创造就业提供越来越重要的途径。

这些存在于经济内部的文化产业所具有的、对于就业来说日益重要的意义，正在变得越来越明显。

联邦政府将通过以下各个方面，支持各文化组织在市场环境之中更加有效地运作：

·扩展各种产业资助项目，把那些特殊的文化产业包括在内；

·鼓励大众对文化产品的需求；

·运用包括与各级政府相协调在内的各种手段，支持澳大利亚国内的文化产业生产；

·运用各种手段增加文化产品的出口；

·运用各种手段使文化产业能够适应诸如多媒体这样的新技术；

·通过进行版权立法，对知识产权提供强有力的保护；

·发展对于文化产业的规模和形态以及对于它们的就业基础的研究。

（一）产业发展纲领——规定各产业发展部门的指标

发展有关各文化产业部门的、全面综合的、具有产业基础的策略，是联邦政府优先考虑的大事，并且将巩固它在下一个十年继续发挥作用的纲领和政策，使它能够最有效地探讨它对各种文化组织的支持。联邦政府已经开始进一步强调对文化产业部门进行统计学分析，这种分析将使它越来越可能使其各种手段适应那些特殊的文化部门。当前这些由联邦政府资助的、有关出版和文化遗产产业的方案所取得的成功，将为其他有关部门探索一条道路。

通过"文化产业发展纲领"，联邦政府当前正在做的事情有：

·改善存在于这些产业内部的，有关联邦政府、各州和各区用于商业支持和产业发展的各种纲领和服务的意识；

·通过与各州和地区的艺术和产业投资组合项目联合开发的试验项目，改善文化产业对现有的各种产业支持机制的利用程度；

·改善对与产业联系在一起的各种资料的收集，分析各种文化产业的经济潜力；

·发展各种出口策略。

（二）设计

对于任何一个国家的文化地位、技术地位、社会地位和经济地位来说，设计都是一个首要的表现指标。它和构成它的其他任何一种艺术一样，都会从根本上影响我们的生活方式。

设计表现了某种具有重要意义的技术和技能投资，这种投资对于维持高水平的世界性制造产业来说具有至关重要的意义。联邦政府已经意识到设计在增加制造出来的各种产品的附加值、改善出口、发展经过精心研究的变革的制造业，以及在成功地把市场置于适当的位置之上等方面，所具有的重要意义。

（三）各种产业环节

在下一个十年中，文化产业的形态和它们在经济中所发挥的作用，都将发生具有重要意义的变化。作为服务部门的主要产业，作为有潜力的出口产业，它们将得到联邦政府的各种各样商业发展纲领的充分服务。由澳大利亚通信和艺术部确立的"文化产业发展纲领"，已经使一系列试验性纲领得以确定下来，从而能够保证各种文化事业对这些纲领的利用，保证它们进行有效的研究工作。

（四）澳大利亚观众发展委员会（略）

（五）发展出口（略）

（六）文化部门的统计学分析（略）

十、教育和培训

艺术教育有两重性，它既是为从业人员的，也是为受众的。对于艺术的从业人员来说，专业训练能开发他们的技能和优秀的专业水平。对于艺术的受众来说，教育能增强他们对国家文化生活的认识和参与。

（一）学校（略）

（二）专业培训（略）

（三）国家戏剧艺术学院（略）

（四）职业教育和培训（略）

（五）平行教育(parallel education，包括独立于正规教育体制的任何教育形式。它涵盖了各种有教育作用的机构，包括图书馆、艺术馆和博物馆。内容略。)

（六）开放式学习（略）

十一、为所有澳大利亚人提供资讯

全体澳大利亚人能够获得信息是联邦政府文化政策的重要内容。

长期以来，澳大利亚文化和遗产组织的工作是相互分离的，没有任何约束性框架，相互之间亦没有牢固的工作关系。新的通信和信息技术将纠正这种情况，采用的方法是使用新技术，如国家图书馆中的国家文献和信息服务项目，该项目是与新西兰国家图书馆共同开发的，它将把全澳大拉西亚(Australasia，澳大利亚、新西兰及附近南太平洋诸岛的总称——译者)各个机构所拥有的藏书和其他文化资料解放出来，并协助它们做好保护工作。

（一）澳大利亚国家图书馆（略）

（二）澳大利亚档案馆（略）

十二、澳大利亚文化在国际上的表现（略）

十三、投资我们的文化

政府的支持绝不会满足艺术的全部需要，政府的政策是创造一个艺术能够得到最大限度支持的环境。政府认为，私人部门，不论是个人还是公司在这方面可以发挥重要作用。

（一）税收激励机制

税收激励机制鼓励私人机构以政府伙伴的身份参与文化资助活动，通过税收激励机制，政府也鼓励自力更生，鼓励文化部门增强生存能力和它们用自己过去的收入进行资助。

（二）投资文化部门

政府看到了在影视生产中有推进投资的需要，于是在1978年为电影生产引入了税收激励机制。这些激励机制在唤醒澳大利亚电影工业方面起到了重要的作用。

（三）根据公司法融资

政府承认给文化产业融资的重要性。公司法提供了一个框架，在该框架内，企业能够融资，而投资者也受到适当的保护。1992年，澳大利亚证券委员会（Australian Securities Commission）免除了某些法律条款中对电影项目的限制。政府最近宣布对集体投资规定进行彻底检查，使人们能更容易地为艺术争取资本。

（四）对文化部门的馈赠

政府把免税的地位授予经过批准的团体，以此鼓励文化团体接受礼金，这些团体包括表演艺术、文学、设计、手工艺、视觉艺术、电影、社区艺术、土著艺术和历史学会(historical society)。各个团体可以通过把自己列在文化团体登记册上进行资格申请。

艺术规划中的税收激励机制通过税收来激励向公共收藏机构捐献文物，这样有助于保存我们的文化遗产，从而也就使它们向社会有更大程度的开放。

（五）赞助

通过赞助（还有税收减免）与企业建立的伙伴关系是协助多领域艺术的正在扩大的来源。文化部门按照《所得税评估法案》第51款第1条，为争取企业的赞助与其他部门竞争。

（六）免除所得税

按照《税收法案》第 23 节 (g) 的规定，免征属于非营利性团体的与艺术有关的协会、联合会或俱乐部的所得税，所以许多文化团体都免交所得税。

（七）免除营业税

《营业税法》有几条规定为艺术家和艺术机构提供了优惠：

· 对艺术品以及公共博物馆和艺术馆展品实行免税。对进口收藏品和古董也实行免税。

· 职业的以及不仅是出于爱好的画家和雕塑家在创作过程中使用的大多数材料和设备可以免税。

· 演出公司装配的布景道具用于自身的营业时也实行免税，但所使用的材料如果是应征税的，则应纳税。

· 许多州立公共图书馆、博物馆和艺术馆所使用的物品免税。

· 其他政府权威部门所使用的物品如果与艺术有关，也可以免税。

· 某些与艺术有联系的纳税人可以受益于小企业免税的规定，这适用于其年度纳税额小于 1 万澳元者，但这种纳税人必须为他们应征税的采购而纳税。

十四、文化旅游（略）

（李河、霍桂桓等译）

国外文化政策文件选编之五：英国

（2004年3月25日）

《文化政策调研》按语：本期摘编的《英国文化政策》（1993）不仅是"英国有史以来首次以官方文件的方式颁布的国家文化政策"，而且在欧洲乃至整个西方世界都有一定的原型意义和范本价值。

这里简要介绍英国文化政策发展的几个大致阶段，以帮助理解其背景：20世纪50~60年代，是政府大幅增加对文化艺术财政拨款时期。从1945/1946年到1955/1956年的十年间，拨款从23.5万英磅增长到了82万英磅。自1965年起，文化艺术拨款者从财政部转移到了教育和科学部。当时第一任艺术大臣珍妮·李发布了一个扶持艺术政策的政府白皮书，此后两年，艺术委员会拨款继续大幅度增长，还废除了上议院的戏剧审查制度。

70年代经历了一次激烈的辩论，焦点是什么样的艺术和文化形式应该得到资助。一方主张支持经典和当代杰作，另一方则主张支持不断增长的"另类文化"运动。这一运动起源于日益增加的"社区文化中心"，政府尽管被迫扩大扶持范围，但是仍然对其采取消极态度。

随着政治和经济压力的增加，80年代成为对英国文化体制重新评估的十年。政府要求艺术和文化组织寻找增加收入的新来源，重点转向寻求增加观众人数，以及增加商业赞助和经济收益的各项市场化措施上。

90年代中期，"国家彩票"的引入给英国文化部门带来了新的主要收入来源。发行彩票的最初几年，获益还主要集中在博物馆、美术馆等重大项目上。近些年的彩票收益则被"活用"，一些较小的社区项目也被纳入获益之列。

随着管理经验的增加，英国政府开始意识到国家文化战略的重要性。1990年，英国政府要求大英艺术委员会协同英国电影协会及各地区行业委员会共同起草英国文化发展战略。经过两年的调研、研讨和论证，在1992年形成"国家文化艺术发展战略"讨论稿。1993年以《创造性的未来》为题正式公布，这构成了本期所摘编的《英国文化政策》文本的核心部分。

在上述过程中，英国最终形成了被称为"一臂间隔"的文化管理经典模式。

英国最早建立的国家艺术拨款机构起源于20世纪40年代的一场争论：作为自由民主社会的体现，政府是否该在艺术拨款中起作用。结果是成立了鼓励音乐和艺术委员会（CEMA）。到了1964年，CEMA演变为著名的大英艺术委员会，它被认为是"世界上第一个政治家直接支持的分配政府资金的艺术机构"。根据国际艺术理事会和文化机构联盟2002年公布的文件，大英艺术委员会是"全球第一个体现了一臂间隔原则（arm's length）的中介组织"。

经过了80年代对艺术拨款和管理体制的重新评估，1992年英国设立了国家遗产部，以协调处理艺术、博物馆、遗产、媒体、体育和旅游等各方面的文化事务；1994年，又将大英艺术委员会的职责移交给了英格兰、苏格兰和威尔士艺术委员会，让每个民族管理各自与艺术拨款有关的事务。文化管理权逐渐走向分化。

今天的英国，已经形成了由政府（包括中央政府和地方政府及其所属文化行政管理部门）、非政府公共部门（与各级政府对应的、作为准自治非政府部门的公共组织）、各种行业性的文化联合组织（包括电影协会、旅游委员会、广播标准委员会等38个机构）构成的三层文化管理体制。"一臂间隔"正是在这三层结构中得以实现的：在中央政府与地方政府及其所属文化行政管理部门之间形成的是纵向的"垂直分权"，而在政府与非政府公共部门、各种行业性的文化联合组织之间形成的则是横向的"水平分权"。"水平分权"是指在政府与各级艺术和文化机构之间达成必要的协定，通过政府与非政府组织之间的互动来管理文化资金和文化项目的运作。所谓的NDPB（非政府部门公共组织）就是与政府保持"一臂之距"的典型机构，它包括直接管理艺术、体育、电影、遗产乃至博物馆的大量非政府组织，由它们来负责政府文化资金的开支、文化项目的分配，以及选定资金和项目的受益人群。欧洲的其他国家或多或少都受到了英国文化政策的影响。1998年，欧盟理事会文化指导委员会将"创造性的欧洲"作为自己的发展战略目标，并制定了欧盟文化政策的框架模式。随后，欧洲各国出现了制定本国文化政策的高潮，27个国家相继推出了自己的官方或半官方的国家文化政策，它们通常也由各国负责文化、艺术或遗产的政府部门委托，由自治性的文化委员会中的专家集团来起草。

（刘悦笛）

英国文化政策

（摘录，原文 30000 字）

一、文化政策的管辖权、决策和管理

（一）组织机构

英国议会和政府负责英格兰所有的文化项目，还负责一些诸如全英广播之类的项目。在苏格兰、威尔士和北爱尔兰，大多数的文化项目由苏格兰议会和政府的行政部门、威尔士的国民大会和北爱尔兰国民大会分别负责，这就是所谓的"被移交的管理"模式。"1998年苏格兰法案""1998年威尔士政府法案""1998年北爱尔兰法案"规定了哪些项目仍然由英国政府负责。

（二）机构制度总述

文化、传媒和体育部（DCMS）实施英国政府的政策，并管理政府给英格兰国家博物馆和美术馆、英格兰艺术委员会、大英图书馆和其他国家文化和遗产组织的拨款。它的其他责任包括管理电影和音乐工业、广播和出版、国家彩票、博彩和文物的进口许可。DCMS由国务秘书领导，他的助理是三个议会的国务副秘书。

英格兰以"一臂间隔"为基础的文化运作，通过大量的非政府部门公共组织（NDPB）来开支，其中包括在英格兰负责艺术、体育、电影和遗产的组织，以及它在苏格兰、威尔士、北爱尔兰的相应组织。许多博物馆和体育馆也由 NDPB 管理。

在广播、文化物品的进口控制、政府赔偿计划、国家彩票、公共借贷权这些领域，英国议会和政府仍负有整个英国的立法和政策责任。DCMS 也承担威尔士电影的立法和政策责任。所有其他受英国统治的地区，由苏格兰、威尔士和北爱尔兰的被移交的管理权负责。除了特别保留的项目，欧盟和国际项目也由英国政府负责。

英国的非政府部门公共组织直接从 DCMS 得到拨款。基金协议设立各项 NDPB 与 DCMS 双方同意的项目的目标和对象。英国各地区的文化政策由在 DCMS 机构工作的地方性组织决定。

（三）各部门或各级政府间的合作

英国政府致力于保证政府各部门之间更大的合作，以确保政策有效的传递。这既涉及到文化事务，也涉及到需要交叉处理的问题。

（四）国际文化合作

大量的国际文化合作是由个人和组织通过网络、交流和面对面接触来完成的。不论是个人和组织还是文化和创造性行业，它们都融入到一体化的工作领域中。英国政府（通过 DCMS）对与欧盟的文化合作和欧洲议会的文化政策负领导责任。

二、文化政策的总体目标和原则

（一）现行国家文化政策模式的主要内容

英国的文化扶持制度坚持"一臂间隔"模式。"一臂间隔"原则是政府和各种艺术和文化机构之间的必要的"协定"，它在二者之间设立边界。该模式拥有一系列的非政府组织，NDPB 就是管理政府文化资金支付和决定谁是受益者的组织。2001 年 3 月，英格兰艺术委员会宣布把 10 个区域性艺术委员会结合在一起，创立一个新的艺术拨款和发展组织，这个新组织在 2002 年春成立。

（二）文化的民族性定义

在英国，没有官方的文化定义。由于它的地方性、语言性和多文化的差异，英国文化不被看成单一的实体。

（三）文化的政策目标

英国文化政策的最根本目标是：给尽可能多的英国人创造生活最美好的事物，增加民族文化和体育生活的途径，参与可提供的生活质量的提高，以及促进人们追求卓越的欲望。1999年，政府要求文化部门把喜爱和参与艺术和文化活动的人口比例在十年间从55%增加到66%。这些目标对满足政府广泛的社会、经济和教育目标起着关键作用。

为了完成这些目标，政府把它们划分为六个部分，主要应用于英格兰：

1. 维持和发展有质量的、有创新性的和优秀的计划；创造一个有效的和竞争性的市场，包括消除对增长来说并不必要的规则和障碍，以便发展旅游产业和创造性产业；在英国国内外，促进英国在文化、传媒和体育领域中的成功。

2. 拓宽所有人过上丰富多彩的文化和体育生活的途径；鼓励对优秀传统的保护。

3. 发展国家在文化和体育资源上的教育潜能；提高文化教育和训练的标准；保证对创造性产业和旅游产业足够多的技术支持。

4. 保证每个人在文化、传媒和体育领域有机会发展自己的能力和取得优异成绩。

5. 维持公众对国家彩票的支持，保证从中获得的资金用在DCMS和国家其他的优先项目上。

6. 提高DCMS部门在城市和农村革新中的地位；追求可持续性发展，与社会隔离作斗争。

三、文化领域的主要法律条款

（一）法律管辖权概述

英国属于判例法国家，没有成文的宪法。英国也没有占特别支配地位的法律条款来管理文化，但涉及具体文化部门的立法已引进多年。

（二）有关艺术家的法律框架

1. 英国没有关于艺术家的法律框架。

2. 社会保障/劳动关系：在这个领域中，艺术家处于判例法的总体框架之内。英格兰艺术委员会委托就业研究院、教育发展中心和"沃里克大学评估与研究"从事艺术家劳动市场、税收和收益制度效果的研究。

3. 税收方法："国家税收"裁定给艺术家的拨款和奖金需要纳税。从事创作的人，比如作家、作曲者、歌剧作家等等，可以与国家税收当局一起协商，把他们的税收分布在几年之中。

（三）文化产业

英国的电视业被认为是欧洲最有生机的产业之一。卫星和有线电视的观众持续增加，商业广播迅猛增长。随着数字技术、因特网和通信领域的发展，电视和广播以大量崭新的和创造性的服务方式开始进行传递。关于文化产业的政策包括如下方面：

1. 关于电视配额：根据英国1990年和1996年的广播法案所实施的欧共体条约要求各成员国保证，在合适的地点和通过适当的手段，凡在管辖区内的广播公司都必须给欧洲作品保留一段重要的黄金时段。而且，至少10%的时段必须留给欧洲单独制作的作品。英国面向全球和公共服务的广播公司必须依法执行项目内容配额。通过DCMS，英国政府监督所有以英国为基地的有线电视和卫星频道的配额赢利。

2. 关于语言的法律：对于文化产业中土语或外语的使用，在英国没有特别的法律条款，除了在苏格兰建立"盖尔人电视拨款"用以赞助盖尔人的电视产品之外。

3. 关于电影或其他方面赞助的法律：电影制品可以得到的公共资金或其他可以帮助电影产业准备活动的资金，由英国的电影委员会管理。1985年的"电影法案"规定，产品开销或支付英国电影的成本是可以获得减税的。英国电影也可以利用"销售和出租退还"协定，据此，电影制作公司或制片商能够把他们的借贷减少到其电影版权销售给英国购买者的预算的12%，当出租的版权归还给制作公司的时候，购买者可以根据购买的价格要求税收减免。

（四）版权修正案

1. 作者权利制度：原版文学、戏剧、音乐或艺术作品（包括计算机程序和数据）、电影、声音制品、有线电视节目、广播和已出版版本的印刷安排，如果遇到受法律保护的要求，将会自动受到版权的保护。总的说来，版权保护也给予欧盟成员国第一次出版的作品，或来自于参与国际版权协定、世界贸易组织或双边协定的国家的作品。版权所有者有权反对未授权的复制、公共展览、广播、租借、公开发行和对他（她）作品的改写，也反对进口、占有、处理。在大多数情况下，作者是版权的第一拥有者。文学、戏剧、音乐和艺术作品的版权期限，大致上要延续到从作者去世起的70年，电影的期限是70年，音像制品和广播的保护期是50年。

2. 在英国没有空白带税收。

（五）文化遗产和所有权

当保护历史建筑和纪念牌被认为是公共利益时，对它们的法定保护便由此产生。

特殊设计的或有历史意义的建筑物，根据它们的重要性的具体等级，由相关的政府部门列出清单。政府部门也有责任编纂古代纪念碑的目录，并对那些被列入名单的建筑提供同样水平的保护。支持中央政府保护遗产工作的主要机构是："英格兰遗产""苏格兰遗产""威尔士历史纪念馆"和"北爱尔兰遗产服务"等组织。

（六）私人部门文化投资的法律鼓励

在英国，商业和艺术组织正在进行更加复杂的合作，在2000年给艺术的资金超过1.5亿英镑。有很多计划鼓励公私合作利用税收和关税减免。"企业投资项目"是政府为了帮助小型公司扩大资金而引入的，它给投资者的收入和资本增值税最少减免了 1 千英镑。

四、文化融资

在英格兰，2000/2001 年度通过 DCMS 的有计划的中央政府开支是 6.81 亿英镑，其构成是：

（1）国家博物馆、体育馆和图书馆的开支是 3.38 亿英镑；（2）艺术的开支是 2.39 亿英镑；（3）广播、传媒（包括电影）的开支是 1.04 亿英镑。政府的艺术拨款将增加大约 1 亿，从 2000/2001 年度的 2.39 亿增加到 2003/2004 年度的 3.38 亿英镑。

苏格兰、威尔士和北爱尔兰艺术委员会 2000/2001 年度有计划的开支分别是 3482 万英镑、1650 万英镑和 740 万英镑。苏格兰财政当年向苏格兰国家美术馆和博物馆、国家图书馆拨款 4100 万英镑，另外还为苏格兰电影产业投入 262 万英镑。威尔士国民大会向威尔士国家博物馆、国家图书馆和其他艺术组织拨款 3900 万英镑。北爱尔兰文化、艺术和休闲部向北爱尔兰的博物馆、艺术组织和图书馆拨款 4330 万英镑。

"国家彩票"是在 1944 年成立的。它的剩余资金在五个"补偿条款"之间得以划分，它们是艺术、体育、遗产、慈善（社区基金）和新机会基金（覆盖健康、教育和环境项目）。给艺术的资金实际上的分配委托给了英国的四个艺术委员会。

地方当局维持大约 1000 个地方博物馆、美术馆和公共图书馆网络。他们也给职业的和业余的管弦乐队、剧院、歌剧和舞蹈公司、节日、艺术中心等提供资金帮助。

英国在艺术上的商业投资在 1998/1999 年度大体增加了 22%，达到 1.4 亿英镑。"艺术和商业组织"促进和鼓励在商业和艺术之间的合作，它是世界上同类型组织里面最大的。它的成员超过 350 个，并且代表英格兰艺术委员会和 DCMS 管理艺术和商业的新合作项目。

五、文化机构和新的合伙人

（一）公共职责的重新分配

直到1992年大选，英国没有文化大臣，1992年，国家遗产部（DNH）成立，用以统一政府在文化政策上的活动。国家遗产部全面负责艺术、博物馆、体育馆、图书馆、电影、广播、出版、体育、旅游、遗产和被列入的建筑、国家彩票和"千年基金"。国家遗传部在1997年改名为文化、传媒和体育部（DCMS）。在2001年大选后，赛马、博彩等于2002年也被移交给了DCMS。

（二）不断出现的合伙人或合作

在英格兰，现在有相当多的地方一级以上的公共、半公共组织和一些私人部门组织，合作发展地区经济、向内投资并进一步拓宽社会和文化代理机构。

六、对创新和参与的扶持

（一）对艺术家直接的和间接的扶持

除了公共租借法案，单个的创作者并没有被区别看待。对艺术家的支持，主要来自于艺术委员会的机构或部门（比如行业委员会），或来自于一些基金和以某种形式赞助的奖金。

1. 特别的艺术家扶持计划：政府实施一项"公共租借法案"计划，该计划通过公共图书馆酬劳著作者而大量贷款。一位著作者每年能够收到的最大的支付额是6000英镑。

2. 对职业艺术家协会的扶持：政府或艺术拨款机关一般不直接扶持各种艺术协会。

3. 对艺术家的捐献或其他计划："科学、技术和艺术国家扶助"成立的目标，就是帮助有才华的个人或群体充分发挥他们的潜能；把"创意"和创造性变成产品和服务；致力于大众知识；培养对科学、技术和艺术的兴趣。

（二）业余艺术/文化协会、中心的作用

"政府更新"项目对自愿部门的总体扶持，正在改变自愿的、业余的艺术运作的环境。英国对自愿行动各方面的强调越来越多，特别是它在加强和发展当地社区中所起的作用。

（刘悦笛 摘编）

表面冲突下的深层危机
——从情报事件看英国公共传媒（BBC）与政府的关系

（2003年12月8日）

《文化政策调研》按语： 在市场经济、法治社会和传统传媒技术的基础上，一个不同于商业媒体的公共传媒应该怎样生存和发展，国家和政府应该怎样给它以必要的支持，它与政府之间应该保持一种什么样的关系状态，等等，在这些问题上，英国的英国广播公司（BBC）曾塑造了一个典型，成为世界上一种模式的代表。然而随着全球化、数字化新浪潮的到来，并日渐成为经济和技术发展的主导趋势，公共传媒又应靠什么来生存和发展，怎样显示自己存在的价值并赢得主动权呢？——中国社会科学院文化研究中心曾于2003年8月初召开小型专题研讨会，通过分析BBC最近与英国政府发生的冲突，探讨了这个问题。讨论的结论是，BBC与英国政府的争论并不是偶然的、个别的现象，而是具有普遍意义的象征性事件。对于我国正在进行的文化体制改革来说，关注和理解这个事件，不应以一种"隔岸观火"的心态，而需要有"未雨绸缪"的远见。

2003年5月，英国广播公司（BBC）播发了一则关于英国政府为发动对伊拉克战争而夸大情报的报道，于是引发了"情报之争"（也称"凯利门""情报门"或"假情报"事件）。几个月来，这场争论成为媒体关注的热点。作为BBC与英国政府关系史上最严重的一次冲突，这场争论的背后存在着深层危机。

一、事件经过

2003年3月20日,美英两国政府以伊拉克拥有大规模杀伤性武器为由发动了入侵战争。战争结束了,作为战争理由的大规模杀伤性武器却始终未被发现,美英两国政府的诚信面临严峻考验。5月29日,记者吉利根在BBC《今日》节目中报道说,一位了解内情的资深消息来源者透露,英国政府为了争取公众支持,"可能明明知道是错误的",却要在关于伊拉克武器的卷宗中加进伊拉克能在45分钟内部署大规模杀伤性武器的指控。6月1日,吉利根又在英国《邮报》的一篇文章中称,布莱尔的新闻办公室主任坎贝尔应对假情报一事负责。吉利根的报道和指责立即掀起了轩然大波,英国政府与BBC之间的"情报争论"由此拉开帷幕。

争论的焦点首先是报道的真实性问题。迫于压力,英国政府同意议会下院外交事务委员会、情报与安全委员会同时就政府处理对伊情报问题展开了相关调查。调查的结论是,英国政府在使用有关伊拉克武器情报过程中确实存在"不适当"之处,但"没有蓄意误导国会"。这一结论显然不能平息争论。于是弄清吉利根消息的来源便成了新焦点。首相布莱尔要求英国议会和BBC应该说出那个透露情况的人,国防部则很快把目标锁定为国防部顾问、武器核查专家凯利,BBC却一再否认。不久,凯利公开承认与吉利根见过面,但否认自己就是吉利根报导的主要消息来源,随即割腕自杀。凯利之死进一步震动了英国,使布莱尔政府陷入执政以来最严重的政治危机。据《卫报》公布的民意调查,英国民众对政府的信任率下降了9%,有61%的选民对布莱尔目前的工作表示不满意。

二、BBC何以如此"胆大妄为"

BBC成立于1922年。1927年改组后,除由政府每年给予特别拨款外,更靠收取电视机执照费（由政府向每一台电视机的购买者强制收取，事实上等于税收）来维持BBC的运营。这样一家靠政府支持的传媒，却在重大现实问题上与政府过不去，表面上看似乎不可思议，实则有其内在的逻辑。

首先是BBC的法律定位。在英国，媒体被认为是公民行使自由表达权的载体，而确保媒体免受政府的干预则是一个基本法律前提，这构成了公共传媒生存和发展的基础。作为既区别于一般商业机构、又独立于政府的公共广播电视机构，在与国家发生矛盾时，BBC将新闻自由作为武器，强调自身的独立性，以维护其合法身份，是有法律依据的。

其次是BBC的创建初衷。当初创办BBC的理念和原则是：办成一家不受政治干预和商业操纵的广播公司，凡事以社会责任和公共利益为最高原则，提供"多元、公正、客观、无商业色彩"的新闻和节目。1927年改组时，上述独立原则写进《BBC章程》，并在许可合同中作了明确规定，等于得到了政府的认可和承诺。从政府方面来说，认可BBC的独立性，包括在一定程度上容忍BBC自行其是，也是政府向社会民众展示自己政治形象的需要。

总之，BBC尽管要从国家获得经济资源，并受政府监管，却并不隶属于政府；尽管负有"喉舌"的公共责任，却不能只发出政府的声音，而是力求代表"民意"。在BBC诞生以来的81年历史中，尽管与英国政府多次发生争吵，却没有改变这一基本格局。尽管"每个英国政治家最想做的事情就是驾驭BBC"，但到头来还要更多地依靠BBC的作用。因此每次争端后，BBC不但强大如故，甚至还往往能从政府得到更多的支持。这次的争论，表面上看似乎和以往的争论一样，实则已大不相同。无论是英国政府还是BBC，都另有其背后的用意。

三、新一轮全球化背景下的博弈

有人认为，BBC 是在新一轮全球化背景下面临着严重的生存危机，为求得未来与政府谈判的主动权，而精心策划了这一事件。这一看法不无根据。早在 20 世纪 80 年代，在英国与阿根廷马岛之战和北爱尔兰事件上，BBC 就与当时的撒切尔政府发生过冲突。自那时起，BBC 的价值就开始受到政府方面的质疑。此后随着商业化浪潮的冲击，特别是数字化、多媒体和多频道时代的来临，BBC 生存危机就日益明显了。

商业性广播在英国由来已久。1936 年 11 月 2 日，BBC 位于伦敦北郊的电视台正式开播，标志着现代电视业的开端和世界上第一个公共电视机构的诞生。此后，随着电视技术的发展，私人投资的商业电视机构开始大量涌现。1953 年英国政府发表第二部《广播白皮书》，开始了英国电视业的商业化进程。商业化的目的是赢利，收视率是其生命。为了在竞争中获胜，就必须迎合受众的口味，不断提高新闻时效性和节目丰富性；一些商业模式（如广告）还可为受众提供大量的免费频道。商业电视台的不断涌现，打破了英国广播电视的传统体制，对以收取公众收视费为生的公共广播电视机构构成了挑战，使 BBC 的地位大不如前。

特别是 20 世纪 80 年代以来，数字化、多媒体和网络技术的发展，有线电视、卫星电视和因特网等新媒体异军突起，正在塑造传播媒体的新格局：数字压缩技术从根本上改变了频率资源有限的局面，频道垄断已无必要；多媒体和网络技术为个性化消费提供了技术可能，有线电视等新媒体的出现使受众有了更多的选择，内容垄断以及由此而来的受众垄断也已不再可能。据说在英国仅通过有线和卫星收看的频道就达 300 多个，广播电视领域如今已是各种传播机构林立、传播方式多元、服务种类多样的"多媒体时代"。这些进一步全面动摇了 BBC 的垄断基础。据日本 NHK 广播文化研究所 2001 年 1 月在英国的调查，BBC 在收视率、满意率和存在的必要性等三个方面都不如商业电视：在收视率上，BBC

比商业电视少 5 个百分点，满意率低 15 个百分点，在存在的必要性上差 11 个百分点。面对日益严重的生存危机，BBC 开始了改革求生之路。它于 1998 年底发表了《21 世纪的 BBC》，从服务、创新、改革和财源等 8 个方面阐明改革战略。BBC 认为，广播电视、电信和因特网三大产业融合，是巨大价值和机会的源泉，BBC 将面向数字化时代实行自我改革以增强竞争力。实际改革措施包括：以观众、创意和节目制作为核心，逐年提高节目投资比例；提高实际创意部门的决策影响力；减少中间管理层以提高管理效率；裁减人员，大幅度削减管理经费；拓宽商业化服务范围等。BBC 网站随之建立（现在已经是欧洲和全球访问量最多的站点之一），率先开播地面数字广播，新开广播、电视和互联网一体的"talking point"节目，开播四个数字电视频道，等等。这些改革措施意味着，BBC 要考虑面向市场去"自谋生路"了。

但是，作为公共媒体的 BBC 在实施上述商业化的改革措施时，却不免模糊了自己的身份。因为它无疑是在市场（商业媒体价值）和政府（公共媒体价值）两条战线上作战，力图在两者的平衡中生存。BBC 所寻求的最佳状态当然是"两头得利"，却必然引致公众的质疑，也授予政府干预以新的口实。

据英国《每日电讯报》最近一份民意调查，2/3 英国人对 BBC 每年向每台电视机征收 112 英镑执照费的做法表示强烈不满。一场反电视机许可证运动正在酝酿之中。反对人士筹划在议会广场、BBC 广播大楼等地举行示威活动，意在强迫政府修改法律，取消电视机许可证制度，此举对 BBC 而言无异于釜底抽薪。而这次的"情报之争"则表明，BBC 要强化自己作为公共舆论代言人地位，以此增加向政府要求支持的筹码，从而与政府之间进行一场新的博弈。

四、英国政府不再"懦弱"

英国政府以往在与 BBC 的冲突中似乎表现得"软弱无力",是有其原因的。不仅因为政府对媒体进行直接控制有违民主精神,更因为在媒介稀缺时代 BBC 的地位不可取代。但是,现在情况大不相同了。

英国政府过去对 BBC 监管的主要方式是任命一个独立于政府的、由 12 名委员(任期 5 年,可连选连任)组成的监管委员会(以公众利益信托人的身份管理 BBC),签订一份每 10 年协商更新一次的合同。尽管还有一些外部监管规定,如许多政府部长享有规范和要求 BBC 为或不为某些行为的权力;建立了若干个广播理事会和地区咨询理事会;建立了 BBC 年度报告的议会审议程序;设立处理公民投诉的广播电视标准委员会(BSC)等。但由于 BBC 的影响力和特殊地位不易替代,英国政府总是有所顾忌,投鼠忌器,不能如愿。

这次的情况则是:BBC 已今非昔比,政府也发现自己有了新的理由和机会,即使不抛弃 BBC,至少也可以增加些压力,强化监管。在此次争论中,政府把矛头直接指向"BBC 作为公共广播机构存在的必要性",可以说是点中了 BBC 的死穴。所以有人认为,从某种意义上说,与 BBC 的这场争论也是英国政府希望看到的。

当然,英国政府目前还不会断然放弃 BBC 而轻易地另立喉舌,但借此来整顿一番则是势在必行。在 2003 年 9 月召开的皇家电视协会大会上,英国文化、媒体与体育事务大臣泰萨·乔维尔公开宣布,政府将对 BBC 进行一场彻底的检查整顿。尽管乔维尔公开保证说 BBC 的独立性不会受到影响,目前也没有迹象表明英国政府会改变监管方式,但这场整顿的规模和力度都将是空前的。就目前掌握的资料看,整顿的内容可能包括限制 BBC 管理层的权力,对 BBC 营业执照进行检查(包括对其执照费用的审查),同时检讨 BBC 的价值,审议 BBC 服务的范围和规模,它应当与市场保持何种关系、如何筹集资金以及如何真正实现资金的价值，等等。整顿的程序和时间表是：2003年年底前公布有关BBC前途的问题，之后进行广泛的公开讨论，然后在2004年年底拿出绿皮书，接着是白皮书。整个审查程序将随着BBC的营业执照于2006年年底到期而全部完成。

五、默多克"黄雀在后"

正当BBC与英国政府的争论不断升级，BBC前途堪忧之际，BBC的竞争对手们纷纷借此"天赐良机"想取而代之，从中渔利。其中的主力正是国际传媒巨头默多克旗下的英国媒体。默氏媒体的攻击目标主要是BBC的生存基础，即标志其特殊垄断地位的收视费制度。在皇家电视协会大会上，默氏英国"天空卫视"总经理布尔以充满煽动性的措辞，严厉抨击2002年BBC斥巨资购买好莱坞电影《哈利·波特》电视首映权的做法，认为是对BBC资源的不当使用。为了支持自己的观点，布尔出示了天空卫视2003年6月的一份民意调查。这份调查结果显示，51%的英国人（历史之最）认为，他们每年交112英镑执照费（英国全年共25亿英镑）给BBC使用，这些钱花得"并不值得"。布尔很懂得抓住BBC作为非商业性公共媒体的角色定位和经营权限来做文章，认为BBC既然以公共服务为己任，就不该与商业电视台竞争收视率，而应该努力成为"优质节目制作机构"。他还咄咄逼人地提出：BBC应该将其最受欢迎的6个节目卖给竞争对手，将所得利润再投入非商业性节目的制作。

尽管BBC总裁戴克进行了有力反击，不可否认的是，布尔的抨击毕竟迎合了英国国内近年来不断高涨的质疑BBC执照费正当性的浪潮，同时将公共媒体的角色和经营权限问题再一次提了出来，大有将BBC逼上绝路的意思。

六、前景与启示

BBC与英国政府之间的争论还在继续，但与英国政府为期10年的合同将于2006年到期，到期后是否续签，如果续签，能否继续保证其现有的利益，都是未知数。

BBC的前途当然不外两种：一是继续维持现有体制并作适当改革，二是转型为商业化的广播电视机构。但是围绕两种前途，英国学术界却有几种不同意见：第一种意见认为，BBC应该彻底私有化，在市场环境中提供人们所需要的多元性的观点；第二种意见认为，BBC应维持公共媒体的性质，同时，为防止被边缘化，它也可提供商业性服务与私人部门竞争；第三种意见是，BBC应该维持公营，但需要建立内部市场等措施以改善经营效率，同时另创财务上与BBC完全分离的商业公司，以便进入世界市场；第四种意见认为，BBC应该继续以执照费作为最主要财源，并呼吁执照费的增加幅度应该远远超过物价上涨指数，等等。客观地看待BBC这场危机，不难发现它实质上是数字化多媒体技术发展条件下的公共媒体生存危机。这里的要害问题是：在一个商业电视充分发展、传媒过剩的社会里，为什么需要公共电视？其特殊价值何在？如果在新的数字化技术条件下，公共电视的内容资源（特别是新闻）被商业电视分割，公共电视节目的品质又无法保证优于商业电视，那么以特殊代价来维持公共广播电视还有什么必要？等等。这些已经不再是抽象的理论问题，而是迫切的现实问题。

而公共媒体生存危机的焦点，是财政危机：如果公共广播电视确有存在必要，那么维持其营运的经费究竟该由谁来买单？是公众，政府，还是其他机构？这也是一个棘手的问题。

总之，从现象的深层本质上看，这种危机不仅是BBC要面对的，也是世界上所有公共传媒机构都不能忽视的。如何化解这个危机，将是现代社会健康发展必须解决的一个重大课题。

BBC与英国政府的争论涉及许多新的理论与实践课题，对我国新闻出版广播电视体制改革有一定的启示作用。我国广电数字化进程已经启动并且不可逆转，商业化趋势已经开始出现，传媒过剩局面也迫在眉睫。那么，公共媒体究竟应该如何定位？如何处理好事业属性和产业属性的关系，以保证它的持续发展繁荣？如何与社会主义市场经济的法治环境相适应？政府应该如何监管，以做到"管得合法、管得合理、管得艺术、管得有效"？等等。显然，我们只有通过改革作出富有远见的安排，才能建立起具有中国特色、与社会主义市场经济体制相协调、与世界文化产业发展趋势相适应的广播电视新体制。

（中国社会科学院文化研究中心　贾旭东）

国外公共服务部门改革的一些经验

（2004年4月26日）

《文化政策调研》按语：经济合作与发展组织（OECD）"关于从传统行政管理向新型公共管理体制转化"的课题研究成果中，提出了一个新的关键词"分散化治理"，这个词集中反映了正在世界范围内兴起的"政府治道变革"的新趋势。

发达市场经济国家在文化市场的发展过程中，经历了传统的行政管理集中化和放松管制两个阶段，所谓"分散化治理"描述的是第二个阶段。从这一阶段所遇到的问题和解决问题的方案来看，有颇多近似于我国当前改革的情况。我国目前的事业单位改革是继国有企业、政府机构改革之后，"公共领域"的又一项重要改革，也属于"政府治道变革"的范畴。因此OECD一些经验可资借鉴。

例如，在我国计划经济管理体制下，文化管理曾被简单当作行政管理体系的一个部门，文化事业单位被视为行政附属机构。改革开放以来，为了适应在市场经济条件下文化事业发展的需要，单位的自主权不断扩大，但公共服务质量却不断降低。针对类似问题，OECD国家将"授权"和"问责"统一起来的治理经验，就很有参考价值。

又如，改革开放以来，我国文化服务形式日益多样化，组织类型日益复杂化，但传统的财务与会计程序却依然故我，导致了只注重资源投入控制，而疏于产出效率的提高等问题。OECD国家尝试将国家的控制与监管从传统的"投入管理"向"产出合同管理"模式转变，即从着重于"从前控制"向"从后治理"转变，未尝不是一个值得考虑的方向。如此等等。

文化体制改革是我国事业单位改革的一条基本战线。如何把党中央关于文化体制改革的战略部署落实下去，我们不仅需要参考别人的经验，进行体制方面的观念更新，更需要从实际出发，在实践中不断地探索和总结我们自己的经验教训，才能创造出适合于中国的新型文化体制。

2004年3月23日至24日，中国社会科学院文化研究中心"文化事业单位改革"课题组成员参加了由国家发展和改革委员会、经济合作与发展组织（OECD）与世界银行联合召开的、关于"公共服务部门改革国际经验与中国事业单位改革"的国际研讨会。在会上，来自OECD国家的官员和学者介绍了公共服务部门改革的一些经验，我们认为值得关注，特将其简要整理如下，以供参考。

一、理念创新：从传统行政管理模式到新公共管理运动

传统行政管理模式的核心理念认为，组织严密、控制严格的组织群体比分散化独立运作的个体更有效率。最先向这种处于支配地位的理念提出挑战的是经济学，接着相关理论大量出现在商业管理和公共行政领域。以此为基础，20世纪80年代，OECD国家兴起了"新公共管理"（NPM）运动。该运动的核心理念认为：由中央控制的等级制组织群缺乏开创精神，无法迅速适应环境的变化，对服务对象反应不够灵敏。

新公共管理的主要概念依据之一来自"新制度经济学"。新制度经济学主要提出了委托－代理关系、交易成本、不完备合同等概念，并用这些概念解释为什么整合组织的效率反而更低。建立在新制度经济学之上的新公共管理理论认为，当管理者可以自主运作并对其行为和后果负责时，公共组织的绩效将会提高。这一点可以说是新公共管理运动的本质所在。新公共管理有两条核心原则：一是通过放宽对工作资源使用的管制来"让管理者可以管"；二是通过明确对管理者的期望，并对照这些期望来衡量他们的成绩，从而"使管理者愿意管"。授予管理者以自

主决定权，以换取他们严格地承担责任——这种交换给每一个代理机构设定了一个具体的职责范围，并授权管理者自主开展工作。而管理者既然获得了自主决定权，就必须公开说明他们做了什么事，达到了哪些目标。交换的双方是相互依存的：如果管理者没有管理上的自由，要求他们对绩效负责是不合理的；而如果管理者的表现无足轻重，那么给予其运作上的自主权就显会得不够谨慎。

二、组织形式多样化：从部门中心模式到代理机构模式

以部门为中心，一直是政府提供服务的主导模式。到了20世纪80年代，部门中心模式不再能满足政府组织上的需要，致使代理机构（如，英国的交通检察署，荷兰的挂靠在卫生、福利和体育部的医疗鉴定委员会，挂靠在内务部的公务员信息部和中央档案文件处理部，等等）大量出现。部门是20世纪国家的基本组建模块，部门的废除则可能是21世纪后现代型国家的特征。20世纪的国家是权力集中的必然结果，21世纪的国家则可能建立在联盟路线之上，代理机构、次国家级政府和非政府组织将会与传统的国家在合法性、资源及权威上进行竞争。

代理机构并非新生事物，只是在当代管理改革中被重新赋予了活力。政府在设立部门前，先设立代理机构，是一种典型的做法。当政府新增一项现有组织不能执行的任务时，就要成立一个代理机构，并非因为政府有什么大计划，而是因为政府需要一个对该工作负责的组织。

政府的扩张必然导致代理机构数目激增，控制范围过分扩大，相关活动之间缺乏配合，以及公共行政难以控制。为了应付这种困境，政府就把独立的代理机构合并为功能集中的部门。

因此，正如一些国家现在把代理机构视为对限制过严的部门进行矫正的手段一样，部门也曾经是解决代理机构过于分散化问题时优先考虑的方案。一直以来，部门和代理机构就是这样两种相对的组织形式：部

门有多层组织和多重责任；代理机构则责任单一、组织结构简单。部门提倡整合、一致性和按规则行事；代理机构则倡导多样化、适应性和自治权。组织形式多样化，是代理机构的一个显著特点。不同的组织形式、组织结构，体现着"谁拥有权力"和"如何提供服务"，决定着相关活动是整合一体的还是分开实行的，政策与服务是相互结合的还是相互分离的，等等。代理机构的功能包括管理、提供政策建议、提供服务、征税、警务工作、技术援助、研究及其他许多与政府活动类似的活动。代理机构的建立办法也是多种多样的，有的国家通过行政程序，有的国家通过立法程序，有的国家采用一事一办的方式，还有的采用全面启动向代理机构转变的程序。

三、监管模式转向：从投入管理到产出合同管理

一直以来，过分集中于财务与会计程序，或者在对机构的投入方面做文章（希望以此来改善财政支出状况），是国家控制的通常方法。但现在人们逐渐认识到，将监管行动主要集中于资源投入，忽略过程，没有明确的工作目标，严重制约着生产率和工作成效的提高。因此，在国家的控制和监管方面，出现了从传统的投入管理模式向产出合同管理模式转变的新趋势。

产出合同管理的核心是以业绩或绩效为基准，即绩效导向，这是对投入管理模式中以资源为基准方法的根本脱离。以业绩为基准的方法，就是以战略为基准的方法。这种方法依赖"过程引航"（pilotage of processes），即一连串地为最终客户（公共服务的消费者）创造价值的活动。从界定目标开始，然后制订出达成目标所需要的程序，最后再将资源配置给对程序起关键作用的相关活动。一份正式的战略计划程序，可以为机构与其上级部门之间关于机构任务和运作目标的对话提供一个框架。

产出合同管理的工具是合同。以绩效为导向的产出合同管理，其背后的决定力量是政府，政府正日益成为一名服务提供者或资金提供方。政府作为服务提供者，预示着统治与被统治之间关系的根本转变；意味着中央政府在向谁和如何提供服务方面缺乏垄断权，至少面临着地方政府、非政府组织和商业企业的竞争。这就是之所以要以绩效为导向的根本原因。绩效一词的含义就是：干不好，就走人。如今，对绩效的共识已经超越了政党分歧。

四、政府新角色：服务提供者或资金提供者

在OECD国家中，政府的传统职能，如维护法律秩序、抵御外来威胁、基本的医疗卫生和安全措施等，虽然重要，但所占用的公共雇员和公共支出的比重越来越小。而大部分公共人力资源和财政资源被用于提供服务和进行财政支持。这表明，国家最重要的角色已经转变为一个服务提供者或资金提供方。

从历史的角度看，国家的特殊之处在于它是全国性的公共权力机关。这种特殊性正在削弱，因为国家在行使政府权力时可能拥有垄断权，但在服务提供时却没有垄断权。在过去20年间，OECD国家的政府规模和范围一直非常稳定。政府既没有缩小现代国家的界限，也没有扩大它。很少有政府对此有任何尝试。政府新角色的确立，可能是关于政府角色讨论的一个结果。美国总统克林顿在他的第二次就职演说中的主题是："我们已经为我们的时代解决了一场关于政府角色的重大讨论。今天，我们可以说，政府既不是问题，也不是解决问题的方案。"政府新角色的确立，也可从下述事实中得到说明。这就是在包括美国在内的OECD国家中，除了政治言辞之外，偏左和偏右的政府几乎没有实际差别。

政府新角色的确立具有极为重大的意义。一是政府的对象和关注点发生了根本转变。原来政府面对的是公民，关注的是公民的权利和义务；

现在政府面对的是客户，关注的是客户（公共服务对象）的权利。这一转变的意义非同寻常。在面对政府时，人们作为客户比作为公民享有更大的权利：公民资格只给了人们有限的发言权，而且无权退出；而客户身份不仅给了他们发言权，还让他们有权退出。当今世界是消费者说了算。因为当代政府已经社会化了，将服务放在了首要地位。二是公共部门的运作方式发生了根本变化。如今，商业惯例已经进入了公共部门，并且政府的业绩也要用更适合商业关系而非政治关系的术语和概念来定义。三是随着国家边界的确定和重大问题的解决，至少就目前而言，政府的政策功能有所弱化。国家现在的政策分析大多与服务提供的效率有关，其中比较的是可相互替代的不同供应系统的成本和收益。

政府成为服务提供者或资金提供者，还意味着政府职能的分化。政府通常集所有者、委托人、监管者、直至提供者于一身。政府新角色的确立要求政府将这些不同的职能适当分开，以利于强化国家的作用。许多管理文献都呼吁政府去掌舵，而不要去划桨。这也是成功的商业企业采用的管理方法。当然，如果应用不当，掌舵而不划桨的规定可能导致政府两样都做不好。

五、治理结构：自主权与问责制

服务就意味着要完成工作，要使客户满意和进行有效产出，而不是依赖于合法性和权威。人们现在普遍认为，政府要成为一个有效率的服务提供者，就必须按商业方式进行组织，并让管理者有权以他们认为恰当的方式使用资源。赋予代理机构以自主权，这是提高效率的最起码的约束与激励机制。但是，由于代理机构存在追求自身利益的动机，因此一般而言，代理机构不会自觉地提高服务绩效。在这里，重要性和关注程度的不对称比信息的不对称更容易引发委托-代理矛盾。

在观念上，人们更关注代理机构的自主权而不是其应承担的责任；

在实践中，消除行政控制比要求承担重大责任容易得多。代理机构模式往往过分强调了服务提供者的运作独立性，而部门作为监管者的职责却被忽视了。因此，必须在赋予代理机构运作自主权的同时，建立完整的问责制，并使两者的关系趋于正常。也就是说，让代理机构遵守由主管者制定的政策和目标，仅让管理者拥有自由是不够的；主管部门必须积极地加以引导，并对其行为实施有力监督。

代理机构一般都设有董事会或理事会，负责进行战略管理和决策。董事会或理事会，是政府行使所有权的一种关键角色。

最后需要说明的一点是：英国的经验特别值得关注。这不仅因为英国"下几步"计划的巨大成功鼓励了其他国家采纳代理机构模式，还因为1997年上台的布莱尔政府在未否定"下几步"计划的前提下，已经将关注重点从代理机构转向了部门和政府中心。这是一个极为有趣的重要动向。这说明，在政府管理模式中，代理机构和部门仍然是竞争对手。哪一个更优还很难说，但有一点远比这重要得多，这就是：政府所面临的挑战是如何确保责任不会落空。

（中国社会科学院文化研究中心 "文化事业单位改革"课题组）

一种"管办分离"的国有公营体制
——英国 BBC 研究之一

（2004 年 9 月 12 日）

《文化政策调研》按语：英国广播公司（即 BBC）是当今国际广电传媒领域的一个大户。目前它的国内广播覆盖了 52% 的听众，国际广播以 43 种语言向世界播音；电视台在英国五个基本电视频道中占有两个。在 2000 千禧年到来之际，BBC 制作的长达 28 小时的电视节目覆盖了世界 80 余个国家，它新近推出的儿童电视节目《天线宝宝》（*Teletubbies*）更以 45 种语言行销 75 个国家。其在世界上的影响不可小视。

BBC 更代表着当代广电传媒界一种典型的管理体制：它既属国有，又有独立的公营身份；既保持着主流媒体的地位，又积极面对强烈的市场竞争。与美国商业色彩浓厚的广电体制和我国的传统广电体制相比较，BBC 体制更侧重于在政府表达与公众舆论、市场运作与超市场运作之间寻求一种动态的平衡。对于正在进行体制改革的我国广电管理体制而言，BBC 的某些特征也许会有一定的启示。为此本刊特就 BBC 的管理体制问题组织了几篇研究报告，陆续刊登。

一、BBC 国有公营体制的成因

今天的 BBC 是国有公营企业，但其诞生之初却属私营性质。将 BBC 从私营企业改造为国有公营企业是 20 世纪 20 年代英国政府的一项重要政策选择。做出这样的选择的重要原因之一在于，伴随着无线通信技术而产生的电子传媒，从它进入文化领域的第一天起，就表现出传统纸介传媒难以比拟的优势，刚经历过第一次世界大战的英国，立刻将它视为与国家利益密切相关的战略资源。

在BBC诞生之前，英国媒体基本上是纸介的报刊杂志的一统天下。最老的《泰晤士报》1785年创刊，此后相继问世的报纸包括：《观察家报》（1791年，1993年被《卫报》兼并），《卫报》（1821年），《经济学家》（1843年），《每日电讯报》（1955年），《金融时报》（1888年），等等。这些报刊有两个相关特点：（一）作为纸介新闻媒体，它们既不能进行实时传播，其发行也受到地域性限制；（二）它们基本上是私营的，其办刊宗旨总是反映着特定商业集团或政治集团的利益。如《泰晤士报》和《每日电讯报》一贯表现出保守的立场；《每日镜报》（1903年）和《卫报》则在观点上倾向于左派或温和派立场，等等。由于纸介媒体的私营性、非实时性和地域性等特征，决定了信息传播的多元和多层次性。

与之不同，BBC是伴随一种全新的传媒手段——无线传播技术——而诞生的。1922年10月，马可尼（Guglielmo Marconi）和其他5位无线电器材商组建了英国广播公司（British Broadcasting Company）。这位马可尼是英国、美国现代无线广播业的开山祖。早在1895年，他就发明了无线电通讯技术，由于该发明在他的母国意大利未获得关注，他就前往当时信息革命的重镇英国并在1897年成立了"马可尼无线电报公司"。在将这项技术陆续应用于航运、皇家空军通讯之后，马可尼在1920年首次尝试以无线通讯方式播出歌剧明星D. Melba在切姆斯福德（Chelmsford）的演出。这是无线通讯技术与文化内容的第一次联姻，因而是20世纪文化产业的一个划时代的事件。

马可尼等人进行文化传播实验以及组建BBC的初衷是为了推销无线电器材。而将该公司改造为现代传媒实体的是BBC第一任总裁、年轻的苏格兰工程师瑞斯（John Reith）。他敏锐地意识到，无线传媒的"实时"传播能力在文化传播方面具有广阔的空间,因此 BBC 不仅应当向消费者提供先进的无线电器材,而且可以直接利用这项技术在教育、新闻和娱乐方面提供广泛的服务。

面对来自 BBC 的"实时传播"威胁,英国传统报刊杂志界一开始就为保卫自己的权威性进行抗争。当时的英国政府也曾规定,BBC 只能在每天晚上 7 点以后播报新闻社的新闻简报。然而新技术的应用立即表现出具有即时性和广泛覆盖性的传媒优势,电子传媒的发展势不可挡。虽然 BBC 直到 1922 年才在切尔姆斯福德和伦敦设立了两个实验电台 2MT 和 2LO,但到了 1925 年,它就已覆盖了英国全境。这样,除了"实时传播"优势之外,以 BBC 为代表的电子传媒又表现出跨地域的"广泛覆盖性"优势。这预示着,以电子技术负载的文化内容生产具有形成"天然垄断"的强大潜力。由于意识到了这一点,时任财政大臣的温斯顿·丘吉尔曾建议政府接管 BBC,但在瑞斯的说服下暂时作罢。

1926 年的报界大罢工为 BBC 提供了机会,英国政要们一时只能通过广播来获知新闻讯息。这个事件促使英国政府最后下决心收买 BBC 的全部股份,将其收归国有。1926 年 12 月 26 日,英皇乔治五世第一次向 BBC 颁布皇家特许状(Royal Charter of BBC,或译为"BBC 章程"),确定它为国有公营企业。1927 年,瑞斯也因其卓越贡献被封为勋爵。

BBC 从私营到国有公营的身份转变蕴涵着几个基本提示:

其一,电子传媒对文化内容的传播显示出纸介传媒所无法比拟的优势,这促使英国政府对电子传媒与报刊杂志采取了不同的政策和制度安排。这种将广播电视与报刊杂志区别对待的意识直到今天还产生着影响。

其二,不同制度安排的核心表现在国家对传媒的关系上:报刊杂志基本是私营的、党派性的;尤其在 1955 年英国商业电视出现之前,英国广播电视领域(BBC 于 1936 年开通了全球第一家高分辨率电视台)完全采用的是国有公营体制。即使在商业广播电视已占有半壁江山的今天,BBC 的身份依然没有改变,并一直维持着主流媒体的地位(关于

BBC 与英国商业广播电视的竞争问题，将另文撰述）。

其三，英国对电子传媒的制度安排有典型的代表性（如欧洲许多国家和日本 NHK 大都采用相近模式），但不具有普遍性。例如由于特殊的文化地缘和传统因素，美国自 20 年代对电子传媒采取的是完全商业管理的模式。

二、BBC 国有公营体制的内涵：管办分离

直到今天，国内学者对 BBC 企业的性质仍存有争议：几乎所有论者都承认它是"公营机构"，但是对于其"国有"的"公营"性质及其特殊的构成模式就不甚了然。BBC 事实上是一种产权意义上的"国有"与管理体制意义上的"公营"相兼容的模式，其核心特征是：国家所有、委托经营、管办分离。

BBC 的国有性质主要体现在两个方面：一，国家是 BBC 的产权所有人；二，BBC 的运作经费由政府拨付。这笔经费实际上来自收取广播电视收视许可费（自 1971 年起免收广播收听费），但在程序上，许可费先要上缴国家财政，然后经议会批准，再由政府相关管理部门以分期方式拨付给 BBC 公司。

在国有前提下，国家通过契约与 BBC 形成委托关系，这种委托关系是 BBC 获得公营身份的法理依据。自 1926 年 12 月 26 日英皇第一次向 BBC 颁布皇家特许状以后，每过若干年该特许状就要更新一次。1981 年的特许状有效期为 15 年（截至 1996 年底），目前的特许状的有效期为 10 年（截至 2006 年底）。特许状详细规定了 BBC 的工作目标、经营许可范围、组织机构等等，它是 BBC 确定其发展战略和服务项目的基本依据。

在颁发特许状的同时，政府相关管理部门与 BBC 的协议随之生效。由于 BBC 的业务同时涉及媒体技术和文化内容，涉及国内外市场，所

以英国政府对该公司采取"多头管理"的方式。目前，对 BBC 进行直接管理的政府部门是英国国家遗产部（1992 年之前是国家内政部）。该部大臣在皇家特许状生效的同时与 BBC 签署全面协议，协议对 BBC 的公营身份以及相关的义务和权利进行确认。此外，英国贸工部授予 BBC 在英国境内使用和新建无线电和电视通信设施的执照；外交部授予 BBC 在海外开办台站和播音的执照。

显然，国家对 BBC 的委托关系是实施"管办分离"的制度基础，在此基础上国家从 BBC 的日常运作中退出。这使 BBC 具有独立自主的运营权利。尽管在历史上曾有一些政府官员对 BBC 进行干预，但无论在协议中还是在舆论上，国家在总体上都尽量避免以"干预者"的形象出现。

"管办分离"不仅体现在政府各部门对 BBC 的关系中，而且体现在 BBC 内部的组织机制上。BBC 的最高管理机构是理事会（Board of Governers），通常由 12 名成员组成。这些人通常是财政、教育、文化、外交、社会工会各方面的专家，由政府提名，皇家批准，任期 5 年。根据皇家特许状的规定，理事会成员是公共利益的受托人，他们不对股东负责，而是对议会和视听付费者负责。理事会成员不属于 BBC 的专业人员，其主要任务是"监管性"的，即确定 BBC 办台的大政方针，监管其节目内容和经营活动，并出版每年的年度报告。

承担 BBC 日常运作的机构是理事会下设立的 BBC 执行委员会（Executive Board）。该委员会首脑为 BBC 总裁，由理事会任命。理事会与总裁协商产生副总裁。执委会其他人选（目前为 16 人）都是 BBC 各部门的负责人。所有成员的任期也是 5 年。近年来，BBC 经过多次调整，现除人事、财务等部门外，中心业务部门合并精简为 6 大中心：广播中心、制作中心、新闻中心、环球中心、资源中心和管理中心，分别负责节目编排、制作、新闻采编、国际广播及对国内外的商业活动、技术设备、相关部门发展战略等的制定与实施，等等。

以上表明，BBC"国有－公营"体制的核心是在"国有"与"政府所有"之间划出界限。这种划界的背景是：英国是个多党制国家。如果国有意味着政府所有，特定政府又体现着特定党派的利益，那么，BBC就只能沦为特定党派的工具。为此，BBC要尽量公正、客观和全面地表达国家利益和全国公众的意志，完成对各党派和政府的监督功能，就必须坚持以超党派和超政府为宗旨的"独立性"原则。这使它在接受政府的委托后又与政府保持一定距离。正因为这样，BBC在历史中曾几次与政府发生冲突。如最近也是最严重的一次危机是2003年的"凯利事件"，其后果导致BBC董事会主席和执委会总裁相继辞职。但新任董事会主席上任伊始便再度申明BBC的"独立性"原则。

三、几点启示

（一）我们经常所说的"管办分离"不仅指政府职能转换，从文化事业的兴办者变为主要是文化事业的管理者；也是指政府与仍然由国家办的一些文化单位的关系的转变。从某种意义上说，后一种转变可能涉及更为重要和困难的体制和机制设计。BBC无疑是国家办的公共传媒机构，但是形成了一套管办分离的体制和机制安排，可以给我们提供一些启发。

（二）从BBC可以看到，在公众与政府，政府与公共传媒之间，有一个责任的链条，一个双重委托代理关系，也称连环委托代理关系。第一重委托代理关系是，公众将提供公共传媒产品的事务委托给政府，希望满足自身的消费需求；第二重委托代理关系是政府将生产公共传媒产品的事务委托给一家公共传媒机构，希望这家机构向公众提供这种产品。如果假定第一重委托关系已经形成，问题就存在于第二重委托关系如何有效建立并实施，即如何对公共传媒进行激励与约束，保证人民能等到数量、质量和成本都合意的公共文化产品和服务，同时防止公共媒介采取投机行为谋取自身利益。应该说，这一重关系在一般经济学意义上，与国家与国有企业的关系是一样的。因此，我国关于公共传媒的改革在方法上可以从国有企业改革中吸取许多有益经验。

（三）至于为什么要用这种方式来向公众提供传媒文化产品，特别是为什么报刊出版可以以商业化的方式来管理，而广播电视却要实行"国有"？从BBC的发展历史看，一方面是由于相对于印刷媒介，电子媒介显然具有天然的垄断性，打破了市场的平衡。另一方面更重要的是，被电子媒介所负载的文化内容具有超出印刷媒介大得多的影响。如果说商业化的印刷媒介还被认为具有扩大公众民主表达权利、对政府进行监督的积极含义的话，电子媒介则可能通过垄断公共舆论造成损害公众利益的后果。因此，商业媒介在其不具有垄断性的时候，可以代表一定的特殊利益集团的利益，一旦其具有了垄断性，就必须收归国有，由国家直接兴办，以"代表最广大人民群众根本利益"。

（四）国家兴办并不意味着由国家直接管理，BBC的"国有公营"方式中，所谓"公营"的含义和实现形式，一个是公众通过国家以契约的方式，赋予BBC以经营国有文化资产的权利；另一个是BBC通过组成理事会，吸收公众代表，对BBC直接行使公共管理权利。这表明，公共性强烈到如BBC这样的程度，就不能仅从国家与国有企业的一般关系上对其进行监管，而是必须形成公共监管和问责的社会化形式。实际上，目前即使在许多非文化类的公共公司（如上市公司）中，都已经建立了诸如"独立董事"制度，代表社会公众对公共公司实行直接监督，文化类的公共公司就更需要采取这种形式了。

（中国社会科学院文化研究中心　李河、张晓明）

基于市场的分类监管
——英国 BBC 研究之二

（2004年10月12日）

英国传媒领域并非是国有公营体制一统天下。在广播电视传媒诞生之前，作为英国传统媒体的报刊杂志领域一向是私营企业的跑马场。BBC 诞生后，英国政府将其收归国有，建立了国有公营体制。而在 BBC 占据了近 30 年垄断地位后，英国政府又主动引入了商业电视这一竞争对手，并在面对商业电视充分发展的环境中，仍然在制度安排上保持 BBC 的主流媒体地位。所有这些大的举措体现着对广电传媒与市场关系的特殊认识，体现出在英国对现代传媒市场实行分类指导和分类监管的思路。

一、传媒市场：如何从分到统、又从统到分

在电子媒介出现之前，报刊是英国传媒的主体，至今仍占有重要地位。2003年英国年鉴公布，到1999年，英国共有约1350种报纸，7000种周刊和杂志。主要报刊平均日发行量是：《每日快报》109万份，《每日邮报》235万份，《每日镜报》231万份，《太阳报》373万份，《每日电讯报》104万份，《泰晤士报》74万份，《世界新闻》421万份，《星期日镜报》198万份，《星期日邮报》228万份，《人民报》164万份，《星期日泰晤士报》137万份，等等。这些报刊有两大特点：其一，它们基本上是私营的。目前英国全国性报刊主要为7家大公司所拥有，其中最大的四家是"默多克新闻集团""联合新闻""传媒和每日邮报"

和"通用信托"。其二,其中一些报刊具有明显的党派倾向。如《每日电讯报》一向被视为保守党的喉舌;《每日镜报》则支持工党的政治立场;《卫报》在观点上倾向于自由党和工党,等等。

显然,在传统印刷媒介时代,英国的传媒市场以"分"为主要特点,政府将传媒视同于商业企业,自主经营,自律管理。然而,英国对报刊商业色彩和政治态度的宽容态度在BBC诞生之后发生基本转变,英国传媒市场的格局也由此走向"分统并存"(纸介媒体的"分"和电子媒体的"统")的格局。

将BBC从私营企业改造为国有公营企业是20世纪20年代英国政府的一项重要选择。做此选择的原因在于英国政府将它视为与国家利益密切相关的垄断性战略资源。然而,BBC的垄断一开始显现出内容古板、效率低下等弱点,时值50年代初,欧洲各国要求开放广电媒体的呼声日益高涨,在此背景下,1954年英国议会经过辩论通过了旨在引入商业电视、结束BBC独霸天下的《电视法》,由此开启了电子媒介商业化的浪潮。1955年,第一家冠名为"独立电视网"(ITV)的商业电视频道出现。以此为起点相继出现了几次商业电视浪潮:在50年代末出现了覆盖西北英格兰的格拉纳达电视台,覆盖中部苏格兰的苏格兰电视台等;60年代末有了覆盖威尔士和西英格兰的Harlech电视台,覆盖北英格兰的约克郡电视台,覆盖伦敦地区的伦敦周末电视台等;在80年代初出现了中部独立电视台;等等。这些商业电视多为地方性私营企业,其收入主要来源于广告。

独立电视频道以贴近观众口味的大量娱乐节目和强大的商家支持为特长,从BBC那里夺取了大量受众。到1957年,BBC电视的收视率曾降低到27%的历史最低点。为应对这种局面,BBC不得不进行内部改革。1964年,与BBC第1频道不同、以播出轻松娱乐节目内容为主的BBC第2频道出现(在它出现后,独立电视频道被称为第3频道)。在撒切尔政府鼓励私有化的背景下,曾尝试建立一种不同于BBC模式的公营电视台，即1982年成立的第4频道公司。它和BBC一样是非营利性机构，但其收入来源于广告而非收视许可费。从某种意义上可以将它视为旨在取消BBC模式的实验。但这一实验未获成功。

90年代出现了卫星电视、有线电视和数字电视的新竞争，商业电视也开始应对来自美国的商业电视压力。1990年英国议会通过新的《广播法》，主要内容是鼓励商业电视公司的竞争、兼并和规模性发展。在这个背景下，英国传媒市场再次洗牌，最终形成今天的格局。BBC分为BBC1台和BBC2台，在内容上有所区别，但都是公共广播，资金来源于收视费。BBC4台是公营商业化的试点，收入来源于广告。ITV台是商业电视台，资金来源于广告；第五频道是由地方台合并而成，资金来源于广告。英国电子传媒市场已经形成了公共广播和商业广播双轨并行、彼此交叉、整体均衡发展的态势。

下表是英国各电视台在20世纪80年代初、90年代初和21世纪初的收视率统计，从中可以看出自80年代初以来各个电视台所占份额以及BBC地位的变化：

英国电视年度收视率统计（％）（1981—2003年）

年度	频道					
	BBC1	BBC2	独立电视	4频道	5频道	其他
1981	39	12	49	–	–	–
1982	38	12	50	–	–	–
1983	37	11	48	4	–	–
1984	36	11	48	6	–	–
……						
1991	34	10	42	10	–	4
1992	34	10	41	10	–	5
……						
2001	26.9	11.1	26.7	10	5.8	19.6
2002	26.2	11.4	24.1	10	6.3	22.1
2003	25.6	11.0	23.7	9.6	6.5	23.6

表中显示，20世纪80年代初BBC与独立电视台基本上平分秋色。但随着数字电视和卫视频道的发展，BBC的受众虽然降低到37%，但它的主流媒体地位还是稳固的，其国有公营身份估计近期内也不会有根本变化。

二、分类监管：动机和手段

英国传媒市场总体上是由公共传媒和商业传媒两种类型构成的。公共传媒以电子广播为主，主要是BBC，而商业传媒以纸质媒介和商业性电子媒介构成，后来又有数字媒介的出现。为适应于传媒市场分化和多元化的局面，英国传媒监管体制也经历了从分到统的发展过程。

BBC成立之初，英国对电子传媒整体上采取了不同于对报刊杂志的直接监管体制。1926年12月26日英皇第一次向BBC颁布皇家特许状，在此基础上，政府相关管理部门与BBC签订协议，它赋予国家对BBC实施直接监管的权力。而在1955年商业电视台出现后，英国形成了一套对商业电视台的间接管理体系，它与国家对BBC的监管并行。从1955年到1991年，管理商业电视台的机构为独立广播局，它是根据1954年英国议会批准的《广播法》而成立的机构，负责监管除BBC以外的所有英国电视机构，向进入独立电视网（第3频道）的商业电视颁发执照。20世纪80年代第4频道出现后，它通过自己下属的第4频道电视有限公司对其进行直接经营。1991年，根据1990年议会批准的《广播法》，该局将权力移交给独立电视委员会，其管理范围扩展到第5频道。

2003年是英国广电监管体制"从分到统"的重要年代。这一年，管理商业电视的独立电视委员会由英国电讯署取代。该署的管理范围还扩展到BBC和数字性网络。这一举措表明，随着传媒市场发展的日益成熟，英国的传媒监管从开始的不同部门"分别监管"走向了在统一体制环境下的"分类监管"。

英国电子传媒业从 BBC "公天下"的独家垄断局面,走向统一市场体制环境下的分类监管,其制度创设的动机和实现手段值得研究。

英国历届政府的一个基本判断是,广播电视因其对受众的快速、直接和强大影响力,应当与报刊区别对待。后者可以私营并表达特定商业集团或政治党派的立场,但广播电视则应代表公共利益,既独立于政府又独立于一切利益集团。因此 BBC 的制度创设的逻辑是:以最大限度地满足公共利益为目的,并且以独家垄断的公营企业作为实现这一目的的唯一形式。BBC 的宗旨是"最大限度地满足视听众的公共利益"("public interest")。这使它与按照纯粹商业化模式操作的美国传媒业有较大区别:美国新闻界素以满足公众猎奇心态为目标,其新闻报道追求戏剧性效果,因而有"坏消息就是好新闻"("bad news is good news")的说法;而 BBC 则一向推崇严肃性的节目,在新闻节目中,它一向注重新闻背景分析,在娱乐节目方面,它一向注重严肃艺术或以严肃的方式谈论艺术。

但在后来的发展中,人们发现最大限度满足视听众公共利益并不构成对 BBC 实施国有公营管理的充分必要条件。或者说,这里出现了一个新的制度创设逻辑:在开放的市场环境中,"最大限度地满足公共利益"这一目的,可以以公营和私营多种形式来实现。这一理念可能出自以下情况:

1. 经过数十年运转,确实暴露出了公共广播的垄断体制机构庞大、效率不高、内容古板、听众年龄老化等问题。1977 年,著名的"安娜委员会报告"出台,批评 BBC 节目制作效率低下,经营不善。开放商业广播电视使公共广播有了危机感、紧迫感,从而开始想办法减人增效、提高节目质量、降低办台成本,这对长期处于垄断地位的公共广播是一个巨大的推动。

2. 商业传媒也要遵奉社会伦理和公共利益原则,不能"什么赚钱就播什么",有时甚至要受到更加严格的约制。如英国广播法对商业电视规定了多种限制，包括不能有强烈的政治色彩，不能播出对儿童有害的节目，独立电视网的公司在该网中收视份额不能超过20%，等等。又如，同为公共广播重镇的日本NHK与日本民间广播、电视联盟共同制定的《广播电视伦理基本纲领》对公营广播电视媒体和民营广播电视媒体都有约束力。其中就规定了"保护国民的知情权、言论和表达自由的权利"，以及"通过健康有益的编播对社会发挥正面影响的作用"等原则。

3. 多媒体的发展使社会进入了一个"传媒过剩"的时代，公共广播在客观上也失去了垄断的条件。前几年，英国《每日电讯报》曾经发表过一份民意调查说："在2055名被调查对象中，有57%的人表示，英国早已进入多媒体时代，公众可以通过卫星和有线电视收看到300多个频道的节目，所以BBC至今仍通过法律手段强制人们交费的做法显然是不合理的。"另有报道说，英国保守党文化发言人抱怨说，10年前，拥有电视而不收看BBC是不可思议的，而现在越来越多的人却必须为一个几乎不收看的频道每年支付很多英镑。

显然，现代公共广播的制度安排的出发点，已经从国家亲自动手办一个公营广播，转向了国家采取各种方法，保证人民能得到数量、质量和成本都合意的公共文化产品和服务。

在统一的市场体制环境下实行分类监管，监管手段是一个重要的问题。因为在市场经济环境中，监管首先是基于市场的，是针对企业的市场行为的，因此监管手段也应是市场化的。英国法律规定，报业或广电公司不得只受控于单一个人或少数私营机构。任何个人或私营公司所控报纸的日发行量如果超过了五十万份，如无政府许可，该个人或公司将不再拥有该报纸的所有权；任何一家商业电视台的观众如果超过了受众总人数的15%，如无政府许可，该个人或公司都被禁止拥有该电视台的许可证。1990年的《广播法》出台后就曾对格拉纳达和卡尔顿两家商业电视公司在这方面的违规行为进行警告。可见，英国是根据媒体的规模或影响力而对其采取不同的管理方式：规模或影响力较小的媒体可以获得较大的市场化程度；而规模或影响力较大的媒体则是国家监管的重点对象。

对于BBC和电视4台这样与公共利益有重大相关的公共传媒，英国也采取了不同形式的"国有公营"。一种是建立在"执照费"基础上的公营体制，另一种是建立在广告费基础上的公营体制。而且在执照费基础上的公营体制也分为严肃的和轻松的两种形式。在国家与公营企业之间形成"委托－代理"关系，并根据这一关系性质，设计专门的监管体制。关于这一点上一期已有分析。

三、国营传媒可以商业化吗

根据我们的研究，英国的传媒市场已经形成了公共广播和私人广播的"双轨制"基本业态。公共广播也被称为"公营广播"，它不是我们所理解的"国营广播"，其主要特征是：（1）资金来源是公众缴纳的收视费或者电视机牌照税；（2）负有普遍服务义务；（3）由一个代表公众利益的独立机构负责经营和管理。私人广播则是由私人资本构成，依靠广告收入或者订户费运转，以营利为目的。而"国营广播"则直接隶属于政府，接受行政领导，主管官员由政府任命，员工是政府工作人员，运行在政府严格管理之下，一般被视为是政府的宣传工具。英国没有"国营"形态的广播。

从英国传媒市场发展历史看，总的说来，公共广播与私人（商业）广播的经济性质不同，因而监管方式不同，不可混淆。但是在发展过程中人们也发现：公共广播完全不考虑市场会导致内容陈旧，质量退化，因此必然要日益融入市场，走上商业化的道路；而商业广播如不针对其内容进行监管也将导致各种社会问题。因此探索一种区别于传统独家垄断式的公营广播的、多元化的新体制就成为必然的选择。这反映了世界各国传媒政策的基本取向，即越来越关注传媒市场的健康和繁荣，使受众能够得到越来越充分的公共文化产品和服务的供给,而不是政府自己来直接生产这些产品。

联系我国的实际,值得严重注意的问题并不是公共广播的商业化,而是国营广播的商业化问题。国际上一般认为,由于国营广播直接隶属于政府,承担着政党宣传工具的特殊使命,是一种最不应该商业化的广播形态。我国计划经济时期所形成的广播体制就是"国营广播",改革开放以来实行的"四级办台"仍然在体制上延续"国营"和"官办"的性质。为克服在有限经费条件下发展事业的困难,多年来它们已经相当彻底地实现了"商业化",以至于目前整个广电业的收入基本依靠广告收入。这种将国营与商业化结合在一起的体制是造成种种弊病的根源。那么,在一个社会主义市场经济环境下,我国的传媒业应该具有一个怎样的整体布局,如何进行分类监管?如果直截了当地将国营传媒商业化,将对公共广播内容有什么影响?特别是对我们的宣传导向有什么影响?我们现在的确应该认真地研究一下了。

(中国社会科学院文化研究中心 李河、张晓明)

博弈与共谋
——关于美国广电传媒商业化与公共利益矛盾的考察

（2005年6月28日）

《文化政策调研》按语：本刊曾介绍过英国广播电视的政策模式：一方面坚持BBC的公营性质，以最大限度地体现和保障社会公共利益；另一方面鼓励私营电视竞争，以推动广电业的市场化发展。这可能给人一个印象：私营的、商业化的广电以追逐利润为本，就不须顾及国家社会的公共利益，而国家社会的公共利益，则只能通过国营或公营的媒体机构才能体现和保障。这种印象是否正确，尚需探讨。在西方国家中，美国的广电业提供了一种不同的模式。这次介绍的材料表明：美国的广电业以私营和商业化为主体。在其国内，广电覆盖了公众的日常经济、政治和文化生活，成为塑造"美国精神"、服务社会稳定的重要力量；在国际上，美国被称为"媒体帝国主义"，广电是代表其国家意志的重要文化形式。所以，尽管广电传媒与政府机构仍不时发生摩擦，但它们之间也存在着一种"共谋"关系。

无论英国模式还是美国模式，其目的都在于：在合法的意识形态即"公共利益"最大化与媒体符合市场规律的自我发展之间，谋求一种最有效的平衡。美英具体做法之间的异同，表现出他们依据各自国情、文化传统、现实条件等进行选择和调整方式的异同。我国的国情和意识形态都与他们不同，但我们同样需要谋求主导意识形态、公共利益与媒体发展之间的"双赢"。所以，人家的有关经历和经验，特别是本期着重注意的美国"社会技术"，即相关操作中经验和方法的积累，也是值得研究和借鉴的。

一、美国广电的商业化模式：从竞争到垄断

今天美国广电业的主流是：（一）高度商业化。1600家注册电视台中，有1300家是私营的商业台；（二）垄断化。这1300家商业台有800余家分属4大电视网，即美国全国广播公司（NBC）、哥伦比亚广播公司（CBS）、美国广播公司（ABC）和福克斯广播公司（FOX）；（三）国际化。许多国家或者直接接收美国电视台的节目（如世界上许多国家直接接收美国有线电视新闻网［CNN］的新闻节目），或者播出来自美国的电视剧或卡通片，或者直接采用美国的商业电视模式来改造本国的广电市场。

综观美国广电历史，商业化、垄断化和国际化之间具有一种价值链上的因果联系：它的国际化服务于美国的公共利益；这种国际化是媒体高度垄断化的后果；而这种高度垄断化又是商业化竞争的结果。

美国广电业的商业化一开始就是在国际竞争和国内竞争中塑造成型的。英国BBC的创始人之一、无线通讯技术发明家马可尼实际上也是美国无线电企业的奠基人之一。20世纪初，马可尼在美国创办了他的子公司，并迅速控制了美国的无线电领域。1912年4月，该公司无线电报务员大卫·萨尔诺夫因在值班时首先接收并发布了泰坦尼克号不幸沉没的消息而声名大振，这无意中成为美国无线电与新闻首次联姻的划时代事件。与马可尼开辟"殖民地"的同时，美国本土的类似公司也相继建立。为把马可尼这家英属子公司从美国市场淘汰出局，1919年，美国通用电气公司和美国电报电话公司支持萨尔诺夫成立了美国无线电公司（RCA）。此后，这家美国公司及其主要股东通用电气公司又借助政府的干预买下了马可尼美国公司，从而使美国无线电市场掌握在清一色的美国公司手中。20世纪20年代，美国无线电台开始广泛进入新闻和娱乐领域，广电传媒由此逐渐走向规模化发展。1930年，美国收音机拥有量为1250万台，1940年上升到4400万台，覆盖约90%的美国

家庭。

在广播业崛起的 20 世纪 20 年代，美国国内就如何组织电子媒体的服务、应当由谁为广播出资的问题展开了讨论。一种意见类似英国的 BBC 模式，认为广播频道是公共资源，政府应强化对广播的直接控制，至少应在所有波段中为联邦广播网或州市电台留出相当比例。公共电台经费由税收或执照费来支付。而另一种以萨尔诺夫为代表的意见，则强烈主张由广告费来支持广播，即"让市场做出决定"。他建议成立由商业基金会支持具有较高垄断程度的、覆盖美国全境的 6 个商业电视台。后一种建议被采纳，从此形成了电子媒体商业化的基本模式，其核心是：（1）在私营资本基础上实行股份制运作；（2）靠广告费或订户费维持日常运转，以赢利为目的；（3）在区域性覆盖的前提下进行联网运营。20 世纪 30 年代初出现并在战后得到长足发展的电视业也大体采用了这种模式。

竞争造成垄断。到 20 世纪 30 年代末和 40 年代初，NBC 和 CBS 两大广播网控制了全美半数以上的电台。为此，1941 年联邦电讯委员会（FCC）制定了反垄断的"广播联营法案"。根据该法案，1943 年 NBC 出售了它的蓝色广播网，后者改名为"美国广播公司"（ABC），并迅速成为与 NBC 和 CBS 鼎足而立的"第三广播网"。从 20 世纪 50 年代到 80 年代，经过激烈的竞争，NBC、CBS 和 ABC 在美国广播电视领域中形成了三分天下的局面，它们以所谓"共同垄断"的方式控制了 90% 以上的广电市场。到 1980 年，CNN 成立，它强调对重大新闻进行独家和现场报道，便迅速成为全球新闻的主要来源之一，成为三大电视网的强劲对手。传媒巨头默多克 1986 年创办的福克斯广播公司急剧扩张，收视率达到 34.8%，在排行榜上名列第一。这样，NBC、CBS、ABC、FOX 四大网连同 CNN 成为当代美国广电业的主力。

二、政府监管：鼓励广电传媒商业化

美国对广电业的监管经历了从政府直接包揽到国会委托一个独立于政府的部门进行体制性监管的转变过程。其用意是：既要明确广电总体作为公共资源的地位，又要为广电本身的商业发展创造有利条件。

由于关注电子媒体对公共利益可能的影响，早在无线通讯尚未进入新闻娱乐领域的1904年，政府就界定了监管权限：劳工和商业部监督商用无线台；陆军部负责军用通讯台；海军部负责管理海岸电台。1912年，国会通过无线电法，在军用、商用和政府电台之间分配无线电频率，并规定商业部长有权颁发许可证并规定电台的波段和使用时限。当新闻娱乐广播出现之后，国会曾通过一项法案界定商业部的权限，并设立了临时联邦广播委员会。1934年，国会通过了较为成熟的美国电讯法案。该法案有两点特别值得关注：

（一）为鼓励充分竞争，让公众听到多种声音，法案在"反垄断"方面明确规定：任何私营集团或个人不得拥有7个以上调幅和调频电台或电视台；不得在同一地区拥有电台、电视台、报刊和有线电视中的任何两项。这一规定与英国对报刊和商业电视的相关限制大体相似。"反垄断"成为20世纪80年代以前美国对广电业监管的基本精神。根据这一精神，NBC才被一分为二，有了ABC问世。

（二）将1927年成立的临时联邦广播委员会变为常设的、直接对议会负责的独立管理部门——美国联邦电信委员会（简称FCC），接管了原来商业部的大部分职能，其管辖权覆盖美国50个州和国际传媒领域，对广播、电视和电信进行统一管理。FCC由一个5人委员会和16个主要职能部门构成。5人委员会由总统任命、参议院批准，任期5年，职能是监督下属各职能部门的行政活动。委员会成员不得在任何与FCC有关的企业中有商业利益。

值得注意的是，在20世纪80年代前，FCC的管理重点是防止广电媒体垄断化，以保障公共言论空间不被少数私人控制。80年代后，面对卫视、有线电视和互联网等传媒新技术的发展以及随之而来的传媒汇流趋势，为应对国际竞争，FCC日益倾向于鼓励传媒企业进行横向或纵向兼并。事实表明，FCC的这种政策有助于美国传媒业形成规模，"做大做强"，在客观上有效地体现并服务于美国在政治上"一国独大"的诉求。以前欧洲人说"美国化就是商业化"时，带有一种批评性的意味，如今说"商业化就是美国化"则表达出某种无奈。因为他们切实感到，一旦开放广电市场，就会面临美国媒体的强大压力。

三、公共利益和监管干预

商业化媒体是否必然会损害公共利益，尤其是作为国家利益的公共利益？从美国广电业的发展可以得到两个印象：首先从战略角度看，适合的商业化环境有助于广电业做大做强，强大的广电传媒又有助于营造社会稳定，美国广电总体上是服务于其作为国家利益的社会公共利益的；其次从现实发展看，由于商业化以追求视听市场覆盖率为目的，它的言论倾向和节目内容往往会与社会公共利益相抵触，这就更需要强化相关的监管、监督和干预。

一般而言，媒体涉及的"公共利益"主要包含两大内容：一是国家利益方面，包括主流意识形态和国家安全；二是道德教化方面，包括对公众（尤其是儿童）的精神塑造。对此世界各国没有太大差别。作为美国广电业的常设管理机构，FCC是美国媒体"公共利益"的权威解释者和仲裁者，它除了为美国广电业制定政策，也担负着干预功能，其干预方式大约具有以下三个特征。

(一) 程序监管

除了极特殊的情况，美国广电监管近百年来主要是靠出台各种广播法或电讯法来实现。这些法案旨在协调广电业的游戏规则。而一个法案

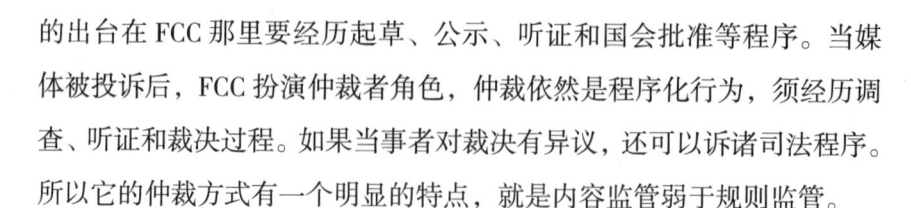

的出台在FCC那里要经历起草、公示、听证和国会批准等程序。当媒体被投诉后，FCC扮演仲裁者角色，仲裁依然是程序化行为，须经历调查、听证和裁决过程。如果当事者对裁决有异议，还可以诉诸司法程序。所以它的仲裁方式有一个明显的特点，就是内容监管弱于规则监管。

（二）反常干预

主要是指对广电传媒内容的直接干预。这方面存在着一些著名案例。如1928年联邦通信委员会对美国社会党设在纽约的电台提出警告，指责它所表达的立场不符合"公共利益"。1929年，该委员会驳回了芝加哥劳动联盟的WEVD电台关于增加播出频率和时间的申请，理由是它仅仅表达了部分劳工的利益。1938年，墨丘利剧院播出"火星人入侵"的广播剧，在数百万听众中引起恐慌，联邦通信委员会立刻强行禁播该剧，等等。从总体上看，直接干预播出内容的情况，在美国监管史中是反常事例，它在反常时期比较多见。

（三）最大限度保护被诉主体的权利

无论是FCC仲裁还是法院裁决，大多表现出最大限度保护被诉主体权利的倾向。这与1791年出台的美国宪法修正案第一条密切相关："国会不得制定任何法律剥夺公众的言论自由。"有学者解释说，这一原则实际是"政府只能做宪法所规定要做的事，而个人可以做宪法所不禁止的任何事"。这是美国实行彻底的"个人本位"价值观的体现，它与英国形成对照。在英国，判决有"诽谤罪"的案例很多，但在美国却很少成功。

四、运用"社会技术"谋取"共赢"

一旦某种基于"私人或商业利益"的言论与社会普遍认同的"公共利益"发生冲突时，简单化的思维往往是陷入"两难"之中。实际上，这种"两难"并不是一成不变的。崇尚实验主义和博弈对策理论的美国采取了一种方式，就是尽量把原则性理念转变成复杂性程度较高的"社会技术"，尝试在广电媒体、社会各阶层的博弈中，寻求保证和维护"公共利益"。其具体特点有。

（一）广电传媒的"公共利益原则"

从1791年的美国宪法第一修正案到监管制度中"被诉主体权利的保护倾向"，都体现了一个信念："公共利益"并不必然地与个体或商业传媒的利益水火不容。FCC在1949年发布的报告说，所谓"公共利益"包含着一个最基本的原则，就是对私人、特定团体和特定阶层的言论表达权进行保护，这是"至上的公共利益"，广播电视媒体的生存基础就在于此。这一观念是采用各种社会技术的思想前提。

（二）媒体剧场化

美国通过新闻节目中的"独立主持人"（anchor，不同于英国的主播人被称为presenter，意思是"照本宣科的播音员"）制度，让媒体成为公众及其代言人的舞台。"主持人"作为媒体的代言人来主持言论节目，"演员"即"言论代理人"则通常是一些学者、专家包括政治家等身份的"嘉宾"。在面对任何重大的经济、政治或文化事件时，广电媒体都邀请代表不同利益观点的嘉宾出场辩论，有时甚至聘用两个观点对立的"主持人"。"主持人"和"嘉宾"制度使媒体具有了更多的公共性，从而影响着美国的政治生活。

（三）媒体与受众实时互动，在"代言人"的基础上进行实时民意测验，进一步让媒体成为公共信息平台

无论美国大选、伊拉克战争、让在校生高唱含有"上帝保佑美国"这一宗教内容的国歌是否违宪（美国宪法规定学校不允许传播宗教内容），还是同性恋等问题，广电媒体在对相关主题进行激烈辩论后，往往会迅速推出相关的民意调查，从而使媒体、公众、政府或国会形成各自的选择。在这里，公共利益的表达就是社会各阶层间进行利益共谋的过程，它实际上起着公共利益、共同意志塑造和引导的作用。

（四）多方面看待和化解负面效应

为吸引受众以获得市场份额，广电媒体总是"在宪法所不禁止的"范围内最大限度地发掘和触及敏感话题，包括丑闻（由此而有"坏消息就是好新闻"的说法），也因此部分传媒中充斥着暴力、低级趣味和虚假新闻。对此，美国一方面加强监管，力求使那些对社会生活产生实质破坏性影响的节目，能够依据一定投诉和监管程序得到限制；另一方面，社会上有一种从多方面看问题的环境，在处理负面问题时，也重视给广电媒体和公众言论保留或提供最大限度的创造空间。尽量使社会阴暗面曝光，客观上能够强化公众监督；敏感话题可以使各阶层的社会心理得到经常性的释放。触及敏感话题与媒体的商业动机协调一致，使社会重大新闻的连续播报像一出无休止的连续剧，在一定程度上可以起到社会心理的纠错和宣泄功能。当然，这有时会引起一定的震荡，但震荡如果是经常性的，就会相应导致"受众疲劳"，因此其震荡效应也会短期化、弱减化。而在这过程中，人们对震荡的适应力也会相应提高。对这方面进行认真研究，找到有效的解决办法，这就是所谓"社会技术"的基本任务。

（中国社会科学院文化研究中心　李河）

《保护文化多样性国际公约》的制定和我们的机遇[①]

（2005年2月1日）

《文化政策调研》按语：经济全球化及经济文化日益紧密融合的趋势给我们带来许多新的课题。我们建设先进文化、开展对外文化交流乃至维护国家文化安全等都已不宜简单沿用传统思路和做法。要顺应历史潮流，积极有效地解决好这些问题，我们不仅要有能够总揽全局的文化发展战略，而且要善于在这个战略的指导下，全面贯彻以外交促发展的方针，更积极主动、策略精明地参与国际间文化交往规则和文化政策的制定。只有这样做才算最有效地提升我们国家的软实力，最大限度地获得国家文化安全。本文通过对一个正在进行中的国际行动的临场观察和分析，尝试提出某些原则性的思路和对策，或许对理解国家的对外文化政策和文化体制改革有所裨益。

一、《保护文化多样性国际公约》的由来

2004年10月14—16日，国际文化政策网络（INCP）第七届部长级年会在上海成功举行。"网络"也被叫做"论坛"，它已经成为约70个国家暨其文化部就文化问题在政府间举行非正式磋商的一个经常性多边机制。中国政府将之视为以外交促发展的有益尝试，通过文化部

[①] 该公约在通过时最后确定的名称为《保护和促进文化表现形式多样性公约》。

进行了积极参与，并经过两年的认真准备主办了这一届年会。会上，由联合国教科文组织提供的"《保护文化多样性国际公约》草案"成为讨论的重点。

论坛给人一个强烈印象，即在这个日益全球化的世界上，**即使是发达国家，在伸张自己民族国家主权的时候，也要诉诸国际法体系的确认**。国际法的制定，就是各种国际游戏规则的制定；一个国家在国际法制定过程中发挥的作用越大，它最终得到的利益就越大。**对于文化方面的国际法来说，一个国家在其制定过程中发挥的作用越大，就说明其"软实力"越强，其获得的"文化安全"系数也就越高**。在改革开放不断深化的今天，我国政府就是要通过外交谋求利益，实现主权；我国要目的性更明确地为本国及本国公民谋求具体的经济、政治和文化利益，就需要在各种国际公约制定、草案形成的初期就尽可能精明地深度参与。

事实上，《保护文化多样性国际公约》的制定有着更为深远的由来。起初（自1993年起）它仅仅是法国等少数国家以"文化例外"为名，在世贸组织中与美国等"文化大国"进行的贸易规则抗争；慢慢地由法国推动，将文化多样性保护的国际立法工作转到了联合国教科文组织框架下，并于2001年促成教科文组织通过了《保护文化多样性宣言》。现在，法国已经说服了一大批国家，要将这个比较原则性的《宣言》发展成为一部约束力更强的"国际公约"（即《保护文化多样性国际公约》，以下简称《公约》）。有关国家希望用《公约》确认其在境内保护文化多样性的主权，以及在境内外承担保护和促进文化多样性的义务。在这个问题上，法国、加拿大等发达国家的利益与包括中国在内的不少发展中国家的利益相一致，中国政府曾向法国有关方面明确表示支持，这些国家在行动上也形成了较广泛的"统一战线"。目前，由教科文组织委托专家起草的《公约》草案已经出台，并征集过各国政府的书面意见。2004年12月中旬，教科文组织举行有关成员国会议，希望将这一国际文书转变成为一个经政府间起草委员会商定的、可用于进一步谈判的《公约》文本。

在教科文组织总部举行的会议上，由文化部协调、多部委成员组成的中国政府代表团由于有较充分的准备，进行积极的参与，获得了不少国家的好评。而美国政府代表团重返教科文组织不久，又坚持一种较为明确的否定意见，因而在会上常常陷于孤立境地。法国政府则非常努力地主导会议的进程，力图左右各种意见的协调和统一，扮演了领头羊的角色。尽管这一工作较为艰巨，时间也会拖得较长，但法国等诸多国家都希望能在2005年10月的教科文组织大会上第一次将这个《公约》付诸表决并力争通过。

二、《公约》到底打算保护什么

由于美国等国的反对态度，《公约》是否能一举通过或最终以怎样的文本通过仍然是一个悬案。但我们应较深入地理解这一《公约》的背景，在已有的国际法框架及其发展趋势中准确地判断，清楚地界定我们的国家利益，一方面制定坚定、灵活的谈判策略，趋利避害；另一方面也要使国内的文化体制改革工作与之协调，用好可能争取到的宝贵时机。

首先，我们可以分析并大致确定，这一部《公约》到底可能保护什么。**由于各国在经济、制度、文化上的差异，同一国际公约对不同国家所具有的作用、效力是不同的**。因而同一公约，可能给一些缔约国带来实实在在的利益，而给另一些缔约国仅仅带来道义上的支持。

和许多第三世界国家的代表类似，国内许多人希望《公约》能保护较为笼统意义上的"传统文化"。甚至说文化放到博物馆里就是死的，而只有在现实中才有活力。这么说有一定道理，但也会使《公约》变得无效。在筹备 INCP 2005 年年会时，我方曾向一些成员国发出过问卷，请他们就传统文化与现代化的关系问题发表一些意见。结果发现，发达国家甚至是一些正在步入现代化的国家或转型国家对"传统文化"的话题十分谨慎。他们愿意谈保护文化遗产，保护少数民族或人群的语言文化甚至宗教，但均担心"传统文化"这个词汇中暗含了其他一些负面的内容。因此，要《公约》写明"保护传统文化"会有很大的困难。尤其从道理上说，字面的意思越含混，公约的效力就越小；而从操作层面上说，只有具体的事物才便于给予法律保护，而抽象的东西保护起来难度极大。事实上美国代表团在教科文会议上就宁可让《公约》的措辞变得更空泛。这样人们会不知道《公约》有什么用，又如何去实施保护。更何况在这一《公约》之前，已经有了保护自然文化遗产和非物质文化遗产的两个公约。重要的是现在还有哪些文化内容是前两个公约尚无法有效保护的。

《公约》草案通过两个环节将保护对象具体化。

首先，《公约》草案通过"定义"部分各主要概念的推导，将文化多样性落实为"文化内容和艺术表现形式多样性"。《公约》的全称是《保护文化内容和艺术表现形式多样性国际公约》。通过"定义"人们可以知道，"文化内容和艺术表现形式"被简称为"文化表现形式"。所谓"表现形式"是英文"expression"的中译文，一般译为"表达（物）"。这个概念强调不同文化间的区别性特征，也将文化从一种自在状态刻画为一种反思状态，同时这里的"表现形式"也就从单数形式变成了复数，成了可数的文化艺术作品。在这个意义上，《公约》的保护对象是现实的艺术创造，也是活生生的文化。对言论自由、艺术表达、文艺作品的保护，对于欧洲北美来说不是什么新鲜的事物；即使在没有文化部的美国，艺术原创和公共图书馆也可以获得各种资助；在中国，对各类文化艺术作品的知识产权保护也已实质性地开展起来。保护好这些作品的知识产权，就会极大地鼓励文艺作品的原创；有了大批的艺术原创，各国各地区的艺术家们事实上就在为本文化的延续与创新积极工作。那么现在为什么还需要一个新的国际公约呢？

《公约》草案的第二步，是将文化表现形式同时追溯到"产品和服务"的形式。《公约》草案说："文化多样性不仅通过保护、弘扬和传承人类文化遗产的不同方式得以彰显，也通过以文化产品和服务为载体的各种文化表现形式来体现。这些形式自古以来一直以各种生产、传播、分销和消费方式在世界各地存在着。"这里所说的"产品与服务"，是经过复制和商业包装的"文化表现形式"，在当今的世界上就是指文化产业的产品。《公约》草拟了明确条款，要求发达国家对"增强发展中国家和转型国家的文化产品生产能力和传播能力"予以支持。

然而文化产业也是一个很广泛的领域，从新闻广电到旅游教育，从建筑设计到广告传播，那么《公约》的焦点聚在哪里呢？《公约》第十四条提到鼓励缔约国在电影及音像产品方面的合作。原来，这才是《公约》主要倡导国关注的焦点。这让人们不得不对电影尤其是广义的电影产业另眼看待：尽管电影是一种原创类的艺术形式，但这种艺术形式从诞生之日起，就由于一种复制技术中介，与商业开发紧紧地联系在一起。对艺术表现形式多样性的保护是要落实到对与现代复制技术结合最为紧密的文化产品和服务的保护上去。

从这个角度出发便可以理解电影这种艺术门类所占据的重要枢纽地位。首先它是一种内容原创，同时它是一种声像俱全的综合艺术，能够很方便地就将美术、音乐和文学的要素统合起来并落实在表演上，容易为受教育不多的普通大众所理解，并因而具有广阔的市场前景。其次，作为一种手法，它开启电视、MTV、网络游戏等节目制作的先河，很容易进行相关"后电影产品"的链式开发，具有进行产业化运作的技术前提。尤其是第三，当电影作为与复制技术紧密捆绑的商业艺术形式时，是一种在制作成本上较之其他艺术形式高几个数量级的"流行大餐"，并给后来者设立了高不可攀的市场门槛。难怪当今世界上的文化贸易大国必然都是影视产品尤其电影产品生产和消费大国。

在经济全球化的背景下，正是以电影产业为代表的当代创意产业对文化多样性的存在构成一定威胁。按照上述第三个特征来推论，就不难想象：一个国家强大的文化产业生产、传播、分销能力会在客观上压制其他弱势国家的文化表达；经济技术上落后的国家在贫困之余还有失去表达机会的可能。这时文化的多样性就有可能被单一性覆盖，而一个没有艺术传播能力的文化就是一个被禁了声的文化，就是一个注定要被忽略的文化。这样的局面令人不寒而栗。所以，目前的《公约》要求允许各国政府对其文化产业尤其电影拍摄予以资助，还要求允许各国政府对其文化市场尤其是影视市场实行配额制。这是《公约》倡导国希望通过国际授权获得的两项极为具体的"国家主权"。

三、如何恰当利用《公约》赋予的权利和机遇

透过《公约》已能清楚地看到：在当今的世界上，经济与文化是如何紧密地交融，并带来新的问题。经济与文化，最初是用不同的原则构建起来的。在经济领域，以世界贸易组织规则为代表，通行的是鼓励自由贸易和公平竞争、拆除贸易壁垒和反对保护主义的原则；而文化上人们要求尊重各个民族及其每个成员的自主选择，希望世界上保留更多的文化类型。一个要统一，一个要多样性。历史又告诉人们，市场是一个资源配置的最好工具，有了市场才有效率；同时仅仅有市场也不行，市场有自己无法解决的问题。例如对于丧失劳动能力的人、完全没有市场竞争力的人，市场只能淘汰他们；但社会必须救助他们，不能任他们自生自灭。因此要从市场里拿一部分钱，在市场外建立一种社会保障机制。市场是一种发展的力量，而市场外要有伦理基线。现在市场与文化正面相遇了，需不需要新的原则？在文化市场中，要不要有一定程度的保护主义？

《公约》在一定程度上（尤其是相对世贸规则来说）是一种保护主义的措施。尽管这一轮的"国际谈判"还没出结果，但可以肯定的是，以文化或文化多样性的名义实施贸易保护已经是最强有力的支持性论据；如果没有这种保护，世界上一些曾有很长历史的文化都可能消失（事

实上已经有一些消失或部分消失了）。另一方面，这种保护只能是最低限度的；如果保护过度，世界经济的增长甚至某种文化原创会受到抑制。如果保护的只是落后，那么最终也无法保住。

对我们来说，需要思考的是我们在国内可以做点什么，公约给我们提供了怎样的机遇，等等。2005年，国内文化体制改革将进一步深化，也会在面上逐步铺开。我们理应让《公约》的制定与通过与文化体制改革相呼应，成为促进国内文化产业发展的有利条件。国际经济伦理学界认为，只有在一种情况下，保护主义才是可取的，那就是对国内生产者的暂时保护促成了企业向外的学习效应（参见恩德勒等编：《经济伦理学大辞典》第192页）。

欧美一些发达国家之所以要求对其电影行业予以政策支持，是由于其国土面积狭小，人口有限，因此巨额电影拍摄成本难以回收；而我国幅员辽阔、人口众多，市场和消费潜力都很大，严格地说我们的电影并不需要特殊的保护，反之，没有保护，我们的电影在进入国际市场时可能更方便。但现实的情况是，不仅我们的经济发展总水平还不高，而且我们的电影业也还太弱小。拿我们年人均电影票房不足1元人民币与美国年人均超过35美元相比，差距近300倍。虽然目前国产片票房已能上亿，但每年200部左右的电影，真正盈利的只有10部上下。因此，低水平的电影贸易保护对我国电影业的现实发展还是有利的。问题是我们要用好这个时机，应该更清醒地意识到国际差距，应该大力改革现行的文化体制机制和各项政策法规。

2004年，电影投资制片方面的政策有了较多创新，但使原创与市场连接的审查环节还未调整。原有的审查体制未能依照成文法进行，仍含有过多的主观因素，因而使投资拍片的风险巨大。究其原因，仍是在内容问题上不放心、缺手段。2005年应在这个环节上有所突破。具体地说，出于中国国情，可考虑**构建一个使新片逐步进入大众市场的多层次的过渡性制度安排**，比如让电影先进入地方的、非院线的城市影院，然后进入跨地区的电影院线，再进入电视频道（也可以先地方频道，后全国频道），最后进行"后电影产品"开发。总之应尽量让制成的影片经受市场和电影批评界的检验。这样即使是一些实验性的影片，也可以获得观众的检验，不至出现国际获奖影片国内不能放映的尴尬现象（这个现象的结果是电影人才的浪费与流失）。这个制度也可和目前探讨的分级制结合施行；而有效施行这一制度安排的前提，是强化知识产权保护和反盗版的执法措施。

广义的电影还包括了诸多"后电影"产业链。文化产业各行业在内容层面是相通的。因而，在电影内容审查方面进行的体制与政策创新实际上是在文化市场内容管理政策创新方面的"试点"。我们必须与时俱进，学会**有步骤、有秩序、分层次、分时段地放开文化市场准入**，学会以经济的、法律的方式合理监管文化内容市场。着眼未来，我们事实上不可能去管有哪些内容可以进入市场，而只能依法管理进入文化市场的所有内容。这时我们就会发现，《公约》草案思考的逻辑上还是较为严密的：要保护文化多样性即文化表现形式，就要对电影等与复制技术紧密捆绑的文化产业的产品与服务予以政策扶持；反之，如果不能使各种文化原创及其复制产品顺利和大量地进入市场，保护文化多样性、保护传统文化统统只是一句空话。而且《公约》这样去构想保护方式，的确也没有反对文化进入市场，起初"文化例外"的说法引起过一些误解，事实上它所要求的不过是市场内的"例外"：它只说文化是一种特殊的商品，而不是说文化不能成为商品。因而与在国际层面积极参与《公约》制定的进程相同步，在国内积极探索文化市场开放和内容管理的新举措，才能利用好有利国际环境，做大做强自己的文化产业，培养起国内文化企业的较强竞争力，让它们在竞争中走出去，并因而把不断创新着的中国文化带向世界。这也是一项具有紧迫性的工作。

（中国社会科学院文化研究中心 章建刚）

中国对外文化交流应实现几个观念上的突破
——《中国对外文化发展研究纲要》(上)

(2015年6月1日)

《文化政策调研》按语:中国社会科学院中国文化研究中心李河研究员最近撰写研究报告指出,中国"文化走出去",应有前瞻性的顶层设计,应以我国"国家治理能力建设"为依托,以"满足域外民众的精神文化和直指域外民众人心"为指归,致力于与相关国家和地区形成以"可分享价值"为基础的命运共同体,强化对外文化传播的科学评估方式。现将其观点分两期摘报。

一、要成为全球性国家,不能没有强有力的对外文化影响力

美国是全球性国家,不仅在于它具有强大的军事、经济和科技力量,同时因为它具有强大的文化力量。20年前,布热津斯基指出:"文化统治是美国全球性力量的一个没有受到足够重视的方面。不管人们对美国大众文化的审美价值持有什么看法,美国文化都对全世界的青年显示出磁石般的吸引力。美国的电视和电影节目约占全球市场的3/4,它的通俗音乐同样居于主导地位。同时,美国的时尚、饮食习惯甚至穿着,也越来越在全世界为人们效仿。互联网的语言是英语,全球电脑的敲击动作主要来自美国,影响着全球对话的内容。最后,美国是全球高等教育的圣地。世界各大洲几乎每个国家的内阁中都能找到美国的毕业

生。"① 出于上述理由，布热津斯基断言，中国或许会成为经济和军事上的全球性国家，但因为文化影响力缺失，它不可能成为"真正的全球性国家"。西方不少政治家都持同样的看法。

显然，要成为真正的全球性国家，文化影响力是一个极为重要的指标。对中国的近期发展来说，其对外文化影响力主要聚焦在三个向度：它应为"一带一路"建设提供坚实的文化软支撑；它应为中国参与构建区域和国际组织提供包容性的文化理念基础；它应为打造区域命运共同体编织有力的文化纽带。而从长远看，中国文化影响力的最高境界是，它应向当今世界提供一种"文明的典范"或"典范的文明"。

二、要建设当代"文明型国家"，不能没有强大的文化影响力

从大历史的尺度来看，"一带一路"倡议再次提示人们联想到中国漫长历史中的"潮汐效应"：凡中国处于相对开放的时期，如汉代、唐代早中期和清代早期，中华文化影响力便向四周大幅延伸；反之，其影响力则大为萎缩。

这种"潮汐效应"还蕴含着一个为世界中国史研究所普遍接受的看法，即中国在1900年代以前一向是个"文明型国家"，用美国麻省理工学院著名汉学家白鲁恂的话说，"China is a civilization pretending to be a state"（"中国是伪装成一个国家的文明"）。② 这个判断的依据是，中国自汉唐以来一直是所谓"丝绸之路""中华文明圈""汉字文化圈"

---

① 参见《大棋局：美国的首要地位与地缘战略》，第22页。
② 这个说法最早出现在美国麻省理工学院汉学家白鲁恂（Lucian Pye）在1988年出版的著作《亚洲的权力与政治》（*Asian Power and Politics*）。哈佛大学学者萨缪尔·亨廷顿（Samuel Huntington）在其1996年出版的《文明冲突和世界秩序的重建》一书中引述了这个说法。

或"中华朝贡体系"的中心，①其源头性经典、汉字书写、国家礼仪典章制度等对周边国家和地区产生了深刻影响。

当然，在现代化、全球化的今天，中国影响力的"涨潮效应"不可能、也不应该简单复制那种基于不平等政治秩序的"中华文明圈"。但那段历史告诉我们，**成为一个"文明"，要有强大的硬实力，更要有由"可分享价值"支撑的、具有强大吸引力的文化**。据此，我们不免会问：崛起的中国对全球经济增长贡献率排名第一，它对世界文化发展的贡献率究竟有多大？当中国致力于促进与周边国家的市场一体化进程时，它能为这一努力提供怎样的文化支持？这些问题归根结底是在追问：中国能否再度成为"文明型国家"？

三、中国对外文化交流的基本宗旨：最大限度地满足域外民众的精神文化需求

21世纪初，国家推出了明确的"文化走出去"方针，并且在短期内已取得令人瞩目的成就。比如，中国通过兴办或收购等形式不断拓展在海外传媒中的实地，目前中国国家教育台已经收购了9颗卫星，100多家国外媒体，覆盖全球40亿人，24小时滚动播出；自2004年在首尔开办第一家孔子学院起，截至2014年9月，国家汉办已在122个国家开办了457家孔子学院和707家孔子课堂，其中多半分布在欧美；包括中国作品外向推介、出版、演艺、书画艺术和设计等内容的海外中国节活动，从规模到效果都有长足发展；此外中国影视对外出口也有较大起色。

---

① 海外学者的相关著作包括：日本学者渡边信一郎《中国古代的王权与天下秩序》，德国学者弗兰克（Andre Gunder Frank）的著作《白银资本》，日本学者滨下武志的著作《中国、东亚与全球经济》，美籍华裔学者王国斌的著作《转变中的中国》，美国学者彭慕兰的著作《大分流》，等等。

但毋庸讳言，"文化走出去"在实施层面有个与国内文化建设类似的通病：过于重视政府的推动力，忽视对民间主体的政策支持；过于关心硬件建设和外延性增长指标，忽略内涵性的真实影响力的效应评价；一句话，过于强调"文化走出去"，相对忽略了"文化能否走进去"。近年来出现的一系列问题，如文艺团体在国外赠票演出，孔子学院或中国文化中心因其"文化飞地"效应而引起欧美一些地区的反弹，其原因盖源于此。

"文化走出去"如果不能入心，走出去的就肯定不是文化，因为文化影响力的根本特性在于"直指人心"。人心即天下，对此中国儒家有着深刻洞识。孔子说："远人不服则修文德以来之。"所谓"修文德以来之"，就是要培育让远人接受、信服乃至认同的文化。孟子说："得天下有道，得其民，斯得天下矣。得其民有道，得其心，斯得民矣。"**文化影响力，就是"得其民心"的能力**。

要使今日中国文化从"走出去"转变为"走进去"，转变为"直指域外民众人心"，就必须改变以往单向的和独白式的"文化推广"姿态和模式，以尊重域外民众的精神文化需求和文化表达方式为宗旨，创造一种与域外民众（包括海外华人和外国人）共建文化平台、共事文化生产、共享文化产品的真正对外交流新模式。如果说多年来中国国内文化发展的最高目标是"满足人民群众日益增长的精神文化需求"，那么同理，中国对外文化战略的基本宗旨就应当是：最大限度地满足域外民众的精神文化需求。这个宗旨的一个重要内涵是，"文化走出去"的目标是与域外民众而不是政府形成坚实的文化情感纽带联系，对外文化交流不应受到政府之间亲疏远近关系的影响。如中国虽然近期与日本政府的关系交恶，但不应影响到两国民众之间的各项交流，尤其是文化交流。

四、对外文化交流要突破价值观瓶颈，倡导与域外民众、与国际和区域组织成员共同探寻"可分享价值"

（一）中国对外文化交流的核心主题是价值观问题

一段时期以来，"价值观外交"似乎成了包括日本在内的西方国家专擅的东西，如何打破这种价值观垄断，是当今绕不过去的问题。中国文化如要对国际社会尤其是周边国家和地区产生直指人心的效力，中国要积极参与构建国际和地区经济政治组织，就需要找到把"我的文化"转变为"我们的文化"的有效途径，这就是我们所说的"价值观瓶颈"。

（二）在把"我的文化"变成"我们的文化"这一点上，除美国外，英国、法国和欧盟等国家和地区都有一些可资借鉴的经验

1931年，英国国会通过法令，创设"英联邦"，要求其成员国基于共同历史背景，维持彼此独立但自由平等的关系。2013年3月11日，英国女王签署英联邦首份阐述其核心价值观的文件——《英联邦宪章》。《宪章》总结阐释了54个联邦成员在民主、人权、法治、国际和平与安全、可持续发展等16个方面的核心价值观和共同原则，旨在维护联邦成员间的紧密联系、维持英国在联邦的影响力。

再看法国，它在18世纪是个世界帝国，法语在当时的地位相当于今日英语。换句话说，法国也曾是个"文明型国家"，即一个代表着独特文明类型的国家。但19世纪下半叶到20世纪，法语文明经历了来自不列颠帝国和美国的冲击。为因应来自英语世界的压力，1883年法国成立了以推广法语文化为宗旨的"法语联盟"（Alliance Francaise），目前共有1100个机构分布于130个国家。从20世纪中叶起，法国一直对来自美国的文化冲击保持着高度的政策警觉。1958年，法国明确将电影划归文化部管辖，从而彻底淡化了它的"文化工业"属性。此后，乌拉圭回合当中提出"文化例外"，以及1994年在法国国内推出旨在限制英语使用的"杜邦法"，这一切都表明法国在维护自己文明地位方

面的不苟且态度。

法国为维护其"文明型国家"地位所作的最重要努力,是 1970 年联合其以前的殖民地国家和附庸国,建立"法语国家组织"(International Organization of French Speaking Countries)。该组织总部在巴黎,1986 年以后每两年召开一次会议,目前已有 56 个正式成员国,19 个观察国,覆盖 9 亿人口,其参与国数量超过英联邦组织(54 国),成为法国施展其重要国际影响的重要平台。

英联邦与法语国家组织,是英国和法国将过去的殖民主义负面遗产转变为现代重要文化资源的典范。

此外,欧盟自 2005 年以后提出和完善《欧洲睦邻政策》,其中一项重要内容是在东欧、地中海沿岸国家乃至世界,确定了 16 个"文化伙伴国家",这些政策努力值得关注。

值得强调的是,没有一种跨国的"可分享"价值,国与国之间至多只能形成"利益共同体",远远不能形成"命运共同体",而人民与人民的跨国交往也不能形成"民心相通"的情感纽带联系。要成为"文明型国家",要构建区域性或国际性的"命运共同体",就必须使"我的道路"成为"我们的道路",使"我的理想"成为"我们的理想",使"我的文化诉求"成为"我们的文化诉求",简而言之,就是要使"我"成为"我们"。

(三)要构建命运共同体,在人民之间形成坚实的文化情感纽带联系,就必须倡导与域外民众和各种共同体的相关者一道积极探寻"可分享价值"(sharable values)

"可分享价值"不同于"普世价值"。如果说"普世价值"背后预设着一条绝对命令式的发展模式和推广模式,"可分享价值"则强调以包容性为前提,鼓励国际和区域合作各方,面对共同的挑战和问题,以历史资源为依托,通过渠道多样、内容广泛的国际交流协商与合作,达成跨国的价值认同。

"可分享价值"还与"中国特色"观念相辅相成。如果说"中国特色"强调的是中国在现代化发展道路和方式上的自主性，那么"可分享价值"则强调中国在对外交流尤其是文化交流方面的谦冲开放态度。它应是"中国特色"的重要组成部分。

事实上，中国在国际关系中已经积累了与域外民众和其他相关者共同探寻"可分享价值"的大量经验。20世纪50年代中国提出的"和平共处五项原则"就是一个范例，今天中国在对外关系中提出"相互尊重、求同存异、合作共赢、共谋发展"以及"亲、诚、惠、容"等基本理念，都是在倡导包容性的"可分享价值观"。**今日中国应把"倡导可分享价值、共建命运共同体"当作中国特色"价值观外交"的基本理念。**

（中国社会科学院文化研究中心　李河）

中国对外文化交流应与"一带一路"相衔接
——《中国对外文化发展研究纲要》(下)

(2015年6月4日)

一、中国对外文化交流可分为四个层次

根据"可分享价值"生成的难易程度,可以把对外文化交流区分为以下四个层次:

第一层: 政治或宗教等意识形态领域通常是国与国之间价值差异性最大、价值排他性最强的领域。在这个领域中,快速形成"可分享价值"的空间较为狭小。

第二层: 国际和区域的经济政治组织通常建立在共同的经济政治利益基础之上,在相关成员之间建构和倡导超越意识形态差异的"可分享价值",有助于将"利益共同体"提升为"命运共同体"。

第三层: 人文和艺术交流涉及不同国家的精英文化群体,加大交流密度,可以有效地拓展不同国家文化精英阶层之间的"交叠共识价值"(overlapping consensus),从而为不同国家之间的文化理解和文化亲近提供坚实的学术支撑。

第四层: 以旅游业、文化创意产业、文化贸易为支柱的民族–民间–民营文化交流,是增进不同国家民众之间的文化亲近感、形成民间层面的"可分享价值"最广泛和最有效的途径。

基于以上区分,根据"先易后难"的原则,可以提出中国在对外文化交流中扩展"可分享价值"的路线图:即要大力发展对外文化贸易和对外文化产业,大力开展各跨国经济政治共同体之间的政策沟通,尽可

能扩展相关国家国民、政府、媒体和文化精英阶层之间"交叠性的可分享价值"（overlapping sharable value）。这些工作将为在意识形态价值观层面的对话创造良好的条件，从而能够与其他国家形成"多元共存、价值分享"的文化发展格局。

二、中国对外文化交流的三大国际空间和两大区域重点

以中国为本位的对外文化交流涵盖三大国际空间：（一）中国陆路周边国家、亚太、南亚和西亚等地区国家；（二）欧美地区国家；（三）非洲和拉美国家。由于文化是地缘性很强的符号系统，世界各地区的文化资源、文化表达形式和文化需求千差万别，因此中国对外文化交流应坚持"地区分类、统筹协调"的方针。韩国、日本针对中国、亚太和西方世界的文化产品生产和传播方式均有不同侧重，这需要我们认真研究和借鉴。

在上述三大国际空间中，中国对外文化交流应关注两大重点区域：一个是中国周边地区国家；一个是欧美发达国家。如果说中国对外文化交流的宗旨是"最大限度地满足域外民众的精神文化需求"，那就应当充分意识到周边地区国家和发达国家的民众在文化需求、文化表达方式、传统文化背景上的巨大差异，分类制订文化交流方案。

三、文化创意产业在中国对外文化交流中具有骨干性的作用

在对外文化交流四层次中，旅游业、文化创意产业和对外文化贸易具有非常重要的骨干作用。因为在现实主义的国际政治语境中，不同国家和地区的文化差异往往意味着排他性价值（exclusive value），而排他性价值往往埋藏着冲突的根苗。

正是在这里，可以发现文化产业在国民文化交往方面的基础性和不可替代性作用，因为无论文化产品和服务负载着怎样的价值观内涵，都要以市场交易的方式，通过消费者的自由选择而实现，这在跨国文化贸易中表现得最明显。文化产业，尤其是那些核心产业门类（如影视、创意设计），是一种吸引眼球的经济。正是这种吸引力设计可以同时带来两种奇妙的效应：其一，以往可能造成冲突的文化差异因素，有可能转变为文化产品的陌生性效应——所谓"差异造成好奇"，它使文化差异变成了文化多样性的优势资源；其二，以往曾经存在过的文化亲缘关系，更有可能顺势转化为文化产品的熟悉性效应——所谓"熟悉就是市场份额"。

总之，**由于文化产业是促进好感体验的经济，是一种需要以"得民心"为前提的经济，因而它在国民之间的文化交往中会发挥日益重要的功能。** 进而言之，在针对欧美发达国家的文化生产和贸易中，如何降低"文化折扣"，将其转化为"文化产品的陌生性效应"，是我国对外文化创意产业能否快速提升竞争力的关键。而就我国周边国家来看，其文化产品和文化符号中充斥着"陌生性效应＋熟悉性效应"，这为我国与这些国家开展文化贸易提供了较好的发展空间。

四、中国对外文化交流的重点在周边：善用中国与周边国家之间的历史文化亲缘联系，构建区域命运共同体

（一）构建周边区域命运共同体的三大文化挑战

文化发展是构建中国与周边国家命运共同体的基础。但需要清醒地意识到，中国在发展与周边国家的文化联系方面面临三大挑战。

挑战之一：近代以来的民族国家进程解构了中国与周边国家的历史文化纽带联系。美国学者亨廷顿在《文明冲突和世界秩序的重建》一书中指出："文明大多包含两个或两个以上的国家，它们在语言、历史、

宗教、习俗和制度等方面存在密切认同联系。文明是对人的最高的文化归类，是人们文化认同的最大范围。……文明是最大单位的'我们'。在这里，我们在文化上感到安适，因为它使我们区别于所有在它之外的'各种他们'。"①

所谓"丝绸之路""中华文化圈""汉字文化圈"或"中华朝贡体系"等概念显然满足上述论述。然而自19世纪下半叶东亚、东南亚地区陆续被动地走向现代性道路之后，尤其是二战以后，各国致力于民族国家主体建构，先后在源头经典、书面文字、历史书写与国家和社会治理体系方面推行以"去中华中心主义"为重要主题的文化民族主义，②再加上社会制度的不同、基本意识形态的差异，中国与周边国家出现了在文化上渐行渐远的总体态势。不仅如此，由于中国多数周边国家在民族国家建构过程中深受西方国家影响，由此形成"邻国远、西方近"的政治文化现实。

挑战之二：中国周边国家还是世界上文化多样性和文明形态最复杂的地区。中国周边地区国家不仅在历史上长期受到中华文明的影响，其自身还呈现出极为复杂的文化多样性生态，即以亚太地区来说，全球80%以上的民族和语言聚集在这个地区。

此外，中国周边地区国家，除了曾受到中华文明的熏陶外，同时也受到其他文明的侵蚀浸润。如中南半岛和沿中国南海形成的亚太地区国家在历史上依次受到印度文明、穆斯林文明、西方文明以及冷战后的苏联阵营的深刻影响，因而是国家社会制度、文明传统最为复杂的区域。

再看与中国西部相邻的中亚和西亚地区，其文化文明传统自公元8世纪以后与中华文化存在着密切的交流互动。20世纪90年代苏联解体

---

① 参见塞缪尔·亨廷顿：《文明的冲突与世界秩序的重建》第二章："历史上的文明和今天的文明"。

② 参见高丽大学校韩国史研究室著：《新编韩国史》，孙科志译，山东大学出版社2010年版，第2页。

以后的20多年中，获得独立的中亚五国进入了文化认同的摇摆期和抉择期，它为中国与该地区开展深度文化交流提供了条件。

最后，东北亚地区一直处于俄罗斯、西方与中国交叉影响之下。

挑战之三：中国周边国家对中国崛起普遍怀有"爱恨交织情结"。中国崛起强烈改变着世界的经济政治和文化地理，这一效应无疑在中国周边地区国家表现得最为强烈：一方面，中国的市场、资金和技术优势对周边国家产生了强大吸附力量；另一方面，由于中国快速拉开与周边多数国家的经济距离，还由于中国与包括日本、南海周边国家在海洋领土方面陷入纷争，也使少数周边国家对中国产生一定的疑虑，强化了其国内的民族主义氛围；最后，美国的"重返亚太"战略以及日本的"价值观外交"，更加剧了这一地区紧张态势。

在此背景下，中国周边国家普遍对中国产生"爱恨交织情结"[①]。近年来中国在这些地区的经济举措多次受挫，出现反复，就表现了这种摇摆心态，这种摇摆在今后一个时期还会延续。

以上三大挑战，必然为中国实施"周边区域命运共同体"带来变数和风险。如何在东亚和东南亚地区唤起历史上曾经存在过的文化亲缘联系，如何在中亚地区培育其基于文化理解的民间情感，如何在中国与周边国家之间构建起强有力的"文化纽带"，应是中国对外文化交流需要处理的头等课题。

（二）破解三大挑战的重要手段：实施"跨国文化纽带工程"，配合"经济走廊"的实施思路，打造与之配套的"跨国文化产业走廊"

以上三大挑战表明，中国在周边国家欠缺足够的"文化资本"。要破解这个难题，应当善用中国与周边国家在历史上形成的文化亲缘关系，实施以周边国家为指向的"跨国文化纽带工程"，该工程的一个重要载

---

① 爱恨交织情结（ambivalence）是个源于弗洛伊德的心理学概念。

体,就是配合目前的"经济走廊"规划,推出系列配套的"跨国文化产业走廊"规划。

随着中国的快速发展,随着"一带一路"的陆续实施,中国与周边国家已经形成了一个"东部引领–西部高地–邻国洼地"的梯度经济地理格局。基于这个态势,中国在考虑将过剩的产能和相对充裕的资金转移到周边国家和地区,还需要加大政策力度,将东部较为发达的文化创意产业优势和西部一些文化大省相对发达的特色文化产业发展经验,转移到周边国家。在这方面,我们已经形成了较好的相关文化政策环境。

2014年3月,国务院印发了《关于推进文化创新和创意设计与相关产业融合的若干意见》,提出要以统筹协调、重点突破、市场主导、创新驱动、文化传承、科技支撑为基本原则,推动文化创意和设计服务以及装备制造业、消费品工业、建筑业、信息业、旅游业、农业和体育产业等领域的融合发展,为我国经济方式转型提供了明确的政策指导。

2014年5月,文化部提出建设"丝绸之路文化产业带"的总体设计和框架方案,使之成为"丝绸之路经济带"的重要配套政策,其要义包括:加强影视、演艺娱乐、动漫游戏、文化旅游、工艺美术、非物质文化遗产、民族文化、工业制造、建筑设计、文化体育等多领域的交流合作,打通文化壁垒,增进不同民族、不同宗教信仰之间的理解和团结,加强国际交流和互信;最终实现产业带上各地、各国家互利共赢、和平稳定、繁荣发展。

2014年8月,文化部和财政部联合下发《关于推动特色文化产业发展的指导意见》,要求以"传承文化、科学发展;因地制宜、突出特色;创意引领、跨界融合;市场运作、政府扶持"为原则,以"加大财税金融支持、强化人才支撑、建立重点项目库、支持拓展境外市场和建立完善交流合作机制"等为保障,推动我国各地,尤其是西部民族地区的特色文化产业快速发展。

在上述文件的基础上,我国迫切需要与丝绸之路沿线国家,尤其是我国周边国家一道，共同制定"跨国文化纽带工程"的规划。该规划可以考虑与各项"经济走廊"规划配置起来，形成"跨国文化产业走廊规划"，如构建"大湄公河次区域文化产业走廊""中缅孟印文化产业走廊""中巴文化产业走廊""中国-中亚-西亚文化产业走廊"以及"中蒙俄文化产业走廊"等。与"一带一路"配套的"跨国文化产业走廊"，不仅是中国文化产业的单向输出，更应该是中国与相关国家文化资源共享、文化产业共建的伟大实践。

（中国社会科学院文化研究中心　李河）

中日韩智库学者关于"东亚文化之都"项目的建议

（2015 年 11 月 25 日）

《文化政策调研》按语：由中国社会科学院中国文化研究中心发起，经中国社会科学院批准，并与中国社会科学院－上海市人民政府上海研究院共同主办的首届文化政策中日韩智库间战略对话于 2015 年 11 月 14 日在上海大学举行，来自中日韩三国的 18 名智库学者，围绕"东亚文化之都与东亚未来"这一主题展开了深入对话。中日韩智库学者高度评价东亚文化之都项目对于东亚和平与合作的重要价值，并从这一价值维度对三国东亚文化之都项目的开展情况进行了评估和反思，对如何更好地发挥东亚文化之都项目这一增进三国文化交流与合作平台的重要作用提出了建议，现摘报如下。

一、提高东亚文化之都项目的民众关联度

东亚文化之都项目，是扩大和深化三国人民相互了解，增进相互间文化情感、信任和友谊，促进东亚经济共同体建设的重要平台。但是，中国文化研究中心 2015 年 11 月初关于中国东亚文化之都两城市（泉州和青岛）民众态度的调查显示，民众参与东亚文化之都活动的广度和深度都亟待拓展。日本横滨市 2014 年举办东亚文化之都活动前后的两次调查结果，同样支持这一结论。民众参与不足，将严重影响东亚文化之都平台的功能。为此，三国智库学者建议：

第一，应加强东亚文化之都的品牌建设和宣传力度，提高东亚文化

之都的民众认知度和影响力。

第二，城市在申请成为东亚文化之都时，应广泛征求民众意见，动员民众力量，汇集民众智慧。

第三，当选城市在设计文化之都的各项文化活动时，应充分考虑民众的现实需求和长远利益，以切实增加民众参与东亚文化之都活动的积极性，拓展民众参与的空间。

二、当选城市应着力构建东亚文化之都活动的长效机制

东亚文化之都活动，是激发当选城市的文化创造活力、发挥文化对经济社会发展的促进作用、触发城市创新创造活力的连锁效应、提高城市竞争力和软实力的重要机制。但是，当选城市设计的很多活动都是一次性的。长效机制的缺失，是制约东亚文化之都功能充分发挥的另一个障碍。为此，三国智库学者建议：

第一，拓展东亚文化之都城市网络，将横向（同年度当选城市间）网络向纵向（不同年度当选城市间）网络拓展，构建覆盖全部当选城市的网络。

第二，提高市民策划的文化活动，特别是文化创造活动的比重，注重市民角色的转换，使其由客体（观众）转变为主体（创造者）。

第三，强化城市发展中文化的基础性地位和作用，扩大社会力量参与，创新东亚文化之都活动举办模式，使其与城市的文化建设有机融合。

三、发挥东亚文化之都项目的带动作用

东亚文化之都项目，作为中日韩三国文化交流与合作的平台，仅靠每年每个国家的一个当选城市，要想最大化地发挥其应有的作用，是不可能的。如何充分发挥东亚文化之都项目的带动作用，是三国政府努力

解决的问题。对此，三国智库学者建议：

第一，把东亚文化之都办成东亚文化的"奥运会"。将东亚文化之都的申请打造成为类似奥运城市申请一样的重要事件，以提高东亚文化之都当选城市的荣誉感和自豪感。具体做法：从2016年起，开始申请2020年的东亚文化之都城市，2017年申请2021年，依此类推。2017、2018、2019各年度的申请可按各国现在的安排进行。

第二，建议增设东亚文化之都的姐妹城市，以鼓励和支持下面这样的城市积极参与东亚文化之都项目。即文化发展基础较差，但却强烈希望发展文化，运用文化的力量推动城市经济社会发展，并积极希望开展三国文化交流活动的城市。具体做法：每年每个国家可增设一个东亚文化之都姐妹城市，在东亚文化之都申请时，由申请城市提出。申请成为姐妹城市的城市，应向东亚文化之都申请城市提出申请。当选城市的姐妹城市的文化活动，由当选城市统一规划，由姐妹城市组织实施。

四、构建东亚文化之都评选的三国协调机制

就中日韩三国各自的东亚文化之都评选情况而言，三国文化部对东亚文化之都的理解既有共同之处，也有明显的不同。三国申请城市对东亚文化之都项目的理解也各不相同，申请城市与文化部的理解也有差异。三国评选方式也不尽一致，中国和韩国2016年当选城市的评选仅限于当年，而日本则同时评选出未来三年的当选城市。这种状况的存在，不利于东亚文化之都项目功能的充分发挥。为了改变这一状况，三国智库学者建议：

第一，应构建东亚文化之都评选的三国协调机制。组建中日韩东亚文化之都评选委员会。仿照联合国教科文组织世界文化遗产委员会的工作机制，由三国文化部官员、艺术家、文化项目运营专家、文化学者、文化产业专家、品牌专家共同组建评选委员会，负责各国推荐候选城市

的最终评选工作。

第二，设立三国智库间的合作研究项目。主要合作研究项目包括：东亚文化之都项目的共同调查，东亚文化之都项目的绩效评估，东亚文化的国际化战略等。

第三，设立东亚文化之都基金。由中日韩三国共同出资设立东亚文化之都基金，通过基金收益资助东亚文化之都当选城市开展三国共同认定的文化活动，以保证东亚文化之都项目核心目的的实现。

第四，适度整合三国的文化交流与合作项目，将其纳入东亚文化之都项目之中。中日韩三国的文化交流与合作项目很多，但散，小，互不相干，效果不明显。如果能够将现行和将要实施的项目进行适度整合，如，将现行的系列青年交流项目、亚洲校园项目、文化和艺术教育论坛项目，以及拟议中的访问亚洲项目、域外中日韩艺术节项目等，纳入东亚文化之都项目之中，应该能够最大化三国文化交流与合作的效果。

（中国社会科学院中国文化研究中心　贾旭东　中国传媒大学文化发展研究院　宋晓玲）

《保护和促进文化表现形式多样性公约》实施的进展及应对建议

（2015年11月30日）

《文化政策调研》按语：中国社会科学院哲学所研究员章建刚随文化部外联局组织的中国代表团，于2015年6月赴巴黎联合国教科文组织总部参加联合国教科文组织《保护和促进文化表现形式多样性公约》（以下简称《公约》）第5届缔约方大会。现将他撰写的有关报告摘报如下。

一、《公约》的实施：近两年取得实质性进展

联合国教科文组织（《公约》秘书处暨政府间委员会成员）及一些重要缔约国（如法国、加拿大），两年来一直在经济较为萧条的国际大环境尤其教科文组织财政状况极为紧张的条件下高速运转，全面、稳步、专业、高效地推进《公约》的贯彻实施工作，取得了一系列可见度极高的成效。

（一）将《公约》精神向联合国大会层面推进

将《公约》的原则等内容写入"2015年后可持续发展议程"，并在2015年9月召开的联合国大会上获得通过。

（二）将《公约》实质性目标锁定在"16条"和"21条"及相互关系上

《公约》第21条一直是缔约方努力的方向。它要求各缔约方在各种国际场合倡导文化表现形式多样性保护的原则。《公约》生效后已有

包括中国作为当事国的51项国际协议中以不同形式申明了《公约》精神，体现在对第21条的贯彻。而近两年，《公约》各执行机制发现，第16条的施行与第21条的贯彻密切相关。

第16条涉及对发展中国家的优惠待遇，而且只要是缔约国之间签立的文化商贸协定必定具体化这种优惠待遇，也只有包含这种内容才算正确履行了第21条的精神。公约第21条的应用就是第16条的实施，这几乎是唯一合乎逻辑的方向，而且应用第16条的广度就体现贯彻第21条的力度。本次大会通过的文件对于与这两条相关的内容进行了理论上的厘清，也进行了实践上的分类，对未来的各种实践提供了有益经验。可以说，这是在倡导一种"不平等条约"，是对强调平等的自由贸易原则的一种"矫正"；未来几年，在国际文化交流及文化贸易方面将可能出现一种新的"模式"。

（三）提高《公约》实施中的治理水平

《公约》在很大程度上强调有必要以公共资金支持文化产业和市场的发育，但这样做势必有效率问题。教科文组织其他公约在我国开展的项目也都有难以持续的问题。因此《公约》作为教科文组织的平台从一开始就很注重内部治理问题。《公约》建立了"多样性基金"，规定所获款项只能用于发展中国家的文化产业能力建设。《公约》成立后，缔约方均需每四年向秘书处提供在本国及在国际合作中保护和促进文化多样性状况的定期报告。《公约》执行机构对基金试点项目和四年履约报告等开展了内部评估及内容调整，尤其是对基金筹款方式提出改进要求。《公约》制定了自己的标识，并鼓励缔约方使用，借此提高《公约》的可见度。

二、数字技术：逐渐凸现的新问题

这次大会通过决议，请下一届政府间委员会开始制订有关"数字技术"的"操作指南"（草案）。数字技术在近20年中突飞猛进发展，迄今它对人类社会生活的影响还没有完全显现出来，而人们使用怎样的术语来描述它反映了人们对其本质不断深化的认识。

一般说，任何技术总是中立或中性的。因此不必对其进行道德评判。但对于这样一项技术，市场报以更大的热情，文化产业在拥有数字技术后得到爆发式增长。与市场联手的技术会有放大市场效应的功能。因此，除了一般性地呼吁发达国家应向发展中国家积极进行"技术转让"，消除技术鸿沟，及各有关国家应"尊重知识产权"之外，文件还是使用了"新的数字化环境下缔约方执行《公约》面对的各种挑战"的说法，表达了某种深层的隐忧。人们当前关注的焦点是层出不穷的数字化个人移动终端。这些新的信息技术可能绕开传统传播及取费渠道，带来新的商业消费模式。更进一步说，这些新的模式对文化表现形式多样性平衡造成的威胁也不是传统的公共服务所可以治理的。现有《公约》用以维护文化多样性的各种政策工具显然需要充实和创新。在我们看来，在数字技术快速发展环境下，越是弱势的文化就越需要主动接触、融合强势文化，从而提升自身的原创力及话语权，而不是坐等某些大国或国际组织的援助，更不能幻想依靠某些贸易保护主义手段做"保护伞"。因此中国代表团应以建设性的态度对待一项新的"操作指南"的制订。

三、困难：理论困境与财务困境

其一，文化多样性保护的理论是对世界贸易组织语境中"文化例外说"的正面表达。它显然比后者更积极，更有力。但文化表现形式多样性保护的理论有强弱两种形式。弱的理论是从"市场失灵"的现实存在出发，讨论文化产品尤其文化的发展在特定情境下不满足商品属性的要求，即具有一定的公共性，因此需要公共部门以非市场或超市场的政策及财政手段予以支持或补充。强的理论则认为文化产品具有经济与文化双重属性，因此与其他商品有别，需要公共部门特别对待。本次会议的有关文件强调这种特殊性的重要性，总干事的会议开幕致辞也应用了这种双重属性理论。问题是，这种强理论在论证上尚难具有充分说服力。我倾向于认为依靠弱一些的理论就足以实现对文化多样性的保护。我们注意到，会议文件承认，对于文化产品是否具有特殊性的问题，不同方面（包括在缔约方当中）也存在一些有差别的看法。

其二，教科文组织及《公约》机构的财务困难是多重原因造成的。美国借故不接纳会费显然影响很大；另外世界特别是欧盟国家经济不景气也是重要原因。但对《公约》而言，多样性基金筹款困难更现实。《公约》主张多样性保护和对发展中国家的优惠，但现在竟然没有足够的资金开展行动。尽管《公约》已建立了专业的筹款部门，开展了专业性的活动，但可以筹得并用于基金项目的资金逐年递减，几乎到了"巧妇无米"的地步。因此相关机构在本次会上正式提出，请总干事及执行局决定让缔约方"定期自愿"捐款，额度是会费的1%。《公约》秘书处也呼吁各缔约方能提供一些志愿服务，以纾解其日益繁重的行政工作压力。

财务困境与理论困境放在一起具有"两难"意味。《公约》强调支持发展中国家的文化产业能力建设，现在这种支持能力建设的能力却先丧失了。尤其是强的理论希望把文化多样性的丧失归咎于市场，但离开了市场现在找不到足够的钱去促进文化多样性，保护成了一句空话。看来市场与政府的关系在每个领域中都是需要认真考虑的；"让市场发挥基础性作用"的观点对文化发展及文化产品的生产也并不例外。

四、建议：创新部际协调机制，增强其政策行动能力

在2005年《公约》的影响下，不少原来不设文化部的国家开始建立文化部，而已有文化部的国家则进一步构建起本国国内多部委参与的部际协调机制。目前，《公约》的中国国家联络点设在文化部外联局；

外联局牵头建立了由教科文全委会、新闻出版广电总局、外交部、商务部、国家知识产权局各职能部门和文化部各职能司局及中国社科院、艺术研究院专家组成的部际协调机制。该机制在每次与会及四年期履约报告撰写过程中都能相互配合，发挥合力，但它也存在一些不足。

一是协调机制包含的部门不充分，比如与数码技术发展及其商业应用关系最密切的工信部还未能参与。二是这个机制还较为松散，信息沟通未充分制度化，如商务部在对外谈判中引用《公约》的情况我们是通过教科文组织有关文件了解到的。另外现在中国对外文化援助的一些项目是通过商务部施行的，而如果事先与协调机制协商，其援助方式还可多样化，并取得更大的国际影响。三是协调机制无法联合开展具体的试点项目操作。我国当前的国际文化交往仍然谨慎有余，进取不足。包括与《公约》机制及基金项目的合作有些缩手缩脚，因而本《公约》精神在国内的影响及知名度、可见度都不高。此外，文化部外联局本身是个外事机构，它一般不会与国内各文化类民间机构（NGO组织）发生联系。这与未来《公约》贯彻的大趋势是不吻合的。

因此，**有必要创新部际协调机制，增强其政策行动能力**。具体地说，起初可以对其赋权，使之具有与各相关部委或地方政府有关职能部门联合推动有关政策实施的行政及相应财政职能，运用政府公共服务功能开展一些试点项目的运作，推动文化市场的发展及"中国文化走出去"，并在项目实施中开展与世界各国的政策甚至法律合作。

2016年，我国将递交第二份"四年履约报告"。作为《公约》的中国联络点，希望有更多的中国经验呈现给世人，奉献于全球文化治理事业。

（中国社会科学院哲学研究所　章建刚）

法国"黄背心"运动的特点、根源、趋势及其警示

（2019年2月20日）

《文化政策调研》按语：法国爆发的"黄背心"运动，自2018年岁末到2019年1月19日已经进入第10周。这场运动的持续时间目前已超过1968年巴黎"五月风暴"的一倍，参加人数逾30万，支持面占法国民众的70%以上，其暴烈程度创第五共和国史上之最。它已经酿成了当代法国最严重的政治危机。中国社会科学院中国文化研究中心研究员周穗明最近撰写研究报告，分析了"黄背心"运动的特点、根源、发展趋势以及对我国的警示。现摘报如下。

一、"黄背心"运动区别于1968年巴黎"五月风暴"的特点

"黄背心"运动的表现形式、基本诉求、社会基础和解决方案都全然不同于1968年巴黎"五月风暴"，具有如下四大特点：

其一，与1968年运动自始至终的"非暴力"特征（即使是后期街垒战中青年学生与警察的对抗，也具有某种表演作秀的浪漫主义性质）不同，"黄背心"运动是一场极端的、狂暴的民粹主义运动。极左的民粹主义和极右的民粹主义两种思潮构成这场运动的思想底色，梅朗雄和勒庞共同为运动背书。

其二，与"为了玫瑰"、为了更多的个人自由和平等的1968年大学生的精神文化诉求不同，"黄背心"运动是一场"为了面包"的、原

因非常"物质"的运动。从降油价、减税到涨工资，社会各阶层提出的诉求都离不开经济和社会主题，反应着全球化时代的民生痛苦。

其三，与1968年运动的主体是由大学生构成不同，"黄背心"运动是一场由中产阶级组织发起、社会中下层和底层全情投入的"全民"运动。从现场看，冲在抗议队伍前列的不是青年，不是移民难民，是中年和壮年劳动者（或失业者），**是法国社会本土的传统主流人群。**

其四，与1968年戴高乐政府用中右翼执政党和构成西方社会基础的中右社会阶层联手压制和解决了"五月风暴"造成的社会政治危机不同，**"黄背心"运动难有理性的结局，民粹主义的愤怒已经难以容忍和等待理性的渐进改革方案。**中产阶级不再构成社会稳定的压舱石，传统主流政党的出局也使法国失去了解决问题的政治基础。

二、"黄背心"运动是西方社会内部长期的结构性矛盾的产物

经历二战后20多年的工业化繁荣期后，西方自20世纪60年代末始，出现了"十年滞胀"。此后西方经济发展速度一路下滑，导致出现"后工业社会"的一系列危机：产业结构变动引发的劳动危机，导致大批劳动者结构性失业；经济停滞、税源不足导致的福利国家危机——国家财政难以支撑"从摇篮到墓地"的全民福利；世界工业化浪潮引发的生态危机；政策失灵导致的社会民主主义的危机；社会基础变动、新社会运动兴起导致的政党政治危机；民众政治认同感丧失导致的民主制度的合法性危机；等等。

针对繁荣期末期出现的这些社会政治危机，英美在20世纪70年代末以后率先推出新自由主义的政策解决方案。西方世界在20世纪90年代全球化全盛时期获得了新经济发展的新红利，短期内掩盖了"老欧洲"国家的结构性危机。然而，21世纪以来，西方各国的经济、社会、文化、

政治的结构性危机全面爆发。而 2008 年世界金融危机爆发和这一轮全球化积累下来的贫富两极分化，在西方各国都引发了右翼民粹主义政治思潮。法国是结构性危机最严重的国家：劳动危机最为深重，失业率常年保持两位数以上，近年来青年失业人口飙升至 25%；非法移民、难民逐渐淹没法国城市，导致福利国家体系摇摇欲坠；传统的政党政治格局在危机中动摇，极右民粹政党影响逐年上升；……法国俨然已成为右翼民粹主义思潮的重灾区。**法国"黄背心"运动本质上是一场以右翼民粹主义为主流的运动，是法国长期的内部结构性矛盾演化的综合结果。**

三、导致"黄背心"运动的核心因素是精英体制失灵、左派犯错

西方体制精英长期放任结构性危机在全球化冲击下持续恶化，对内无力解决新的两极分化和社会撕裂，对外不能正视世界经济政治秩序正在经历的深刻变动和重组，无力应对内外新挑战。正是西方精英体制的失灵成就了西方右翼民粹主义的崛起。**西方民主精英对普通民众安全焦虑的长期漠视和失责，致使在全球化中利益受损的大多数民众忍无可忍、失去耐心，导致了右翼民粹主义的全面泛滥，构成了"黄背心"运动的社会背景和政治氛围。**

尤其需要指出的是，**西方左翼政治精英对以"黄背心"运动为代表的民粹主义运动的崛起难辞其咎。**从西方 1968 年运动以后，西方左派一直在去阶级政治的道路上狂奔，他们几十年来倡导的多元文化主义身份政治和以文化抗争为主体的政治战略犯了方向性、全局性的错误。他们把社会经济批判窄化为文化批判，将阶级政治钝化为身份政治。在一个西方经济实力相对下降、经济社会矛盾尖锐、两极分化难以弥合、被全球化抛弃的人群民生艰难的时代，白左精英却专注于文化主题，持续关切 LGBT（LGBT 是女同性恋、男同性恋、双性恋与跨性别者四个英

文单词的缩写，泛指一切非异性恋者）等少数群体的文化权利。他们操弄民粹，挑动激进文化主题和极端话题，却无心推动重大的社会和经济政策改革。他们罔顾根本的经济平等，多年来无视长期失业、家庭瓦解、毒品泛滥、社区崩溃等民众最切身的问题，只会在多元文化主义的"政治正确"旗帜下煽动多元文化权利平等和无政府主义。他们站在道德制高点上纵容极端平等主义，纵容"福利病"，没有给福利体系改革和经济体制改革留下制度内解决问题的空间。他们用左翼民粹裹胁民主，使民主政治沦为党争，沦为玩坏了的大民主。他们的"第三条道路""中性化""新政治"抛弃劳动大众，把自己的传统社会基础推进右翼民粹阵营的怀抱，也把自己逼入了政治绝境。因此，**在"黄背心"运动引发的政治危机面前，那些"欧洲的良心"、平时道德心泛滥的左派知识分子集体失语，没有提出任何解决方案，更无政治和道义担当。**在某种意义上，正是西方左翼开启了多元文化主义极左民粹政治，逼出了右翼民粹主义的崛起。

四、"黄背心"运动之后的政治趋势和主要警示

从短期走势看，"黄背心"运动目前已现颓势，作为无组织、无纲领的无政府主义乌合之众，它像网络时代的其他大规模群众抗议运动（如"占领华尔街"运动）一样，很快将烟消云散。

从中期发展看，"黄背心"运动很可能影响马克龙的改革进程乃至政治前景。**在"黄背心"之后，法国政治向右转将是一个大概率事件。一次"特朗普主义"的选择对于法国也许最终不可避免。**

从长期趋势看，西方社会的结构性危机如果不从根本上解决，右翼民粹主义极端思潮将继续毒化社会气氛，形形色色的"黄背心""蓝背心"运动将不断发生。**社会撕裂、政治极化将是未来一个时期西方各国的政治常态。今后十年注定是欧美各国政治动荡的十年。**

"黄背心"运动的发生对我们有三个政治警示：

其一，**必须重视结构性的危机和结构性的改革，防范重大经济风险和政治危机**。"黄背心"运动主要不是由任何外在因素，而是由法国自身内部的严重社会问题所引发。西方政治精英需要直面全球化背景下的危机挑战，解决好自己内部的结构性问题，而不是对右翼民粹主义随波逐流，采取暴民政治和诉诸外求的错误解决方案。同理，中国的改革也到了解决结构性难题、攻坚克难的关键时期。只有扎扎实实解决好中国的内部问题，做好自己的事，才能避免系统性的经济危机和重大的政治颠覆，不惧任何外来挑战。

其二，**必须坚决阻击民粹主义政治思潮，防止和反对政治极化局面的形成**。"黄背心"运动是法国的政治极化现象，是社会完全失去信心后的非理性宣泄，将导致法国的未来改革进程举步维艰。目前，西方大国都淹没在民粹主义的极化政治浪潮中，美、英、法各国政治都陷入无解的死局。中国改革40年之后正处于矛盾高发期，利益分化、阶层变动导致社会冲突加剧。必须防范民粹主义挑动极化情绪和社会对立，破坏社会团结，导致政治危机，葬送改革成果。

其三，**必须认真研究和批判极端平等主义，警惕极端平等主义激化社会矛盾，干扰改革进程**。极端平等主义是民粹主义的哲学根源。西方白左的教训必须记取。中国福利改革不能走平均主义"大锅饭"的回头路，也要抛弃西方"政治正确"的思维套路，不能将平等主义要求极端化。理论上纵容极端平等主义，将在实践中纵容社会撕裂，制造官民对立，危害政治安全。

（中国社会科学院中国文化研究中心　周穗明）

英国产业转型和建设创新型国家的特色经验及英国青年和青年工作的最新情况

（2019 年 10 月 10 日）

《文化政策调研》按语：2019 年 9 月 8 日至 21 日，应英中协会邀请，中国青年代表团一行 15 人赴英参加第二期中国青年创新和领导力培训。该培训班是按照中英两国领导人建立的交流机制，由两国共同开展的高层次人才培训项目。中国文化研究中心助理研究员孙茹茹作为智库青年学者代表，全程参与了此次赴英培训考察。现将她撰写的访英报告摘报如下。

一、英国产业转型和建设创新型国家的特色经验

在考察中了解到，英国作为第一次工业革命的发源地，率先实现工业化，工业产值曾占据全球的 45%。第三次工业革命直接切换到科技革命，面对产业迭代升级和全球化带来的竞争压力，英国坚定不移地以创新为引领，主动推进产业结构调整，成效显著，其特色经验值得关注和借鉴。

（一）英国在全球化浪潮中秉持重商主义，不断降低农业、重工业的比重，打造以金融、创意等新型服务业为核心竞争力的经济体系，在全球经济格局中占据了"服务器"的地位

目前，农业占英国 GDP 的比重仅约 1%，制造业降至 18% 左右，服务业占比超 75%。伦敦金融城是英国金融业的硬核，汇集了全球 500 强企业中的 75%，是世界最大的外汇市场。相对于华尔街更侧重服务于

美国庞大的本土市场，金融城则更加国际化，在服务全球贸易上举足轻重，包括华为在内的国际巨头纷纷选择将全球财务运营中心设在这里。金融城前市长鲍满诚认为，虽然英国未加入欧元区，但金融城却是欧洲银行业和欧元交易中心，金融产品交易额的 1/3 来自欧盟，脱欧对伦敦金融地位的影响主要来自监管制度的变化，需要一个调整阵痛期。老牌工业城市曼彻斯特是另一案例，成功摆脱污染严重、工业萎缩、人口流失等困境，转型为创意、体育、科技产业聚集的新高地，成为后工业城市转型发展的典范。

（二）英国将创新作为转型发展的唯一出路

它的全球创新指数在 G20 国家中排名第二。主要经验有以下四个方面：

一是加强顶层设计，明确重点创新领域，避免无序创新和研发碎片化。出台航空航天、生命科学、国际教育等 11 个重点产业创新战略，明确大数据、机器人和自动化、新材料等八大未来关键技术。

二是建设世界级技术创新中心，形成新的产学研融合机制。成立高价值制造（HVM）、细胞与基因疗法等 16 家"弹射"创新中心（catapult centre），政府引导，商业化运行。

三是营造创新环境，聚集多方合力。在出资、研究队伍搭建、成果分享、利润分配等环节吸引中小企业、大学、国际组织、跨国公司等多方参与，16 家弹射创新中心已与世界 3000 家机构建立合作关系。

四是以成果孵化为导向强化激励机制。通过定向减税、贷款担保、财政奖励、政府订单、技术移民等多种手段予以激励，注重将技术或理念创新商业化，选择研发强度大、增长潜力高、技术成熟度高的方向，强调价值创造。

二、英国青年和青年工作的最新情况

（一）英国青年群体的价值观和利益诉求日趋多元化，可以在他们身上看到民族主义、民粹主义的身影

代表团在多方交流中了解到，近年来，英国青年的反建制倾向抬升，尤其是在欧债危机、难民涌入、极端主义、气候变化等议题上对政府的作为普遍不满，青年的声音被忽略了，他们求关注，求变革。约翰逊这位"非典型"首相在年轻选民中的支持度较高。苏格兰、北爱尔兰的青年受脱欧的刺激，倾向通过公投谋求独立留在欧盟，而英格兰青年也绝大多数支持地区一体化和全球化，反对贸易保护主义和单边主义，对移民更加开放包容。

（二）英国青年当下最关心的一是脱欧，二是就业

据牛津大学称，该校历史系500多位英国同学全都支持留欧。英国青年抱怨脱欧公投未能如实反映民意，时间和问题设置均不合理，投票选在早上，很多年轻人因睡懒觉未参加，问题不应是Yes(是)或No(否)，如果添加"是否接受无协议脱欧"的子选项，或可避免今日的尴尬局面。他们认为，脱欧后物价上涨、白领岗位流失的受害人是青年而不是社会的中产阶级。

在青年就业方面，青年失业率总体较低，但走向值得关注。金融危机以来，英国大学毕业生的择业去向日益向伦敦等大城市集中，大约有38%的罗素大学集团（英国的"常青藤联盟"）毕业生选择伦敦，在牛津、剑桥这一比例高达50%。过去10年，31万英国大学毕业生离开了北部，大量青年涌入导致伦敦房价增长86%，同时为金融城等的现代服务业和高科技产业发展提供了有力的人才支撑。这种现象反映出英国各地经济增长的不均衡，体现了实施北方经济引擎计划的必要性。

（三）英国政府没有专门的青年事务部门，主要是通过政府购买服务的方式由社会组织来联系、服务青年

英国影响力最大的全国性青年组织是英国青年理事会，性质属于慈善机构，在全国有200多个地方和组织会员，旨在促进25岁以下青年的政治参与，反映其呼声和参与政策制定，提升青年领导力，其传统旗舰项目包括"青年议会""青年市长"等。2011年起，英国青年理事会与英政府数字化、文化、媒体和体育部签署10年协议，启动"青年之声"项目。该项目每年由青年投票选出他们最关心的两个议题在英国全国进行讨论，2018年的议题是减少青少年持刀犯罪和投票最低年龄是否应降至16岁。在塑造引领青年价值观方面，英政府不吝于投入。国家公民社会办公室自2009年起发起"国家公民服务"计划，这是以志愿服务为手段的青年社会培训项目，99%资金来自政府，参与者仅需支付很少费用，通过各种志愿服务活动和能力建设，培育青少年的道德价值和公民意识，10年来共有60万人参加，累计志愿服务时长1.5千万小时，政府投入12亿英镑，创下了英青年项目的开销之最。

三、参考英国经验，完善青年创新人才培养体系

在考察中了解到，英国涌现出了众多创新型领军人才。英国诺贝尔奖获奖人数131人，每千万人口获奖数为20，在全球名列前茅，其中剑桥大学培养出117位，牛津大学为69位，占全部获奖人数的20%。

可供我国参考的经验有：一是**加强创新人才培养整体规划**，英国创新署、高等教育质量保障署等部门相继出台总体规划和指导文件；二是**坚持科学的培养理念**，注重培养独立思考能力、开放性思维能力、跨学科研究能力和实践操作能力；三是**建立覆盖小学、中学、大学以及职业教育的创新课程体系**，从创新思维、意识、技能、有效性等四个维度设计课程内容、授课方式；四是**注重人才梯队建设**，既抓好精英教育，培

养领军人物，又抓好大众教育，培养实战人才。中学教育中，公学是"精英的摇篮"；大学教育中，牛津大学"导师制"是打造学术精英的典范，同时英国现代学徒制提供了大学教育的补充通道，通过"未来制造业"等培养计划为创新孵化提供大量高技能操作和专业实施人才。

（中国社会科学院中国文化研究中心　孙茹茹）

高度关注日本"社会 5.0"计划带来的高等教育人文社会学科改革

（2019 年 10 月 15 日）

《文化政策调研》按语：随着新一轮技术革命的推进，人工智能技术等问题在全球范围内引起巨大关注，各国在智能化领域的竞争也日趋激烈。日本在过去几年中，开始将智能化变革引入到民生领域，并推出一系列相关政策，其中最受瞩目的就是"社会 5.0"计划。这对日本人文社科、高等教育在内的许多领域，已经开始产生非常深远的影响。

2016 年，日本内阁会议通过了第五期（2016—2020 年度）科学技术基本计划（以下简称《计划》），首次提出了"社会 5.0"概念，即以"物联网"（IoT）、人工智能和大数据为核心，将虚拟社会与现实社会高度融合的超智能社会形态。

"社会 5.0"计划的主旨意在解决日本面临的人口老龄化、劳动力短缺、医疗及养老等一系列的社会问题，优先确立日本模式，掌握国际标准制定的主动权，确保日本在科技上的优势地位，这也对人文社会科学提出了新的要求。

一、日本"社会 5.0"计划带来高等教育人文社会学科改革

为配合"社会 5.0"计划提出的人才培养诉求，日本政府开始以建设人工智能社会为目标，积极推动高等教育改革，培养适应于数字时代

的国际化人才，从而应对社会的急速变化。

2015年6月8日，时任日本文部科学省(以下简称"文科省")大臣的下村博文依据《国立大学法人法》，向日本86所国立大学发布了《关于国立大学法人等组织及业务重议（通知）》(以下简称《通知》)，要求国立大学对自身的"使命"进行"再定义"，对国立大学现有的教育模式进行改革，**裁撤无须取得教师资格证便可毕业的部分师范院系及人文社会科学系部分专业，或者进行院系重组，使高等教育向社会需求高的文理结合型领域转型**。

在《通知》要求下，日本的大部分高校都基于社会实际需要，增设文理结合课程，不拘泥于传统大学教育中通用的"文科"和"理科"的区分，而是致力于培养学生跨学科跨领域的能力和想象力的教育，引导学生以丰富的想象力和扎实的专业知识来解决所遇到的社会现实问题，以满足日本社会对兼具多元视角和丰富技术的人才的需求。

二、日本高等教育人文社会学科改革对我国相关领域提出挑战

事实上，面对智能化技术引领的新一轮产业革命趋势，以日本"社会5.0"计划为代表的世界各国产业革新政策，很可能会从根本上改变人文社会学科的存在形态。例如**日本高等教育从文、理、工、商"四足鼎立"的学科分类标准变化为文科、理科以及文理结合科系三类的学科划分方法**。这一变化反映出日本社会对于人类正在全面迎来人工智能时代的敏锐判断，以及在第四次工业革命中他们努力以高新科技领先于世界的认识和决心。"文理结合"科系的提出，也是其"社会实装"的技术评价标准的呼应。

上述情况提示我们，**我国当前人文社会学科的学术体系建设，如果仍然遵循旧有的观念和经验，其专业设置就难以适应当前日新月异的技

术进步，不利于培养符合新型社会、学术需求的未来人才，也会成为我国对外学术交流合作的巨大壁垒。

三、针对性建议

针对上述情况，本报告提出以下建议：

（一）建议相关部门重新评估我国人文社会科学的数字化发展程度。深度研究人文社会学科的哪些部门特别关注数字技术和人工智能技术的发展，从大学科部门着手，确立未来的学科调整方向。

学科体系的调整应当具有战略前瞻性，面向全球化的物联网、机器学习、人工智能技术革命趋势，从政策、投资上重视以高等教育为核心的产学研一体化改革，尽快形成完善的高等教育学术科研环境和稳定的学科设置调整。

（二）建议重视对来自日本的相关人文社会科学专家、学者吸收和利用。日本的人文社会科学人才在整个东亚乃至世界都长期处于领先地位。其在高等教育人文社会科学方面的改革，已经在学界造成普遍的争论和质疑。我国可以借此机会吸收一批非意识形态专业领域的专业人才，如考古学、哲学史等领域，吸引更多人才带着成果自发来到中国参加学术研讨与技术交流。

（三）建议重视大数据、人工智能技术等前沿智能化技术在人文社会学科的应用。智能化革命的背景下，人文社会科学的研究方法已经开始出现根本性变革，传统研究手段在研究效率、前瞻性视角等方面已经远远落后。研究方法的变革，对人文社会科学研究人员的专业领域、研究体系的重组建设、多方资源的调度整合和融合型人才的培养都提出了新的要求。

（中国社会科学院哲学研究所　王青　中国社会科学院中国文化研究中心　马一栋）

第四编 地方和部门文化建设:思考与建议

公共文化服务的空间亟待拓展
——对中央新闻纪录电影制片厂的调研思考

（2005年1月18日）

我们近期在多家文化单位进行调研，感到如何保证和拓展公共文化服务空间实际上是当前的一个焦点。现仅以中央新闻纪录电影制片厂为例略作说明。

一、"红色影像数据库"的新出路

中央新闻纪录电影制片厂是我国唯一生产新闻纪录电影的专业制片厂，是我国最早的文化内容生产机构。新影厂的前身是1938年建立的延安电影团，1953年7月7日新影厂在北京正式成立，定为企业法人。它属于国有企业，同时承担着事业单位的功能。

新影厂的政治历史文化资源丰富，拥有一批国内最好的摄影、制作人才，技术力量强。厂里至今保存着党和国家重要的历史资料：5000余部纪录片、28000多本极其珍贵的历史影片资料。它们真实地记录了新中国诞生和发展的历史进程。而且若论影像资料的保存期长久，电影胶片至今仍是上选。这些宝贵资料使新影厂成为一个名副其实的"红色影像数据库"。当年由新影厂摄制的5分钟"新闻简报"曾在每部电影前加映，成为我国文化生活中有重要影响的主流传媒。

深厚的历史文化资源加上优秀的人力资源，本是生产优秀文化产品的最佳基地，但近些年来，随着即时性更强的电视媒体兴起，"新闻简报"逐渐引退，新影厂的效益下滑，这个"红色影像数据库"逐渐处于尴尬的境地。1993年10月，经广电部批准，新影厂划归中央电视台领导。此举意在适应"制播分离"的改革，继续保持发挥影视协同的效应。作为中央电视台的一个下属制作机构，新影厂每年为央视提供约310小时（大都属于科教、文化类）的电视节目，获得约4000万元的节目制作费。从2004年开始，财政部每年又向新影厂增拨700万元专款，用于摄制、保存、维护历史资料。此外，新影厂每年还有大约800万元场地租金收入和其他收入，这些收入加起来，保证了新影厂的基本生存。

但是，以上措施仅能保证新影厂的简单再生产，谈不上任何有意义的发展。几年下来，人们发现，如果新影厂不作进一步改革，不仅其现有资源和潜力得不到开发，而且在文化体制改革深入进行、广电事业出现跨越式发展的情况下，原有的优秀专业人才还将继续流失。2004年，中央电视台作出决定，以新影厂为载体，开播新的历史文化频道，并将新影厂作为与国际知名品牌"发现频道"的合作平台，新影厂出现了前所未有的新的发展生机。

二、公共文化服务：战略定位

目前新影厂领导的基本思路是：加强开发"红色影像资源"，并在此基础上进一步整合历史文化资源和优秀人力资源，以内容生产的独特优势打造专门的历史文化内容播出平台，最后形成以制作和传播公共文化服务内容为特点的现代传媒集团。据我们研究，这一思路切合了现代传媒业发展的大趋势，对于形成我国公共文化服务新格局具有战略意义。

新影厂的境况和出路给我们的重要提示是：我国怎样才能形成一个科学合理的文化内容生产格局？我们觉得，**应该从战略高度重新认识现代传媒业中的公共文化服务，只有这样才能抓住机遇，从根本上解决类似新影厂这样单位的定位和发展出路。**

首先，从现代传媒业的一般发展格局看，新影厂所拥有的特质属于

"公共文化服务",它应有自己的充分地位。

国外的广电传媒通常分为商业频道、收费频道、国营频道和公共频道(公营频道)。商业频道以营利为目的,是通过"将受众出售给广告开发商"来获取利润;收费频道也是一种商业频道,但它没有广告,而是通过直接向受众出售节目来获利;国营频道不以营利而以宣传为目的,因此隶属政府,依赖财政支持;公共频道也不以营利为目的,但也不以宣传为目的,而是向公众提供(以教育、文化类节目为主的)一般文化服务,其身份不隶属于政府而是社会化的,其财政来源则多元化。公共频道的宗旨在于用优质文化引导大众精神消费,关注边缘文化和主流文化的张力,关注弱势群体,扶持原创,提升本土文化的活力和影响力,以期提高公民素质,培养长期需求,增强公民的文化认同。

我们目前最需要关注"公共频道"。因为就视听媒体而言,在市场经济条件下,商业频道和付费频道的目的是获得稳定的视听众信息,合理地预期广告与节目投资回报,其节目内容指向较为大众通俗、浅近的精神需求;国营频道则主要是表达国家意志、宣传主导意识形态;与两者相比,那些高层次、原创性的文化内容,则是指向公众尚不太明确的精神需求,或者说潜在的精神需求(此类需求的市场预期不明确,无法作为商业投资项目)。在一般情况下,满足此类需求既不与意识形态宣传相冲突,也不能与之互相代替。因此,由政府和社会共同出面支持,专门提供公共文化服务的公共频道便应运而生了。如英国的 BBC 和日本的 NHK 是公共电视的典型(《文化政策调研》已有专文研究),美国也有一个公共电视网 PBS,由美国全国 350 个公共电视台共同所有与运作,旨在运用非商业电视、互联网与其他媒体所提供的高品质节目与教育服务来丰富公众生活,以实现告知(inform)、启发(inspire)与愉悦(delight)的社会责任。PBS 收视率并不高,收视人口也不多,但在美国有很大影响,享有商业电视所不能比的美誉。像议员、教授等高收入高文化人群,几乎都收看这个频道。

有专家预测，随着信息网络技术的飞速更新，媒体竞争愈加激烈，所有传媒都逐渐汇流，会形成一个巨大的媒体网络空间，造成知识过载。在杂乱的信息海洋中，公共文化内容会成为组织、过滤信息内容，建立知识导向的重要线索，而公共频道作为这个线索提供者，可以协助公众进入他们所希望了解的知识领域。因此它的位置是不可替代的，我们的社会不仅需要公共文化服务，而且需要强化公共文化服务。

其次，从我国传媒业的现状看，公共文化服务"缺位"严重，新影厂在一定程度上起到了弥补缺位的作用。

在计划经济时期，我国的传媒机构由国家建立，并在意识形态主管部门的直接管理下执行宣传功能。改革开放以后，广电传媒逐渐依靠广告收入实现了"自收自支"，从而形成了"国营＋商业"的双重身份和职能。同时承受两种职能的弊端，就是注重"意识形态＋商业需要"，而忽视公共文化需求。或者使意识形态和商业利润成为"刚性要求"，而将公共文化视作"弹性要求"，导致公共文化服务事实上的缺位。简单化的意识形态标准曾使我们由于忽视文化内容的特殊规律而受到惩罚，现在商业动机又成为文化发展新的威胁。例如目前一些广电机构在强化内部管理的过程中，往往以广告收益为标准对各种节目栏目进行末位淘汰，结果被淘汰的常常是低广告收益但高文化内涵的节目，就是明证。

当然，我们的电视频道不是完全没有提供公共文化服务。我国第一个入选国际公共电视年会的作品，就来自中央电视台。近年来中央电视台有些频道的内容正在越来越显示出高文化品位的特点，但此类节目在"国营＋商业"的体制环境中仍呈游离状态，没有明确定位和可靠的发展空间，还常面临"淘汰"的压力。这就是目前全国大概有50多个全国性电视频道，看似繁荣，实际内容却越来越趋同，形式越来越缺乏创新的原因。据统计，我国每年出产的电视剧有20000多部集，但受公众喜爱、符合公众需求、能够成为中华文化精品以出口到国外参与竞争的产品却极为短缺。

在这样的形势下，像新影厂这样制作历史文化类节目的文化企业就显得特别宝贵。相对于社会需求而言，我国文化"内容生产"的缺口巨大，而公共文化则是最大缺口。新影厂是可能弥补这个缺口、提供公共文化产品的典型机构，而适时开设公共频道则是启动这类"内容生产"的关键所在。从国家政策的层面说，依靠具有高文化内容产品生产能力的机构，设立专门的公共文化播出平台，是我国文化内容生产迅速走向完整和饱满的良好途径。

三、适时推进改革，打造我国广电业公共服务的平台

中华文化源远流长，资源深厚，我们肩负着传承与发展的重任。无论从国内外的发展要求，还是从文化体制改革的要求来看，我国都急需有一个新型的国家级的公共性历史文化频道，对内承担重大的导向功能，对外传播中华民族悠久的历史文化。但其相关产业的发展却不能令人满意。为此，我们尝试提供几点不成熟的建议：

（一）从贯彻科学发展观，以落实"执政为民"和建设"和谐社会"的战略高度解决广电领域公共服务缺位的问题，开辟正式的公共频道。为可行起见，可具体考虑在盘活现有资源和加大投入的同时，进一步整合文化资源，将目前中央电视台内分散在各个频道的公共文化类节目整合在一起，并将中央电视台内分散用于制作不同历史文化节目的财政拨款集中起来，交给类似新影厂的机构作集中开发，形成制作高品位历史文化特色节目的基础，并开设专门化的播出频道。

（二）公共文化频道需要实现体制和机制上的创新，以便给出足够的发展空间。不妨借鉴国外公共电视成功的经验，在内容上实行自主制作和对外采购并举，在监管上落实"一臂间隔"原则，设立包括文化专家、公众代表组成的理事会进行监管，以保证公共频道的公益性和相对

独立性，以保证节目的方向和质量。

（三）公共频道设立之初，需要整合与改造现有资源，须有财政的充分支持，条件成熟时，则可通过设立基金会、吸收社会捐赠等逐渐引进社会资金，开辟多元化的资金融通渠道，以支持公共文化服务扩大规模，持续发展。

（中国社会科学院文化研究中心课题组　王艳芳 执笔）

推动少数民族文化加快发展的对策建议

（2009 年 5 月 6 日）

《中国社会科学院要报》编者按：新中国成立以来，我国少数民族文化建设取得了巨大的成就。但是相比较而言，民族地区的经济、教育、科技发展水平比较滞后，民族文化资源的流失制约着文化产业的发展、民族地区文化体制机制以及政策和理论的创新。**这一状况严重影响了我国文化软实力的提高和综合国力的提升。**对此，我院文化研究中心近日撰文提出了一系列解决措施，现摘编如下。

一、从提高国家文化软实力的高度，全面提升少数民族文化发展在国家现代化建设全局中的战略地位

世纪之交，最引人注目的全球化新趋势就是，文化软实力正在成为综合国力竞争的关键性因素。我们必须顺应新一轮全球化的发展趋势，以提升国家文化软实力为核心，全面整合国家经济、政治、文化资源；以经营国家文化软实力战略为基础，全面组织和运用国家综合战略能力。**提升国家文化软实力的关键之一就是发展少数民族文化。**

同时，少数民族文化发展状况的好坏，还关系到我国一亿多少数民族人民群众基本文化权利的落实，关系到民族地区的社会和谐与进步，更关系到我国经济、社会的和谐发展与全面小康社会的实现。**少数民族文化的繁荣发展必将提高少数民族群众的幸福感，也必将进一步巩固各族人民群众的国家认同意识。**在经济、政治、文化利益扭结，文化冲突日益尖锐化的国际环境中，促进少数民族文化加快发展，**还将有利于树**

立我国的大国风范和道义形象,并最终拓展我国国家战略的发展空间。

二、加强少数民族文化发展的理论创新

理论创新是我国社会主义先进文化发展繁荣的总开关,更是少数民族文化发展的总枢纽。在新的历史条件下,我们应该研究新问题,创新理论,拓展视野。

一是针对重大问题开展研究。今后 10~20 年将是我国城市化速度进一步提升的重要时期,少数民族人民群众参与并直接推动城市化的速度与规模都将超过以往任何时期。多民族聚居的格局将越来越普遍,城市中少数民族的比重将越来越重。这些重大变化将对少数民族文化工作带来哪些挑战?在新的历史条件下,如何推动少数民族文化的传承与保护?我们应当进行怎样的政策创新?对这些重大问题开展及时、深入的研究无疑将为我国民族文化工作和少数民族文化发展事业带来战略意义上的主动。

二是强化基础理论研究。我国少数民族文化发展正在面临全球化和市场化的双重挑战,处在一个全新的历史方位。对此,应该积极开展少数民族文化发展问题的多学科综合研究,揭示新的历史方位下我国少数民族文化发展的特殊规律和内在要求,为少数民族文化政策创新提供理论基础。

三是推进政策创新研究。当前,政策创新研究应该积极关注各类国际经验,争取在吸收国外少数民族文化发展的经验方面取得突破,为我国少数民族文化政策创新提供新视野。

四是开展战略规划研究。我国少数民族文化发展研究中战略性研究还比较缺乏,成熟和有价值的研究成果更少,这与少数民族文化发展在全面建构和谐社会和提升国家软实力中的重要地位极不相应。**建议开展民族文化发展状况的全国性普查,在此基础上制定少数民族文化发展的**

中长期战略目标以及实现这一战略目标的战略路径和战略规划，为我国少数民族文化发展领域的重大战略部署提供有力的决策依据。

三、加快发展民族地区的教育、科技事业，为少数民族文化发展提供人力资源基础和战略支撑平台

教育、科技事业落后是民族地区文化建设难以提速的关键原因，因此，加快发展民族地区教育、科技事业是促进少数民族文化发展的重要任务之一。

加快少数民族教育事业发展，**首先，要全面提升民族地区常规意义上的义务教育水平**。一是进一步加大对民族地区义务教育的投资规模。要根据不同民族的生产、生活方式和地域分布特点，尽快完善具有民族地域特色的义务教育基础设施，为民族地区义务教育发展提供基本的物质和设施条件。二是加强民族地区义务教育阶段的师资培养，提升、巩固义务教育阶段的入学率，提高民族地区义务教育的水平。**其次，要在民族地区加快建立包括义务教育、职业教育、高等教育和成人教育在内的国民教育和终身教育体系**，整体改善民族地区的教育发展水平，推动民族教育事业跨越式发展。**再次，要进一步完善少数民族双语言教育体系**，要从课程设置、不同教育阶段的衔接、师资配备、教材编写等方面加强少数民族双语教育体系的建设。

科学技术是民族地区实现协调发展和跨越式发展的助推器。从民族地区科技发展现状和促进少数民族文化发展的角度出发，当前民族地区应该主要选择与少数民族文化产业发展和产业结构转型密切相关的电子技术、信息技术、现代传媒技术等科技领域，作为人才培养和产业开发的突破领域，进行重点投资。

四、加强民族地区公共文化服务体系建设，切实改善少数民族群众的文化消费环境和文化娱乐生活品质

我国文化建设的经验是，越是经济、社会发展较为滞后的地区，越是要依赖于公共文化服务体系的基础性的作用。我国民族地区长期以来经济、社会发展滞后，人民群众文化消费能力极为有限，在很大程度上依赖于公共文化服务体系满足基本文化消费，与发达地区很不相同，对此我们要有充分认识。

在当前形势下，促进民族地区公共文化服务体系建设，首要问题在于**加大投入力度，建立全面覆盖民族地区广大农村的文化站、文化室、广播电视接收设施、网络通信基础设施等公共文化服务设施，解决民族地区农村群众看书报难、看电影电视难、收听广播难、上网难等问题**。在投入来源方面，要以国家专项转移支付、地方政府公共财政投入、社会力量广泛参与公共文化服务提供等方式，多方筹措。在公共文化投资决策方面，要切实落实少数民族群众充分表达意见和参与决策的权利，使公共文化投入真正贴近少数民族群众的实际需求。

突出民族特色应该成为民族地区公共文化服务体系建设的关注重点。**我们要将民族地区公共文化服务体系的建设过程变成少数民族文化遗产的保护、传承、传播的过程**。民族地区公共文化产品和服务要充分体现少数民族传统文化和风俗，要高度重视少数民族语言文字在图书、报刊、电影、电视等文化产品和服务中的使用。在推动现代广播、电视、网络、出版等传媒体系建设，加快推动民族地区现代传媒覆盖率的同时，还要不断增加少数民族语言文字传媒产品和少数民族题材文化产品的生产，切实改善少数民族群众的文化消费环境和文化娱乐生活品质。

五、加快民族地区文化体制、机制创新

在民族地区推动文化体制机制创新是一项复杂而艰巨的工作，必须积极审慎进行。**首先，要将文化体制改革试点的成功经验应用和落实于民族地区文化体制改革工作。**这就要按照"区别对待、分类指导、循序渐进、逐步推开"的原则，抓住"**重塑文化市场主体**""**完善市场体系**""**改善宏观管理**""**转变政府职能**"等关键环节，全面推进民族地区文化体制改革。**其次，要根据民族地区的特殊性实施进一步的机制创新**，有目的地扩大少数民族群众在本地区重大文化事务中的自主决策权，以便全面落实《民族区域自治法》赋予民族自治地方和少数民族在文化发展方面的各项权利，从体制上切实保障少数民族群众的文化权益。特别需要关注的是，应该保障少数民族群众对于可能对本地区文化发展产生重大影响的大型建设项目的决策参与权和监督权。**再次，要围绕全球化语境下少数民族文化发展的新趋势和市场化条件下少数民族群众文化权益表达与维护的新需求，大力推动少数民族文化领域的立法工作**，加快出台少数民族教育、少数民族语言文字、散杂居少数民族文化权益保护等领域的相关法律，为少数民族文化发展提供新的政策动力。

（中国社会科学院文化研究中心　张晓明、惠鸣、徐平 执笔）

研究和绘制我国电影产业创新发展路线图

（2015 年 3 月 5 日）

《文化政策调研》按语：扎实推进社会主义文化强国建设，不断提高国家文化软实力，增强中华文化国际影响力，需要在充分发挥文化市场作用的基础上，更科学、更有效地发挥政府在文化产业发展中的积极作用，创新政府促进文化产业发展的方式方法。绘制我国电影产业创新发展路线图，目的是在电影产业中将创新驱动战略落到实处，真正使创新成为驱动我国电影产业发展的新引擎，并为文化产业里其他行业的创新发展提供方法论示范。

一、我国电影产业亟需创新发展

随着我国经济的快速稳定发展，特别是文化体制改革和国家文化经济政策的双重激励，我国电影产业获得了飞速发展，已经跃居为国际第二大电影市场。2013 年，我国电影市场总票房为 217.69 亿元，同比增长 27.51%。2014 年全国电影票房收入为 296.39 亿元左右，同比增长速度为 36.15%。

以超过同期 GDP 20~30 个百分点飞速发展的我国电影产业可谓形势喜人，但同时却存在着令人担忧的问题。这些问题突出表现在以下三个方面：一是高票房低口碑。《小时代3》票房高达 5.24 亿，但在"豆瓣"网站上的影迷评分却只有 4.3 分（满分 10 分）。《澳门风云》《分手大师》和《西游记之大闹天宫》，票房均超 5 亿，评分却分别只有 5.8、5.3 和 4.2，均未达到及格线。二是国内外票房落差极大。2014 年，国产影片海外销售收入仅为18.7亿元人民币,远低于进口影片134.84亿元的国内票房,还不到国产片国内票房收入的12%,仅占国内票房总收入的6.3%。三是技术创新和运用严重不足。近年来,视觉特效等高科技的创新和运用成为好莱坞大片席卷全球市场的致胜法宝。以2014年的《星际穿越》为例,其特效制作是在美国加州理工学院理论物理学家基普–索恩的指导下完成的,其渲染器的算法符合爱因斯坦的广义相对论,每一帧特效画面的渲染基本要花掉将近4天的时间。据传,该片特效团队还因此在顶级期刊上发表了一篇黑洞物理和一篇计算机图形的论文。上映3周的海外票房就已高达3.29亿美元,并引发了世界范围内公众对理论物理学的兴趣和探讨。

面对喜忧参半的我国电影产业发展形势,迫切需要诊断问题产生的根源并对症下药,以保护来之不易的电影观众的观影热情,引导电影产业健康持续发展。

二、求解我国电影产业创新发展的整体性解决方案

破解我国电影产业发展难题,不能采取头痛医头、脚痛医脚式的方案,而应该本着进一步完善电影市场机制、积极发挥政府作用的原则,探寻整体性的创新解决方案。研究和绘制我国电影产业创新发展路线图,正是这种整体性解决方案的尝试和探索。

路线图(roadmap)方法,是描述从现状到预期目标之间合理的、可行的转变路径和工作机制的结构化、可视化方法。这种方法最早成功应用于美国半导体产业,后来逐步扩展到技术和科学领域,被广泛应用于科研机构发展计划、学科发展预见和国家发展的远景规划中。路线图方法能够清晰、明确地描述从现状到预期目标之间的各项工作任务实现的时序和路径关系,能够清晰、明确地显示相关参与主体各自的工作分工和任务角色,是一种提高系统效能的科学方法。将路线图方法应用于

电影产业，研究和绘制我国电影产业创新发展路线图，是着眼于电影产业价值链，试图破解我国电影产业发展的瓶颈性问题，推动我国电影产业系统性创新发展的一种可行方法。

研究和绘制我国电影产业创新发展路线图，**一是有助于从电影产业价值链的角度观察、分析和诊断制约我国电影产业发展的核心问题，提高问题认识和把握的准确性和整体性**。如，对当前我国主流电影受众娱乐化需求（所谓粉丝经济）问题的认识和把握，从价值链的角度来看，这一问题的实质是电影的创作和生产究竟是简单地满足受众需求，还是发现和满足受众潜在需求，即需求引领问题；**二是有助于以未来为导向科学规划这些问题的近期解决目标与时序，提高问题解决目标和时序的衔接性和整体性**。以上述引领问题为例，不是给出一个简单化的说教式的解决方案，而是将其目标化、时序化，明确每一年度的解决目标和解决路径；**三是有助于优化促进电影产业创新发展的政策体系，提高政策的针对性和实效性**。如，每年安排1亿元资金用于扶持5~10部有影响力的重点影片政策，可以进一步将其细化为创意、策划和编剧环节的扶持计划，以防止出现政策性投资无效的可能性。

三、我国电影产业创新发展路线图的基本构想

电影产业创新发展路线图，试图提供着眼于电影产业价值链的我国电影产业创新发展的整体性解决方案。其绘制方法是：以梳理出来的制约我国电影产业发展的核心问题为纵轴，以这些核心问题的年度解决目标为横轴，以这些问题的年度解决路径和方案为内容线。其主要问题的解决路径和方案设想举例如下：

（一）内容创新发展的路径和方案设想

好莱坞电影是高度成熟的生产流水线模式，随着大数据时代的到来，好莱坞电影的创作生产也随之步入新的时代。2013年，谷歌公司设计

了一个电影票房预测模型。该模型能够通过用户对某电影的检索量、院线的排片量和同类型影片以往的票房成绩等数据，预测出该片的首周票房。吸取好莱坞电影的成功经验，瞄准大数据在电影创作生产中运用的新趋势，未来我国电影产业内容创新发展的核心有两点，一是构建剧本创作的专业化分工合作模式，鼓励和支持建设将电影选题创意、策划、大纲和剧本编写分开，并实现专业化合作的剧本创作生产平台；二是构建弘扬社会主义核心价值观和中国精神的电影内容生产新机制，创新主旋律电影观念和生产体制，降低中国电影在海外的文化折扣。

（二）技术创新发展的路径和方案设想

技术创新能力和高科技运用不足，是制约我国电影产业发展的另一个核心问题。未来我国电影产业技术创新发展的核心，一是要加强电影核心和关键性技术的跟踪研究，鼓励和支持建设产学研协同的电影新技术创新平台，逐步提高自主创新能力；二是提高我国电影的高技术运用能力和水平，鼓励和支持电影特效制作公司发展和特效素材库平台建设；三是根据内容和技术融合发展相互促进、相互引领的新趋势，创新电影技术人才培养模式，鼓励和支持相关院校间搭建跨校际的电影技术人才培养平台。如在不同高校组建集清华、北大、北航、北邮等理工科院校的学生与北大、中戏、中传和北影等艺术类院校的学生为一体的电影技术创新实验班。

（三）窗口模式创新发展的路径和方案设想

美国电影产业是典型的窗口模式，美国电影票房收入的一半以上来自海外，除票房收入外，音像软件的销售、租赁、付费点播、电视播放权和电影衍生产品等二次利用的收入，是美国电影产业巨大的收益来源。未来我国电影产业窗口模式创新发展的核心，一是要继续扩大国内电影观众人口，提高人均观影次数；二是要创新电影走出去模式，提高国产电影海外票房收入；三是推动电影产业与相关产业融合发展，鼓励和支持电影衍生产品的开发、生产和销售；四是在广泛深入地研究和借鉴美国电影制片人模式和日本制作委员会模式经验的基础上，创新我国电影融资和制作模式，通过电影相关权利的交易，拓宽电影不同播放窗口的相关企业进入电影制作的途径，大幅提高电影二次利用收入的规模。

（中国社会科学院文化研究中心　贾旭东　中国科学院创新发展研究中心　陈威、乔为国、宋晓玲）

关于继续发挥"北京国际音乐比赛"影响力的建议

（2015年3月12日）

《文化政策调研》按语："文化蓝皮书"课题组在调研中了解到，由文化部和北京市政府主办、民营企业"北京亿成文国际发展有限公司"承办的"北京国际音乐比赛"，自2014年以来陷入困境。这与党的十八大后国家推动中国文化"走出去"，提升国家文化软实力的大好形势颇为不一致。需采取有效措施，帮助"北京国际音乐比赛"克服眼前困难，尽快做大做强。

一、"北京国际音乐比赛"（以下简称BJIMC）是由民营企业"北京亿成文国际发展有限公司"于2006年发起创办的多学科国际音乐赛事，由文化部和北京市政府主办，迄今为止已经连续举办六届

BJIMC是设有小提琴、大提琴、歌剧、弦乐四重奏、长笛、单簧管六个单项赛事（每年举办一至两项比赛，每四年为一个轮次）的大型国际音乐赛事。截至2014年，BJIMC已邀请到国内外108位世界著名音乐家担任评委，吸引了50多个国家和地区1000多名优秀青年音乐精英报名参赛，获得了国内外音乐专业领域的高度赞誉和社会各界的广泛关注。BJIMC由于在以下方面获得重大突破而显得极为宝贵。

（一）BJIMC 是中国唯一涵盖多专业领域，其整体水平获得国际社会高度赞誉的古典音乐赛事

BJIMC 目前涵盖六个单项赛事，已经是亚洲最大的国际 A 级古典音乐多学科系列赛事。按照赛事规划，如果资金充足，可以在 3~5 年时间内达到拥有 16~18 项比赛，位列全球前五大顶级音乐赛事（另外四大国际音乐比赛是：慕尼黑国际音乐比赛、日内瓦国际音乐比赛、伊丽莎白女王国际音乐比赛、布拉格之春国际音乐比赛）。按照国际音乐界的权威评价，从发展速度、活跃程度、评委阵营和选手水平等方面看，BJIMC"整体水准已经完全达到甚至超过了目前国际上其他同类顶级音乐比赛的水平"（第四届比赛评委会主席 Wolfgang Böttcher 先生，柏林爱乐乐团大提琴前首席，柏林音乐与戏剧大学教授）。

（二）BJIMC 是中国目前唯一在国内外权威和专业机构均获得认可的顶级音乐比赛

自 2006 年创办时起，BJIMC 就得到了文化部的批准和支持。2010 年 4 月，在满足了举办三届的条件后，BJIMC 在联合国教科文"国际音乐比赛世界联盟"（即日内瓦竞赛联盟）会员大会获全票通过，正式加入这一全世界最权威的古典音乐赛事机构，成为当时中国唯一获此殊荣的国际多学科最高级别赛事。2012 年，文化部将其确定为在中国古典音乐领域的重点推荐项目，并发文邀请全国音乐院校派人观摩比赛。2012 年，BJIMC 开始由文化部和北京市共同挂名主办，成为唯一同时由文化部和北京市共同支持的此类赛事。

（三）BJIMC 是中国目前唯一与世界其他知名国际音乐节建立合作关系的音乐赛事

历来活跃在国际最高舞台上的国内外音乐家，绝大多数是通过国际知名音乐赛事展露头脚，走向成功。能够为优秀的参赛获奖选手提供更多的世界性演出机会，为他们创造更为广阔的发展空间和表演舞台，是一项"国际"音乐赛事取得成功的重要标志。国内以往的"国际音乐比

赛"从来与国际舞台无缘，只有那些在国际赛事中崭露头角的音乐家（如郎朗、李云迪等），才会有机会登上国际舞台，但都不是出自中国举办的国际赛事。BJIMC打破了这个记录，与国际音乐文化活动交流与合作，为获奖选手创造演出机会，已成为BJIMC的一大亮点。芬兰Kauniainen音乐节、意大利Ravello音乐节、意大利艾米利亚-罗马涅音乐节、普契尼基金会举办的歌剧演出、德国凯泽斯劳滕剧院以及欧洲音乐节协会等都主动提出与BJIMC建立长期合作关系，希望安排BJIMC获奖选手赴欧洲知名音乐节演出。

（四）最重要的是，BJIMC是中国第一个、目前也是唯一一个自主设计赛事规则，得到国际同行高度评价并学习推广，迄今为止没有任何负面报道的大型赛事

BJIMC在创办之初，便坚信恪守独立、公平、公正，并得到认真执行的竞赛规则，才是赛事品牌塑造和持续发展的关键。为此，从第二届开始，BJIMC就开始对通行的国际比赛规则进行了一系列创新性设计。从第二届比赛开始实施新规则，受到之后几届赛事国际评委的热烈欢迎（比赛结束后为评判规则集体鼓掌），后来还得到了国际音乐比赛世界联盟秘书长Marianna Granvig女士的高度评价，并在2014年竞赛联盟大会上向世界其他音乐赛事推荐了BJIMC的竞赛模式和比赛规则。自创建以来，BJIMC严格执行赛事规则，没有任何关于比赛活动的负面报道。

二、北京国际音乐比赛尽管获得以上成就，但其运作一直举步维艰，存在诸多困难，其承办机构亿成文公司目前已到几乎山穷水尽的程度，急需加以救助扶持

（一）比赛成本高，资金来源不稳定

在国际上，古典音乐赛事都是非营利性质的，预选选手不交纳任何报名费，参加决赛的选手也只交纳象征性的费用，组委会还要负担国际

旅费以及落地食宿。国际评委的国际旅费（公务舱以上）和落地食宿（五星级酒店）也是一笔很大的开销。此外，考虑到国际参赛选手和国际评委距离中国遥远，需要支付远远高出其他国际比赛的成本，获奖选手奖金也要适当提高。按照目前比赛规模，每个单项比赛资金需求量大约在600万元左右。相比较而言，比赛中的演出大多以专业教育和音乐普及为目的，主要采取低票价甚至大量赠票的方式，票房收入与赛事成本相比微不足道。因此，BJIMC这样的比赛只有依赖于财政支持和社会赞助。

但是BJIMC一直没有获得稳定的资金来源。总体上核算，在已经举办的六届比赛总额4000多万的费用中，财政资助只占8%左右，国际赞助占6%左右，国内社会赞助占20%左右，其余都是亿成文公司自筹。比较起国内性质相近但是国际影响远不及BJIMC的其他国际赛事，财政对BJIMC的资助既不充分又不稳定，极少的资助也往往是比赛结束后很久才姗姗来迟。这使得亿成文公司不得不削减宣传费、工作人员劳务、再不够就向朋友举债，在最困难的时候，亿成文公司总经理张勇甚至多次将个人房产做抵押借高利贷渡过难关。

（二）赛事主体有缺陷，不利于顺利接受资助

BJIMC从性质上说是一项公益性文化事业，但自创办以来，始终以北京亿成文国际文化发展有限公司为承办机构。作为一个民营文化公司，其影响力有限，其性质也不利于吸引企业赞助和申请公益性文化基金，在开展国际间文化交流合作方面存在相当大的障碍。近年来甚至发生过这样的事，本来已经决定政府可以提供资助，但是有关部门最后发现操作机构是一家民营公司，结果大幅减少了资金。

（三）社会合作不广泛，影响力有限

BJIMC尽管在国际上有很高知名度，但是在国内专业领域外却鲜为人知，原因既在于喜爱古典音乐的人群数量有限，其实更在于执行团队未能得到各方应有的支持而一直处于财政极度紧张状态，没有能力拿出资金和精力来做宣传。我国改革开放几十年，经济社会文化已有很大进

步，人民群众对于古典音乐的实际需求越来越大（这可以从城市有条件的家庭几乎家家有孩子学习古典音乐看到），我们自己培养出了这样高水平的国际音乐比赛，却难以扩大社会影响，充分利用其价值，不能不说是重大的损失。

三、采取有效措施帮助 BJIMC 克服眼前困难，尽快做大做强

（一）加强对赛事的资助，解决 BJIMC 创造社会效益但是却得不到财政资助的困难

建议由文化部和北京市政府等主办单位专门研究设置一个领导和协调机制，将赛事纳入每年财政预算，指定专门部门，保证按时拨付。根据赛事的性质和目前的发展状况，建议将 2015 年政府资助幅度提升到赛事预算总额 60%，以后可以根据社会化资金筹集机制形成后再酌情减少，但是至少不应低于 30%。

（二）加强赛事主体建设，解决 BJIMC 作为非营利性活动但是没有非营利性主体的困境

建议由文化部和北京市出面协调北京市有关部门，尽快注册成立"北京国际音乐发展基金会"，打造新型赛事主体。同时，联合银行及非银行金融机构、大型跨国公司等，形成支持 BJIMC 的稳定社会化合作机制。

（三）加强赛事活动的规划，加强赛事衍生产品和服务的开发，充分挖掘赛事活动在普及音乐知识、推动音乐消费、带动音乐产业发展方面的巨大潜力，通过延伸赛事的产业链培育其反哺自身的能力

建议由文化部和北京市主管文化产业的机构专门研究，将其纳入北京市文化创意产业发展规划，专门配置专项资金支持，并出面召集国内有实力的文化产业集团、音乐产业开发机构、以及各种投融资机构，与

赛事执行机构形成战略合作关系，合作开发音乐比赛的产业潜力。

（四）成立课题组，研究总结BJIMC组织大型国际比赛活动的成功经验，特别是其首创并为国际赛联推广的比赛规则，得出具有普遍意义的成果，向我国其他专业性音乐机构和大型音乐比赛活动推广

借此深化我国艺术团体的改革，促进国内的一批"国际赛事"真正走上国际音乐舞台，由此拉动与音乐比赛密切相关的音乐教育、音乐培训以及大众音乐消费，并对推动我国音乐产业走出目前的低谷获得新的发展作出贡献。

（中国社会科学院文化研究中心　张晓明）

浙江文化建设十年的经验和启示：探索文化治理的本土路径

（2015年6月29日）

《文化政策调研》按语：继2006年"浙江经验与中国发展"重大国情调研以后，时隔8年，中国社科院中国文化研究中心的科研人员于2014年参加了中国社科院与浙江省第二次合作开展的"中国梦与浙江实践"重大国情调研，对近十年来浙江文化建设进行了跟踪调研和新的审视。课题组认为，可以将浙江文化建设十年的经验归结为不断探索文化治理本土路径的过程，这种探索是具有全国性示范意义的重大突破。现将其研究报告的主要观点摘报如下。

继2006年中国社会科学院与浙江省政府合作开展了"浙江经验与中国发展"重大国情调研以来，我们始终关注着浙江文化发展的轨迹。我们发现，近十年来，特别是2008年金融危机爆发之后，浙江高度自觉地将文化建设与经济社会发展的内在要求密切结合起来，走出了一条经济发展与文化发展协调互动的浙江之路。更为重要的是，浙江在文化自觉的基础上开始探索本土化发展路径并创新文化治理方式，这是具有全国性示范意义的重大突破。

一、浙江经验的基本启示：探索文化发展的本土路径

近十年来，浙江在践行社会主义核心价值观、构建公共文化服务体系、推动文化体制改革和文化产业发展及促进文艺创作走向全面繁荣的

过程中，始终在积极探索本土化路径。通过本土化路径，浙江的文化才真正走上了复兴之路；通过文化复兴，浙江的经济转型才成功实现了"腾笼换鸟"和"凤凰涅槃"；通过经济转型，才出现了以阿里巴巴为代表的全新互联网商业模式、商业伦理和创新文化。

浙江对文化发展本土路径的探索是基于其对未来文化建设的自觉。它自觉到文化建设始终要"以人为本"；自觉到文化发展要与社会经济发展相适应；自觉到经济的转型升级、产业的改造提升都要依靠文化创造力的释放和激发；更自觉到要努力"走出一条具有中国特色、时代特征、浙江特点的文化建设新路子"。

（一）通过实施"种文化"等活动，积极培育民众的主体意识和自组织能力。 浙江在乡镇基层民众中积极培养文艺骨干，广泛开展"种文化"等活动。政府在这些活动中主要提供资金支持和指导意见，具体的活动安排和组织形式都由民众自己决定，这有利于将参与感逐渐转变为权利感，也有利于民众主体意识的形成和自我组织能力的培养。

（二）通过"一县一品""一堂一特色"的多元化文化建设之路，引导当地群众发展村落微型文化产业。 浙江在文化建设中始终强调以在地文化资源为依托进行多样化、特色化文化建设，尽量做到"一县一品""一堂一特色"。这有利于在地文化资源的盘活，加之群众参与文化建设的热情不断提高，很多之前仅作为自娱自乐的传统技艺逐渐成为可进行产业开发的资源。我们在调研时参观了一家竹器加工厂，当地出产毛竹，村里人很多都有加工竹器的手艺，之前制作竹器仅供家庭使用，现在却可能成为工艺制品远销海内外。

（三）通过调动社会力量参与文化建设来积极培育社会组织。 浙江在文化建设上始终注重调动社会力量参与，其社会组织在全国数量也居多。目前，浙江农村活跃着1300多支电影放映队、1万多支业余文保队伍、500多家民间剧团、近2.5万支业余文体队伍，集聚了513501名业余文体骨干。浙江现有民办博物馆79家，浙江电影家协会、浙江美术家协会、浙江音乐家协会等行业自律组织也大量存在。

浙江经验的启示是：**必须从根本上建立文化自觉，结合时代需求探索适应本土实际的发展道路。这条本土路径所指向的正是文化治理。**

二、文化发展的浙江突破：从本土路径到文化治理

自十八届三中全会提出要"推进国家治理体系和治理能力现代化"的目标之后，关于"治理"问题的讨论莫衷一是。无论这个概念的内涵如何复杂多变，其基本要旨可以概括为：某一群体在解决关乎自身利益的公共事务时，通过平等的主体间对话的方式以确定集体行动的规则或解决方案，并最终形成或提升自我管理和组织能力的新的社会管理范式。

这种范式与传统的统治型管理范式之间存在着本质差异：前者是市场 – 去中心化的、双向互动而灵活的管理体系；而后者则是行政 – 中心化的、单向无互动的僵化管理体系。

要想实现从传统管理范式向文化治理的转变，除政府职能需要转变之外，还有几个基本前提同时需要满足：文化企业要富有活力；社会组织要富有效率；普通民众要富有兴趣。以此反观浙江文化建设的十年经验，可以发现，它的很多做法正是为实现文化治理铺路搭桥，使之最终水到渠成。

首先，浙江文化企业众多，文化产品多样，文化市场繁荣，并且大量企业都积极参与公益性文化建设。比如，浙江广播电视集团自2006年便在全国率先以"回报观众，回报社会"为主题举办中国浙江电视观众节，以大型主题系列活动和特色文艺演播为主要内容，向观众开放，与观众互动。再如，"影视第一股"华策集团2014年将首期启动五亿元的青年导演扶持基金，为怀揣梦想的年轻电影人提供最好的造梦机会。这代表了浙江企业参与公益性文化建设的热情及表现出来的社会担当。

其次，浙江的社会组织不仅数量多，且表现活跃。仅以衢州市柯城

区为例。近年来，柯城区开展的"志愿者家园·爱心圆梦"建设活动，已经形成了覆盖全区的志愿者联合会、志愿者联合分会、志愿者服务站（志愿者家园）三级志愿者服务组织网络。目前，柯城区已有各类特色志愿者小组50多个，志愿者人数10000多人，开展志愿者服务2万多次。

再次，浙江当地群众的文化参与度很高。这种参与度不仅表现在参与文体活动的热情上，更表现为一种对文化传承与发展的责任意识。比如，我们在有名的书画村——金华市浦江县岩头镇礼张村的农村礼堂参观时，发现有几位老人在义务教当地儿童学习书法、练习绘画。这些老人有的已年过八旬，但仍每天坚持到礼堂里或在自己家中教授学生，他们将此视为自己的一份责任。

文化治理对于我国而言是一种全新的尝试，浙江在文化建设中自觉探索本土路径为走向文化治理奠定了必要基础。尽管如此，要真正实现文化治理，甚至由文化治理走向文明典范，仍有很长的路要走，这也应成为浙江文化建设的未来之路。

三、文化梦想的浙江愿景：从文化治理到文明典范

浙江的文化发展以其独特的本土化路径，为我们显示出文化梦想的浙江模式：从现代文化治理走向新型文明典范。

在现代化的过程中，能够走向一种典范的生活方式的合理路径就是文化治理。一种植根于基层社会的文化治理对于乡土社会重构和城市社区社会重构具有重要意义，并在本质上代表了后小康时代中国人整体生活方式的重构，这种生活方式可能通向新的文明典范。

第一，通过文化治理，进一步启蒙了民智，提高了公民意识。浙江在走向文化治理的过程中，民众的参与意识和权利意识得到了有效的提高。他们不仅组织了各类业余文艺团体、志愿者组织，而且也在组建这些组织和团体中逐渐学会了制衡与协调。民众通过参与各类社会组织，

不仅较为容易形成公共需求，更熟悉了现代文明社会的规则与方式。

第二，通过文化治理，政府与民众的关系更加融洽，社会更加和谐稳定。在文化治理中，民众不再是"被管理的对象"，而是作为与政府同样的治理主体参与文化建设。以浙江文化礼堂建设为例，我们在调研中发现，很多村支书或村长既是文化礼堂的主持者，也是文化活动的组织者，甚至和当地百姓一起唱村歌，跳排舞，由此拉近了与群众之间的距离。当群众遇到难事和问题时，也会主动找村干部帮忙解决，因此，浙江才有了那份"大事小事不出村"的自信。

第三，通过文化治理，乡土社会中互帮互助的传统得以重建。在浙江很多社区街道或农村文化礼堂中都建有养老服务中心。有些中心免费或收取少量费用为那些家中无人照顾的老人提供餐饮服务，有些中心甚至为需要照顾的老人提供床位，照顾起居。这些养老中心的建立既有效地解决了外出务工人员的后顾之忧，又延续了中国几千年来以孝为先、邻里互助的优良传统。

在后现代社会中，衡量一个民族、一个社会是否文明的重要标志，应是其民众是否有尊严地活着，是否被平等看待，被群体关注。我们在浙江看到了这种新的生活方式所应具有的一些特征：民众的自治意识和主体意识的觉醒，政府与民众之间的关系正在由管理与被管理转变为协商共治，人们之间并不会因为理性算计而忽视应有的温情。这表明，浙江文化发展有可能实现历史性突破，中华民族可能由此再次为世界贡献一种新的文明典范。

（"中国梦与浙江实践"重大国情调研课题组文化组　课题主持人：张晓明，执笔：祖春明）

推进《中国制造 2025》要高度重视我国工业文化的培育

（2017 年 3 月 20 日）

2017 年"两会"期间，李克强总理在政府工作报告中再次强调要深入实施《中国制造 2025》。这是近年来政府工作报告连续第 3 年提到实施《中国制造 2025》，体现了党和国家的高度重视。深入实施《中国制造 2025》需要以科技创新为先导，同时也需要以工业文化的培育为基础性支撑。正是在这个意义上，推进《中国制造 2025》需要高度重视我国工业文化的培育。

一、实现《中国制造 2025》要高度重视工业文化建设的基础性作用

工业文化是以工业生产和消费为核心所形成的文化形态，是工业文明的重要组成部分。狭义的工业文化是支撑工业发展进步所必须的一系列价值观念和伦理准则，包括**创新精神**——迎接挑战，进行技术创新、制度创新和管理创新的精神；**诚信精神**——在市场中保持行为诚信的精神；**设计精神**——不断优化产品设计、提高产品性能的专注精神；**卓越精神**——提升和保持产品优良品质、不断提升产品质量，追求卓越品质的精神；**品牌精神**——打造和维护品牌声誉的精神；**职业精神**——追求职业荣誉、践行职业伦理、提升职业境界的敬业精神，工匠精神就是职业精神的代表性体现；**责任精神**——企业家和企业对自身社会使命和行为外部性影响的担当精神，如企业所秉持的财富观、发展观、自然与生

态观、共享观等。十八届五中全会首次提出的"五个发展"集中体现了中华民族在伟大复兴过程中对人类发展理念的全面创新,对于深入理解和构筑中国特色的工业文化具有重大的指导意义。

广义上的工业文化将工业文化的内涵扩展到物质层面,通常把工业文化概括为工业物质文化、工业制度文化和工业精神文化的总和。由我国工业和信息化部以及财政部共同发布的《关于推进工业文化发展的指导意见》,将工业文化定义为:"工业文化是伴随着工业化进程而形成的、渗透到工业发展中的物质文化、制度文化和精神文化的总和",其促进目标则包括了传承和培育工业精神,树立工业发展新理念,提高全民工业文化素养,推动工业设计、工业遗产、工业旅游、企业征信以及质量品牌、企业文化建设发展等。

世界工业强国的经验表明,工业文化对推动工业由大变强具有基础性、长期性、关键性的影响。工业强国的高度与厚度从根本上是由工业文化的成熟程度和发展水平决定的。世界主要工业强国无一例外地拥有成熟的工业文化。

我国从2011年起工业产值超过美国,成为世界第一工业大国,但到目前为止,我国工业发展的整体水平尚处于全球制造业第三梯队的领先位置,与第一梯队的美国和第二梯队的英、法、德、日、意等国还有一定的差距。这一方面是由于我国科学技术总体水平特别是一些前沿性、尖端科技与主要工业强国相比相对落后,另一方面则是由于我国工业文化相对发展滞后。因此,深入推进落实《中国制造2025》、建设世界一流工业强国,必须高度重视我国工业文化的建设。

二、我国工业文化培育的现状和问题

长期以来,我国工业领域孕育了大庆、"两弹一星"、载人航天等工业文化典型,积淀出了自力更生、艰苦奋斗、无私奉献、爱国敬业等具有鲜明中国特色和时代特点的工业精神，也涌现了诸如联想、海尔、格力、华为、大疆等一大批有创业创新文化精神的代表性企业。这些示范力量正在引领我国工业文化建设不断跨上新高度。

近年来，全面提升工业文化建设的内涵和节奏已经成为社会共识，党和国家领导人在多种场合下强调培养工匠精神对我国工业发展的重要性。2014年，《国务院关于推进文化创意和设计服务与相关产业融合发展的若干意见》明确提出，要加强科技与文化的结合，促进创意和设计产品服务的生产、交易和成果转化。这体现了我国政府对工业与文化产业融合发展的深刻认识。同年，工信部成立了致力于工业文化倡导、研究和推广的工业文化发展中心。2015年，《中国制造2025》明确提出，要培育中国特色的制造文化，"实现中国制造向中国创造的转变，中国速度向中国质量的转变，中国产品向中国品牌的转变"，高度契合我国工业文化建设的内在要求。2016年《关于推进工业文化发展的指导意见》首次以政府文件的方式对我国工业文化建设的总体目标进行了描述，提出传承和培育中国特色工业精神，树立工业发展新理念，提高全民工业文化素养等一系列工业文化发展目标。这标志着我国工业文化建设已经推进到了全面自觉、全民参与的新高度。

尽管近年来我国工业文化建设不断取得进步，但仍然有诸多因素制约着我国工业文化的发展。这些因素包括：全社会对工业文化重要性的认识不足；工业发展的市场竞争环境发育尚不充分，市场自律和市场监管机制不健全；工业领域品牌文化发展滞后；工业体验文化和工业传播文化体系发展相对落后；文化创意产业与制造融合程度较低；工业文化国民教育开展不足等。

与之相应，工业文化领域诸多问题都与这些现象紧密关联。如许多企业家对工业文化建设缺乏根本的重视，工业领域诚信缺失，工匠精神欠缺，创新动力不足，山寨文化与盗版、侵权现象时有出现，实业精神弱化，等等。这些现象对全面落实《中国制造2025》、建设世界制造强国的战略造成严重损害。

三、对推进我国工业文化培育的建议

在我国全面建成小康社会的关键时期，要实现《中国制造2025》所提出的通过"三步走"实现制造强国的系列目标，我国工业文化建设需要全面提速，进入快车道。"十三五"中后期和"十四五"期间，我国工业文化建设应当在全面贯彻和推进《关于推进工业文化发展的指导意见》的基础上，在若干领域进行重点突破，全面提升我国工业文化发展水平。

首先是打造一流的工业文化价值体系。要通过政府引导，行业自律，企业践行，教育培训，广泛借鉴，融合吸收，提炼升华等方式，建构具有中国特色、全球视野、世界高度的工业文化精神，为我国工业文化建设确立价值核心和精神坐标，并在我国工业领域全面推广普及，使我国工业文化建设从起点就站上人类工业文化发展成就的制高点。

二是培育一流的工业设计文化。要通过教育培训、专业提升、实践锤炼等方式为我国工业设计培养一流工艺美术、设计艺术人才和工业设计大师。要加快推进大数据、云计算和人工智能与我国工业设计的融合发展，使我国工业设计的整体水平迅速向世界一流靠近。同时，要继续深入推进我国工业、制造业与文化创意产业的深度融合，充分发挥文化创意产业作为生产性服务业对我国工业、制造业的文化赋值和价值提升作用。

三是打造一流的工业品牌体系。要通过吸收中外优秀文化内涵、提升工业产品设计水平、打造卓越品质、建设评价和监督体系等方式，深耕现有品牌，开创新品牌，不断提升我国工业领域自主品牌的全球知名度和内在品质，逐步建立世界一流的工业品牌体系。同时，要努力突破西方国家在全球工业领域文化定价权的优势，增强我国工业发展的国际文化定价权。

四是打造一流的工业文化体验和传播体系。要建立由工业会展、设计与工艺美术会展、工业遗址、工业博物馆、工业体验馆、虚拟工业体验馆等设施和机构组成的多层次的工业文化体验网络，使工业文化体验渗入公众日常生活。同时，建设以传播工业文化为主要使命、面向国内外公众和消费者的工业文化传播平台及传媒体系，形成具有中国特色的工业文化体验和传播体系。

五是创造一流的工业文化外部环境。要不断完善市场机制和市场体系，通过提供一流的外部环境，使各类不同所有制企业在公平的竞争环境、公平的监管环境和公平的发展环境下专注发展，开展创新研发，经营品牌，追求卓越，从而使工业文化建设的主要方式由外部倡导转变为自觉内生。

六是打造一流的工业文化示范样板。要在严格遴选的基础上，建立我国工业文化发展的本土示范样板群体，着力传播大庆精神、"两弹一星"精神、载人航天精神和诸多新兴优秀企业所铸造的创业创新精神，活态展示当代中国工业文化精神和工业文化理念。充分发挥示范样板群体的示范性、引领性和感召性力量，引领我国工业文化全面提升。

七是建构一流的工业文化教育体系。要从基础阶段教育入手，建立贯穿义务教育、高等教育、职业教育和终身教育体系的中国特色的工业文化教育体系，使工业文化的核心理念、内在价值以及文化与设计内涵深入人心，扎根于每一位公民的思想深处，成为我国建设世界工业强国的全民自觉力量。

（中国社会科学院中国文化研究中心　惠鸣）

关于启动"弘扬中华优秀传统文化基因工程"的建议

（2018年7月20日）

《文化政策调研》按语： 中国文化研究中心研究员张晓明撰文提出，"弘扬中华优秀传统文化基因"的论断，为进一步推动我国文化文物事业的现代化发展，为用新一代数字技术系统解决实现中华传统文化"创造性转化和创新性发展"指明了方向。为此，建议启动"弘扬中华优秀传统文化基因工程"（简称"文化基因工程"）。现将其建议报告如下。

一、文化基因工程是实现中华优秀传统文化"创造性转化和创新性发展"的新型数字化基础设施

"基因"是为人熟知的概念，通常用于生物学领域，近年来人们越来越多地将它挪用于文化领域，由此产生"文化基因"的说法。从日常用法来说，文化基因泛指传统文化中保持流传下来的那些基本文化要素，但在如今兴起的数字文化科技中，"文化基因"获得了严格的数字人文内涵：**它被界定为承载特定文化意义的基本信息模块，这种模块可以是文字、图像、声音等不同形式，文化演进就是这些信息模块所承载的文化信息的自我复制。**

日前，我国博物馆系统、文化计算领域和文化研究学科的部分学者正式提出，要在我国文博领域启动"文化基因工程"。该工程的文化工程学含义是：**用数字化技术对文化遗产（如民族服饰、传统地毯等）的符号进行样本采集、元素提取、文化解读，并在此基础上对基本文化元

素进行语义联配和知识图谱建构。这个工程将直接服务于我国博物馆文化符号资源的数字化改造，既有利于文化遗产保护，又可以将经过数字化处理的文化元素变成人们创意、设计的活态资源。

从工程主体看，"**文化基因工程**"是个以博物馆为文化资源提供方、以数字技术实验室为文化符号提取的技术支持方、以人文学者为文化符号解读提供方的文化科技协同创新体。唯有依托这个协同创新团体，才能实现以数字化手段在我国博物馆系统打造作为新型文化资源系统的新型基础设施。这一基础设施不仅适用于个别文博机构，而且强调要以统一标准将我国文博机构的数据链接起来，形成"供给端"的"云服务平台"，推动我国博物馆数字文化产品走出国门，提升我国数字博物馆参与国际竞争的能力。

二、实施文化基因工程有利于解决我国当前文化文物事业发展的一系列紧迫问题

以"文化基因工程"支持传统文化的"创造性转化和创新性发展"，是个十分紧迫的任务。

首先，"**文化基因工程**"可以极大提升文化文物部门的保护与开发能力，更好地满足人民群众参与生产和消费文化产品的需要。我国正面临经济、社会和文化快速转型时期，文化文物机构有限的展陈空间、落后的展陈方式、低下的技术装备水平，以及重保护、轻开发的落后思维模式，与人民群众日益高涨的参与生产和消费文化的需求极不适应。"文化基因工程"将以"数字化""智能化""网络化"的技术系统全面提升文化遗产部门的技术装备水平，解决文物资源保护水平和使用率低的问题。

其次，"**文化基因工程**"在千百座文物殿堂和数以亿计的智能终端之间搭建桥梁，可以让优秀传统文化直接"赋能"创意者。"十二五"

以来，在数字和网络技术迅猛发展的背景下，出现了"用户自创内容"（UGC）的爆发式增长，逐渐成为内容生产的主体。但是也出现了非专业作者人文素养低导致产品质量不高，与优秀传统文化"断档"的问题。"文化基因工程"将以数字化和智能化技术，把"收藏在博物馆里的文物、陈列在广阔大地上的遗产、书写在古籍里的文字"都纳入网络，向千百万非专业的创意者"赋能"，从根本上解决非专业创意者与优秀传统文化"断档"的问题。

第三，"文化基因工程"可以建立我国独立的技术系统和标准群，保证我国的文化安全和文化产业发展的战略优势。 新一代数字化和网络化技术源自美国，已实现全球应用，但是在文化资源领域并未有效渗入（比如谷歌数字图书馆就未能进入欧洲）。根本原因就是，技术架构和技术标准既涉及民族文化安全，也事关文化产业发展的战略资源。"文化基因工程"的目的是建构起独立的技术体系和标准群，并利用我国庞大的文化文物资源优势，以海量文化数据平台不断推动技术迭代升级。这样就可以牢牢控制中华民族文化发展的安全阀，以及保障文化产业发展的长久战略优势。

三、实施"文化基因工程"需要解决的政策问题

"文化基因工程"是技术要求高、实施周期长、资金耗费大、涉及部门多的巨型系统工程，既要勇于创新实验，也要有政策支持和财政引导，以保持可持续的发展。为此提出以下政策建议：

第一，进一步加大文化文物机构的体制机制创新的力度，为"文化基因工程"实施准备宽松的政策环境。 鼓励有条件的企业大胆创新，先行先试。以体制创新调动文物机构参与文创产品开发的内生动力。要参考国际上的成功案例，探索适应我国发展实际和新技术发展要求的公共文化文物部门体制机制模式。

第二，尽快建立由"数字技术研发方＋文化内容解读方＋文化资源提供方"共同发起的"文化基因工程"协同创新平台。基于这一平台，建立广泛的"技术合作机制""产业合作机制"以及"金融合作机制"，消除阻碍文化文物机构、大学和研究机构、市场化运作机构等各类市场主体合作开发文物创意产品的障碍。

第三，尝试推动跨部门的政策性整合创新，保证政策的支持与引导。"文化基因工程"涉及文化科技多个相关部门，必须实行政策整合创新才能有效推动。比如，出台国家标准需要不同部门协同作战，才不至于扯皮反复；文化科技专项资金分散在科技部（服务科技）、工信部（文化装备制造）、文化旅游部（文化科技）、国家文物局（文物科技）等相关部门，应该加以整合，才能真正加大资金支持力度。

第四，创新目前的文化科技类重大项目的资金支持模式，保证可持续的资金供给。根据文化遗产数字化一类项目具有长期性和持续投入的特点，根据项目性质确定资金使用规模和拨付年限，鼓励同一项目长期资金支持。此外，根据文化遗产数字化项目在建设同时就可以商业开发的特点，鼓励在此类领域加大PPP模式的实验和推广。

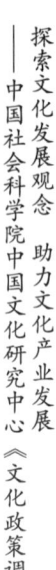

树立正确的区域史观，避免地区间历史资源之争与文化景观重复建设

（2018 年 11 月 27 日）

《文化政策调研》按语：近年来，伴随郑州市在中原地区经济政治影响力的快速提升，人们对其文化发展提出了更高要求。2012 年国务院批复《中原经济区规划（2012—2020）》，将"建设华夏历史文明创新区"确定为中原经济区（涉及 5 省 30 余地级市）的五大定位之一，郑州作为中原地区的"中心城市"，被赋予传承、创新和传播华夏文明的重任。为此有学者提出，应把郑州确定为"华夏历史文明传承创新核心区"，这在区域史叙述的意义上意味着，应确认郑州在中原华夏文明形成和发展过程中的中心地位。由此产生了一个不容回避的问题：如果将郑州当作中原华夏文明的中心，将如何评价洛阳、开封和安阳等市的历史地位呢？这个问题关涉到如何实事求是地叙述中原的区域史，还影响到对该区域历史资源的归属认定。应该看到，近几十年来我国不少地区出现了历史资源归属争议，由此出现了不少历史文化景观的重复建设。就此而言，准确认识郑州在华夏或中原文明中的历史地位问题具有普遍的示范意义。而解决这个问题的前提是要树立正确的区域史观。

一、如何看待中原华夏文明"郑州中心说"

将郑州视为中原华夏文明中心区域有一个重要理据，即郑州在夏商周时期多次充当王朝或诸侯国的都城。20 世纪 50 年代起，郑州管城区出土早期商代都城遗址；80 年代初，伴随登封等县被划归郑州市，阳城夏都遗址、"天地之中"历史建筑群、少林寺等自然也成为郑州的历史遗产。1994年郑州被列入第三批国家历史文化名城名录；2004年郑州被中国古都学会这一民间学术机构确认为中国"第八大古都"。基于上述证据，将郑州视为中原华夏文明的中心区域确实烁然不谬。

然而，先不论郑州是否是中原华夏文明的中心，单是将它视为古都城市就与人们在近现代形成的印象相去甚远：直到20世纪初，郑州只是个面积2.23平方千米、居民三两万人的小县镇。20世纪头十年京汉和陇海两大铁路干线的问世，给处于枢纽位置的郑州提供了前所未有的城市发展机遇：1928年郑州正式立市，1954年成为河南省省会，1992年成为国家内陆开放城市，2012年成为中原经济区中心城市，2016年与武汉一道成为我国中部6省的两个"国家中心城市"之一。今日郑州成为城区面积近千平方千米、人口近千万的大都市，媒体称其为"火车拉来的城市"是极为准确的。正是由于这个原因，这个经考古发掘发现的古都是个严重缺乏古都风貌的城市，在空间形态、建筑遗存或生活习俗等方面，与人们熟悉的西安、洛阳或北京等古都城市大相径庭。

一方面是辉煌的上古都城记忆，另一方面是毫无古都风貌的现代大都市，二者之间的巨大反差提示着一个事实：在郑州的古都史与现代都市史之间存在着长达2000多年的断裂。这个断裂期始于公元前249年秦国军队攻占作为韩国都城的郑州，在此后的近2200年，直到清末，郑州不仅无缘充当王朝或邦国的都城，甚至在很长时间里不再是中原地区的"中心区域"，多数时间只是个依附于洛阳或开封的区域非中心行政单位。用区域文化解释学的术语来说，这种区域非中心的地位意味着郑州已失去它在秦汉以前享有的中原华夏文明中心的地位，因而不具备作为中原区域历史叙事主体的资格。据此我们认为，**虽然现代考古发掘的成就确认了郑州的古都身份，但据此断言郑州在中原华夏文明发展中一向具有超越洛阳、开封的中心地位，无疑是一种以偏概全的地方史学中心主义偏见。**

二、正确区分"郑州历史遗产"与"在郑州的历史遗产"

"郑州中心说"背后有个未经反省的预设,即郑州在近现代跃升为中原地区乃至中国中部的经济政治中心,一个区域的经济政治中心,当然应该成为该区域的文化中心,而一个区域文化中心同时意味着它可以自动成为该区域历史的叙事主体。这样的预设透露着强烈的经济中心论或政治本位观的意味。

然而撇开上述预设,我们也注意到,由于现代社会的行政区划往往与人文地理学所说的历史文化区域出现错位,因此许多地区出现了现代行政单位对历史文化资源归属的争议,今天河南南阳与湖北襄阳对诸葛亮躬耕之地的争议就是个著名案例。类似的历史资源归属之争也存在于郑州与周边城市,并且由于郑州是个在近现代以来快速膨胀的城市,相关争议更是俯拾皆是。19世纪末,郑州市的城区面积为2.23平方千米。1928年正式立市时的城区面积为35平方千米。1954年郑州升格为省会,城区和市域面积进一步扩大。1983年河南省实施市管县体制,将当时属于开封地区的巩县、新郑、密县、登封和中牟五县划归郑州,使该市市域管辖面积飞跃式提升。到2017年,郑州成为辖6区、5个县级市和1个县的大都市,中心城区面积500平方千米,市域内全部城区面积近850平方千米,总面积近7450平方千米。

城市辖域面积扩大增强了郑州的经济实力和政治影响力,同时也把以往不属于郑州的历史资源划归郑州管辖。然而,这种对历史资源的行政管辖权往往会对区域历史资源的梳理和叙事产生强烈的扰动效应,人们不加反思地认为,"在郑州的历史遗产"就是"郑州历史遗产",这是值得质疑的。

譬如,随着20世纪80年代登封县划归郑州,闻名中外的"天地之中"建筑群成为"在郑州的历史文化资源",随着2010年申遗成功,它成为郑州的世界历史文化遗产。然而在历史上,"天地之中"观念本是西周初年周公营建洛邑（即洛阳）的首要理论根据，因而这个今天"在郑州的历史遗产"，从文脉归属来说，无疑属于"洛阳历史遗产"。不过，为了证明"在郑州的历史遗产"就是"郑州历史遗产"，一些文史学家不惜重新改写"天地之中"观念史，消解它与洛阳的历史联系，这是很不恰当的。"天地之中"连同"中"的观念的郑州叙事，是现代行政区划对历史资源归属和叙事产生扰动的典型证据。类似的实例还包括巩义宋陵（对于开封）的文化归属，"河图洛书"乃至"河洛之学"的文化归属，等等。

应该看到，"在郑州的历史遗产"只是个行政归属概念，而"郑州历史遗产"则是个历史文脉归属概念。如果以行政归属来支配历史文脉归属的叙事，就会在现代区域史学叙事中造成大量张冠李戴、关公战秦琼式的案例。尤其值得一提的是，今天郑州的都市化进程还在加快，随着郑汴一体化的实现，郑州大都市辖域范围会进一步扩大，届时"在郑州的历史遗产"会进一步增加，如果不加反思地将它们全部纳入郑州本位的历史叙事，将是区域史学的灾难。

还有一个现实问题，**由于历史文化遗产可以构成现代旅游的核心吸引物，因此历史资源的归属之争往往会导致区域内相关文化景观的重复建设**。你说诸葛亮躬耕之所在你的地盘，你就造一处卧龙岗景观，我说孔明茅庐在我的城市，于是我也搞一个三顾茅庐纪念地。同样，你说河图洛书是你的遗产，由此造出河洛广场，我说我是洛汭故地，于是也造出我的八卦坛；你建一个伏羲庙，我建一个始祖山。类似的重复建设比比皆是。**历史资源归属之争导致相关文化景观重复建设，这是近几十年来我国许多地区的通病。**

总之，将"在郑州的历史遗产"与"郑州历史遗产"区分开来，体现了一种实事求是的区域史观，它对于正确地重建区域历史叙事，厘清区域历史文化资源归属，具有重要的示范意义。

三、正确认识历史遗存、文化传说与当代历史景观建设的关系

历史文化空间通常包含几大元素：其一是考古学遗址和博物馆；其二是与历史记载相对应的不可移动性文物，如历史事件发生地、历史人物生卒纪念建筑和历史街区的格局和肌理等；其三是标志这些历史空间的命名系统；其四是附着于这些历史遗存、历史空间的历史故事和传说。以上四种要素中，前三者应是主要的，故事传说应是附随性的。

然而，**如果某地区缺乏考古遗址，或因保护不善，造成其历史建筑、历史空间和命名符号系统毁弃灭失，那么它们在为应对旅游大潮而"打造"新的历史文化景观时，大抵会遵循"历史不够，故事来凑"的建设思路**。这里的故事无非三种：一种是长期流传于民间的古老传说，它们虽不属于物质文化遗存，至少可归入非物质文化遗存的"口头传说"事项；第二种故事是原本有历史记载依据，也曾有传统建筑或铭文碑刻的支撑，后来由于各种原因，这些历史实物证据灭失，真实的历史逐渐变成了故事传说；第三种故事就是现代人捕风捉影、张冠李戴、异想天开的胡编。在任何地区，如果看到其文化景观大多是依据胡编故事的，就知道这个地区缺少真实的历史资源，或者说曾经有的历史记载灭失殆尽了。

由此来看郑州，其市区内的商城遗址，以及随登封而来的阳城夏朝都城遗址和"天地之中"建筑群等，显然属于名副其实的历史景观，那里历史遗存、建筑形态、命名系统是原风原味的。

但毋庸讳言，就文化遗存景观的数量、规模和密度来说，它们与中原腹地历史资源的"应然状态"十分不匹配。**郑州虽然被列入第三批国家文化名城名录，但其名下只勉强凑成三四条省级历史文化保护街区，一个国家历史文化名镇和四个省级名镇，一个省级名村。郑州更像是个空壳化的国家历史文化名城。**

作为补救，近年郑州各区县大力兴建新的**历史文化景观设施**，这些

设施兴建多是以"故事"为基础的。这些故事直踪三皇五帝神话,如伏羲女娲传说、黄帝传说、大禹传说等等。今巩义市河洛镇洛口村东黄河南岸即建有伏羲台,相传为伏羲画八卦之处;登封市的三皇庙内,也供奉伏羲、女娲与神农,少室山侧的中坡上建有伏羲女娲庙。新密与新郑交界处风后岭的得名,据说与伏羲、女娲姓风有关。除伏羲女娲传说,郑州一带还广泛存在着黄帝传说景观和大禹传说景观。先来看大禹传说,郑州登封市便有大禹故里的传说,相传大禹出生于该地的祖家庄。当然,郑州地区流传最广的要数黄帝故里传说。相传汉代在该地始建轩辕庙,历史上屡毁屡修。2000年9月,轩辕庙(含轩辕故里)被公布为第三批河南省级重点文物保护单位,随后2002年和2007年该地实施两次大规模扩建,形成现在的黄帝故里景区。2008年6月7日,"黄帝故里拜祖大典"被列入第一批国家级非物质文化遗产扩展项目名录。

黄帝故里景区和黄帝故里拜祖大典的形成,是历史传说演变为历史景观的典型案例。与之配合,郑州市登封市的具茨山也被纳入黄帝故里文化圈建设。1995年具茨山正式更名"始祖山",重修复建的黄帝避暑宫、黄帝御花园、大鸿屯兵处以及少典祠、黄帝自然山饮马泉、嫘祖庙、黄帝三女冢等景观相继完成。再加上黄河风景名胜区的炎黄二帝巨型雕塑,黄帝故里旅游成为郑州乃至河南省旅游业的龙头。

郑州黄帝故里建设,是该地区将神话传说转变为历史文化景观,转变为区域内核心旅游吸引物的文化产业案例,它因应和促进了海外寻根拜祖文化,增进了中华民族的向心情感,具有强烈的文化政治意义。但黄帝故里文化打造也面临几个问题:

第一,黄帝故里建设,让郑州地面依据神话而兴建的景观在规模和影响力上超过了依据信史而存在的历史文化遗存景观,从而使历史遗迹和传说出现主宾关系颠倒。

第二,基于信史的历史遗迹与历史传说的最大区别在于,信史历史遗迹是高度唯一性的、排他性的。譬如郑州商城遗址、少林寺或嵩阳书院等，它们只此一处，别无其他。而历史传说以及依据传说而兴建的景观则往往不具有唯一性、排他性，由此造成全国许多地区出现类似景观的重复建设，致使各种"伪历史""伪民俗"或"伪礼仪"以讹传讹，谬种流传。更不可取的是，**为证明自己本地的传说是正统的，不少地区在基于传说的历史景观修复、复建和兴建方面大肆攀比，大建筑、大广场、大雕塑、大祭祀之风蔓延，"假大空景观空间"层出不穷。**

四、两点建议

1. 郑州市应慎用"华夏历史文明传承创新核心区"的提法，它会扭曲郑州在2000多年中隶属于洛阳、开封两座区域文化中心的史实，造成中原区域历史叙事的错乱。考虑到历史与现代的统一，建议河南省将郑州、洛阳和开封三市共同列为"中原文化或华夏历史文明传承创新核心区"，这将有利于衔接该区域的历史叙事，改变以经济或行政地位来干预历史文化叙事的情况。

2. 建议河南省组建由本省专家和国内外学者组成的专门评估组织，整体协调郑汴洛区域内历史文化遗存的普查和抢救，避免文化景观的重复建设。

（中国社会科学院中国文化研究中心　李河）

关于在山东打造"世界儒学中心"的建议

（2019年6月13日）

习近平总书记2013年视察山东时指出，"世界儒学传播，中国要保持充分话语权"。在纪念孔子诞辰2565周年国际学术研讨会上，习总书记进一步指出，研究孔子、研究儒学，是认识中国人的民族特性、认识当今中国人精神世界历史来由的一个重要途径。2017年中共中央办公厅、国务院办公厅印发《关于实施中华优秀传统文化传承发展工程的意见》，这是自新中国成立以来，首次以中央文件形式推动中华优秀传统文化的传承发展。**为贯彻落实习总书记关于继承和弘扬中华优秀传统文化的系列讲话精神，建议在山东积极打造"世界儒学中心"。**

一、打造"世界儒学中心"的重要意义

（一）当今世界需要一个"世界儒学中心"

中华民族历来是一个爱好和平的民族，爱好和平在儒家思想中有很深的渊源，并深深嵌入了中华民族的精神世界，今天依然是中国处理国际关系的基本理念。**打造"世界儒学中心"，深入发掘儒家和平思想，并与世界各大文明交流互鉴，将极大地有益于世界和平，也有利于世界理解中国的和平崛起。**

（二）当今人类社会也需要打造"世界儒学中心"

当代人类面临许多突出的难题，比如，贫富差距持续扩大，物欲追求奢华无度，个人主义恶性膨胀，社会诚信不断消减，伦理道德每况愈下，人与自然关系日趋紧张，等等。世界上一些有识之士认为，包括儒

家思想在内的中国优秀传统文化中蕴藏着解决当代人类面临的难题的重要启示。**打造"世界儒学中心"，深入研究儒家的哲学、伦理、社会以及生态思想，对于解决极端个人主义、道德滑坡、贫富悬殊以及地球生态环境日益恶化等问题有极大助益。**

（三）今日之中国需要建设一个"世界儒学中心"

从历史角度看，包括儒家思想在内的中国传统思想文化中的优秀成分，对中华文明形成并延续发展几千年而从未中断，对形成和维护中国团结统一的政治局面，对形成和巩固中国多民族和合一体的大家庭，对形成和丰富中华民族精神，对激励中华儿女维护民族独立、反抗外来侵略，对推动中国社会发展进步、促进中国社会利益和社会关系平衡，都发挥了十分重要的作用。**打造"世界儒学中心"，对维护国家统一、民族融合，推动社会发展进步、促进社会和谐等方面都将发挥重要作用。**

（四）打造"世界儒学中心"有助于人文化成，有利于民德归厚

包括儒家思想在内的中国优秀传统文化，可以为人们认识和改造世界提供有益启迪，可以为治国理政提供有益启示，也可以为道德建设提供有益启发。**中国正在由富强走向文明与和谐，这正符合中国先富后教的传统，民间的儒学热也因此持续升温，这需要因势利导，积极弘扬传统中华美德，使民德归厚，民德归厚则国运驰正。**

（五）打造"世界儒学中心"有助于增强对中国道路的自信

中国有坚定的道路自信、理论自信、制度自信，其本质是建立在五千多年文明传承基础上的文化自信。对包括儒家思想在内的中华优秀传统文化的自觉和自信，根本上有助于增强和丰富对中国道路的自觉和自信。可以说，**打造"世界儒学中心"关系到中华民族伟大复兴中国梦的实现。**

二、山东打造"世界儒学中心"具有明显优势

（一）山东具有打造"世界儒学中心"得天独厚的儒家文化历史资源优势

山东作为孔孟故里、儒学的发源地，有世界上最丰厚的儒家文化资源，有世界文化遗产"三孔"景区，有孟庙及孟府等一大批儒家文化的历史遗存。世界各地的儒学爱好者通常都将"三孔"视为他们心中的文化圣地。

（二）山东儒学研究机构为数众多，学术研究力量雄厚

专门的儒学研究机构有：山东大学儒学高等研究院、山东社科院国际儒学研究与交流中心、山东师范大学齐鲁文化研究院、曲阜师范大学孔子文化研究院、中国孔子基金会、孔子研究院、孟子研究院等。这些学术单位集中了一大批儒学研究的专门人才，是山东打造"世界儒学中心"的人才基础。

（三）山东拥有一系列世界儒学交流平台

山东有尼山世界文明论坛、世界儒学大会、国际孔子文化节、孔子文化奖和祭孔大典等。

（四）自习总书记曲阜讲话之后，山东在弘扬优秀传统文化方面做了一系列卓有成效的工作

孔子学院总部体验基地于2014年正式挂牌；2014年开始世界儒学文献资料收藏中心的规划建设；2015年曲阜文化建设示范区正式成立；2015年出台《关于加强儒学人才高地建设的意见》。这些工作为打造"世界儒学中心"奠定了良好基础。

三、几点建议

（一）打造"世界儒学中心"需要高起点、高站位的顶层设计，全方位的整体布局，有计划的持续推进

建立世界儒学中心的目的是：以马克思主义为指导，以五千年中华优秀传统文化为依托，守正创新。重建中华民族的文化自信心，挺立中国文化的主体性，兼包并容，熔古今中西于一炉，推动中国优秀传统文化的创造性转化、创新性发展，以中华优秀传统文化之道德理性化成天下。

为达此目的，世界儒学中心需统领多个儒学研究机构和教学机构，横向联系海内外的多个学术团体。建议成立一个相当于副部级的"世界儒学中心"以统筹联络各方，由山东省的主要领导亲自挂帅，确定一位政治立场坚定，学术水平高、科研管理能力突出的副省级领导专门负责。

争取用十年左右的时间，将山东打造成为世界儒学文化资源中心、世界儒学研究中心、世界儒学交流中心、世界儒学出版发行中心、儒家文化产业中心。

（二）"世界儒学中心"可在济南设立总部，在曲阜设立分部

设在济南的世界儒学中心总部机关包括办公室、儒学研究部、儒学交流部、中国儒学院、孔子书社，将山东大学的儒家文明协同创新中心和中国孔子基金会纳入管理。

曲阜分部以孔子学院总部体验基地为基础，争取将孔子学院总部的主体部分常驻曲阜，曲阜分部同时联系本地的儒学研究机构。

（三）在济南创建中国儒学院

世界儒学中心的总部机关，需要有直属的研究机构和研究人员，因此，需要在济南创建中国儒学院，下设三个研究所：

一是经学研究所。成立经学研究所之目的在于古为今用，让中华优秀传统文化更好地服务于当今中国。儒学在中国文化长期居于主导地位，而儒学的主流是经学。经学研究所的任务是培养能通经史子集的国学人才，接续儒学研究之主脉，继承传统经学研究之真精神。

二是中国古典学研究所。成立中国古典学研究所旨在探索建立中国古典学学科。贯彻洋为中用的宗旨，学习借鉴世界各国的古典学研究经验，同时与国际汉学界进行广泛的学术交流与合作。

三是儒家思想发展研究所。成立儒家思想发展研究所的目的是创造适应现代社会的儒家思想，其重点是守正创新。

（四）在曲阜创建孔子大学

教育部虽有人名不作为大学校名的规定，但孔子乃两千多年来被确认的至圣先师，是中国文化一个标志性的符号，绝非一般意义上的人名可比。中国的对外汉语教学结构以孔子学院命名应该说是很成功的。

分布世界各地的孔子学院需要一个文化符号意义上的聚集点。世界上有几百所孔子学院，目前却没有孔子大学，不能不说是一个遗憾。故急需在孔子的家乡曲阜创建孔子大学，以孔子大学承担孔子学院的师资力量培训、儒家文化体验等内容应该更为适宜。

孔子大学可以由教育部、文化和旅游部、中国社会科学院和山东省共同建设，纳入山东省高校设置规划统筹论证研究，由山东省负责具体领导。

（五）发挥山东社会科学院发起成立的山东智库联盟作用，整合山东的儒学研究机构

建议山东社会科学院整合孔子研究院、孟子研究院等专门儒学研究机构，发展有山东特色的儒学智库。

（六）提升山东大学儒家文明协同创新中心

将国内外、省内外高校的儒学研究资源、传播资源向山东大学进一步集聚，通过资源整合、思想碰撞体现协同优势；将山东大学建设成为世界儒学研究和交流的高地。用山东大学的儒家文明协同创新中心联系海内外高校。

（七）整合提升中国孔子基金会

加强基金的募集、管理和投资运作，实现保值增值；支持海内外儒学研究，联合全国儒学研究社团，先行建立东亚儒学社团联盟，争取建立世界儒学社团联盟。

（八）成立孔子书社，建设世界儒学出版发行中心

整合山东乃至全国擅长儒学古籍出版发行等出版单位的优秀力量，成立孔子书社，专门从事世界儒学方面书籍的出版发行，整理出版国内外的儒学古籍、学术专著、通俗读物等。

（九）采取切实举措推进世界儒学交流

一是继续提升尼山世界文明论坛、世界儒学大会、国际孔子文化节等大型对话交流平台作用。同时根据国家需要，指定专门儒学机构负责针对特定国家和地区设立专题交流平台，如山东大学的中美儒学论坛、山东社科院的东亚儒学论坛、中韩儒学交流大会等。**二是**以孔子学院总部体验基地为核心，加快推进尼山圣境、孔子博物馆、曲阜文化产业园等相关项目建设。以这些硬件和软件为基础，与全球各地孔子学院、孔子课堂加强合作，宣传儒家思想。**三是**培训有志于传播儒学的民间爱好者，规范引导民间的儒学热潮，利用儒学爱好者的力量创办和丰富世界儒学网。

（十）引导和支持社会力量大力发展儒家文化产业

可借鉴东南亚国家用影视、动漫等新形式宣传儒家思想的成功经验，大力发展儒家文化产业。

（中国社会科学院中国文化研究中心　王立胜　山东社会科学院国际儒学研究与交流中心　石永之）

实施第三类"非遗"保护政策措施：以创意产业园和城镇化政策组合创新保护传统手工艺产业

（2019年6月30日）

一、既有的两类"非遗"保护政策措施

目前国内已有的"非遗"保护政策措施大体有两类。**第一类保护政策是抢救性和维持性的，是对在全球化、现代化进程中迅速衰落甚至大面积失传状态的大批非物质文化遗产项目予以搜集、认定并予以资助。**包括分级别的"非遗"名录制定和对各级遗产传承人及其活动的认定。这种做法大致与国际接轨。**第二类保护政策是辅助性的，旨在改善"非遗"项目持续存在的社会环境。**这类政策的具体实施大部分落在基层乡村，具有中国特色。这两类政策措施有效保护了一大批非物质文化遗产，使更多传统价值被带进新时代，也促进了当代文化艺术创新。

然而，由于"非遗"范围过大，公共财政有限，国家文化部门不可能将传承人及其活动都纳入财政保障范畴。因此这种保护措施必然是低水平的。而**真正成功的保护应是让这些非遗活动能沿着自身发展的道路健康前行，尤其能成功完成现代化转型，实现其当代复兴。**针对近年"非遗"项目中传统手工艺类别的状况，我们看到一种新的"非遗"保护政策前景，即以创意产业园和城镇化政策组合创新，保护传统手工艺产业的第三类"非遗"保护政策措施。

二、传统手工艺类"非遗"项目的乡村振兴及其脆弱性

近年来我们考察过云南大理鹤庆的银器制作、周城的扎染、剑川的木器木雕，以及红河建水的紫陶；也看到湘黔川渝等地的苗绣、羌绣；看到青海黄南藏族自治州的热贡唐卡绘制。**这些乡村传统手工艺在一定程度上有所振兴，进入市场，给传承人们带来了不小的收益。**通过手把手的传承，整个村寨的劳力大多加入了这个行当，大量产品销售到远近不等的特定区域市场。在一些发展势头良好的地方，传统手工艺的振兴还使村容村貌发生了改观。整个村庄仿佛成了一个大作坊、大集市，除了手工艺人集聚，商人和外部资金也被吸引到这里，建起了更多商业服务设施。旅行社把它们开发成旅游景点，带一批批游客到这里观光。互联网的开通使电商迅猛发展，拓宽了当地手工艺人的销路与视野。新的生活方式已经呈现。

在迅猛发展的同时，激烈竞争也给传统手工艺带来脆弱性。手工艺家庭的生产规模有限，资金调用不足，手工艺的代际传承仍嫌缓慢。更重要的是老艺人们的观念陈旧，产品缺少创新，在使用现代科技装备方面有许多界限把握不住。同时，由于公共基础设施极为薄弱，传统手工艺的大规模采用也会造成对村庄的环境污染甚至破坏。因此这些传统手工艺仍然面临"失传"或"脆断"的危险。

三、传统手工艺当代振兴的基本趋势

"非遗"传承是在变化中实现的，是其技艺与产品向高级形态的转变和跃迁。除了以各种方式保留各种样本和符号记录，**"原汁原味"不是"非遗"保护的最高境界。积极的保护是将它们迎进新的社会。**这样的保护才是动态的、辩证的。

传统手工艺传承过程有三种重要的变化趋势。**市场化是一个主要趋

势。传统的手工技艺现在不再是为旧有的共同体内部成员服务，他们的产品已经在为外部消费者服务。例如鹤庆那些白族银匠现在在为遥远拉萨的藏族居民打制银器。这时的服务是市场化的。

同时，**这些传统手工艺产品本身也有艺术化的发展趋势**。销售到外部市场去的传统手工艺产品的用途与在旧时为本土宗族社会服务时期相比必然发生偏移；在社会普遍富裕的背景下，产品的装饰性、表达性功能必然强化。例如我们看到云南剑川木匠所制作的门窗雕有更多吉祥图案；而青海黄南藏族自治州的热贡唐卡彩绘上艺人的个人风格特征更强烈。这时，他们的手工艺产品就会变成文化创意产品，有些也会成为艺术收藏品。甚至当这里的市场化和艺术化同时发生时，其中一些产品变成金融品（作为拍卖品）的可能也是存在的。

手工艺品在发生市场化、艺术化趋势的同时，其产地的城镇化进程也开始了。随着外部需求（订单）的增加，生产空间必然增加；而随着交易量的增加，商业空间也在增加。艺术化、高科技的应用，更会产生进一步的行业分工，产业链不断拉长。这对于创意产业的前端而言更是特别显著的特征。产地的人流、物流、现金流都在增加，其密集交流空间必然膨胀，土地使用方式会出现变化。旧时的村庄必然向集市转化。

四、与传统手工艺当代振兴趋势相匹配的保护政策创新

保护这些珍贵"非遗"需要新的政策路径，**即助推这些传统手工艺产业区域的创意园区创建和城镇化开发**。这是将两种功能叠加使用的复合政策工具。

（一）关于城市文化产业园区建设与政策支持

完整的文化产业园区服务应同时包括物业、培训、（市场）管理、融资服务、法律援助、科技装备平台等多种重要功能。这些功能包括让这些手工艺人、家庭尽快变成现代企业与企业家，让其手上的绝活儿尽

可能多地变成知识产权和商业诀窍，让其企业和产品尽可能成为名牌，乃至于奢侈品、收藏品或金融品，让作为文化产业链前端的小微企业更方便地与产业链后端的大型商业媒体建立联系，等等。将目前这些传统手工艺之乡当作创意产业园区打造意味着送去一整套的政策工具包，它将全面助推这些特色文化产业的市场起飞与艺术提升。

（二）关于城镇化开发功能

这些传统手工艺的生产和销售、表达与传播已与农业文明渐行渐远；其生产场所要求更高质量的公共基础设施配套。但与大型工矿企业不同，它们的生产仍然是高度分散的，需要一个城镇式的交往与服务网络支持。因此**将其作为特色文化产业及旅游小镇予以规划开发宜早不宜迟；尤其是大多埋设地下的各种公共基础设施管线越早建设成本越低。**

城镇规划的标准转型会涉及一系列制度升迁。乡镇和村庄（农业人口与非农业人口）之间，横亘着我国二元结构的巨大落差。尽管近年来，通过新农村建设或乡村振兴政策实施，村庄中公用基础设施的水平在提高，但在所有制问题没有最终解决之前，这些基础设施的设计标准仍然较低，与建制镇的水平有着明显差别。而对作为传统手工艺振兴地的社会发展现状而言，所有现行村庄的建设标准都已经不敷其用。未来规划的所有模数都将提升一个乃至几个层级，否则必定会限制这些希望之地的腾飞。

产业小镇是我国行政区划中所说的集镇而非建制镇。从建设标准来说，这些新兴的手工艺产业小镇应与建制镇没有差别。它仍然是国家行政区划中仅高于乡村的城市低端。但是，从乡村迈上城镇的这一步，几乎会遭遇国家现代化的所有最重要的课题。《国家乡村振兴战略规划（2018—2022年）》尽管是在讨论乡村振兴的问题，但其中所有关键环节都在处理从农业到产业、从农村到城市、从农民到市民的历史性转变问题。因此，这些传统手工艺产业地域的文化产业园区建设必然会与一个新型集镇的规划开发缠绕在一起，必然要解决城乡转换的一系列复杂问题。因此，进入这些地区的文化产业园区机构会与原来处于城市环境中的相应机构有较大的功能性提升。地方政府必须要考虑这些作为公共服务机构的产业园区应该被赋予哪些职能，尤其是与城市建设部门应该具有怎样的联系。这无疑会是一种探索和试点。**建议在国务院的领导之下，由文化和旅游部会同住房和城乡建设部组织相关专家进行进一步调研论证，并设立相关机构开展工作。政府在这方面的探索创新，可以叫作第三类"非遗"保护政策。与第一类"非遗"保护政策相比，它更积极，要助力传统产业的现代化转型和艺术化提升；和第二类"非遗"保护政策相比，它视野更高远，不再把"非遗"的传承放在农业文明的范畴中思考，而是从城市的方面给予其拉动和牵引，给相关"非遗"项目开辟更广阔的发展空间。**

（中国社会科学院中国文化研究中心　章建刚）

关于建设"横琴·澳珠文化科技新区"的建议

（2019 年 11 月 6 日）

2019 年，澳门特别行政区和毗邻的珠海市政策利好消息不断：

2月，国务院批复《粤港澳大湾区发展规划纲要》（简称《纲要》），把澳门确定为比肩香港、广州和深圳的区域中心城市，强调把珠海横琴当作澳门珠海"探索协调协同合作的重大合作平台"。

3月，国务院批复《横琴国际休闲旅游岛建设方案》，要求横琴对接澳门"世界旅游休闲中心"的建设，成为澳门产业和资本扩散的新空间。

7月，广东省委省政府推出《关于贯彻落实〈纲要〉的实施意见》，有关部门也推出落实《纲要》的"三年行动方案"，提出要发挥"香港－深圳、广州－佛山、澳门－珠海"强强联合的引擎作用。

8月，贺一诚先生高票当选澳门特别行政区第五任行政长官，其就职典礼将在12月20日澳门回归祖国20周年盛典上同时举行。

综上可见，澳门珠海深度合作的原则已定，横琴作为澳珠合作平台的功能已定，接下来要看如何破题，能否找到具有全域带动作用的项目题材，为此，中国社会科学院中国文化研究中心、澳门粤港澳多元文化交流与产业发展学会多次举行研讨，形成建议：**澳门特别行政区政府与珠海市政府宜抓住时机，联手建设"横琴·澳珠文化科技新区"**，以落实《纲要》为澳门确定的"打造以中华文化为主流、多元文化共存的交流基地"的定位，将其当作澳珠深度合作的重要抓手。

一、建设"横琴·澳珠文化科技新区"是澳门珠海深度合作的必要

（一）澳门珠海的发展成就和独特优势

拟议中的"横琴·澳珠科技文化新区"涉及澳门珠海两大行政主体。在《纲要》里，澳门被确定为区域"中心城市"，珠海则被定为区域"重要节点城市"。在广东省"三年行动方案"中，澳门－珠海与香港－深圳、广州－佛山一道，构成粤港澳大湾区快速发展的三大引擎。

澳门珠海组合所以受到高度关注，得益于两地在改革开放40年和澳门回归20年来取得的骄人成就和显示出的独特发展优势。

先看澳门：回归祖国20年，澳门经济增速堪称奇迹，人均GDP从1999年的1万5千美元跃升为8万6千美元，位居世界前三甲，而在同期，香港从近3万美元增长到4万8千美元。在经济高增长的同时，澳门高等教育提升迅速，人民生活满意度、多元文化包容度和社会安定指数远超香港。这样的经济社会成就对珠江西岸乃至整个粤港澳地区都是良好示范。**在如今"台独"猖獗、香港暴乱背景下，澳门的繁荣稳定更显示出维护"一国两制"国策的"压舱石"效应。**

再看珠海：它在1979年立市伊始就被确定为我国首批四大经济特区之一，是珠三角海洋面积最大、岛屿最多的城市，拥有9个国家一类口岸和全国人大赋予的地方立法权，多次在中国外贸百强城市排名位列前10，多次在中国城市可持续发展指数报告中获综合排名全国第一。总之，**作为绿色城市、花园城市、最宜居城市的珠海使粤港澳大湾区成为新时代可持续发展潜力最大的地区。**

（二）澳门珠海各自发展遇到的瓶颈

然而，从粤港澳总体格局来看，澳门珠海组合相对于香港深圳、广州佛山组合，综合实力明显偏弱。

澳门与香港同为自由港，但澳门32.8平方千米的面积不足香港的

1/33，63万人口也只是香港的1/12，经济综合实力和科技实力明显弱于香港。除了地域狭小、资源匮乏，澳门经济增长还过度依赖博彩和旅游，如今城市的经济承载力近乎饱和，持续稳定增长遇到挑战。再有，产业单一和发展空间逼仄使澳门社会阶层固化，青年民生问题凸显，为未来稳定埋下隐患。2008年起，特区政府即推行经济适度多元政策，期待在会展零售和金融等方面取得突破，但收效甚微：2018年澳门博彩收入依然是非博彩业收入的8倍。**对澳门而言，若不及时推动经济多元、资本扩散和改善民生，则长期稳定难以持续，甚至会使"一国两制"方针失去最后的稳定支撑点。**

与澳门一水之隔的珠海也面临发展困局，它虽先后被确定为粤港澳重要节点城市、省域副中心城市，但其经济实力在粤港澳大湾区并不突出。在粤港澳大湾区11座城市2018年GDP排行榜中，珠海仅位列第10，深圳、广州和佛山分别是它的8.3倍、7.8倍和3.4倍。面对人口规模不大，工业基础薄弱，珠海多年来一直没找到经济快速增长的突破口。至今该地各类产业相关性不强，主导产业不突出。以珠海为代表的珠江西岸地区经济总量仅为珠江东岸地区1/10。

（三）澳门珠海的合作发展成效尚不明显

澳门产业和资本急需出口和发展空间，而地域相对广阔的珠海则急需产业资本支持，两地具有明显互补性，多年来一直在探索合作发展模式，**但相对于香港深圳、广州佛山，澳门珠海的合作融合度始终处于较低水平，这一点在与香港深圳组合的对比中尤为明显。**

深圳与珠海一样诞生于改革开放初期，它立市伊始便大规模承接香港的产业和资本转移，借助香港自由港优势，走出一条外贸起家、工贸结合、再到规模化产业发展之路。新世纪以来，深圳力促将科技创新要素和资源向企业集中，形成创新驱动发展的"深圳模式"，实现了先进制造业和现代服务业迅速升级，2018年其GDP超越香港。

对比之下，珠海从博彩业主导的澳门难以获得先进的制造业技术和企业管理经验，而澳门企业对珠海的投资动力则一直处于低位水平，两地一直没有形成良好的产业互补和依赖。进一步看，澳门经济高增长不仅未能惠及珠海，在有些方面还对珠海产生了虹吸效应。譬如，澳门、珠海都以旅游作为主产业，但2018年澳门的3580万入境游客，2500万由珠海进入，大多游客并没有在珠海停留。

显然，澳门、珠海如不能实现深度合作，对澳门来说将会抑制它的产业升级、经济转型，对珠海来说也将使它在旧的产业发展路径上徘徊。而这将使珠江西岸地区沦为粤港澳大湾区的一块发展洼地，并且无助于澳门融入祖国发展大局。

二、"横琴·澳珠科技文化新区"建议是"横琴国际休闲旅游岛规划"的升级版

（一）"横琴国际休闲旅游岛规划"切合横琴实际，定位有待提升

党中央国务院、广东省委省政府和珠海市委市政府自21世纪初起一直筹划澳门、珠海的合作发展。2009年1月，时任国家副主席习近平考察澳门时宣布，国家拟开发横琴岛，并将充分考虑澳门实现经济适度多元发展的需要；同年8月国务院批准《横琴总体发展规划》，将这块3倍于澳门的土地纳入珠海经济特区，要求将其作为"探索粤港澳合作新模式"示范区；2010年3月，广东省政府与澳门特区政府签署《粤澳合作框架协议》，确立了合作开发横琴、产业协同发展的重点；2015年横琴被纳入广东省自贸区；2019年《横琴国际休闲旅游岛建设方案》被批准实施。**令人目不暇接的政策优惠，使横琴成为令人瞩目的"特区中的特区"。**

据此，我们高度评价珠海十余年前启动的"横琴国际休闲旅游岛规划"，认为其"旅游+"的基本思路，对于"背靠粤港澳大湾区、拥有

港澳世界窗口级旅游人口流量"的横琴地区的起飞十分必要，对于孵化该地文创产业十分必要，同时也为对接澳门"国际休闲旅游中心"定位找到了一个实在抓手。该规划有利于启动和完善横琴岛的基础设施建设，目前已为横琴带来每年近千万的入境旅游人口。

但我们也看到，近来港澳出入境旅游增速趋缓，旅游相关经济的跃升空间收窄，而"国际休闲旅游"的区域定位尤其在华南地区渐露"夕阳化"态势，难以为澳门资本和产业扩散、经济转型升级找到切近出口，难以为珠海地区找到吸引大量"新兴产业"和年轻创业者群体的区域发展主题，难以深化两地产业互补、市场错位的合作。说到底，**横琴岛的区域发展定位还有较大的提升空间。**

（二）《关于促进文化和科技深度融合的指导意见》带来新机遇

基于上述，我们提请澳门特区政府和珠海市政府关注 2019 年科技部、中宣部、中央网信办、财政部、文旅部和国家广播电视总局六部委印发的《关于促进文化和科技深度融合的指导意见》。《意见》指出，我国"文化和科技的深度融合仍面临许多新的挑战，科技对文化建设的支撑作用潜力还没有充分释放"，为此，需要"面向文化建设重大需求，把握文化科技发展趋势，瞄准国际科技前沿，选准主攻方向和突破口，打通文化和科技融合的'最后一公里'"。《意见》指出，"到 2025 年，建成 100 家左右特色鲜明、示范性强、管理规范、配套完善的国家文化和科技融合示范基地，200 家左右拥有知名品牌、引领行业发展、竞争力强的文化和科技融合领军企业"。

六部委指导意见为建设"横琴·澳珠文化科技新区"提供了难得契机，为此我们建议，**将"横琴·澳珠文化科技新区"构想纳入《横琴国际休闲旅游岛建设方案》，使之成为该方案的 2.0 版。**依据如下：

战略定位："横琴·澳珠文化科技新区"的名称意涵包括，将"文化和科技融合"当作澳门产业转型、产业多元化的基本主题和抓手，当作横琴未来区域发展的基本主题和抓手，当作澳门珠海实施"深度合作示范区"的基本主题和抓手，当作吸引国内青年双创人才的抓手。进而言之，**使基于数字技术的"文化科技"成为澳门珠海"科技创新驱动"的母题，使"文化金融"成为澳门珠海现代金融业的母题，提升澳门珠海休闲娱乐产业的发展。**

文化资源：澳门的多元文化资源深厚。老城区是世界文化遗产；在坚持"中华文化主流"前提下，域内通行的普通话、粤语、葡萄牙语和英语承载着多元文化表达；自由港地位给该地文化创意、文化金融、文化科技等活动提供了宽松的政策空间。在今天澳门历史资源开发空间近乎饱和的背景下，由"横琴·澳珠文化科技新区"在项目资源、政策资金等方面对接澳门建设"中华文化主流、多元文化共存的交流基地"和"人文'一带一路'重镇"的使命，可谓顺应其势，正当其时。

基础设施："横琴国际休闲旅游岛建设方案"已经为横琴提供了大量入境人流和先进的基础设施，"横琴·澳珠文化科技新区"可以在此基础上将其转化为高位势的、在国内具有领军作用的"国家文化和科技融合示范基地"。

（三）努力推出具有全域带动作用的文化与科技融合项目题材

拟议中的"横琴·澳珠文化科技新区"应成为集聚国内外优势文化资源、吸引国内外新兴产业和年轻创业者群体落户的项目集群。这其中**具有区域性功能带动作用**的项目包括但不限于：

1.《澳珠国际文化科技融合前沿趋势报告》发布会和博览会

中国社会科学院中国文化研究中心近年连续发布"文化科技融合前沿趋势年度报告"，据此可在横琴策划推动"横琴·澳珠国际文化科技融合前沿趋势报告发布会暨国际文化科技融合企业成果展览"。**这是"横琴·澳珠文化科技新区"的标志性品牌。横琴应成为国际文化科技融合动态信息的发布中心，并以此为媒，吸引国内外文化科技理论研究的机构、文化科技融合类领军企业落地。**

2. 澳珠文化多样性、文化科技融合国际组织集聚区

中国社会科学院中国文化研究中心长期以来与联合国教科文组织在文化多样性、文化创意产业研究和交流方面有密切合作，澳门既有文化多样性（尤其面向葡语国家）丰厚资源，又有面向世界的自由港地位，**为此拟依托教科文组织的文化多样性公约秘书处和文化创意产业研究院，吸引文化多样性、文化科技、有影响的语言国家组织等国际组织机构落地横琴，形成在国内外具有影响力的文化类国际组织集聚区，涵养珠江西岸地区的国际文化氛围。**

3. 建设以流媒体平台为中心的文化科技融合示范基地

服务于《纲要》对澳门提出的"建设中国与葡语国家商贸合作平台"、打造"中华文化为主流、多元文化共存的合作交流基地"的目标，依托国内外数字技术科研团队，**建设面向葡语国家乃至英语世界的流媒体平台，将我国优秀传统文化节目、优秀影视节目等推向世界。**

三、澳门回归庆典是启动"横琴·澳珠文化科技新区"的最佳时刻

"横琴·澳珠文化科技新区"是《横琴国际休闲旅游方案》的2.0升级版，是今天珠海澳门深度合作的第一题材，是澳门汇入粤港澳和国家发展大局的重要一步，而2019年12月"庆祝澳门回归祖国20周年大会暨澳门特别行政区第五届政府就职典礼"则是宣示这一主题的重要时刻。为此提出以下建议：

（一）建议通过政府和民间渠道，推动澳门新行政长官在2019年12月20日就职施政报告中承诺，"积极参与'横琴·澳珠文化科技新区'建设，将其视为推动澳门产业转型和多元发展的重要契机"。

（二）建议珠海市政府在2020年1月地方人大报告中对新行政长官施政纲领作出回应，承诺"积极推动'横琴·澳珠文化科技新区'的

建设"。

（三）建议自即日起，在珠海市委市政府领导下，由中国社会科学院中国文化研究中心、澳门粤港澳大湾区多元文化交流与产业发展学会组织北京、珠海和澳门政产学研力量，对在横琴特区落地"横琴·澳珠文化科技新区"的具体项目进行调研论证，尽快提交相关成果，**力争在 2020 年申报"横琴·澳珠国家文化和科技融合创新基地"。**

（中国社会科学院中国文化研究中心　李河）

附件一

中国社会科学院中国文化研究中心大事记
（2000.10—2020.9）

中国社会科学院中国文化研究中心史志小组

序

　　1999年初，中国社会科学院哲学研究所李鹏程、张晓明、李河、章建刚等中青年学者组成"知识经济和国家创新体系"研究小组，对知识经济时代人文社会科学的基础性地位和变革性要求、信息技术革命背景下的文化产业发展进行了前瞻性和系统性的研究。8月，研究小组在《光明日报》发表长文《发展面向"知识经济"时代的人文社会科学》，年末研究小组提交的报告《关于构拟"中国创新体系"（CIS）的若干重要问题的报告》获时任中央政治局常委、国务院副总理李岚清的重要批示。该课题为文化中心的成立提供了重要的理论准备。

　　2000年1月9日，"国家创新体系"研究小组提交的报告《加入WTO对我国文化事业领域的影响》在中国社会科学院《要报》刊登。时任中央政治局委员的李铁映院长在该研究小组的报告上批示，成立"中国社会科学院文化研究中心"，即今天的"中国社会科学院中国文化研究中心"（以下简称"文化中心"）。

2000 年

10月13日，中国社会科学院文化研究中心成立。江蓝生副院长任文化中心理事长兼文化中心主任；哲学所、宗教所、马列所、文学所、少数民族文学所、新闻所、历史所、近代史所以及文化部文化市场司为文化中心首批理事单位；哲学所副所长李德顺兼任文化中心办公室主任，哲学与文化研究室主任张晓明任办公室副主任。李铁映院长在成立会上致词。

10月23—25日，于首届大城市文化产业研讨会期间，张晓明、章建刚与文化部文化产业司常务副司长金一伟、上海交通大学国家文化产业创新与发展研究基地副主任胡惠林商讨了合作启动《文化蓝皮书》事宜。

11月2—3日，张晓明、刘钢承接的中宣部委托课题《国外传媒业的现状与发展趋势》在昌平召开的专家评审会上通过结项。

12月28日，文化中心召开第一次理事会。会议通过文化中心章程，审核通过"文化蓝皮书"等立项方案。会议决定由李德顺任文化中心秘书长，张晓明、韦莉莉任文化中心副秘书长。张晓明接任文化中心办公室主任。

2001 年

1月2日，文化中心与《哲学译丛》时任主编李河签署协议，文化中心资助刊物开展"谁影响了20世纪中国人的观念"活动。

1月16日，文化中心与上海交通大学国家文化产业创新与发展研究基地合作协议在中国社会科学院签署。李铁映院长接见上海交通大学校长谢绳武、副校长叶取源。

5月12日，《文化蓝皮书：2001—2002年中国文化产业发展报告》

课题组在京召开首次蓝皮书编委会座谈会。课题组邀请中央各有关部委约30人参加会议。

7月27—28日，"文化蓝皮书"课题组在上海交通大学召开首次撰稿人会议，确定"文化蓝皮书"的编写原则、框架体例、交稿程序等。

9月—2003年10月，李河应邀前往哈佛大学燕京学社访学，期间翻译杜维明为联合国教科文组织起草的《全球化与多样性》、乔姆斯基的访谈著作《9·11》。

10月9—10日，由民盟北京市委与文化中心联合主办的人文奥运与北京文化建设研讨会在北京举行。文化中心研究员章建刚在会上发言。

11月16日，第二届大城市文化产业高层论坛在杭州召开，章建刚在会上作主题发言。

11月17日，中国艺术产业论坛在上海召开，张晓明在会上作主题发言。

12月底，《文化蓝皮书：2001—2002年中国文化产业发展报告》在北京出版。

本年，王艳芳调入文化中心，任学术秘书。

2002年

1月16日，《文化蓝皮书：2001—2002年中国文化产业发展报告》首发式暨中国文化产业形势分析与预测会议在中国社科院报告厅举行。江蓝生等主编，张晓明、章建刚、胡惠林执行主编，编委会成员、相关国家部委领导以及新闻界约100人出席。

3月22日，文化中心与院环境与发展研究中心在中国社会科学院联合举办"文化遗产保护与经营"研讨会，江蓝生参加会议并作讲演。次年出版会议论文集《文化遗产的保护与经营》。

5月23—25日，由文化中心和中国数字图书馆发展战略组发起筹办的2002年数字图书馆国际论坛暨工程项目洽谈会在北京新世纪饭店举行。

6月5—6日,中国社会科学院副院长、文化研究中心主任江蓝生带队,文化中心代表团一行10余人访问上海交通大学。

7月27—28日,"文化蓝皮书"第二届全国撰稿人会议暨杭州·宋城文化产业发展研讨会在杭州乐园召开。蓝皮书编委会成员、年度报告撰稿人、有关文化部门领导及宋城集团负责人等约100人出席。

8月26—28日,由文化中心和中共云南省委宣传部主办的文化产业发展与文化品牌开发研讨会在昆明召开。

11月29日—12月1日,由文化中心与上海交通大学国家文化产业创新与发展研究基地共同主办的21世纪中国文化产业论坛第二届年会在上海交通大学举行。

本年,张晓明的专著《伟大的共谋——市场经济条件下的利益关系研究》由中国人民大学出版社出版。

本年,王艳芳译《梭罗》由中华书局出版。

2003年

1月25日,由文化中心和上海交通大学联合主编的《文化蓝皮书:2003年中国文化产业发展报告》由社会科学文献出版社出版,首发式在山西太原市举行。

3月30日,张晓明受邀参加李长春同志主持的在京文化集团与部分专家学者文化体制改革座谈会并作发言。时任中央主管领导同志作了关于文化体制改革的重要讲话,要求文化中心配合中宣部制定文化体制改革试点方案。

3月31日,文化中心理事、哲学所所长李景源参加李长春同志召开的座谈会,接受"我国先进文化建设和文化体制改革研究"交办课题。

该课题先后作为院交办、国家社科基金特别交办和院 A 类重大项目正式立项实施。

4月，院党组会议作出加强文化中心建设的决定，明确文化研究中心从一般的学术联络机构变为院属半实体性质的研究机构；增加考古所、民族所、中宣部、文化部产业司、国家发改委等理事单位。文化中心理事长江蓝生不再兼任文化中心主任，该职由李德顺接任，文化中心副主任由张晓明担任。哲学所办公室副主任刘克海兼任文化中心办公室主任。院党组重申文化中心的工作体制为理事会领导下的主任负责制。

4月，在中宣部召开的文化体制改革座谈会上，文化中心汇报了初步研究成果。有关领导同志进一步指示文化中心参与文化体制改革试点方案制订。

5月14日，文化中心副主任张晓明参加中宣部文化体制改革研讨会（文化部系统）并作发言。

5月上旬，为配合文化体制改革试点方案制定的工作需要，文化中心决定创办不定期内刊《文化政策调研》，刊载国内外文化政策方面的研究报告。李河负责国外文化政策选编。

5月22日，《文化政策调研》第一期"关于文化竞争力的情况和思考"正式向有关领导部门报送，并获时任政治局常委批示，要求《文化政策调研》直接报送中央政治局委员和候补委员。自此《文化政策调研》出刊近3年，共30多期。

8月19—20日，《中国文化产业蓝皮书》第三届全国撰稿人会议在云南省昆明市召开。

8月21—22日，张晓明作为特邀代表，参加云南省文化体制改革与文化产业发展研讨会并作主题发言。

8月23日—9月5日，文化中心"先进文化建设与文化体制改革"课题组赴云南省、广东省等地进行专题调研。

8月，张晓明赴韩国济州岛参加第二届中日韩政府间文化产业论坛。

12月4日，文化中心与韩国文化产业振兴院在北京昆仑饭店共同举办第二届中韩文化产业研讨会。

12月，文化中心应文化部文化产业司邀请共同举办首届中国博鳌文化产业CEO论坛。

2004年

1月，国家发改委委托的"文化事业单位改革"课题正式立项，张晓明主持。

2月12—19日，李德顺、张晓明出访韩国，与韩国文化产业振兴院等机构举行会谈。

2月，《文化蓝皮书：2004年中国文化产业发展报告》在北京出版并举行新书发布会。

6月24—25日，文化中心理事会在山西省太原市召开。会议由江蓝生理事长主持。

7月27日，经文化部批准，由文化中心、华东师范大学和上海宽视网络电视有限公司联合组建的国家动漫游戏产业振兴基地在上海华东师范大学挂牌成立。

8月4日，《中国文化产业蓝皮书》第四届全国撰稿人会议在山西朔州举行。

11月14—17日，张晓明、章建刚受香港民政事务局邀请，赴香港参加亚洲文化合作论坛。

12月，受文化部外联局之邀，章建刚作为中国代表团成员赴巴黎，参加联合国教科文组织《保护和促进文化表现形式多样性公约》（以下简称"文化多样性公约"）文本起草委员会会议。

2005 年

1月19日，《文化蓝皮书：2005年中国文化产业发展报告》新闻发布会暨2005年中国文化产业发展形势发布会在北京举行。

3—6月间，作为中国代表团成员，章建刚两次赴巴黎联合国教科文组织总部，参加"文化多样性公约"起草谈判；继而随团出席在巴黎召开的亚欧文化部长会议。

4月24—30日，李河应台湾大学东亚文明研究中心邀请，前往参加"东亚传统思维方式与学术语言的基本特性"研讨会，作《"六书"与中国传统思想制度》的主题发言。

7月7—9日，文化中心与澳大利亚昆士兰科技大学、中国人民大学人文奥运研究中心共同在北京主办2005年首届中国创意产业国际论坛。来自国内外的政府官员、专家学者、行业协会及文化企业负责人共300余人参加。

8月3日，文化中心蓝皮书编委会召开年度撰稿会。

9月，哲学研究所所长李景源接任文化中心主任。

10月，中国社会科学院启动与浙江省的"省-院合作"项目，李景源率文化组开展调研工作。

10月，张晓明、贾旭东承担的"北京市'十一五'时期文化产业发展规划研究"项目通过领导和专家的评审。

10月，文化中心与云南省昆明市盘龙区政府签署合作协议，开展盘龙区"十一五"文化产业发展规划研究，张晓明、章建刚、李河、惠鸣赴昆明进行调研和前期研究工作。

12月21—30日，李景源率《浙江文化发展经验与我国发展》课题文化组一行6人，赴浙江省调研。期间，时任省委书记习近平接见文化组，省宣传部长陈敏尔及浙江多地区文化主管部门多次与文化中心座谈。

12月，张晓明承担的国家发展和改革委员会课题"中国事业单位改革研究"分课题"中国文化事业单位改革研究"完成，举行了项目评审会。

本年，李河研究员的专著《巴别塔的重建与解构——解释学视野中的翻译问题》由云南大学出版社出版。

2006 年

1月11日，《文化蓝皮书：2006年中国文化产业发展报告》新闻发布会暨2006年中国文化产业发展形势报告会在中国社会科学院举行。张晓明、章建刚等学者及全国主要新闻媒体参加，中国网现场直播。

1月24日，文化中心召开理事座谈会。文化中心及各理事单位负责人、哲学所领导约15人出席。文化中心新任理事长冷溶副院长与各位理事见面。

1月28日—4月16日，张晓明赴澳大利亚布里斯班昆士兰科技大学、悉尼科技大学等学校访学3个月。访问期间，张晓明与昆士兰科技大学深入探讨双方的进一步合作，决定合作出版论文集《国际创意经济新视野》。

1月，中央领导决定拍摄全面反映文化体制改革试点工作的电视片，文化中心委派张晓明、章建刚参加。

2月22日—3月6日，李景源率"浙江经验与中国发展"课题文化分课题组一行7人，赴浙江进行专题调研。

4月5日，张晓明的《我国文化产业发展现状、存在问题及对策建议》《2004年我国文化产业形势》和章建刚的《〈保护文化多样性国际公约〉的制定和我们的机遇》分获中国社会科学院"优秀决策信息"对策研究类三等奖。

4月，院人事教育局博士后管理办公室主办的《博士后交流》2006年第2期出刊，惠鸣任执行主编。

5月中旬，中宣部在深圳文博会期间召开文化体制改革论坛，张晓明应邀参加并发言。

5月25—29日，惠鸣参加哲学所博士后代表团，赴吉首大学进行学术访问并作"全球化背景下的中国文化政策与文化产业发展"的主题讲座。

6月，"文化蓝皮书"编委会召开年度工作会。

7月24—25日，中国社会科学院与浙江省的"省-院合作"项目全院汇报会上，文化中心主持的文化组的汇报受到好评。

7月，文化中心与国家民委文宣司合作，正式启动"中国少数民族文化发展战略研究"五年计划，张晓明为项目总负责人，惠鸣为项目执行人，国家民委文宣司文化处处长任乌晶（后任副巡视员）为民委方面组织者。

9月，贾旭东调入文化中心。

11月7日，澳大利亚昆士兰科技大学访问团一行对文化研究中心进行访问，双方举行座谈并签署了战略合作协议。

11月，张晓明、贾旭东开展的"关于设立国家文化产业发展专项资金可行性研究"课题通过评审。

2007年

1月19日，中国社会科学院和浙江省委在杭州联合召开中国社会科学院国情调研重大项目《浙江经验与中国发展》（一套六卷）首发式及学术研讨会，时任浙江省委书记习近平和中国社会科学院副院长冷溶出席会议。文化中心课题组承担的《浙江经验与中国发展——科学发展观与建构和谐社会在浙江（文化卷）》同时发布。

2月1日，文化中心与深圳特区文化研究中心举行座谈会，就共同出版《文化蓝皮书：中国公共文化服务发展报告》、共同举办中国公共文化发展论坛事宜进行商谈。李景源、张晓明、深圳市特区文化研究中心主任陈新亮等出席。

2月16日，文化中心召开2007年度《文化蓝皮书：中国公共文化服务发展报告》组稿工作会议。

2月21日，国家民委文化宣传司兰智奇副司长一行到访文化中心，与张晓明等讨论编写2007年《文化蓝皮书：中国少数民族文化发展报告》的编辑工作，该项目由张晓明总负责，惠鸣负责项目执行。

2月27日，《文化蓝皮书：2006年中国文化产业发展报告》出版，文化中心与社会科学文献出版社联合举办2007中国文化产业形势分析暨文化蓝皮书发布会。张晓明作"2006中国文化产业发展形势的分析和2007年发展形势的预测"报告。

2月，李河与张晓明为2008年西班牙萨拉戈萨世界（水主题）博览会提交的中国馆策划文案"水利天下，大河文明"获得中国国际贸促会招标方案一等奖。二人同时被中国馆组委会聘为中国馆展示设计指导。

4月10—11日，文化中心在无锡市与无锡市政府、江苏省社科联、江苏省社科院联合主办2007年中国（无锡）吴文化国际研讨会，主题是"吴文化与和谐文化建设"。

5月19日，首届国际文化产业论坛在深圳文博会期间召开。该论坛由文化中心及深圳市文化局特区文化中心、世界对华交流协会承办。

7月，马海涛调入文化中心。

9月，贾旭东博士后出站，出站报告题目为《文化发展的理论和实践——基于文化竞争的战略研究》。贾旭东2003年7月进入文化中心作博士后研究，合作导师李德顺。

10月21—30日，张晓明参加中宣部和国家统计局组团，赴加拿大蒙特利尔联合国教科文组织统计研究所进行访问交流。

10月26日，文化部文化产业司与文化中心在京联合召开立法研究工作座谈会。文化产业促进法立法前期研究课题负责人贾旭东介绍该课题的研究计划，章建刚参加并发言。

11月20日，李景源应邀到中南海参加李长春同志主持召开的文化建设问题会议。

11月30日，太湖文化论坛成立。文化中心被选为常务理事单位。

12月17日，文化中心与深圳市文化局联合编写的《中国公共文化服务发展报告（2007）》出版新闻发布会在院报告厅举行。李景源等任主编，章建刚、张晓明等任执行主编。惠鸣任统稿事务执行人。

12月，文化中心与深圳市文化局特区文化研究中心、世界对华交流协会联合编写的《国际文化产业发展报告（第一卷·2007）》，由社会科学文献出版社出版，张晓明等任主编。

12月，章建刚参团赴巴黎，出席"文化多样性公约"政府间委员会第一届常会。该委员会开始制订"文化多样性公约"相关条款的"操作指南"。

本年，章建刚、王亮等著的《山西省民间音乐遗产的传承与保护》一书由中国社会科学出版社出版。

2008年

1月，章建刚等著《山西省民间音乐遗产的传承与保护》获2007年度山西省社会科学优秀成果"百部工程"一等奖。

3月19日，《文化蓝皮书：2008年中国文化产业发展报告》由社会科学文献出版社出版，在中国社会科学院报告厅举行发布会。

3月，中国社会科学院举行"经济全球化与中国发展"国际研讨会，李河、张晓明提交英文报告"China's Cultural Policy in the Past Ten Years"。同时，完成中文版4万字报告《介入全球化中国文化政策十年》。

4月9—12日，文化中心、江苏省社科联、省社科院和无锡市政府在无锡市举办第三届中国（无锡）吴文化国际研讨会，主题为"吴文化与工商文化"。

5月6日，哲学所党委决定，聘任贾旭东为文化中心副主任，章建刚、李河兼任文化中心副主任。

6月22—28日，章建刚作为中国政府代表团成员赴法国巴黎参加"文化多样性公约"政府间委员会首次特别会议。

6月27—28日，张晓明加入扶持动漫产业发展部际联席会议专家委员会，文化中心成为"中国动漫产业发展基本战略"课题组组长单位。

7月1—10日，张晓明、李河应邀赴西班牙萨拉戈萨参加"2008萨拉戈萨世界博览会"中国馆开馆仪式。

10月13—17日，张晓明与国家统计局刘巍赴泰国曼谷参加联合国教科文统计研究院关于国际文化产业统计指标体系的亚太咨询会。

10月25—27日，由文化中心联合世界对华交流协会主办的第二届国际文化产业论坛——中国（宋庄）国际文化产业论坛在北京宋庄艺术节期间召开。来自联合国相关机构、有关国际组织、国际行业协会的十几位国外嘉宾出席。会议期间举行了由联合国五大机构共同发布的《2008创意经济报告》中文版发行仪式。《2008创意经济报告》由文化中心组织翻译。博士后丁肇辰负责组织筹办论坛。

会议期间同时举办"首届中国博士后文化论坛"，主题为"改革开放30年与中国文化发展"。论坛由中国社会科学院、中国博士后科学基金会联合主办，文化中心和院、所博士后流动站共同承办。来自全国博士后科学基金会、院博管办、文化部门的官员，以及国内文化产业研究专家、博士后等70余人出席论坛。贾旭东、惠鸣等筹办论坛。

11月，惠鸣博士后出站，出站报告题目为《新文化发展观与中国文化发展研究》。惠鸣于2005年9月进入文化中心做博士后研究，合作导师为张晓明，2009年1月留文化中心工作。

12月8—12日，章建刚随中国代表团赴联合国教科文组织巴黎总部参加"文化多样性公约"政府间委员会第二届常会，继续审议《公约》

相关条款的"操作指南"。

12月15—16日，章建刚出席在越南河内举行的"亚欧会议保护和促进文化表达形式多样性：分享亚欧经验研讨会"，并作题为"Chinese Cultural Industries: Towards a More Sustainable Future"的发言。

2009年

2月下旬，章建刚随文化部代表团赴维也纳，参加"国际文化多样性政策网络"（INCP）年会。

3月下旬，章建刚随团赴巴黎教科文组织总部，出席"文化多样性公约"政府间委员会第二次特别会议。

4月9日，文化中心和江苏省社科联、省社科院、无锡市政府联合主办的中国吴文化（无锡）国际研讨会在无锡举行。

4月13日，文化中心和社会科学文献出版社联合主办2009中国文化产业形势分析与预测暨文化蓝皮书《2009年中国文化产业发展报告》发布会。文化部、中国社会科学院、清华大学等单位的专家学者对2009年文化产业形势进行了分析和预测，并对报刊、出版、广电、电影、动漫等行业的发展进行了分析。

4月，由文化中心与国家民委文化宣传司共同编写的《中国少数民族文化发展报告（2008）》由民族出版社出版。该书是反映我国少数民族地区文化发展的首部蓝皮书。张晓明、金星华等任主编，惠鸣、任乌晶等任执行编委。惠鸣负责项目统筹。

5月6—9日，章建刚随中国艺术研究院组织的代表团赴韩国首尔，参加"中韩文化艺术界高层学术论坛：北京奥运之后中韩文化艺术交流的发展与展望"，并作发言。

10月10日，文化中心与深圳市文化局联合编写的《文化蓝皮书：中国公共文化服务发展报告（2009）》举行出版新闻发布会。李景源等任主编，章建刚、张晓明等任执行主编。马海涛负责统筹统稿工作。

10月，张晓明、李河、意娜赴广东省云浮市新兴县，完成"六祖文化博览园"策划，被纳入广东省禅宗文化带。

11月27—29日，第三届中国文化产业论坛——2009中国（广州）国际文化产业论坛（ICI Forum）在广州市召开。广东省委宣传部副部长、文化体制改革办公室主任赖斌，中国社会科学院秘书长黄浩涛出席开幕式并致辞。此次论坛由广东省委宣传部牵头，文化中心和广东省文化体制改革领导小组办公室、世界对华交流协会、南方报业传媒集团和《南方都市报》共同主办。论坛分为主论坛和5个专业论坛——新媒体高峰论坛、影视产业论坛、动漫产业论坛、创意产业论坛（顺德容桂）和世界遗产论坛（江门开平）。论坛开幕式上发布了张晓明与章建刚主编的《文化蓝皮书：国际文化产业发展报告2009（第二卷）》。张晓明、章建刚、李河、贾旭东、惠鸣等参加，意娜统筹协调。

12月上旬，章建刚随团赴巴黎参加教科文组织"文化多样性公约"政府间委员会第三届常会。在此次会议上，经中国代表团推荐和会议审议，李河当选为"文化多样性国际基金"（IFCD）项目首届六人评审专家（2009—2013）。

12月31日，文化中心与国家民族事务委员会文化宣传司联合举办中国少数民族文化发展战略研究在京专家论座谈会，张晓明、章建刚、李河、惠鸣，国家民委文宣司负责人及在京知名学者共16人参加。

12月，黄春平博士后出站，出站报告题目为《西方传媒内容监管的历史考察》。黄春平于2006年8月进入文化中心做博士后，合作导师张晓明。

2010年

1月17日，文化中心与国家民族事务委员会文化宣传司联合在京举办中国少数民族文化发展战略研究专家座谈会（第二次）。张晓明、章建刚、李河、惠鸣，国家民委文宣司负责人及在京知名学者共17人参加。

1—6月，李河组织文化中心成员开展"批判理论与解释学"读书班活动。研读的书籍包括本雅明的《机械复制时代的艺术作品》、马丁·杰的《法兰克福学派史》、阿多诺的《启蒙辩证法》、康德的《什么是启蒙》、柏林的《反启蒙运动》、卡西尔的《启蒙哲学》和荷马史诗《奥德赛》等。

4月13—18日，张晓明、惠鸣和意娜赴澳大利亚布里斯班市参加由昆士兰科技大学等机构联合主办的CREATIVE 3学术大会。

5月6日，《文化蓝皮书：2010年中国文化产业发展报告》由社会科学文献出版社出版，新闻发布会在中国社会科学院报告厅举行。

5月11—16日，文化中心受西藏自治区宣传部委托，制订"西藏文化产业发展十年规划"。张晓明、章建刚、李河等赴西藏进行考察调研。

5月17—22日，惠鸣、马海涛参加哲学所国情考察团赴浙江省嘉兴地区进行公共文化服务调研。

7月，易介中博士后出站，出站报告题目为《中国特色城市文化研究》。易介中是我国台湾籍，2008年9月入站，合作导师张晓明。

7月，丁肇辰博士后出站，出站报告题目为《中国数字娱乐产业发展研究》。丁肇辰是我国台湾籍，2008年9月入站，合作导师张晓明。

8月22—24日，惠鸣参加由中宣部委托，新闻出版总署组织的"国家'十二五'时期文化产业发展规划"国情调研组，赴浙江省杭州市进行文化产业发展国情调研。

8月31日—9月15日，文化中心与国家民委合作项目"中国少数民族文化发展研究"第一次赴新疆调研，考察乌鲁木齐、伊犁、吐鲁番、和田、喀什及新疆生产建设兵团等多个地市。张晓明、章建刚、李河、任乌晶、吴元梁、惠鸣、意娜参加调研。惠鸣、任乌晶负责筹备联络工作。

11月17—18日,文化中心与世界对华交流协会、北京文化创意产业博览会等机构在北京文博会期间联合举办第四届国际文化产业论坛,发表12个国际文化产业宏观发展和行业分析报告;文化中心与多个国际组织共同发起的世界文化多样性论坛宣告成立。论坛期间还举行了第二本《2010创意经济报告》中文版发行仪式。

11月28日—12月5日,章建刚随团赴巴黎联合国教科文组织总部参加"文化多样性公约"政府间委员会第四届常会。

11月,张晓明、章建刚等的《关于进一步发展文化产业的政策建议》、张晓明、惠鸣等的《推动少数民族文化加快发展的对策建议》获2009年全院优秀对策信息研究奖二等奖。章建刚、张晓明等的《进一步推动公共文化服务体系建设的建议》,张晓明的《国际金融危机将推进我国发展方式转变,文化产业将进入一个新的增长周期》获2009年全院优秀对策信息研究奖三等奖。

2011年

3月1日,章建刚被文化部聘为国家公共文化服务体系建设专家委员会委员,聘期两年。

3月,李河所著《巴别塔的重建与解构——解释学视野中的翻译问题》获第七届中国社科院优秀科研成果奖专著类一等奖。

3月,胡文臻调入文化中心。

6月8—9日,祖春明参加全国俄罗斯哲学国际研讨会并作发言,题目为《斯拉夫派历史哲学思想的一个可能来源——赫尔德文明有机理论》。

6月14—17日,章建刚赴巴黎联合国教科文组织总部参加"文化多样性公约"第三次缔约方大会。

7月18—26日,张晓明、李河应邀访问韩国,就韩国当代文化政策的理论与实践问题与韩国庆北大学文史学院教授尹在硕等学者进行学术交流。

8月16日，文化中心和社会科学文献出版社联合举办"《文化蓝皮书：2011年中国文化产业发展报告》新书发布会暨中国文化产业发展研讨会"。

10月7—23日，文化中心与国家民委文化宣传司联合调研组赴滇、桂两省区，进行主题为"边境民族地区国家文化安全与少数民族文化发展"的调研。这是双方"中国少数民族文化发展研究"合作项目的第二次调研。张晓明、章建刚、李河、任乌晶、惠鸣、意娜等参加。惠鸣、任乌晶负责筹备联络工作。

11月9日，由院文学哲学学部主办、哲学所和文化中心承办的"文化体制改革与社会主义文化大发展大繁荣学术报告会"在院学术报告厅举行。学部委员、院所有关领导及院内外专家学者80余人参加报告会。中央电视台等多家媒体进行报道。李景源主持报告会，张晓明、章建刚和中国人民大学文化创意产业研究中心执行主任金元浦分别作主题发言。

11月14日，受国家留学基金委资助，李河以高级访问学者身份赴美国克莱姆森大学访学半年。

11月16日，张晓明会见越南社会科学翰林院文化研究所所长阮春径一行4人。双方表示要加强在文化发展和文化政策研究领域的交流与合作。贾旭东、惠鸣、意娜参加会谈。

12月5—9日，章建刚随团赴巴黎教科文组织总部参加"文化多样性公约"政府间委员会第五届常会。

12月，意娜博士后出站，出站报告题目为《直观造化之相——文化研究语境下的藏族唐卡艺术》。意娜2009年9月进入文化中心做博士后研究，合作导师为张晓明。

2012 年

1月，哲学所国情调研报告《公共文化服务的"嘉兴模式"》由社会科学文献出版社出版，惠鸣为"总报告"执笔人和副主编。

5月3日，李河执笔的调研报告《关于发挥西南边境地区民族文化纽带作用的调研》获得国家民族事务委员会2011年全国民委系统调研报告优秀奖。

5月，李河主持的《世界文化多样性与构建和谐世界研究》获得国家社会科学基金2012年度第一批重大项目（文化类）立项资助。

8月27日—9月12日，文化中心和国家民委文化宣传司联合调研组，进行"中国少数民族文化发展研究"课题第三次调研，主题是"跨境少数民族文化发展状况"。调研组先后前往内蒙古自治区呼和浩特市、呼伦贝尔市、满洲里市和辽宁省丹东市、吉林省延吉市等地开展考察。张晓明、章建刚、李河、贾旭东、意娜等分别参加调研活动。任乌晶、惠鸣负责筹备工作。

10月，由文化中心组织以上海大学教授史东辉为首的专家团队编写的《国有文化企业发展报告（2012）》由经济科学出版社正式出版。报告得到多位时任中央和部委领导批示表扬。

11月，"文化产业重大课题研究计划"获得中央文化企业国有资产监督管理领导小组办公室和我院批准，正式立项。

12月7日，中国社科院副秘书长晋保平主持专项会议，专题讨论"文化产业重大课题研究计划"，在院文化研究中心成立"文化产业重大课题研究计划管理办公室"，张晓明为项目总负责人。

12月8日，章建刚随团赴巴黎联合国教科文组织总部参加"文化多样性公约"政府间委员会第六届常会。

12月，张晓明主持、宋革新负责实施，完成《"文化产业重大课题研究计划"实施办法》的制定。

2013 年

1月10日，财政部中央国有文化企事业国有资产监督管理领导小组办公室在国宏宾馆召开国有文化企业改革发展专家座谈会。会议正式发布《国有文化企业发展报告（2012）》出版消息，并宣布组成中央国有文化事业单位国有资产监督管理领导小组办公室专家咨询委员会，聘请张晓明为主任委员，李河、章建刚等32名专家为咨询委员。宋革新统筹会务工作。

1月29日，中国社会科学院副院长武寅召开会议，专门研究文化中心"文化产业重大课题研究计划"工作，还为文化中心每年增加10个博士后招生指标。李景源、吴尚民、张晓明、刘克海等参加。

3月22日，文化中心和社会科学文献出版社联合在京举行《文化蓝皮书：中国文化产业发展报告（2012—2013）》新书发布会。这是文化中心主编的第十一本文化产业蓝皮书，张晓明、王家新、章建刚主编。

3月，文化中心与国家民委文化宣传司合作编写的第二本少数民族文化蓝皮书《中国少数民族文化发展报告（2012）》出版，张晓明、武翠英等任主编，惠鸣、任乌晶等任执行主编。惠鸣负责项目统筹。

3月，李河、祖春明前往俄罗斯大使馆所属文化中心，与中心负责人、俄文化参赞进行会谈，并翻译发表俄联邦独联体事务、俄侨和国际人文合作署署长康斯坦丁·伊奥希弗维奇·卡萨切夫的访谈《俄联邦独联体事务、俄侨和国际人文合作署在欧亚空间中的活动——访俄联邦独联体事务、俄侨和国际人文合作署署长康斯坦丁·伊奥希弗维奇·卡萨切夫》，介绍当代俄罗斯文化政策。

3月，"文化产业重大课题研究计划"管理办公室在文化中心成立，张晓明为主任，李河、章建刚、贾旭东、湛志伟、金朝霞、刘克海等为副主任。祖春明、宋革新等为主任助理，协助负责办公室运行和课题管理事务。李志慧受聘进入文化中心工作，协助日常事务管理工作。

4月19—20日，祖春明参加第十四届全国俄罗斯哲学研讨会并作会议发言，题目为《斯拉夫主义与欧亚主义——俄罗斯文明圈重构的两种范式》。

5月10日，"2013年度文化产业重大课题研究计划"评审会在中国社会科学院召开。

5月23日，受文化部市场司委托，文化中心与文化部市场司在京共同举办"构建现代文化市场体系"调研座谈会，张晓明主持会议。

6月4日，"文化产业重大课题研究计划"课题组联席会议在北京好苑建国酒店召开。会议由张晓明、高书生主持。总课题组与各分课题组正式签署合作研究协议，祖春明、宋革新等负责组织策划。

6月5日，中国社会科学院文化研究中心官方网站建成并备案，域名为http://www.cassrccp.com。惠鸣负责完成网站设计和建设工作。

6月9—16日，章建刚随团赴巴黎联合国教科文组织总部参加"文化多样性公约"第四届缔约方大会。

6月16日，武寅副院长在2013年世界闽南文化节上，为设立在泉州师范学院的中国社会科学院文化研究中心闽南文化研究基地授牌。院所及文化中心领导晋保平、吴尚民、张晓明参加了上述活动。

6月，依托文化产业重大课题研究计划，文化中心与社会科学文献出版社策划出版"文化中国书系"（第一辑），惠鸣的专著《文化强国——理念与实践》、宋革新的专著《当代中国大众文本价值考》由社会科学文献出版社出版。至2014年末，贾旭东的《文化发展的理论和实践——基于文化竞争的战略研究》、张晓明的《拓荒者的足迹》、章建刚的《文化经济学视野的搭建》、李河的《走向"解构论的解释学"》和意娜的《直观造化之相》等专著陆续由社会科学文献出版社出版。"文化中国书系"（第一辑）出版工作由宋革新负责。

7月15—23日，由文化中心和云南大学国家文化发展研究中心共同发起的U40文化产业暑期工作营首次在云南大学举办。在工作营开幕式上，文化中心与云南大学国家文化产业研究中心签订了战略合作协议。意娜为文化中心方面执行负责人。

7月22日—8月5日，文化中心与国家民委文化宣传司、云南大学文化发展研究院组成联合调研组，对云南、贵州两省文化产业和旅游业发展现状进行专题调研。调研地点包括云南省昆明市、大理市、丽江市和贵州省贵阳市、凯里市等。张晓明、章建刚、武翠英、李河、惠鸣、意娜、祖春明等参加调研。惠鸣、任乌晶负责筹备联络工作。

8月13日，章建刚被文化部续聘为国家公共文化服务体系建设专家委员会委员，聘期两年。

9月8—13日，贾旭东、惠鸣参加哲学所国情考察团，赴安庆地区进行文化发展调研。

11月11—12日，由中国社会科学院、全国博士后管理委员会、中国博士后科学基金会联合主办，文化中心等机构承办的第二届中国博士后文化发展论坛（2013）在湖北省恩施土家族苗族自治州召开。来自全国17个省市10个一级学科门类的博士后以及部分特邀专家、企业家代表共百余人参加。中国社科院副院长李扬、哲学所党委书记吴尚民到会致辞。贾旭东、惠鸣、祖春明、意娜、宋革新等策划、组织该届博士后论坛。

11月12日，应湖北民族学院南方少数民族研究中心邀请，惠鸣在恩施市湖北民族学院"武陵讲堂"作学术讲座"文化强国视野下的中国少数民族文化发展战略"。

11月25日，"文化产业重大课题研究计划"课题组召开结项评审会。

12月5—7日，章建刚、李河应外交部国际关系研究院邀请，组团赴首尔参加第一届中韩国家政策研究机构联合战略对话，并在历史文化组发言。

本年，章建刚论文集《制度创新推动文化发展繁荣》由云南大学出版社出版。

2014 年

1月，意娜《藏传佛教视觉艺术典藏·曼唐》由青海人民出版社出版。

1月，意娜专著《情定香巴拉——民族地区文化旅游创意产业发展研究》由知识产权出版社出版。

3月15日—7月19日，为配合文化产业重大课题研究计划实施，文化中心与《光明日报》文化产业研究中心共同发起，在北京财富中心等地共举办7次文化产业双周论坛，意娜、祖春明等负责组织策划。文化产业双周论坛由文化中心、《光明日报》文化产业研究中心共同发起，中央文化企业国有资产监督管理领导小组办公室支持。

3月，王颖受聘进入文化中心工作，协助文化产业重大课题行政事务日常管理工作。

4月12日，《文化蓝皮书：中国文化产业发展报告（2014）》新书发布会暨文化产业双周论坛（第三期）在社会科学文献出版社举行，文化中心、社会科学文献出版社、《光明日报》文化产业研究中心等单位联合主办。

4月17日，《光明日报》文化产业版以"文化产业从'换挡'走向'升级'"为题，整版专题报道文化研究中心关于《文化蓝皮书：中国文化产业发展报告（2014）》的发布和成果内容。

5月8日，李河获聘中国社会科学院第九届正高级专业技术资格评委会委员。

5月10日，第四期文化产业双周论坛在京举行，主题为"中华文化数字化：战略与突破口"。政产学研各界50余人参加。29日，《光明日报》文化产业版以"文化数字化工程：突破口在何处"为题，对该论坛作了整版报道。

5月15日，美国哈佛大学国际合作部主任本杰明·佐尔到访文化中心，与张晓明就文化企业案例研究、美国文化企业案例借鉴等问题进行交流。

5月21日，李景源主持召开文化中心本年度第一次主任办公会议，对文化中心领导班子的分工作了说明，任命惠鸣为主任助理。

6月1日—10月，吴尚民从哲学所党委书记岗位退下，担任文化中心副主任，负责文化中心组织管理协调工作。

6月4日，《创意经济报告2013（专刊）》（中文版）发布会暨座谈会在京举行。联合国教科文组织总干事博科娃、院秘书长高翔出席并致辞。张晓明、意娜作为校译者参加发布会。

6月9日，文化中心举行主任办公会议，研究恢复《文化政策调研》出刊。会议决定由吴尚民拟定选题编审程序和《文化政策调研》的编辑报送工作制度。

6月23—28日，文化中心与浙江省社会科学院组成联合调研组，在浙江进行实地调研，先后考察衢州、金华、东阳和杭州的文化建设情况，听取各地文化相关部门的情况介绍。张晓明、吴尚民、惠鸣和祖春明博士参加调研。

7月13—21日，由文化中心、云南大学国家文化产业研究中心及上海大学约翰·霍金斯创意产业研究中心共同主办的第二届U40文化产业暑期工作营在云南省昆明市举行。意娜为文化中心方面执行负责人。

7月17日，《光明日报》以《跨界并购不应透支文化产业未来》为题，长篇报道文化中心组织第八期文化产业双周论坛研讨的内容及业界专家和企业家的意见。

7月，赵书虹博士后出站，出站报告题目为《云南文化发展的市场化变革：理论、过程分析与思考》。赵书虹于2010年9月进入文化中心作博士后研究，合作导师章建刚。

8月，文化中心主编的《文化发展研究》（2014年第1辑）由经济管理出版社出版，贾旭东、祖春明等策划编辑。

8月，惠鸣、意娜参加我院少数民族文学研究所格萨尔文化项目组，赴西藏拉萨市、那曲地区调研进行非物质文化遗产和特色文化产业发展调研。随后，惠鸣赴青海省西宁市进行民族地区文化发展调研。

10月2—4日，意娜前往意大利佛罗伦萨参加联合国教科文组织第二届文化与文化产业国际论坛，并发表主题演讲。

10月，张晓明、惠鸣合著的《全面建构现代文化市场体系》由社会科学文献出版社出版，该书列入"全面深化改革书系"，由国家出版基金项目资助。

11月14—16日，第三届中国博士后文化发展论坛在河南大学举办，文化中心及河南大学联合承办。论坛的主题是"全面深化改革背景下的文化发展"。30余位专家学者和近90名博士后参会，贾旭东、祖春明等组织策划。

12月4—5日，惠鸣赴山西平遥参加中关村中恒文化科技创新服务联盟2014年会员大会暨文化科技融合创新经典案例调研学习会。

12月上旬，章建刚、李河受外交部国际关系研究院邀请，组团参加在北京举行的第二届中韩国家政策研究机构联合战略对话，并在历史文化组发言。

12月，祖春明博士后出站，出站报告题目为《分裂的宿命与自主性的抗争——现代性视域下俄罗斯文明圈的解构与重建》，正式进入文化中心工作。祖春明2010年9月经考核进站，合作导师李河。

2015 年

1月17日，李河在湖北图书馆长江讲坛发表演讲"文明冲突与中国道路"。

1月29日，李河获国务院颁发政府特殊津贴证书。

1月，张晓明、李河、章建刚承担的"'十三五'时期我国文化发展面临的国际国内环境与急需解决的重大问题研究"课题初稿上报文化部政策法规司，获得好评。

3月13日，泉州市中国社会科学院文化研究中心闽南文化研究基地主任林华东一行7人访问我院。张晓明作为基地领导小组组长出席。

5月13日，谢地坤、惠鸣出席全国人大教科文卫委员会文化事业和文化产业发展问题专题咨询会议，向会议提交咨询报告《"十三五"期间我国现代文化市场体系建构的挑战与对策》。

5月26日，中国社会科学院新型智库启动仪式在我院举行。原文化研究中心更名为中国社会科学院中国文化研究中心（以下仍简称文化中心），成为我院首批正式挂牌的11家新型专业智库之一。

5月和7月，张晓明、李河应邀参加《光明日报》理论部的"海南省'十四五'文化产业发展规划"，两次赴海南考察13个县。

6月9—13日，章建刚随团赴巴黎参加联合国教科文组织"文化多样性公约"第五届缔约方大会。

6月，意娜《坛城》《佛塔》《佛祖画传》由青海人民出版社出版。

6月，意娜入选由中组部、人社部评选的国家高层次人才特殊支持计划（国家万人计划）"青年拔尖人才"。

7月12—20日，由文化中心、云南大学国家文化产业研究中心及上海戏剧学院大都市文化观测研究中心共同主办的第三届U40文化产业暑期工作营在云南省昆明市举行。意娜为文化中心方面执行负责人。

7月22—28日，李河赴缅甸曼德勒和仰光参加缅甸曼德勒中国书展与中缅文化互译论坛，发表演讲"加强文化互译，增进中缅'可分享价值'"。

8月，《文化发展研究》（2015年第1辑）由经济管理出版社出版，贾旭东、祖春明等编辑。

9月2—13日，文化中心与俄联邦中央财经大学联合申报的中国社会科学院与俄联邦基础研究基金会共同资助的国际合作课题"后苏联时期俄罗斯文化政策的国际视角"中方主持人李河和课题组成员贾旭东、祖春明前往俄罗斯进行学术访问，同时参加在乌法举行的第十四届俄罗斯全国哲学大会。

9月，由文化中心和国家民族事务委员会文化宣传司合作编写的第三本文化蓝皮书《中国少数民族文化发展报告（2014—2015）》出版。张晓明、任乌晶等主编，惠鸣、李民等任执行主编。惠鸣负责项目统筹。

10月15日—11月3日，文化中心与国家民委文宣司联合调研组赴宁夏回族自治区和新疆维吾尔自治区进行调研，主题为"'一带一路'背景下西北民族地区对外文化交流状况"。张晓明、章建刚、李河、惠鸣、意娜、张春霞等参加调研。任乌晶、惠鸣负责筹备联络工作。

11月12—16日，首届文化政策中日韩智库间战略对话暨第四届中国博士后文化发展论坛在上海大学举行。论坛由中国社会科学院、全国博士后管理委员会、中国博士后科学基金会主办。论坛主题是"经济新常态下的文化发展"，贾旭东、李河发言，祖春明等参与策划组织该届论坛。

12月2—4日，章建刚、李河随外交部国际问题研究院代表团赴韩国首尔参加第三届中韩国家政策研究机构联合战略对话，并在历史文化组发言。

12月18日，哲学所会议决定，李景源任文化中心名誉主任，谢地坤任主任，贾旭东任常务副主任，胡文臻、李河任副主任。

12月—2016年3月，文化中心受院国际合作局委托，研究完成我院与宋庆龄基金会、中国对外友协合作项目"关于设立国际人文交流基金的构想"，贾旭东、吴尚民、李河、惠鸣、杨倩、车琳、卢坦等人参加课题组。

12月，意娜与满兴远合著《握手全球文明》（北京文化中心建设课题研究丛书）由新华出版社出版。

本年，《张晓明集》《章建刚集》被收入"中国文化产业十家论集"，由云南大学出版社出版。

2016 年

1月—3月，贾旭东受文化部文化产业司委托，参与制定《2016年拉动城乡居民文化消费的建议》。

2月，赵培杰担任文化中心执行主任。

3月，宋革新博士后出站，出站报告题目为《从纸质到电子形态——中国期刊产业的变迁延续》。宋革新于2010年11月进入文化中心作博士后研究，合作导师张晓明。

4月13日，由文化中心和社会科学文献出版社联合举办的文化蓝皮书《中国文化产业发展报告（2015—2016）》出版新闻发布会在京举行，社会科学文献出版社2016年2月出版。这是文化中心编写的第十三本文化产业蓝皮书。

5月13日，李河在国家中医药管理局主办的中医论坛发表演讲"反对两种片面认识，推动中医'全球–地方化'发展"。

6月，李河的《中国对外文化交流应实现几个观念上的突破》获得中国社会科学院2015年优秀对策信息对策研究类三等奖。

6月，意娜翻译、张晓明点校的联合国教科文组织《2005公约》十周年评估报告《重塑文化政策》报告中文版由社会科学文献出版社出版，并在创意城市北京峰会发布，博科娃、刘延东出席发布会。

7月12—20日，由文化中心、云南大学国家文化产业研究中心等共同主办的第三届U40文化产业暑期工作营在云南省昆明市举行。U40期间决定，自2017年始，在澳大利亚珀斯市科廷大学举办国际U40暑期工作营。

8月7—20日，惠鸣作为我院"美国智库的构建模式和运行机制"培训团成员，赴美国纽约市和华盛顿特区参加为期14天的培训学习。

10月15日，由中国社会科学院、中国科学院、中国工程院主办的主题为"新型城镇化进程中的生态保护与文化传承"的中国城市百人论坛2016年年会在京召开，赵培杰作题为"找回城市的个性和灵魂"的报告。

10月16—21日，张晓明、李河参加国家民委"赫哲族'伊玛堪'保护传承状况调查"，前往黑龙江省佳木斯市所属同江、抚远、饶河等地考察。

11月27日—12月5日，文化中心与国家民委文化宣传司联合调研组赴四川省（平武、北川）与重庆市（彭水、酉阳等地）进行调研。张晓明、章建刚等参加调研。

12月11—17日，章建刚、李河应邀参加文化部代表团赴巴黎联合国教科文组织总部参加"文化多样性公约"政府间委员会第十届常会。

12月13日，文化中心博士后张春霞社科研究成果《少数民族地区马克思主义大众化传播的跨文化视角》（论文）荣获新疆维吾尔自治区第十一届哲学社会科学奖三等奖。

12月18日，李河在北京师范大学举办的"都市化与乡愁"研讨会发表演讲"乡愁是都市化中国的孤魂野鬼：家在异乡——家乡的异乡化"。

12月23日，由文化中心主办的"中俄视野下的全球化与本土化"国际研讨会在京召开。谢地坤致辞，赵培杰、李河、张晓明、章建刚等出席并发言，祖春明担任学术翻译。

本年，祖春明著《分裂的宿命与自主性的抗争——现代性视域下俄罗斯文明圈的解构与重建》由经济管理出版社出版。祖春明著论文集《Западничество Славянофильство Евразийство》由 Lambert Academic Publishing 在俄罗斯出版。

2017年

3月25日，应宁波市场文化广电新闻出版局邀请，赵培杰在宁波市图书馆为该市品牌文化项目"天一讲堂"作学术讲座"文化——城市的个性与灵魂"。

6月12日，由张江副院长主持、赵培杰组织实施的国家社科基金重大项目"习近平治国理政新思想研究专题四——习近平文化思想研究"（16ZZD001）通过院结项评审。赵培杰、惠鸣、祖春明等参加撰稿，惠鸣任课题组秘书。

6月16日，文化中心博士后张春霞参与新疆高校第四届思想政治理论课教师说课比赛，荣获一等奖。

7月，刘建华博士后出站，出站报告题目为《对外文化贸易研究》。刘建华于2013年8月入站，合作导师张晓明。

7月，郭炜博士后出站，出站报告题目为《IP视野下我国动漫产业发展研究》。郭炜于2014年11月进入文化中心作博士后研究，合作导师为张晓明。

8月15—17日，惠鸣赴贵阳参加首届文创发展元浦论坛·文化创意产业与公共文化服务融合贵州研讨会，并作大会发言。

8月22日，孙茹茹主持上合组织青年文化论坛环节，全程参与了第二届上合组织青年营活动筹备工作。

8月27日—9月9日，文化中心与国家民委文化宣传司联合调研组赴甘肃（武威、张掖、临夏、甘南）、青海（黄南、海东、海北、海南）民族地区调研。李河、张晓明、章建刚、祖春明等参加调研。

10月16—23日，祖春明访问白俄罗斯，参加在明斯克召开的第一届白俄罗斯哲学大会"全球世界中的民族哲学"。

11月9—11日，意娜应邀前往希腊雅典参加第八届国际文化创意经济与发展论坛，并作会议主旨演讲。

11月17—19日，文化中心和海南大学马克思主义学院联合主办的"现代性背景下的俄罗斯理念和中国道路暨2017年中俄文化智库间高端对话"在海南召开。赵培杰、李河参加会议并作大会发言。祖春明担任会议组织和学术翻译。

12月6日，赵培杰调任中国社会科学杂志社，李河接任中国文化研究中心执行主任。

12月16—21日，李河、祖春明前往阿塞拜疆共和国国家科学院、巴库国立大学等进行为期6天的学术访问。

12月，赵培杰作为主讲嘉宾参加浙江卫视《乡村振兴战略大家谈》第四集"乡风文明"录制，该集于2018年3月在中央电视台播出。

12月，文化中心创新工程"文化发展的理论与实践"顺利结项。

本年，赵培杰作为首席执行人完成中央交办课题两项，相关研究成果以中国社会科学院党组名义上报中央。

2018 年

1月19—22日，赵培杰、李河、惠鸣等赴河南省郑州市进行"中原文化传播暨郑州城市软实力提升问题研究"调研，该课题是"'一带一路'战略下郑州建设国家中心城市研究"的组成部分。

1月30日，李河提交的《中国文化研究中心振兴规划（2018—2020）》获得时任中国社会科学院院长批复。

2月2日，惠鸣主持的国家体育总局2017年决策咨询研究项目"体育文化的时代内涵和实现路径研究"（2017-A-09）通过验收结项。

2月20—23日，由文化中心、澳大利亚科廷大学和腾讯社会研究中心联合主办的U40中澳青年文化学者营，在西澳大利亚州首府珀斯举行。中澳两国10余所高校约40名青年学者参加。张晓明代表文化中心参加，意娜是文化中心方面执行负责人。

2月，上海社会科学院智库研究中心研究编写的《2017年中国智库影响力评价与排名》在上海发布，文化中心在"文化类智库专业影响力"中名列第三。

3月15日，吴尚民受委托恢复《文化政策调研》的编辑出刊工作，不定期出版，及时上报文化中心在国内外文化政策领域的研究成果。

3月28日，李河、祖春明拜会吉尔吉斯共和国驻华大使并与负责文化领域的随员娜尔阔姿耶娃·艾泽达就双方开展文化领域合作举行会谈，探讨文化交流合作的具体方式。

4月1日，张晓明、吴尚民、章建刚、周穗明获文化中心返聘；孙博颖获聘担任文化中心学术秘书。

4月21日，文化中心举办2018年第一期贡院文化论坛，论坛在北京栖湖饭店举行，代表来自云南大学、香港暨南大学和西南政法大学。本期主题是"中国与周边国家文化交流现状与趋势"。李河主持，惠鸣负责会议统筹。

5月29日—6月6日，作为文化中心"周边国家文化状况调研"项目，文化中心代表团一行7人访问阿塞拜疆，期间李河、魏道儒、王义康、崔唯航分别在巴库国立大学所属的三个学院举办四场学术讲座。李河代表中国社会科学院国际合作局与阿塞拜疆科学院商定，在该院设立中国研究中心。祖春明组织策划本次出访，并担任翻译。

7月15—20日，文化中心与云南大学文化发展研究院共同发起的第六届U40文化产业暑期工作营在昆明举办。张晓明、李河、章建刚、惠鸣、意娜等被聘为导师。意娜为文化中心方面执行负责人。

7月16—18日，孙茹茹作为中国青年代表团团长带团赴南非参加第四届南非金砖国家青年峰会，在峰会开幕式作为中国代表致辞发言并完成系列出访报告。

7月24日，李河在云南大学文化发展研究院主持2018年第二期贡院文化论坛，主题为"我国西南地区跨境民族与'一带一路'的文化共建""中国与周边国家文化交流"。

7月，文化中心聘任俄罗斯科学院教授丘马科夫为特邀研究员。丘马科夫多年担任俄罗斯哲学大会组织工作，2019年被选为俄罗斯科学院院士。

7月，文化中心聘任北京外国语大学阿塞拜疆语教师阿利耶夫（Agshin Aliyev）为特约研究员。阿利耶夫多次担任阿塞拜疆访华高级官员的翻译，在文化中心赴阿讲座期间担任翻译。

8月19日，文化中心与中国现代外国哲学学会俄罗斯哲学专业委员会承办的"后苏联时期的民族哲学"国际研讨会在中国社会科学院哲学所举行。来自俄罗斯科学院哲学研究所、白俄罗斯国家科学院哲学研究所、乌兹别克斯坦科学院和中国社科院哲学所、北京大学哲学系、北京师范大学哲学学院的中外学者20多人参加。李河以"'民族哲学'：后发国家哲学的标志性话题？"为题发言。祖春明策划组织会议并担任学术翻译，会后编辑《我们究竟应该在何种意义上讨论民族哲学？》论文集，由中国社会科学出版社出版。

8月25日—9月7日，作为文化中心"周边国家文化状况调研"项目，应哈萨克斯坦共和国中国研究中心邀请，李河、张晓明等5人对哈萨克斯坦阿斯塔纳市（现努尔苏丹市）、奇姆肯特市、突厥斯坦市、阿拉木图市的十余所高校、孔子学院进行访问。祖春明、居玛吐尔地、刘显忠担任学术翻译。

8月—2019年1月，文化中心博士后张春霞受新疆维吾尔自治区监狱管理局邀请参与"罪犯教育系列教材"编写工作并主编《民族团结教育读本》。

9月13日，孙茹茹作为中方青年代表参加第三届亚非青年联欢节和亚洲青年领导者论坛，参与研讨"如何在青年中构建亚洲命运共同体及'一个亚洲'理念"。

9月22日，2018年第三期贡院文化论坛在中国社科院哲学所举行，主题是"日本社会发展动态"。

10月18日，太湖世界文化论坛第五届年会在北京钓鱼台举行，张晓明、李河参与本次论坛策划组织工作，李河主持分论坛"人类命运共同体的文化支撑"。

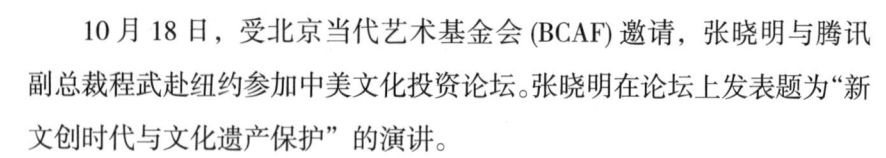

10月18日，受北京当代艺术基金会(BCAF)邀请，张晓明与腾讯副总裁程武赴纽约参加中美文化投资论坛。张晓明在论坛上发表题为"新文创时代与文化遗产保护"的演讲。

10月19日，在北京举行"中国社会科学院中国文化研究中心与阿塞拜疆国家科学院以尼扎米·甘伽维命名的文学研究所合作备忘录"签约仪式，李河、祖春明参加签约仪式。

11月2日，孙茹茹作为中方代表参加世界青年领袖圆桌会议。

11月3日，由赵培杰主持的中国社会科学院郑州研究院交办项目"郑州文化传播与城市软实力提升研究"在郑州通过结项评审。项目成果《郑州文化传播与城市软实力》一书于本年10月由中国社会科学出版社出版。

11月28日—12月6日，受希腊国家视听媒体和通信中心（EKOME）以及欧洲数字图书馆基金会（Europeana Foundation）邀请，张晓明访问雅典，参加"东方遇到西方——雅典峰会"。会后访问维也纳，参加在维也纳中心举办的国际电信联盟2018年年会（ICT 2018），在会上作"关于中国数字创意产业发展"的主旨发言。

12月16—19日，文化中心邀请阿里·法拉比大学"一带一路"研究中心主任Dauren Dyussebayev来华访问。文化中心与中国现代外国哲学学会俄罗斯哲学专业委员会共同举办"中亚国家的民族文化建构与民族哲学问题"学术研讨会。祖春明策划组织该次论坛，并作学术翻译。

12月，李河获聘担任中华人民共和国联合国教科文组织全国委员会咨询专家。

本年，中俄合作课题"后苏联时期俄罗斯文化政策的国际视角"结项成果《全球化视野下的中俄文化政策研究》由经济管理出版社出版，由李河主编、祖春明执行主编。

本年，赵培杰参加全国干部学习培训教材之一《新时代 新思想 新征程》（人民出版社、党建读物出版社2019年出版）撰写。

本年，王艳芳、马海涛主动离职。

2019年

1月，贾旭东工作调动，离开文化中心。

2月1日，上海社会科学院智库研究中心研究编写的《2018年中国智库影响力评价与排名》在上海发布，文化中心在"文化类智库专业影响力"排名中上升到第二。

2月15日，吴尚民组织编辑出刊《文化智库周报》。

2月20—22日，2019年中澳U40暑期工作营在澳大利亚科廷大学的珀斯校区举办。张晓明和章建刚参加暑期工作营活动。

3月1日，马一栋受聘担任文化中心学术秘书。

3月6日，2019年第一期贡院文化论坛在中国社会科学院哲学所召开。本次论坛主题为"新时代的中越文化交流：现状与展望"。

3月6—7日，孙茹茹赴韩国首尔参加COA协会主办的2019年国际知识产权峰会。会后完成《内容产业的未来价值和版权作用》研究报告。

3月7日，李河、祖春明、马一栋拜会阿塞拜疆共和国驻华大使阿克拉姆。双方就如何进一步推动中阿两国人文学术交流合作进行商讨。

3月11—22日，作为文化中心"周边国家文化状况调研"项目，李河、张晓明、章建刚、惠鸣和祖春明在越南调研，主题为"革新开放背景下越南文化发展的经验和挑战"。代表团访问了16家越南高校、研究单位和文化旅游管理机构，与越南高端研究机构达成了长期合作的意向。

3月12日，李河获聘中国社会科学院期刊审读专家委员会委员。

3月，由张江副院长主持，赵培杰、惠鸣、祖春明等完成的国家社会科学基金和院重大项目成果《建设新时代社会主义文化强国》（中国社会科学出版社出版），被中国出版协会评为"2019年度中国版协30

本好书"。

4月12日，李河与智利华商联合总会代表在中国社会科学院哲学所举行会谈，就中智双方文化交流现状、智利华商联合总会与中国文化研究中心间合作前景等问题进行深入探讨。

4月26日，哈萨克斯坦中国研究中心主任铁木尔一行4人来文化中心访问。李河、祖春明与对方就如何开展进一步的学术合作交换意见。

4月，黄威调入文化中心。

5月14—16日，祖春明前往哈萨克斯坦阿里·法拉比国立民族大学访问，并举办主题为"中国史诗传统"的展览及学术讲座。

5月15—17日，文化中心承办"亚洲文明活动周"的亚洲青年"文化汇"主题大会，孙茹茹代表文化中心参与策划和统筹工作。

5月17日，李河受哲学所委托接待参加"亚洲文明活动周"的吉尔吉斯、以色列、约旦、老挝、斯里兰卡、孟加拉国等国的学者，并与吉尔吉斯科学院院长进行会谈，祖春明担任俄语翻译。

5月17日，惠鸣在亚洲青年"文化汇"主题大会作题为"开放、共享：共创亚洲文明交流的新格局"的主旨演讲；孙茹茹与其他各国青年代表就"亚洲文明传承与发扬的青年责任"主题进行对话。

5月19日，阿塞拜疆国家科学院副院长伊萨院士访问文化中心。李河、张晓明、祖春明参加会见。

5月31日，张晓明受邀参加第十四届北京文博会——北京文化创意产业园区推介会，发表题为"北京文创园区，城市复兴与文创园区的建设"的演讲。

5月，经哲学所党委研究决定，所党委书记王立胜兼任中国社会科学院中国文化研究中心主任。

5月，文化中心承担中央军委科学技术委员会委托的重大文化类课题，王立胜任课题组长，李河任课题统筹，祖春明、马一栋、孙博颖等参与课题研究。李河同时获聘中央军委科学技术委员会国防科技创新特区重点项目专家组专家。

5月，在国家外国专家局国外人才信息研究中心《国际人才交流》杂志社举办的"我最喜欢的外教"活动中，文化中心特邀研究员阿利耶夫名列"十强"首位。

6月11日，2019年第二期贡院文化论坛召开。论坛主题为"中美数字技术博弈及其影响"。

6月16—18日，王立胜、李河、张晓明、陈刚、祖春明访问贵州孔学堂。

7月8日—8月7日，由云南大学文化发展研究院主办、文化中心协同主办的国家艺术基金"U40：2019艺术与科技"高校人才培养项目在昆明、深圳等地进行。张晓明、章建刚、李河、惠鸣为讲座专家，惠鸣任学术主持人，意娜代表文化中心统筹项目。

7月13—14日，文化中心组织召开中国文化发展年度形势分析暨《文化蓝皮书》撰稿人会议。张晓明主持会议，黄威协助组织会议。全国各地专家学者40余人参加会议。

8月3日，"数字文化产业迈入新时代——数字文化课题成果发布会"在国务院发展研究中心举行，哲学所党委书记、副所长、文化中心主任王立胜出席并致辞。会议发布了国务院发展研究中心主持的《中国数字文化产业发展报告》和文化中心主持的《国际数字创意产业发展报告》。《新闻联播》进行了报道。

8月6—7日，李河、张晓明赴安徽蚌埠考察太湖世界文化论坛选址。

8月8—15日，王立胜主持的中国社会科学院新疆智库办委托项目"长治久安目标下的新疆文化建设对策研究"课题组赴新疆维吾尔自治区乌鲁木齐市，喀什市岳普湖县、巴楚县开展调研，并多次召开座谈会。王立胜、陈刚、刘克海、黄威、刘姝曼参加，黄威担任调研组织工作。

8月19日，哲学所密云栗林山庄暑期工作会议确定，将文化中心实体化，将哲学与文化研究室并入文化中心，文化中心人员编制10人。

8月20—29日，文化中心博士后张春霞受新疆维吾尔自治区文化和旅游厅邀请，参与《新疆维吾尔自治区公共文化服务保障条例》《新疆维吾尔自治区公共图书馆条例》立法调研工作，前往伊犁哈萨克自治州、塔城地区、阿勒泰地区实地调研。

8月22—24日，由文化中心参与联合主办的"2019中国·丹寨非遗文创节"在贵州丹寨万达小镇举行。张晓明代表文化中心参加活动并作讲演。

9月5日，李河、张晓明、祖春明、马一栋到访中国社会科学出版社，与出版社社长赵剑英探讨合作出版方案。

9月6日，粤港澳大湾区多元文化交流与产业发展学会代表到访文化中心，共同探讨在珠海横琴地区建立"横琴·澳珠文化科技新区"的方案。李河、张晓明参加会谈。随后，代表澳门特区行政长官与文化中心会谈的贺培浩和澳门人大代表何敬麟获聘文化中心特邀研究员。

9月8—21日，孙茹茹赴英国牛津大学参加"中国青年创新和领导力培训项目"，并赴伦敦与英国政府机构、国际组织、智库、企业等进行对话交流。

9月12日，文化中心与社会科学文献出版社联合召开《中国高校创新创业发展报告》项目研讨会。会议由张晓明主持。

9月17日，文化中心举办《中外文化交流年度报告》撰稿人会议，李河主持会议，张晓明、章建刚、惠鸣、祖春明等参加。

10月1日，由文化中心和民盟中国社会科学院委员会主办的"西班牙内战中的国际纵队和中国志愿者"图片巡展在西班牙塞维利亚市著名建筑"都市阳伞"博物馆展出。张晓明参加塞维利亚图片展开幕式。该图片展首次展出了在20世纪30年代爆发的西班牙内战中的13名中国人的事迹。

10月25日，在中央民族大学举办"国家民委民族美术创意创新研究中心"成立揭牌仪式，张晓明与中央民族大学美术学院院长芮法彬，分别代表文化中心和国家民委民族美术创意创新研究中心签署战略合作协议。

10月25—26日，祖春明参加马克思主义哲学与中俄文明发展国际论坛暨第十七届全国俄罗斯哲学研讨会，作会议发言，并担任会议学术翻译。

10月29—30日，王立胜、冯颜利、惠鸣、黄威等赴山东威海市参加哲学所与山东省委党校、威海市委联合主办的"红色胶东的历史与时代价值座谈会"并开展胶东红色文化考察活动。

11月4—13日，祖春明受亚美尼亚埃里温国立大学和格鲁吉亚国立理工大学的邀请，随团前往我院与上述两所大学共建的海外中国研究中心开展学术讲座和学术交流活动。

11月11—12日，文化中心学者与越南学者参加的《中越文化交流年度报告（2018—2019）》筹备暨撰稿国际研讨会在四川大学道教与宗教文化研究所举行，李河主持会议，惠鸣担任统筹。

11月25—28日，王立胜赴四川省成都市、云南省昆明市等地专题调研中华优秀传统文化的双创实践——雨花文化现象，多次组织召开座谈会听取有关人员的汇报。

11月28日，文化中心与云南大学文化发展研究院、云南大学"一带一路"研究院战略合作协议签约仪式在云南大学文化发展研究院举行。王立胜、李炎和王敏正分别代表合作三方在合作协议上签字，李河统筹组织相关工作。

11月28日，中国社会科学院云南联合研发基地揭牌仪式在昆明市871文化创意园区举行。王立胜致辞并与云南大学文化发展研究院院长李炎共同为基地揭牌。联合研发基地是由中国社会科学院中国文化研究中心与云南大学联合发起，并邀请国家民族事务委员会文化宣传司和北京邮电大学共同参与的多方合作机制。

11月28日—12月2日，由文化中心、云南大学国家文化产业研究中心及腾讯社会研究中心、丽江市文化和旅游局联合主办的"2019·丽江全国中青年学者（U40）文化和旅游融合理论与实践工作营"成功举办，张晓明、意娜为主讲专家，惠鸣为特邀嘉宾。

11月，李河、吴喜的两篇报告获得两项中国社会科学院2018年度优秀对策信息对策研究类三等奖。

11月，车琳博士后出站，出站报告题目为《中国艺术电影的生态》。车琳2015年11月进入文化中心作博士后研究，合作导师贾旭东。

12月8日，惠鸣赴成都参加由四川省社会科学院、中华文化论坛等机构主办的第二届宽窄哲学论坛，作题为"关于宽窄哲学研究的思考"的主旨演讲。

12月16日，《中俄文化交流年度报告（2018—2019）》筹备暨撰稿国际研讨会在哲学所举行，来自俄罗斯的5位学者与中方学者围绕报告的撰写问题进行研讨，李河主持会议，祖春明组织策划。

12月，文化中心主编、章建刚执行主编的《全球文化发展报告2018》由社会科学文献出版社出版，发表有关近年中国保护文化表现形式多样性、俄罗斯文化发展、西方多元文化主义思潮和日本人文科学教育变革的报告四篇。

本年度，吴尚民、马一栋、孙博颖编辑报送《文化政策调研》29期，《文化智库周报》36期。

2020年

1月10日，由哲学所和山东省委党校合作共建的山东乡村振兴研究院第一届理事会第一次会议在山东省委党校召开，会议表决通过王立胜任山东乡村振兴研究院荣誉理事长，冯颜利任理事长，惠鸣任副院长。

1月19日，中国社会科学院批复文化中心请示报告，同意文化中心成立"文化蓝皮书总编委会"，副院长王京清（正部长级）担任主任，王立胜、李河、张晓明担任副主任，顾问委员会成员有江小娟、江蓝生、李扬、李培林、武寅、卓新平、朝戈金。

2月10日，李河与文化中心特邀研究员贺培浩提交要报《关于共建"澳珠横琴离岸数据港"的建议》。5月下旬全国"两会"期间，澳门人大代表、文化中心特邀研究员何敬麟同澳门全体5位人大代表联署提交该建议。

3月10日，王立胜在中共中央统战部与侍俊副部长座谈新疆民族工作与文化工作。

3月11日，文化中心提交委托课题报告《"十四五"时期文化建设若干问题研究》，李河、张晓明、祖春明、马一栋等参与撰写。

4月17日，文化中心承担的中央军委委托课题通过年度评估，李河、祖春明、马一栋、孙博颖等完成相关工作。

4月，文化中心成立中国文化研究中心人文计算实验室，马一栋负责实验室日常运行工作。

6月16日，王立胜在中共中央统战部参加全国政协主席汪洋主持召开的民族工作座谈会并作会议发言。

6月30日，文化中心统计上半年提交要报超过20篇，受到院领导表彰。

6月，张春霞博士后出站，出站报告题目为《群体极化视角下的南疆宗教极端主义研究》。张春霞于2014年7月进入文化中心作博士后研究，合作导师李河。

7月4日，文化中心委托惠鸣负责文化中心成立20周年活动统筹工作。

7月17—22日，王立胜赴山东省聊城市茌平区、高唐县，临沂市沂南县、兰陵县调研美丽宜居乡村建设，并就乡村振兴战略视角下的农村新型集体经济等有关情况进行专题调研，多次召开座谈会听取有关人员的汇报。

7月31日，文化中心与中国书籍出版社签署协议，恢复2014年创立的"文化中国书系"。双方共同组建编委会，编委会主任王立胜，执行主任李河。惠鸣为文化中心出版项目负责人，吴尚民、张晓明、章建刚、孙茹茹等承担相关工作。

7月，李河获得中国社会科学院大学"优秀博士生导师"奖。

8月，《中国社会科学院文化研究中心"十四五"规划》经过哲学所和院科研局批准生效。

8月，文化中心在站博士后刘姝曼的论文《重塑"区域"——莒文化和生成、建构与转型》在中国艺术人类学学会2020年度"文明多样性与中国特色"擘雅征文（人类学方向）活动中获得三等奖。

9月1日，祖春明参与组织由中国历史研究院、俄罗斯历史学会共同主办的"以史为鉴，真爱和平，共创未来"——纪念中国人民抗日战争暨世界反法西斯战争胜利75周年线上研讨会。中国社会科学院党组书记、院长谢伏瞻参会并致辞。

9月8日，由国家广播电视总局、北京市人民政府指导，中共北京市委宣传部、北京市广播电视局主办的中国广电媒体融合发展大会在北京启动。张晓明出席大会并代表文化中心现场发布《2020年国际文化科技前沿趋势报告》。全国25个省、自治区、直辖市的局台网领导和相关负责人，专家学者和机构、企业代表等近500人参加大会启动仪式。

9月—10月，文化中心"文化中国书系"本年度首批11本著作进入出版环节，由中国书籍出版社开始陆续出版。包括：吴尚民主编《探索文化发展观念　助力文化产业发展——中国社会科学院中国文化研究中心〈文化政策调研〉选编（2000—2020）》，李河著《文化观念的范式转换》，章建刚著《人文学和经济学双重视野的文化研究》，张晓明著《新时期 新问题 新思维：张晓明文化政策论集（2012—2020）》，冯颜利著《论文化强国建设（上下册）》，章建刚著《大众文化时代的创意表达》，惠鸣著《市场的力量：文化与中国发展》，意娜著《国际创意经济发展与中国》，李河著《文化多样性：理论、政策与实践》，张晓明、秦蓁著《思考未来：国际文化科技发展报告（2014—2020）》，祖春明编、林立轩译《中亚 2027：变化中的战略图景 未来十年的情境预测》。

附件二

见证与回忆：文化中心在 20 年里的 10 件事

中国社会科学院中国文化研究中心史志小组

历史者，前人所以垂后，后人所以温故者也。所以国有国史，地方有方志，家族有谱牒，一个单位也应有它的史志，这是自然之理。历史首先是"历事"，附件一的"大事记"就是文化中心 20 年的事情汇编。但"述旧"是为"编新"，为了未来而追忆就不能满足于罗列已做之事，更要拣择出那些有意义有价值的事，那些负载着经验教训或饱含着喜悦遗憾的事，所以好的历史一定是当代史，是未来史。为此，我们从文化中心过去 20 年里选择了 10 件事略作展开，以彰显文化中心不同于国内其他文化研究部门的格调特色，以表明文化中心的创立和发展与国家文化发展的命运息息相关。

文化中心 20 年的发展离不开社科院党组和哲学所党委的关怀和正确领导。自文化中心成立之日，社科院副院长担任文化中心理事长，哲学所领导担任文化中心主任成为惯例。近两年来，社科院新一届领导加大对文化中心的关注力度，王京清副院长（正部长级）直管文化中心并出任文化蓝皮书总编委会主任。院党组决定将原中国社会科学院世界文明比较研究中心并入文化中心，由王京清副院长担任该中心理事长。院领导更明确了哲学所党委对文化中心的代管责任，将文化中心列为哲学所全实体研究单位，为它的基础学科研究和人力资源配置创造了良好的体制条件。文化中心由此焕发活力，再度迎来新的发展机遇。

我们正处于中华民族伟大复兴的关键时刻，这种复兴说到底是以文化复兴为软支撑和重要目标的。能够为我国文化复兴贡献绵薄之力，这是文化中心的历史责任，也是它的一份光荣。

一、文化中心奠基：知识经济研究、国际传媒研究和世界贸易组织研究

1999年初，中国社会科学院哲学研究所李鹏程、李河、张晓明、章建刚4位研究人员自发组建了"国家创新体系"课题组，研究世界经合组织（OECD）在1996年和1997年发表的两份报告《以知识为基础的经济》和《国家创新体系》，总结20世纪80年代以后国内文化发展的态势，形成系列研究报告，并于1999年6月、8月和12月分别在《科技日报》《光明日报》刊载长篇文章。课题组的结论是，知识经济不仅是"以自然科学为基础的经济"，也是"以文化为基础的经济"，它是"高技术与高文化的联姻"。因此，旨在改善我国知识生产制度环境的"国家创新体系"（National Innovation System）不仅应关注"自然科学技术成果转化为市场产品"的机制问题，也应关注"将人文社会科学成果转化为公共政策产品"的问题，关注我国人文社会科学体制创新问题。当年12月，课题组的《关于构建"中国创新体系（CIS）"若干重要问题的报告》得到时任中央政治局常委李岚清批示。报告的思路和话语为中国社会科学院文化研究中心（即现在的"中国文化研究中心"，以下简称"文化中心"）的成立作好了理论准备。

受上述报告影响，2000年初国家有关部门为出台"集团化改革"文件，向"国家创新体系"课题组委托课题"国际传媒业的现状和发展趋势"，课题组由此展开对国际传媒业现状趋势这一文化产业核心领域的踏勘，完成报告《国际传媒业的现状和发展趋势》，其主要结论是：数字技术和网络媒体推动"传媒汇流"的全球进程，引发以"放松管制"为主题的制度创新浪潮。面对世界传媒巨头将全球传媒文化市场瓜分完

毕的现实，中国必须加以应对。

正是这个时候，中国"入关"谈判进入最后阶段。课题组为此提交报告《加入 WTO 对中国文化发展的冲击》，认为我国"入关"不仅将面临来自传统经济领域的挑战，而且也将面临"文化产业""文化资本"以及"文化价值"三重冲击。该报告引起国家决策层关注，时任中国社会科学院院长李铁映同志指示，成立中国社会科学院文化研究中心。当时的哲学研究所领导积极落实李铁映院长的指示要求，文化中心遂于 2000 年 10 月 13 日正式宣告成立。中国社会科学院副院长江蓝生担任文化中心理事长并兼任文化中心主任，哲学所常务副所长李德顺担任文化中心办公室主任，张晓明担任办公室副主任。

二、历时最久的文化蓝皮书：从文化产业蓝皮书到文化蓝皮书系列

李铁映院长在文化中心成立会上提出，文化中心应编制一部国家层面的《文化蓝皮书》。2000 年 11 月，在首届大城市文化产业论坛期间，文化部文化产业司金一韦司长提出《中国文化产业蓝皮书》设想，希望文化中心出面牵头。

2001 年 1 月，中国社科院副院长、文化中心主任江蓝生与上海交通大学校长谢绳武签署协议，由文化部产业司、文化中心与上海交通大学合作出版第一本《中国文化产业蓝皮书》。2 月，文化中心在中国社科院科研局完成《中国文化产业蓝皮书》立项，与此同时中国社科院办公厅向国家发改委、财政部、外经贸部、新闻出版总署、国家广电总局、国家统计局等有关部委发出公函，邀请部委主管领导参加编委会，并请有关司局为《文化蓝皮书》撰写报告。一个以部委主管领导为编委会副主任，以部委司局领导为编委，加上各大学与研究机构专家学者参加的编委会正式组成。

2002年1月，张晓明、章建刚等领衔的首部《文化蓝皮书：中国文化产业发展报告（2001—2002）》隆重举行发布会，此后文化中心陆续出版《文化蓝皮书：中国文化产业发展报告》13部，《文化蓝皮书：中国公共文化服务发展报告》2部，《文化蓝皮书：国际文化产业发展报告》2部，《中国少数民族文化发展报告》3部。《中国文化产业发展报告》成为深度影响中国文化产业发展的一面旗帜。2020年，文化中心将《中国文化产业发展报告》升格为《中国文化发展报告》，以此统领包括《中外文化交流年度报告》在内的多个蓝皮书系列。该系列成为我国问世最早、历时最久、规模最大的国家层面文化政策研究咨询文献。为进一步规范国内各类文化蓝皮书，统一标准，2020年1月文化中心经请示成立"文化蓝皮书总编委会"，由中国社会科学院王京清副院长（正部长级）出任总编委会主任，王立胜、李河、张晓明任副主任。

20年的文化蓝皮书编纂工作表明：

（一）智库研究机构必须有体现其话语权的品牌产品。文化中心20年的文化蓝皮书系列已成为该机构的丰厚有形文化资产和首要形象标志，成为中国社会科学院"皮书方阵"不可或缺的成员。

（二）文化中心因为依托中国社会科学院而具有超越各部委部门利益的"第三方平台"优势，这使它可以中立地汇集处理各部门的意见，对之进行专业性的政策分析和趋势预测。

（三）文化蓝皮书采取开放性组织形式：编委会由各主管部门、高校和研究机构学者组成；各专题和行业报告向全社会约稿；总报告撰写也采取跨学科跨部门团队合作完成，力争在现有国家政策框架内作出创新性研究和提出前瞻性建议。

三、影响力的高光时刻：参加文化体制改革与编制《文化政策调研》

文化中心在2003年4月迎来历史机遇，使它成为当时国内最有影响的"文化智库"。

（一）2000年10月以后，我国领导层多次提出"大力发展文化产业"，并要求"抓紧制定文化体制改革的总体方案"。2003年3月底4月初，时任中央政治局主管文化工作的常委主持了两个座谈会，启动"文化体制改革试点"工作。

（二）时任中国社科院哲学研究所所长李景源参加"部分民主党派负责人和专家学者座谈会"。在汇报完文化中心工作后，时任中央主管领导提出，"要把社科院的文化发展研究中心搞成像国务院发展研究中心完成国务院交办的对策研究那样，例如像国企改革方案，建立现代企业制度那样的对策研究，很解渴。社科院也要搞对策研究"。

（三）张晓明出席"在京部分文化试点单位和部分学者座谈会"，以"事业和产业是我国社会主义市场经济条件下发展先进文化的两种形式"为题作了发言。发言后时任中央主管领导发表长篇讲话，提出要对四种不同类型的文化单位进行科学界定，改变政府与微观主体的关系，建立文化市场体系，解决法律法规游戏规则等根本问题。讲话完整描述了后来全面展开的以分类改革、打造市场主体为主线的"文化体制改革"的方案。

（四）该座谈会发言结束后，时任中央主管领导总结时明确要求中国社会科学院文化中心配合有关部门进行文化体制改革试点方案制定："中央常委已经开会研究了文化体制改革的调研工作。今天谈的这些需要研究的问题建议以中宣部政研室为主体，组织有关力量进行研究，如文化部，社科院文化中心。希望文化中心按期出调研简报，送各政治局委员，推动认识深化。"

（五）文化中心将座谈会情况向中国社科院汇报，并提交文化中心建设方案。4月15日，文化中心理事长江蓝生副院长传达院决议：院党组会决定增加考古所、民族所，以及院外的中宣部、文化部产业司、国家发改委作为理事单位。理事长江蓝生不再兼任文化中心主任，由李德顺接任，副主任由张晓明担任。哲学所办公室副主任刘克海兼任文化中心办公室主任。文化中心的工作体制为理事会领导下的主任负责制。

（六）2003年4月，文化中心创建内部报送资料《文化政策调研》。第一期报告上报后受到高度肯定，时任中央主管领导批示《文化政策调研》每期送中央政治局委员和候补委员。文化中心向中国社科院有关部门汇报申请，《文化政策调研》获得"走交换"报送中央的权利。自2003年到2005年，《文化政策调研》出刊近40期，涉及文化观念探索、文化体制改革建议、国外文化政策摘译介绍等多方面内容。

（七）2006年11月14日，时任中宣部副部长欧阳坚和改革办主任张晓虎约见张晓明，传达了李长春同志指示，要求文化中心对2003年以来文化体制改革的试点经验进行总结和理论研究，建议组成课题组，由中宣部副部长和中国社会科学院副院长领衔组长，依托文化中心开展研究，改革办做好经费支持、资料搜集和实地考察联络等服务工作等。但这些建议因外部原因未能得到落实。

（八）2015年，吴尚民受文化中心委托恢复出刊《文化政策调研》；2018年以后，《文化政策调研》与新创刊的《文化智库周报》成为文化中心向中国社科院领导报送的内刊。

四、文化外交：参加联合国教科文组织《保护和促进文化表现形式多样性公约》相关活动

2004年12月，章建刚受邀参加文化部牵头、多政府部门组成的代表团赴巴黎出席在联合国教科文组织总部召开的《保护和促进文化表现

形式多样性公约》（以下简称《文化多样性公约》）起草委员会会议。到 2016 年为止，章建刚等一共参加 16 次相关活动。

2004 年会议正式就该项《文化多样性公约》文本进行起草谈判。发起该国际公约的有关国家倡导保护受到经济全球化威胁的全球文化多样性，希望通过各国公共部门的援助做强各自国家的文化产业，但美国等三五个国家以自由贸易为由，反对政府对文化市场进行保护性干预。经多轮谈判，终在 2005 年 6 月表决通过新的文化公约本文，提交当年 10 月在联合国教科文组织第三十三届大会审议通过。

《文化多样性公约》起草谈判中，文化部牵头建立了有外交、经贸、广电、新闻出版、知识产权、中国社科院、中国艺研院及教科文组织中国全国委员会成员组成的部际协调机制，以协调机制专家身份参与工作的章建刚参与多次起草谈判，在国内重要期刊发表论文，同时向有关部门提出政策建议。

2007 年，《文化多样性公约》缔约方数量达到法定要求，正式生效。此后遂为各有关条款逐条制订《操作指南》。缔约方大会选举产生 24 国政府代表团组成的政府间委员会。政府间委员会每年举行一次常会，必要时召开特别会议。中国代表团和相关部际协调机制一直跟进这些文化外交工作。章建刚此后参与了中国政府两个四年期"履约报告"的撰写。

《文化多样性公约》生效后还启动了"文化多样性国际基金"（IFCD）项目，决定向发展中国家文化产业及文化政策项目提供资助。为此政府间委员会和教科文组织公约处决定建立专家评审机制对各项申报进行预审，再对预审后项目进行投票。评审专家从 6 个地理分片推荐产生。中国代表团经考察向政府间委员会荐举文化中心的李河研究员，他参与的 IFCD 首届六人评审小组原定任期从 2009 年到 2011 年，后又延长两年。四年里李河每年审议数十项申请报告，并多次参加评审小组关于基金资助实施细则的讨论。2012 年，李河担任文化中心申报的国家社科基金 A 类重大课题"文化多样性与构建和谐世界研究"的项目主持人。

参与《文化多样性公约》的相关活动使文化中心与联合国教科文组织及相关机构有了更多接触，开展了诸如《创意经济报告》《重塑文化政策》等文件的翻译。张晓明自2016年参加联合国教科文组织创意与可持续发展中心的筹建。

文化中心参与《文化多样性公约》事项具有以下重要意义：

（一）《文化多样性公约》与《世遗公约》《非遗公约》并称教科文组织三大文化公约，相比之下，《文化多样性公约》更加强调以促进现代文化政策、推动文化产业和文化市场发展为重要目标，这与文化中心的宗旨高度吻合。文化中心多位骨干参与《文化多样性公约》活动，将对国外文化政策研究和对外文化交流推向了全新高度。

（二）《文化多样性公约》谈判以及"文化多样性国际基金项目"评审是高端外交活动，相关人员亲身参与国际社会围绕文化多样性理念的论争，目击发达国家内部在文化政策上的巨大分歧，见证了法国等国将其国内文化政策诉求变为国际文化政策的成功操作，大开眼界。

（三）参与《文化多样性公约》让文化中心获得了"文化多样性研究"社科基金A类重大课题，使其在该领域的研究处于国内领先地位。

五、占据国际组织与行业协会制高点：举办"国际文化产业论坛"

"国际文化产业论坛"（ICI Forum）是文化中心首创发起的国际文化产业年度会议，是联合国相关组织和国际机构参与的唯一国际文化产业行业峰会，是国际文化产业年度形势报告权威发布平台，也是国内外文化产业领域国际组织、行业协会、企业及智库研究人员间的交流合作桥梁。论坛总共举办了四次。

首届论坛是文化中心受深圳国际文化产业博览会邀请于2007年5月17—18日发起举办的。论坛宗旨是：发布全球文化产业发展最新信息，研讨全球文化产业发展重大问题，推动国际文化产业界与中国的合作。文化中心明确了以国际组织和国际性行业协会为邀请主体的论坛形式，联合"世界对华交流协会"，形成了以联合国教科文组织（UNESCO）、世界知识产权组织(WIPO)、联合国贸发会议(UNCTAD)、联合国开发计划署(UNDP)、国际贸易委员会(ITC)等国际组织为主，以国际出版协会、国际设计联盟、国际多媒体协会联盟、国际节庆协会等国际行业协会为战略合作伙伴的论坛总体架构。从2007年到2010年，论坛连续举办四届，其主要创新点包括：

（一）论坛以国际组织和行业协会为会议主体，成为文化产业领域国际组织和行业协会的唯一交流合作平台。据不完全统计，四次论坛共有30家以上的国际组织与行业协会加盟，数百位嘉宾参加会议。用具有百年历史的国际出版协会会长的话说：这是一个非常有影响力的国际论坛，可以邀请如此多行业的人见面和讨论。

（二）论坛开创了文化领域中"论坛＋发布会"结构。从首届开始，论坛就把发布来自国际组织和行业协会的《文化蓝皮书：国际文化产业发展报告》《创意经济报告》等列为主要议程。其中的《文化蓝皮书：国际文化产业发展报告》是以参会国际组织和行业协会领导的发言或所提供的研究报告为主要内容，论坛成为与文化产业有关的国际组织和行业协会的年度性形势分析和政策发布平台。国际出版协会建议该报告以多国语言在国际上发布。

（三）论坛还采用了"主论坛＋分论坛"的会议模式，整合了多个有价值的论坛资源。如2008年北京宋庄第四届宋庄艺术节期间举行的第二届国际文化产业论坛，同时启动了首届中国博士后文化论坛，该论坛后来延续了四届；又如2009年11月在广州举行的第三届国际文化产业论坛，主论坛下设置了新媒体高峰论坛、影视产业论坛、动漫产业论坛、创意产业论坛（顺德容桂）和世界遗产论坛（江门开平）等五个分论坛。

值得一提的是，在第四届论坛上，中国社会科学院文化研究中心、中华文化促进会、清华大学国家文化产业研究中心、中国对外文化交流协会、东方集团等国内机构和包括国际文化政策政府间论坛、国际文化多样性联盟、国际文化多样性协会联合会、世界对华交流协会、国际多媒体协会联盟在内的十家国际机构还共同举办了"世界文化多样性论坛倡议发布会"，拟于2011年在中国举办首届世界文化多样性论坛。该论坛后来因多种原因未能如期召开。

受金融危机等国内外因素影响，国际文化产业论坛于2010年后没有再继续举办，如何活化这笔宝贵遗产和优势资源，是今天文化中心的一项重要任务。

六、"文创版社科基金"：中央文资办委托主持"文化产业重大课题研究计划"

文化中心成立以来连续出版《文化蓝皮书》年度报告，引领国内文化产业体制机制和政策问题研究。2011年，国家提出将文化产业建成国民经济支柱产业，文化产业重大问题研究的重要性进一步凸显。在此背景下，文化中心在财政部中央文资办的支持下提出实施"文化产业重大课题研究计划"设想。2012年10月，该设想通过招投标获得国家文化产业发展专项资金的资助。这是我国文化产业领域唯一一次组织全国力量对文化产业重大问题进行系统研究的项目，也是文化中心仿照国家社科基金模式开展的专题研究项目。计划实施两年，产生多方面成果，其主要特点包括：

（一）建立完善的组织体系

文化产业重大课题研究计划是我国首次在文化产业研究领域设立专项基金，得到中国社科院和哲学所高度重视支持。2012年12月，院科研局根据副院长武寅指示召开会议，确定课题领导体制、财务管理办法以及重大课题管理办公室等事项。由文化中心组成文化产业重大课题研究计划管理办公室，张晓明出任主任，博士后宋革新、祖春明参与办公室工作。

（二）制订合理的工作计划

管理办公室按计划推进的工作包括：2013年4月15日，在《光明日报》刊登招标公告和课题指南，中国社科网登出有关公告，文化中心网站也于同日开通，提供文件和表格下载；2013年5月10日，年度评审工作正式启动，评审邀请专家7人，经评审确定委托课题、中标合作课题、中标一般课题24个；2013年6月4日，管理办公室召开各课题组联席会议，就合作类课题交流并正式签约；2013年8月底到9月初，"中期成果"经修改提交文资办；2013年11月25日和2014年1月10日，管理办公室分两次召开2013年度文化产业重大课题研究计划结项评审会，完成全部结项评审；2013年12月，全部成果提交出版社出版；2014年1月28日，召开"文化产业重大课题研究计划"总结会。

（三）取得丰硕成果

文化产业重大课题研究计划实施两年，产出多重成果。总计出版专著近20部，内部报告30篇以上。此外，2014年起与《光明日报》合作举办"双周论坛"，总计举办9期，《光明日报》多次整版报道有关内容。此研究计划还首创了"U40青年学者文化产业暑期工作营"这一公益性培训品牌。

七、"文创领域黄埔军校"：创办"U40文化产业暑期工作营"

"U40"是"Under 40"的简称，指40岁以下的年轻学人。2013年，文化中心年轻学者意娜借鉴澳大利亚相关经验和联合国教科文组织的青年工作理念，提议在国内兴办"U40文化产业暑期工作营"（以下简称

"U40")。工作营是针对40岁以下文化产业青年学者的公益性培训项目，最初依托文化中心、中央文资办的"文化产业重大课题研究计划"与国家社科基金A类重大课题"文化多样性与构建和谐世界研究"的专家资源，每届选拔30～35位从事文化产业研究的博士生及青年学者进行为期一周的培训与交流。

"U40"自第一届即与云南大学文化产业研究院合办，自2013年至2019年连续举办8届，2020年7月因新冠肺炎疫情暂停。2016年2月，"U40"走向国外——文化中心、云南大学等与澳大利亚科廷大学联合举办澳大利亚国际U40文化产业暑期工作营，到2019年2月连续举办3届，2020年2月因新冠肺炎疫情爆发暂停。

每届"U40"通过论文及作品遴选，在全国选出30～35位青年学者及文创工作者参加培训，学员负担往返路费，其他费用均由"U40"主办方提供。导师团队由11～17人构成，都是学界及企业界杰出代表。一些学员和导师来自澳大利亚、英国、西班牙，以及我国香港台湾地区。已经举办的11次国内和国际"U40"几乎都以学术工作营为主，自第五届"U40"开始，将培训范围从学界扩展到文创领域，包括个体创意者及文创企业。历届国内"U40"学员总计超过300人次，一些学员多次参加培训班，不少早年"U40"学员业已成为高校和文创企业骨干。因此"U40"又被学员称为"文创产业领域的黄埔军校"。

《中国文化报》《昆明都市报》《文化蓝皮书·中国文化产业报告》等媒体和平台报道过"U40"。随着"U40"影响日大，除文化中心和云南大学外，国家文旅部产业司、上海戏剧学院、武汉大学、澳大利亚科廷大学、腾云智库和社会研究中心、中国城市经济学会文化发展委员会、中国艺术研究院、《中国文化报》等都多届或单届成为"U40"的合作主办方，为"U40"注入了强大的高校及社会资源支持。

"U40"最引人关注的是它独特的培训理念和培训方式：

（一）引入国际教育经验，培养文创业的青年研究和实操人才

"U40"克服国内填鸭式讲课模式，引入启发式讨论模式，用激发创意的方式培养人才。同时，考虑到国内学员以听为主的学习习惯，适当调整听与说的比例，给"U40"导师较为充分的引导和点评时间。

（二）青年学者观点碰撞、学术交流、品质提升。"U40"鼓励年轻人发言，与导师一起充分讨论

经验证明，新一代中国青年文化产业学者有更广阔的视野，善于理解和处理数字化新技术的各种信息。

（三）资深博导与知名国际学者发布学术前沿信息和传授研究方法

"U40"适当安排讲座，导师讲授学科前沿理论和研究方法。"U40"的课程分为理论与实操两部分，除前沿理论知识讲座外，还通过多样化形式展示国内外文创业发展现状，呈现优秀作品，并安排现场课及实操课，由国内著名艺术家、设计师进行现场指导。

（四）论文高阶修订，知名教授亲自点评学员论文并提出修改意见

这是"U40"的最大亮点，经过初选的学员带着论文来到为期一周的工作营，得到导师和其他学员的点评和修改建议，力争改出优良的论文。"U40"的培训成果实现积极转化，目前结集出版 7 次文集。

（五）"U40"为文化中心提供了国内外最广大、最活跃的学术网络

在国内外共举办 11 届"U40"，让许多中青年学员与文化中心建立了密切的学术联系，这是文化中心的宝贵人力资源。

"U40"的理念与实践得到日益广泛的认同。2019 年"U40"得到文化部"国家艺术基金"的支持。"U40"已同文化蓝皮书一样，成为文化中心的重要学术品牌。

八、发挥互补优势：与国家民委合作实施"中国少数民族文化发展研究"

2005 年，文化中心陆续出版的几本文化蓝皮书得到一些部委关注，国家民族事务委员会文化宣传司与文化中心接触，讨论合作开展课题"中国少数民族文化发展研究"。该项目由民委文宣司提供经费，文化中心组织学术力量。此后，自 2006 年到 2013 年，文化中心与民委文宣司共 4 次签署协议，延续和扩大长期战略合作。

"中国少数民族文化发展研究"由两大模块组成：一是民族地区文化发展调研；二是编写文化蓝皮书《中国少数民族文化发展报告》。

从 2010 年至 2017 年，文化中心与国家民委文宣司联合进行了 8 次民族地区文化调研，分别是：2010 年新疆调研、2011 年云南广西边境民族地区调研、2012 年中俄、中蒙和中朝边境民族地区调研、2013 年云南贵州调研、2015 年宁夏新疆调研、2016 年东北赫哲族调研、2016 年重庆调研、2017 年甘肃青海民族地区调研。文化中心参加过调研的人员包括张晓明、章建刚、李河、吴元梁、贾旭东、惠鸣、意娜、祖春明、张春霞、李志慧等，其中张晓明、章建刚、李河参加调研 7 次以上，惠鸣、意娜参加 4 次以上。团队完成各类报告 30 多份，其中 2010 年新疆调研《对新疆少数民族文化发展状况的基本认识及政策建议》、2016 年新疆宁夏调研《提高边疆民族文化产品供给的精确性与本土性——以新疆少数民族本土电视剧的生产为例》两份报告获得国家民委调研报告二等奖；2011 年广西云南边境调研报告《建设西南边境地区文化纽带》获得国家民委调研报告优秀奖。

以少数民族文化发展调研为基础，文化中心与国家民委合作组织国内民族文化领域的优秀学者参与撰稿，在 2008 年、2012 年和 2015 年陆续出版三本《中国少数民族文化发展报告》，填补了该领域的空白。张晓明、惠鸣和李河分别主笔三辑《中国少数民族文化发展报告》的总报告撰写，以文化蓝皮书《中国少数民族文化发展报告（2008）》总报告为基础的要报《推动我国少数民族文化加快发展的对策建议》获得中国社会科学院2009年全院优秀对策信息研究奖二等奖。

除与国家民委合作调研外，文化中心成员还对西藏自治区、内蒙古自治区、青海省果洛地区等进行考察。总之，持续十多年的"中国少数民族文化发展研究"项目提示的经验包括：

（一）发挥文化中心的学术优长，为民族地区文化研究注入新思路

在与国家民委合作之前，文化中心已在国内和国外文化政策、文化产业和文化体制改革、文化多样性与非物质文化遗产等方面研究形成了大量成果，文化蓝皮书编制获得了大量经验。与民族问题管理机构和各相关高校不同，依托于中国社会科学院的文化中心没有部门利益和历史包袱，因此文化中心团队在少数民族文化发展调研中能够形成与专门从事民族地区文化研究的学者群体不同的和互补的问题意识和创新思路，为国家民委提供有益的理论和政策咨询借鉴。

（二）文化蓝皮书的编写成为可复制的模式

《中国少数民族文化发展报告》是文化中心成立后的第一个10年间编写的第四种文化蓝皮书，它成功移植了《中国文化产业发展报告》的合作架构设计、内容架构设计、组稿方式、总报告撰写方法、书稿编辑流程等。这再次验证了文化中心创立的文化蓝皮书编写模式具有可复制性。

（三）调研给文化中心博士后提供了很好的学习机会

"中国少数民族文化发展研究"项目启动时，张晓明任项目总负责人。由于文化中心人员相对短缺，课题组和国家民委文宣司协商，由文化中心博士后惠鸣负责项目统筹，后任执行负责人。在以后十多年项目开展中，意娜、祖春明、张春霞等先后以博士后身份参与过调研，既深入了解国情，又获得了学术锻炼。

九、倡导"可分享价值":开展"中国周边国家文化发展状况调研"

2014年,文化中心升格为中国社会科学院唯一的文化类智库。2018年1月,新任文化中心执行主任李河向哲学所和中国社科院领导提交《文化中心发展规划(2018—2020)》,其中首要的功能性带动项目是开展"中国周边国家文化发展状况调研"(以下简称"周边国家文化调研")。规划得到时任中国社科院院长首肯和哲学所党委的大力支持,随后李河策划统筹,祖春明和惠鸣等负责项目实施,"周边国家文化调研"迅速启动。

"周边国家文化调研"项目推出有三个背景:

(一)在与国家民委合作开展"中国少数民族文化发展研究"项目的十多年里,文化中心注意到我国众多跨境同源民族在我国以外的文化覆盖区域超过两千万平方千米,他们在我国与周边国家的历史交往中发挥着重要的文化纽带作用。为此,关注跨境民族、关注周边国家的经济政治社会情况成为"周边国家文化调研"的重要内容,它是"中国少数民族文化发展研究"项目的逻辑延伸。

(二)2013年我国提出"一带一路"愿景,人们日益意识到,在国与国之间的"五通"中,"民心相通"是根本,也是国与国文化信任的基本内涵。周边国家是"一带一路"的起点,但一段时间以来我国与周边国家的交往存在着重经贸轻文化的倾向,为此"周边国家文化调研"具有重要的"补短板"意义。

(三)其实,早在2005年以后,文化中心就已多次开展与周边国家的文化交流,主要成员多次赴韩国、日本、越南、缅甸、俄罗斯、白俄罗斯等国开展交流。2013年,作为中韩首脑协议的重要组成部分,文化中心李河、章建刚、张晓明先后参加两国外交部系统的"中韩战略对话·人文组"(3次)、两国研究机构的"中韩人文交流"(4次)。

2015年李河、祖春明主持"后苏联时期文化政策"研究项目，多次与俄罗斯和中亚国家学者开展学术论坛。2018年发展规划中提出的"周边国家文化调研"也是对这些交流活动的自觉延续。

作为规划的落实，2017年12月和2018年6月，文化中心团队两次赴阿塞拜疆访问巴库国立大学等数所高校，在高校中开展四次讲座。文化中心团队还代表中国社科院与阿塞拜疆国立科学院建立合作关系，在阿塞拜疆国立科学院建立"中国研究中心"，李河拟任中国研究中心中方执行主任。

2018年8月底到9月初，文化中心团队前往哈萨克斯坦共和国五个城市，对哈萨克斯坦中国研究中心、哈国历史博物馆等机构，对纳扎尔巴耶夫大学、阿里·法拉比大学、南哈州科技大学、师范大学等著名高校进行访问，建立学术联系，并代表中国社科院在阿里·法拉比大学建立"中国研究中心"。

2019年3月，文化中心团队前往越南南方和北方，对胡志明市国家大学、芹苴大学、顺化故宫、越南社会科学翰林院、越南艺术研究院等进行调研访问。本年度，文化中心祖春明还对亚美尼亚、格鲁吉亚进行访问调研。

受新冠疫情影响，2020年的"周边国家文化调研"项目暂停，但相关工作没有停止。"周边国家文化调研"的一项重要内容是中外学者合作撰写《中外文化交流年度报告》系列。2020年，《中俄文化交流年度报告》和《中越文化交流年度报告》已基本完成。它们构成文化中心文化蓝皮书大家族的新成员。

"周边国家文化调研"项目有以下重要意义：

（一）致力于改变我国对外高端人文交流存在的"西方近，邻国远"的局面

改革开放以来，我国人文社科学术与发达国家交流密切，周边国家往往受到忽略，即使中国与韩国之间的人文翻译都是乏善可陈，中国与

缅甸一类国家的相关领域更是一片白地。但周边国家是"一带一路"的起点，我国的稳定发展离不开与周边国家的民心相通。文化中心"周边国家文化调研"的重要任务就是充分了解目标国家与我国的人文交流现状需求，与其高端人文研究机构和高校建立学术联系，大力倡导"可分享价值"，这也正是目标国家多数学者的共同诉求。

（二）基于调研推出《中外文化交流年度报告》

在对周边目标国家调研时，文化中心团队物色相关学者，开展两国文化交流年度报告工作。该报告是相关国家学者进行人文交流合作的重要载体，是可持续的项目。目前的《中俄文化交流年度报告》以中文、俄文同时出版，《中越文化交流年度报告》则在中越文种外，附加英文版本出版。它们是两国学者共同建构"可分享价值"的重要学术实践。

（三）"周边国家文化调研"创造了全新的对外人文交流模式

文化中心是中国社科院智库，每次调研都会邀请院内其他研究所专家参加。团队在阿塞拜疆开展的四次讲座和在哈萨克斯坦共和国的多次座谈显示了中国社科院对外人文交流的较高水平。

十、面向未来夯实学术基础：强化数字时代文化学科的基本建设

文化中心成立之初，几位骨干均来自中国社科院哲学所。张晓明深研经济伦理，章建刚在美学室担任副主任，李河研究现代外国哲学，并在《哲学译丛》（即《世界哲学》）担任主编。随着文化中心在文化体制改革、文化产业研究、少数民族文化发展和周边国家文化调研方面获得长足发展，它对符号学、文化经济学、文化社会学、文化政治学以及文化政策理论等跨学科人才的需求日益迫切。2019年，负责中国社科院文哲学部的王京清副院长直接分管文化中心工作，从经济研究所调任哲学研究所党委书记的王立胜担任文化中心领导工作，新一届院所两级

领导高度关注文化中心在新时期面对的新挑战和新任务,要求文化中心要在为党和国家咨政建言方面提供更多具有战略性眼光和接地气意识的成果,同时也要求加大力度提升文化中心的文化学科建设,给文化中心带来了少有的良好发展环境。

改革开放40余年,我国经济社会地位的提高日益凸显文化理论的重要性,但与此形成鲜明对照的是,文化学科在我国教育和研究体系中严重缺位,这与我国近10年来倡导经济、政治、社会、文化和生态"五位一体"总体布局极不相称。有识于此,文化中心多年来一直积极探索建设中国特色的文化学科。

(一)十年来多次开设读书班

2010年初,李河受文化中心委托组织成员开展"批判理论与解释学"读书班,阅读书籍包括索绪尔的《日常语言学教程》、俄罗斯形式主义、W.本雅明的《机械复制时代的艺术作品》、罗兰·巴特的《符号帝国》《神话学》和《时尚体系》、鲍德里亚的《象征交换与死亡》等。2014年以后,李河将文化中心读书班与西方哲学博士班合并,阅读阿多诺的《启蒙辩证法》、荷马史诗《奥德赛》、马丁·杰的《法兰克福学派史》、卡西尔的《启蒙哲学》、康德的《什么是启蒙?》等。2018年,围绕"文化政治学"主题,读书班系统阅读马克思、恩格斯、葛兰西和阿尔都塞等关于"意识形态"理论,卢卡奇的《历史与阶级意识》,葛兰西的《狱中札记》以及马克思关于"市民社会"理论等文献。读书班在增进文化中心成员学术素养方面发挥了重要作用。

(二)编辑出版"文化中心·文化中国书系"

2014年,文化中心在中央文资办委托的"文化产业重大课题研究计划"资助下,推出第一批"文化中国书系",包括文化中心成员撰写的解释学、图像理论、文化产业和文化市场研究、文化经济学等多方面论著。2020年6月,"文化中国书系"在中国社科院哲学所领导的大力支持下再次恢复。目前,文化中心在当代解释学哲学、文化产业理论、文化政治学理论等方面在国内具有较大影响力。

（三）大力推动数据转型

席卷全球的数字人文风潮让人们日益认识到，数字技术和数据处理能力不仅给人文社会科学带来了工具意义的便利，更将深刻改变人文社会科学的生存形态。为因应这一态势，中国社科院哲学所推出"逻辑与人工智能实验室"这一创新性研究实体，而文化中心自2019年起在一些重大课题引领下，自觉推动数据技术转型，2020年成立文化中心人文计算实验室，让数据技术服务于文化中心的知识生产和学术咨询。

（四）推出系统的文化学科研究计划

2020年7月，文化中心推出"十四五"学科发展规划，该规划致力于提供文化哲学、符号哲学、文化经济学、文化社会学和文化政治学方面的研究成果，为中国特色的文化学科奠定理论框架。

文化中心在20年发展中深刻认识到，学术是立身之本，咨询是术业表相。系统探索和推进中国特色文化学科建设，将填补我国"五位一体"总体布局在学科体系建设方面的空白，是完善中国特色知识体系建构的重要内容。文化学科的基础建设牢固了，文化中心在政策咨询方面就能够提供更多高质量的学术产品，文化中心在未来发展中就能够行远致稳，就能以全新的活力投入中华民族伟大复兴和中华文化的伟大复兴。

附件三

中国文化研究中心 20 年获奖一览表

（不完全统计）

一、中国社会科学院及相关部委奖

序号	获奖者	成果名称	成果形式	奖项	获奖等级	获奖时间
1	李河	《巴别塔的重建与解构——解释学视野中的翻译问题》	专著	第七届中国社会科学院优秀科研成果奖	一等奖	2011 年 2 月
2	李鹏程、李河、张晓明等	《关于构建"中国创新体系（CIS）"的若干重大问题的报告》	研究报告	第四届中国社会科学院优秀科研成果奖	三等奖	2002 年 2 月
3	李河	《胡塞尔思想的发展》	译著	中国社会科学院第三届青年优秀科研成果奖	一等奖	2000 年 1 月
4	中国社会科学院哲学所国家创新体系研究课题组	《构拟"国家创新体系"应有的人文社会科学家参与》	研究报告	中国社会科学院1999 年度优秀对策研究成果奖	优秀奖	2000 年 3 月
5	中国社会科学院文化研究中心课题组	《关于文化竞争力的情况和思考》	研究报告	中国社会科学院2003 年度优秀信息奖	特等奖	2004 年 4 月
6	章建刚、张晓明、陈新亮	《我国公共文化服务体系仍需精心打造》	研究报告	中国社会科学院2008 年度优秀对策信息对策研究类奖	一等奖	2009 年 7 月
7	章建刚、张晓明、陈新亮	《我国公共文化服务发展发生历史性转折》	研究报告	中国社会科学院2008 年度优秀对策信息对策研究类奖	一等奖	2009 年 7 月

续表

序号	获奖者	成果名称	成果形式	奖项	获奖等级	获奖时间
8	章建刚、张晓明、陈新亮	《深化改革，构筑链条完整、性能卓越的公共文化服务体系》	研究报告	中国社会科学院2008年度优秀对策信息对策研究类奖	一等奖	2009年7月
9	张晓明、章建刚、胡惠林	《目前我国文化产业存在的问题》	研究报告	中国社会科学院2008年度优秀对策信息对策研究类奖	二等奖	2009年7月
10	张晓明、章建刚、胡惠林	《2007年我国文化产业总体态势及特点》	研究报告	中国社会科学院2008年度优秀对策信息对策研究类奖	二等奖	2009年7月
11	张晓明、胡惠林、章建刚	《我国文化产业趋势预测和政策建议》	研究报告	中国社会科学院2008年度优秀对策信息对策研究类奖	二等奖	2009年7月
12	张晓明、惠鸣、徐平	《推动少数民族文化加快发展的对策建议》	研究报告	中国社会科学院2009年度优秀对策信息对策研究类奖	二等奖	2010年11月
13	张晓明	《2004年我国文化产业形势》	研究报告	中国社会科学院2005年度优秀决策信息对策研究类奖	三等奖	2006年3月
14	张晓明	《我国文化产业发展现状、存在的问题及对策建议》	研究报告	中国社会科学院2005年度优秀对策信息对策研究类奖	三等奖	2006年3月
15	张晓明、章建刚、胡惠林	《推动我国文化产业进一步发展的对策建议》	研究报告	中国社会科学院2006年度优秀决策信息对策研究类奖	三等奖	2007年4月
16	张晓明、章建刚、胡惠林	《我国文化产业发展存在的问题》	研究报告	中国社会科学院2006年度优秀决策信息对策研究类奖	三等奖	2007年4月
17	张晓明、章建刚、胡惠林	《我国文化产业从突破走向规范》	研究报告	中国社会科学院2006年度优秀决策信息对策研究类奖	三等奖	2007年4月

续表

序号	获奖者	成果名称	成果形式	奖项	获奖等级	获奖时间
18	张晓明、章建刚、胡惠林	《走进"十一五":文化产业发展进入新阶段》	研究报告	中国社会科学院2007年度优秀对策信息对策研究类奖	三等奖	2009年7月
19	李河	《文化大发展大繁荣:从"应当"到"能够"》	研究报告	中国社会科学院2007年度优秀对策信息对策研究类奖	三等奖	2009年7月
20	诺布旺丹、意娜	《发挥格萨尔文化在维护藏区稳定中的积极作用》	研究报告	中国社会科学院2012年度优秀对策信息对策研究类奖	三等奖	2013年9月
21	李河	《中国对外文化发展战略应实现几个观念上的突破》	研究报告	中国社会科学院2015年度优秀对策信息对策研究类奖	三等奖	2016年6月
22	李河、吴喜	《对XXXXXXXX救助的建议》	调研报告	中国社会科学院2018年度优秀对策信息对策研究类奖	三等奖	2019年11月
23	李河、吴喜	《应对XXXXXX相关议案的对策建议》	调研报告	中国社会科学院2018年度优秀对策信息对策研究类奖	三等奖	2019年11月
24	张晓明、李景源、章建刚、李河、吴元梁、惠鸣、意娜、武翠英、张学进、任乌晶、李民	《促进XX稳定发展的文化建设调研》	调研报告	国家民族事务委员会社会科学研究成果奖	二等奖	2011年9月
25	李河	《关于发挥西南边境地区民族文化纽带作用的调研》	调研报告	国家民族事务委员会2011年全国民委系统调研报告奖	优秀奖	2012年5月
26	张晓明、意娜、惠鸣、武翠英、任乌晶	《提高边疆民族文化产品供给的精确性与本土性——以XX少数民族语本土电视剧生产为例》	调研报告	国家民族事务委员会社会科学研究成果奖	二等奖	2016年3月

二、文化中心博士后获得的奖项

(不完全统计)

序号	获奖者	成果名称	成果形式	奖项	获奖等级	获奖日期
1	李育书			中国博士后基金会第63批中国博士后科学基金面上资助	一等奖	2018年5月
2	李育书			中国博士后科学基金会第12批中国博士后科学基金特别资助	特别资助	2019年6月
3	赵书虹	《云南文化发展的市场化变革：理论、过程分析与思考》	博士后出站报告	首届全国旅游管理博士后学术论坛、中国旅游研究院"全国旅游管理博士后优秀出站报告"奖	优秀奖	2018年4月
4	刘姝曼	《重塑"区域"——莒文化的生成、建构与转型》	论文	中国艺术人类学学会"文明多样性与中国特色"擘雅征文（人类学方向）活动奖	三等奖	2020年8月
5	张春霞		教学成果	教育部首届全国高校思想政治理论课教学展示活动"马克思主义基本原理概论"课教学展示奖	二等奖	2019年11月

续表

序号	获奖者	成果名称	成果形式	奖项	获奖等级	获奖日期
6	张春霞		教学成果	新疆维吾尔自治区教育厅政治思想教育处、自治区大学生思想政治教育研究中心、自治区高校思想政治教育研究会"新疆高校第四届思想政治理论课教师说课比赛"	一等奖	2017年6月

三、文化中心学者获得的荣誉称号

（据不完全统计）

2014年，李河获国务院颁发的"政府特殊津贴"。

2015年，意娜获中共中央组织部、人力资源和社会保障部授予的"国家高层次人才特殊支持计划青年拔尖人才"称号。

（中国文化研究中心史志小组统计并整理）